JN298446

1847年恐慌

川上忠雄

御茶の水書房

まえがき

　本書は、古典的恐慌の一つ、1847年恐慌の研究である。
　19世紀半ばの世界市場においてイギリスは中心国であり、景気循環はイギリスを中心とする資本蓄積の世界的律動として存在した。恐慌も世界市場恐慌に他ならなかった。
　恐慌とはそもそも何だったのか。現象のしっかりした把握が出発点のはずである。意外にこの出発点で恐慌研究はつまずいてきた。恐慌とは何かがわかったとして、次に、その恐慌はなぜ起こったのか。好況期の資本蓄積の中から原因が突き止められなくてはならない。さらに、資本主義が終末を迎えるのでない以上、恐慌後どのように恐慌の諸原因が除去され、新たな資本蓄積条件が準備されるのか。そこまで解明される必要がある。
　以上3点が本書の3編それぞれのテーマとなっている。

　私にとって1847年恐慌研究はほとんど生涯のテーマであった。1959年法政大学に職を得てから間もなく、景気循環の動態に魅かれた私は、「自由主義段階におけるバンク・レート—景気循環過程における信用関係の変動の分析」の研究と執筆に向かった。もともと現代資本主義の動向に強い関心をもった私は研究を第1次大戦後の日本興業銀行の産業金融の研究から始めたが、それをやってみて、いきなり現代の分析に立ち向かうことの無理を感じないではいられなかった。それで法政大学の職を得たのを機に古典的時代の資本主義の動向分析を目指すことにし、自由主義段階におけるイングランド銀行の公定歩合、バンク・レートの動態分析に取り掛かった。当時とりわけ不足していたと思われる信用関係の変動の解明によって資本蓄積の動態がつかめると考えてのことである。その成果は、「自由主義段階におけるバンク・レート—景気循環過程における信用関係の変動の分析」(1)〜(10)として1961年から1970年にかけて『経済志林』に発表した。
　だが、研究を進めるうちに、当初考えた程度ではとても明らかにできないこ

とに気付かないわけにはいかなかった。当たり前のことであったが、信用関係の反対側にある現実資本の生産過程をよく知ることなしに景気循環過程の動態を解明することはできなかった。研究は信用関係の変動に限られず、景気循環全体に拡大、しかもそれは資本の矛盾の成熟とその解決についての理論的解明定式化へ進まないわけにいかなかった。また、世界市場的にシステムとして理解しようという方向へ当初から進んでいたが、そうなると世界市場と原理論の関係について方法的に吟味することが必要となった。

　私はこれら2点にいささか拙速に答えを出し、1970年から『世界市場と恐慌』3部作の執筆に取り掛かった。しかし、上巻を刊行した後、この2点についてなお問題を残していることを感じないわけにいかなかった。それで研究をいったん中断した。

　研究の中断は40年近くに及んだ。それには、じつは、私が真のマルクスを追い求め、岩田弘氏の誘いに応じ革命的実践の道に踏み出したことが関係していた。実践の過程でもみくちゃになりながら、残した研究上の課題に立ちかえることができなくなってしまった。この間、今日的資本主義の行き詰まりについての分析はそれなりに続けたものの、それ以上の大きな思想的な反省にまでは至らなかった。自分たちの運動が行き詰まり、刀折れ矢尽きて、しかも他方で、資本主義の行き詰まりは致命的なカタストロフィとして、すなわち自滅への暴走とその暴走するシステムの機能不全による解体としてとらえることができるようになった時点で、ようやく中断していた1847年恐慌の研究へ戻ってくることができた。

　気がついてみると、残された時間はそれほどない。それで、あまり欲張らず、上巻を出したときに中巻として予定したものを新たな知見を加えて大幅に改編し、独立の『1847年恐慌』として完成させることにした。循環過程における資本の内的矛盾の展開の定式化、そしてそれに非市場的領域がどうかかわるかを解明することに特につとめた。その後の帝国主義時代の動向についてはすでに現状分析としていろいろ書いてきたことでもあり、また最近になってカタストロフィ論としてまとめる方法的視点を手中にしたと思うので、難病を宣告された私の健康が許すならこの後にぜひ続けてまとめたいと思う。

　それにしても、とりかかってから50年余、世界の激変は驚くばかりである。

まえがき

ソ連の崩壊、社会主義の変質、それにグローバリゼーション。そしてマルクス主義の凋落と百鬼夜行の思想状況!!

　私自身根本からの思想的問い直しを必要と感じている。何よりも唯物史観の宿命論的な歴史の必然性論、そしてそれと一体の人類は進歩するとの歴史観をきっぱり捨て去らなくてはならない。これらは人々の心を縛りつけ、目を見えなくさせてきた。呪縛から自由になって虚心に現実を見なければならない。しかし、私自身がこれまで固く信じてきた唯物史観の諸条項、それらを丸ごと捨て去ってしまうわけではない。それらには鋭い歴史的理解のひらめきが満載されている。無限定の教条として振り回すのでなく、そのひらめきを的確に限定して受け止めるべきであろう。私としては今後長い時間をかけて慎重に洗い直しを進めてゆきたい。

　このような私の現時点での到達点としての本書が恐慌史研究、それを通しての恐慌理論──景気循環理論の解明に役立つ一石を投じることになれば幸いである。

　これまでの作業を振り返って、最初に『恐慌論』によって導きの糸を垂れてくださったのは宇野弘蔵先生であった。その『恐慌論』は私にとって「青春の書」であり、私の恐慌研究の出発点でもあった。その後岩田弘氏(故人)には研究の過程で宇野理論の方法的批判を通して理論の構築に豊富な示唆を受けた。杉浦克己(故人)、馬渡尚憲両氏には自由主義時代の恐慌研究で互いに刺激しあい、貴重な示唆を受けた。また同僚だった平田善彦、佐々木隆雄の両氏からも折に触れ有益な批判と助言を受けた。心から感謝したい。再編書き直しの最後の段階になってから不作の役割の理解について柴田徳太郎氏から改めて疑問をぶつけられた。それは私を恐慌分析全体を今一度検討しなおすことへ突き動かした。

　本書をまとめるに当たっては、人名・事項索引の作成という骨の折れる作業をかつて院生であった阿部弘子氏にお願いし、図表の作成を娘のプティ・もえ氏に頼みこんだ。また、長い中断の後に再開した作業においては、病ゆえに力の衰えはいかんともしがたかったが、心身の健康維持への妻珠代の心づくしの温かい配慮に本当に助けられた。これらすべてに心から感謝の意を

表したい。
　最後に、本書の出版を引き受けていただいた御茶の水書房の橋本盛作氏に心からお礼申し上げたい。

図　表　一　覧

第1編

〈表〉

表 1-1　イギリス綿工業の標準的工場［太糸―粗布、紡織兼営］1843-44 ……… p.22 -3
表 1-2　イギリス綿製品の輸出と価格　1841-51 ………………………………… p.24
表 1-3　イギリス綿製品輸出市場別　1845年 …………………………………… p.26
表 1-4　イギリス綿工業の原料棉花調達　1841-51 ……………………………… p.28
表 1-5　イギリス綿工業の工場数、馬力数、労働者数 …………………………… p.29
表 1-6　綿工業労働者の週賃金 ……………………………………………………… p.29
表 1-7　入港船舶トン数 ……………………………………………………………… p.46
表 1-8　造船トン数 …………………………………………………………………… p.47
表 1-9　煉瓦生産量 …………………………………………………………………… p.47
表 1-10　救貧法による救済者数（イングランドおよびウェールズ）………… p.48
表 1-11　1846年12月〜47年4月の穀物及び穀粉輸入の激増 ………………… p.49
表 1-12　商品価格 …………………………………………………………………… p.51
表 1-13　穀物・食料品・嗜好品の輸入と国内消費 ……………………………… p.52
表 1-14　主要鉄道株価 ……………………………………………………………… p.63
表 1-15　鉄道投資と鉄道建設 ……………………………………………………… p.70
表 1-16　ロンドン株式銀行の預金 ………………………………………………… p.82
表 1-17　ロンドン・アンド・ウェストミンスター銀行の勘定 ………………… p.82

〈図〉

図 1-1　綿糸生産および綿製品生産 ………………………………………………… p.24
図 1-2　マンチェスター市場の綿花、綿糸および綿布価格 ……………………… p.33
図 1-3　卸売商品価格 ………………………………………………………………… p.36
図 1-4　外国為替相場 ………………………………………………………………… p.73
図 1-5　イングランド銀行の金銀売買差額 ………………………………………… p.74
図 1-6　イングランド銀行本支店間金貨現送差額 ………………………………… p.76
図 1-7　商業手形の変動 ……………………………………………………………… p.78
図 1-8　額面別国内手形量 …………………………………………………………… p.79
図 1-9　イングランド銀行の発券残高と金準備 …………………………………… p.83
図 1-10　イングランド銀行の「その他証券」、割引手形と預金 ………………… p.85
図 1-11　利子率 ………………………………………………………………………… p.87

第2編

〈表〉

表2-1	4月危機前後のイングランド銀行主要勘定　1847年	p.110
表2-2	イングランド銀行の金銀売買	p.116
表2-3	リヴァプールからアメリカへの金現送（汽船）	p.117
表2-4	マンチェスター地区175綿工場のショートタイムと失業　1847年	p.123
表2-5	恐慌下のロンドン外国為替相場	p.125
表2-6	10月パニック前後のイングランド銀行主要勘定	p.127
表2-7	破産件数（イングランドおよびウェールズ）	p.162
表2-8	商品価格の崩落	p.164-5
表2-9	恐慌期商品市場における砂糖とコーヒーの在庫動向	p.169
表2-10	パニック下マンチェスター地区諸工場の操業状態	p.174
表2-11	公債および鉄道株相場の崩落	p.179
表2-12	鉄道会社株の払込金徴収	p.180
表2-13	世界各地の破綻	p.182-3
表2-14	フランス銀行の主要勘定	p.191
表2-15	ニューヨークのロンドン宛為替相場　1847年	p.194
表2-16	アメリカの正貨流出入	p.195
表2-17	東インド商会破産の諸原因	p.201
表2-18	イギリス国際収支好転の諸要因	p.207

〈図〉

図2-1	奔騰した小麦価格	p.114
図2-2	穀物および穀粉の輸入激増　1846年7月～1847年11月	p.120

第3編

〈表〉

表3-1	不況下に尾を引く破産――業種別地区別（イングランドおよびウェールズ）	p.222
表3-2	不況下ランカシア地区綿工業の新設拡張	p.235
表3-3	手動ミュールから自動ミュールに転換された場合の賃金コストの変化	p.241
表3-4	力織機の制覇	p.242
表3-5	綿工業工場労働者数の変化	p.245
表3-6	綿工業工場労働者の週賃金	p.246
表3-7	恐慌後の救貧法による救済者数－地域別（イングランドおよびウェールズ）	p.248
表3-8	綿工業の製品販売・生産・原料調達	p.249
表3-9	綿製品輸出の回復	p.250-1
表3-10	綿花輸入－地域別	p.251
表3-11	新たな標準的工場　1850-51年	p.258-9
表3-12	1843-44年の標準的工場と1850-51年の標準的工場の比較	p.261
表3-13	繊維諸工場労働者数の変化	p.264
表3-14	海運、造船、建築および建設業の不況	p.265

表3-15	小麦の生産、輸入および消費の推移	p.269
表3-16	農業労働者その他の賃金の停滞	p.271
表3-17	移民の激増	p.271
表3-18	砂糖、茶、コーヒーの需給	p.273
表3-19	鉄道建設の持続	p.278
表3-20	鉄道会社の営業成績	p.281
表3-21	鉄工業の生産動向	p.286
表3-22	金銀流出の内訳	p.292
表3-23	イングランド銀行の主要勘定	p.295
表3-24	国民的生活水準の変化	p.302
表3-25	世界市場標準価格	p.304
表3-26	イギリスの世界貿易－商品別	p.306
表3-27	イギリスの世界貿易－輸出地域別	p.307
表3-28	イギリスの交易条件の変化	p.308
表3-29	イギリスの国際収支	p.309
表3-30	フランスの綿工業と絹工業	p.314
表3-31	フランスの鉄道建設	p.315
表3-32	ドイツの綿工業	p.316
表3-33	ドイツの鉄道業	p.317
表3-34	アメリカの綿工業	p.319
表3-35	アメリカの鉄道建設	p.321
表3-36	アメリカの外国貿易	p.323
表3-37	ボンベイの貿易	p.326

〈図〉

図3-1	綿糸－綿花マージン、綿布－綿花マージンおよび綿布－綿糸マージン	p.223
図3-2	卸売商品価格指数	p.267
図3-3	国内手形量の変動	p.288
図3-4	外国為替相場	p.290

1847年恐慌

目　次

目　次

まえがき　　　　　　　　　　　　　　　　　　　　　　　　　　　　i

図表一覧　　　　　　　　　　　　　　　　　　　　　　　　　　　　v

序論　　　　　　　　　　　　　　　　　　　　　　　　　　　　　　3
　　　　Ⅰ　カタストロフィの時代　3
　　　　Ⅱ　1847年恐慌と資本の自律　6
　　　　Ⅲ　19世紀末葉からの資本蓄積の変化　7
　　　　Ⅳ　恐慌研究のこれまで　8

第1編　　好況 ─────────────────────────13

第1章　現実資本　綿工業が主導する好況　15
　　　　A　好況の始まり　15
　　　　B　綿工業の輸出ブームと雇用増・設備投資　1843-45　20
　　　　C　綿工業の輸出頭打ちと農産物輸入激増・不作、そして不均衡化　1846-47初　38

第2章　株式資本　鉄道ブーム　61
　　　　A　鉄道株投機とその破綻　61
　　　　B　大鉄道建設　68

第3章　貨幣資本　信用膨張から金流出へ　73
　　　　A　金流入と商業信用の拡張　1843-45　73
　　　　B　商業信用の大膨張から金流出へ1846-47初　87

第4章　資本蓄積の行き詰まり　101
　　　　A　内的諸矛盾の成熟とその対外的表現　101
　　　　B　限度を超えた信用創造　104

目次

第2編　恐慌 ——————————————————107

第1章　貨幣恐慌　109
　　　A　4月危機　109
　　　B　穀物投機　119
　　　C．10月パニック　128

第2章　現実資本の蓄積の衝撃的規制　161
　　　A　商業界の整理　商人の破産と商品価格の崩落　161
　　　B　産業の危機　173
　　　C　恐慌の世界市場への波及　181
　　　D　海外からの金流入　206

第3章　社会的反乱と秩序の回復　213

第3編　不況 ——————————————————219

第1章　現実資本　生産方法の改善と世界市場の条件整備　221
　　　A　綿工業　221
　　　B　羊毛、亜麻、絹工業　262
　　　C　その他諸産業　264
　　　D　農業―穀物、食料品、嗜好品　266

第2章　株式資本　適応不全　275
　　　A　ロンドン資本市場　275
　　　B　鉄道業と鉄道建設　279
　　　C　鉄工業　285

第3章　貨幣資本　信認の回復へ　287
　　　A　商業信用　収縮と停滞　287
　　　B　金　不安定な流出入　289
　　　C　ロンドン貨幣市場　292
　　　D　イングランド銀行　294
　　　E　利子率　295

第4章　新しい資本蓄積条件の形成——商業圏（＝通貨圏）としての総括　299

第5章　その他の国々、諸植民地　311
　　　　A　大陸諸国　313
　　　　B　アメリカ合衆国　318
　　　　C　東インド　324

参考文献　327
人名索引　329
事項索引　332

1847年恐慌

序　論

I　カタストロフィの時代

　資本主義世界は今日疑いもなくカタストロフィを迎えている。
　世界各地に次々にバブルが発生し、それがはじけると深刻な不況に陥っている。金との交換性を失った基軸通貨米ドルの威信は低下しつづけ、諸通貨の変動相場制は国際収支の不均衡をまるで調整できない。経済システムが自己調整力を失い、解決できない困難にのたうつようになっているのだ。そして、政治的軍事的にも戦後世界の秩序を維持してきたアメリカ合衆国の力は衰え、各方面からの挑戦を受け止め処理してゆくことがもはやできない。
　あらゆるものを商品化し、人間関係を解体してゆく資本の力はますます強く、今や世界中の人間の生活が、その自然環境もろとも資本の支配下にとらえられ掘り崩されるようになっている。資本は凱歌をあげている。それなのに、その資本がシステムとしての自己掌握力を失うに至っている。
　あれやこれやの部分的不都合ではない。システム全体が危機に陥っているのだ。しかもシステムを統べる資本にその解決の能力はない。これはカタストロフィである。
　資本主義分析はこの現実を見据え、あれやこれやの部分的困難の解明ではなく、このカタストロフィの解明に、すなわちシステム全体の危機の解明に向かわなければならない。それなしに部分的困難さえ十分に理解することはできず、したがって解決することもできないだろう。我々はいま疑いもなく大変な時代のただなかにある。

　このカタストロフィはいつから始まったのか？
　1971年のドルの金交換停止からである。アメリカ合衆国政府通貨当局は持続する国際収支の赤字を解決できない。それどころか国内好景気が終わっ

て不況に入ると、アメリカ政府は景気テコ入れの財政金融政策に乗り出した。このテコ入れは不況への落ち込みを防いだが、大幅の輸入増を引き起こし、一段と深刻なドル危機をもたらした。もはやこれまでのやり方でドルを守ることはできず、アメリカ政府は金ドル交換を停止し変動相場制へ移行した。しかし、変動相場制は期待されたように世界市場の不均衡の解決者とはならなかった。諸通貨の為替不安が常態化し、その中でドルは引き続き下落することになった。さらに、アメリカをはじめ各国政府中央銀行の財政金融テコ入れ政策は超金融緩慢をもたらし、いつ何時バブルが発生してもおかしくない状態を生み出した。資本主義世界はバブルの時代に突入したのである。しかし、にもかかわらず、資本蓄積の衰えは覆いがたく、先進諸国は慢性的なスタグフレーションの様相に陥っている。そしてユーロ危機が不吉な様相を表している。

　資本の世界の安寧はもはや思い描くことができない。このカタストロフィの行方はまだ見えていない。幸いなことに今のところ世界戦争へ向けての雪崩の兆しはないのだが。

　資本主義のカタストロフィは実はこれが最初ではない。19世紀末から鉄道、重化学工業に株式会社形態をとる産業独占体が相次いで現れ、金融資本を形成した。これら金融諸資本は支配領域を求めて争うようになり、この争いに諸国家がまき込まれていった。諸国家は帝国主義国家化し、領土を求めて争うようになったのである。これまでに成立してきたPax Britancaの勢力均衡は動揺し、その再編が現実の問題となった。第1次大戦である。

　これが最初のカタストロフィであった。次に襲って来たのが大恐慌・再建金本位制崩壊という異なる型のカタストロフィであった。弱体化したイギリスのポンドをアメリカのドルの支援で再建した再建金本位制はたちまち崩れ落ち、Pax Britanicaを部分修正した勢力均衡も維持できなかった。この後資本主義世界は安定したシステムを再建できず、たちまち第3のカタストロフィ、第二次大戦に直結してしまった。1930年代は人々にカタストロフィの時代と受け取られたのである。

　しかし、これら二つのカタストロフィはただちに資本主義そのものの終末

序 論

をもたらしはしなかった。救世主が登場した。破局に落ち込んだ経済を国家が、もっと正確に言うと国家連合が救済することになった。第1次大戦後まずヴェルサイユ条約体制が築かれ、その枠組みを前提に経済が再建された。大恐慌・再建金本位制崩壊の後にはすぐさまそのような統一的な救済は成らず、たちまち第二次大戦に至ったが、その後、アメリカのヘゲモニーのもとにソ連を対抗軸とする反共集団安全保障条約体制が形成され、それを支える制限付き金兌換のドルを基軸とするIMF通貨体制、それにGATT貿易体制が作り出された。この複合システムのもとで、戦後資本主義世界はようやく一応の安定を取り戻した。

ところが、この戦後世界システムがつかの間の安定の後にいま新たなカタストロフィに突入したわけである。しかも今回のカタストロフィはもはや国家によって救済されるわけにはいかない。経済だけではなく、かつてその救済のために救世主となって介入した国家そのものが危機に立たされているからだ。恐慌に代わってスタグフレーションが慢性の疾患としてあらわれ、その対策としてのインフレ的な財政金融政策は採用のたびに効き目が低下し、大規模化するが、そのために財政危機を招き、対外的には通貨の信用をどんどん落としている。

そうとするなら、現代の社会科学的分析は支配的資本の蓄積を柱に据えた古き良き時代の型・構造分析などにはなりようもない。否応なしに変転定まらぬカタストロフィ分析となるしかない。視野を資本主義世界総体に広げ、まず柔軟にカタストロフィの原因を明らかにすること、次いでカタストロフィの進行過程を正確にモニターすること、そしてできることならカタストロフィの克服の方途をつかみとることである。

ただ、いきなりカタストロフィを捉えようとしても歯が立たない。迂遠なようでも、資本主義の歴史をさかのぼり、かつて順調に資本蓄積が行われた時代の資本蓄積のありようをいわば鏡として今日の分析に迫ることが賢明な方法であろう。

Ⅱ　1847年恐慌と資本の自律

　世界資本主義がかつて興隆し資本蓄積が順調に進んだのはイギリスの自由主義時代のことである。

　ナポレオン戦争後世界市場の覇権を確立したイギリスは、1820年代から1860年代にかけてほぼ10年周期の景気循環を繰り返しながら資本蓄積を進めた。世界市場はイギリスを中心に、1825年恐慌、1836-39年恐慌、1847年恐慌、1857年恐慌、それに1866年恐慌を経験した。これらの恐慌はそれぞれに特有の性格を持っていたが、その資本蓄積機構、好況の有り様、恐慌の型、そして不況克服の仕方にまぎれもなく共通の特徴を備えていた。1847年恐慌は諸恐慌の中間に位置し、この共通の特徴を理解するのに最も適している。

　1847年恐慌を理解する上でまず肝要なのは、それが単なるイギリスの恐慌ではなく世界市場を巻き込む世界市場恐慌だったという事実である。恐慌は資本の生存基盤世界市場の中で理解されなければならない。

　世界市場は16世紀半ばにいち早く成立したが、その後外延的に成長するとともに、旧来の社会関係を解体し市場化していった。そして社会関係の中核を把握するまでに至った。

　世界市場そのものが自然、人間社会の一部であり、それらの変動の影響を時には激しく時には穏やかに被っている。しかし、恐慌は天変地異のような外的偶然的な要因が引き起こすものではない。景気循環はまぎれもなく資本のシステムの律動であり、恐慌は資本の蓄積過程に成熟した内的諸矛盾のゆえに周期的に発生した。

　19世紀の世界市場はイギリスを中心とする貿易によって結び付けられた。1840年代、貿易障壁の撤廃、航海条例の廃止によって中心国イギリスの地位は傑出したものになり、貿易商品の流れのおいても抜きん出たウェイトを占めるようになった。

　資本蓄積の主軸となったのが綿工業であり、その資本‐賃労働関係こそが資本蓄積のかなめであった。関連諸産業を引き連れた綿工業の運動がこの時代の資本蓄積の型、脈拍を規定した。資本蓄積の内的諸矛盾もこの主軸綿工業に集中的に表現されたのである。全産業における綿工業のウェイトは1840

年代に最も高くなった。世界中への綿製品輸出とアメリカ合衆国からの原料綿花の輸入、それにヨーロッパ諸国からの穀物、食品、植民地からの嗜好品、原材料等の輸入が貿易の主流となった。ただ、鉄道業と鉄道建設が1830年代以降副軸として登場し急速にそのウェイトを高めてゆく。それが循環のたびごとに景気循環の型、恐慌の型を変化させてゆく。

　農業的周辺は世界市場の展開から半ばはみだし気味ではあったが、工業製品の市場であるとともに主食である穀物の給源、労働力の給源かつ排出先として重要な意味を持った。

　資本蓄積の機構は貨幣資本vs.現実資本の形態をとった。すなわち現実諸資本の利潤率を貨幣資本の利子率が規制するという形である。それはイギリスに中央銀行制度が確立した1840年代になって最終的に確定した。その運動の結節点が恐慌に他ならなかった。恐慌は資本蓄積が続けられなくなる資本蓄積の断点である。その断点を直接にもたらしたのは中心国イギリスの対外的不均衡化と国際収支赤字、その結果としての金流出であった。ただし副軸の運動は主軸の運動からはみ出す傾向を示した。

　ともあれ、資本蓄積の運動は、周期的な景気循環の形をとった。恐慌は資本蓄積の内的諸矛盾の爆発であり、資本蓄積の断点であった。だが、単にそうではなく、同時にその矛盾の解決を媒介した。だからこそ周期的な景気循環が実現した。そしてここにシステムの主体、資本の自律が確立されたわけである。

Ⅲ　19世紀末葉からの資本蓄積の変化

　しかし、この資本の自律は資本主義の発展とともに維持されはしなかった。資本は鉄道業、重化学工業を呼び起こし、産業の基軸を交代させた。資本主義はヨーロッパから新大陸、さらに世界中に広まり、その中心はイギリスからアメリカ合衆国へ移ってゆく。だが、これらの新産業は資本規模が巨大、特に固定資本が巨大で、そのため社会的資金を広く集めて資本蓄積を行う株式会社の形態を採用した。そのため1873年恐慌後資本蓄積はもはや貨幣資本と現実資本の対立運動の形態をとらず、株価変動をかなめとする新たな株式

資本的資本蓄積方式を展開することになった。

　株価変動をかなめとする株式資本的資本蓄積とは、株価の上昇が新株の発行を通して新投資増加を誘い、循環を動かし、やがて株価の下落が新株の発行を押しとどめ、新投資を減退させ、循環を終結させる資本蓄積である。恐慌は株価の崩落を主な内容とし、依然資本の内的諸矛盾の爆発とは言えても、もはやその解決を十分に媒介することはできなくなっていった。資本は周期的に成熟する内的諸矛盾を解決して運動するという力を失っていった。

　景気循環は大きく変化した。株式資本は償却の済まない既存設備に制約されずに不断に生産方法を革新してゆく能力をある程度手に入れ、そのため好不況による資本蓄積のパターンの截然とした変化はあいまい化した。しかし、好不況を均し恐慌を回避するその能力は十全ではなかった。そこで同時に支配集中の能力を手に入れた株式資本は、困難に直面すると部門を超えて集中合併を推し進め、金融資本を形成していった。この過程そのものが景気循環を大きく変容させた。

　景気循環はこうしてもはや資本が内的諸矛盾を周期的に解決して運動する過程ではなく、商品化による社会関係の解体をますます推し進めつつ、循環過程で生じた矛盾や不均衡を累積させるようになり、やがて資本主義システムのカタストロフィをもたらす過程に変質してゆく。

　そればかりではない。カタストロフィに陥った資本主義システムは国家を救世主として迎え、一層の発展を続けようとするが、その発展は人間破壊と自然環境の破壊を推し進め、それを押しとどめる人間的協同の絆が力強く成長しない限り、ゆくゆくは人間社会そのものの存続を不可能にしてしまわずにはいない。

Ⅳ　恐慌研究のこれまで

　恐慌の研究は需給の不一致、不均衡の破局として危機、恐慌を理解するところから始まった。

　当初変転極まりない商品流通を一つの秩序として理解するのは難しいことであった。人々は不信の目をもって眺めた。放っておけが必ず不均衡に陥り、

災厄を招く。したがって国家によって規制しなければならない。遠洋貿易に直面した重商主義の理論家たちはみなそう考えた。国家の規制のもとでのみ商取引の秩序が維持される、と。

　ジェイムズ・スチュアート James Steuart は台頭してきた市場経済の仕組みについて初めて『経済学原理』を著わした。その彼にして、市場経済を自己調整力のあるシステムとしてとらえることはいまだできなかった。

　すぐ後に続いたアダム・スミス Adam Smith、ジャン・バチスト・セイ Jean Baptist Say、デイヴィッド・リカード David Recardo ら古典派の経済学者たちがようやく市場経済を自己調整力あるシステムと理解するようになった。彼らはそれぞれ経済学の原理を書いた。彼らは「供給は需要を作り出す」として、システムの自己調整力に信頼を寄せ、古典派として経済学の主流を形成した。彼らは一般的過剰生産を否定した。

　これに対し、少数の異端経済学者たちが異論を述べた。マルサスは生産力の発展に対する需要の不足、そして資本の過剰を恐慌の原因とし、シスモンディは生産に対する所得の不足を恐慌の原因として持ち出した。彼らは予定調和の均衡論に対して不均衡化を説こうとしたのである。

　資本主義的生産が確立しその信用機構も整備された19世紀半ばになってカール・マルクス Karl Marx が登場した。

　マルクスは自己調整システムとしての資本主義的生産の仕組みを矛盾のない均衡体系と理解するのでなく、その資本−賃労働関係を根本の矛盾とし、周期的に恐慌を引き起こすものと捉え、そこから資本蓄積を理解することへ向かった。ここに矛盾論・循環論としての恐慌論あるいは景気循環論の第一歩が踏み出されたのである。

　しかし、「近代社会の経済的運動法則を暴露すること」を究極の課題と宣言した『資本論』において、マルクスはその矛盾論を剰余価値の生産、その実現と流通、並びにその剰余価値の資本への転化の3分野に即して整理し統一するに至らなかった。景気循環はこの内的矛盾との関係で理解されることになったものの、資本−賃労働関係のダイナミックな循環的変化は十分解明されず、労働力の供給制約は見過ごされ、したがって恐慌は消費限界を超える一般的過剰生産恐慌とされた。

かえって労働力の供給制約はJ.S.ミルJ.S. Millによって注目され、のちに宇野弘蔵によって恐慌の基本的原因とされた。

その後資本蓄積そのものが歴史的に変化し、資本の自律が失われてゆく。だが、恐慌研究はこの重大な事実を適切に受け止めることができなかった。

いち早く資本蓄積の変化に気づいたのはマルクスであった。その重大性に気づいたマルクスは『資本論』の第二部以降の完成にすすめなかった。

R. ヒルファーディングが株式会社とその組織化、独占に着目し、恐慌の襲来が困難になる変化を指摘した。しかし、他のマルクスの弟子たちは恐慌の形態変化を指摘するにとどまり、恐慌理論そのものの彫琢も停滞した。ただ、ヴェ・イ・レーニンV.I. Leninが『帝国主義論』において帝国主義諸国間の勢力圏の分割と再分割から最初のカタストロフィ、第1次大戦の必然性を解明し、またレオン・トロツキーLeon Trotskyは諸通貨間の不均衡の累積に注目し、第2のカタストロフィ、大恐慌・再建金本位制崩壊の把握に迫った。

これに対し、古典派を継承した経済学者たちは、資本蓄積の歴史的変化に敏感に対応し、変化した状況の下で、景気循環の理論を追求した。

シュンペーターJoseph A. Schumpeterは、株式会社のもとで企業家の行う革新、新結合に着目し、企業者利潤を発展の動力とした。そしてその過程を貨幣的に助ける信用創造を定式化した。クレマン・ジュグラーClement Juglarの貢献を介して、恐慌は後景に退けられ、景気循環は好況と後退という基礎的2局面の交代となり、さらにそれは過度の楽観と過度の悲観の作用によって好況、後退、異常整理の不況、そして回復の4段階を経て循環するものととらえられた。

ケインズJ.M. Keynesは、株式資本の運動の現実のダイナミズムに一段と接近し、期待の役割に注目した。景気循環論は初めて運動論となった。ケインズはシュンペーターのように恐慌を後景に追いやることはせず、恐慌の支配的な原因は利子率騰貴にではなく、資本の限界効率の急激な崩壊にある。資本の限界効率の崩壊に伴う将来についての驚愕と不確実性とは流動性選好の急増をせきたて、そののちに利子率の騰貴が起こる、という。

しかし、彼らはともに資本の内的矛盾という考え方をとらず、したがって資本蓄積の歴史的変化の意味を理解するには至らず、カタストロフィと向き

合おうとはしなかった。

第1編　好況

　好況はイギリスで綿工業から始まった。1830年代末から40年代初頭にかけて不況は世界的に深刻で、イギリスに先駆けて好況に入る国など皆無だった。

第1章　現実資本　綿工業が主導する好況

A　好況の始まり

1842年末から東洋への綿布輸出が増加し始め、それを機にイギリス綿工業は長い間苦しんだ不振に別れを告げることになった。
すでに生産数量の7割以上を輸出するようになっていたイギリス綿工業にとって、輸出の消長は景気動向に決定的な契機であった。しかし、その輸出は久しい間ふるわなかった。1840年から1842年にかけて綿糸輸出量は増えたが、より重要な綿布輸出量が減少を続けたのであった。このため生産は綿糸、綿布ともに金額ではもちろん、数量でも減退を続けた（図1-1参照）。
しかも、この間製品価格は下がり続け（図1-2参照）、イギリスの綿工業は赤字に苦しんでいた。
ランカシアとチェシア、すなわち主要な綿工業地域を担当した工場検査官レナード・ホーナーは、1841年Ⅱ四半期の報告で次のように述べている。「私の行く先々で景気の非常な沈滞について不平を聞かされた。しかもそれは工場法適用下の全部門についてである。私はかなりの数の工場がたった4日しか操業しておらず、またいくつかの工場は損失を減らすためかそれとも関係者が破綻してしまったために全く操業を止めてしまったのを見た。機械が競売に付された後者の場合に、私はその低い売却値段の故に起こった悲しむべき財産の破壊の例をいくつも聞いた。一例では機械がまだ調子よく動く状態にありながら原コストの90％もの犠牲を余儀なくされた[1]。競売の例は当時機械が資本として容易に利潤を生み得なかった事情を物語っている。こうした綿工業の状態の悪化は1837年に始まりそれ以後中断なく続いたのであった[2]。
1841年後半には事態はさらに一層悪化した。1841年9－12月、ホーナーは彼の管轄地域において詳細な調査を行ったが、それによると、綿工業の工場総数1,164のうち、69時間未満の操業（すなわちショート・タイム）が139（11.9％）、

休業が138(11.8％)に達した[3]。しかもホーナーは、休業しても地代や機械のさびなど稼働するしないにかかわらずかかって来る費用のため莫大な損失になるので、多くの工場が損失を軽減するためにのみ操業していることを、わざわざ一節を設け固定的負担の詳しい計算をもとに説明している[4]。

綿工業の赤字には二つの原因があった。綿製品価格が下落したにもかかわらず、労賃が好況期の上昇の後高止まりしたこと、今一つ、綿花価格も綿工業の急速な発展にアメリカ綿作が追いつけず暴騰した後高止まりしたことであった。しかし、この二つの原因ともに長く続いた不況のうちに次第に解消に向かった。長く続いた不況は当然賃金の低下をもたらした。だが、注意すべきは、賃率の低下もたしかに起こっていたけれども、同じ仕事を続ける労働者の受け取り分の減少は主として工場の操短によるものだった[5]。この限りでは、賃金低下は工場主の採算に良い影響を与えるわけにはいかなかった。

しかし、この間、工場主たちは生産方法の改善・合理化を強力に推進していった。この生産方法の改善・合理化こそが賃金コストの大幅な低下に導いたのであった。

ホーナーは1841年Ⅳ四半期の報告で合理化の実態を伝えている[6]。

「過去のかなりの期間、しかし特にこの4，5年のあいだ、製品を低コストで生産しうる手段——現存の機械をより生産的にするとか、機械的工夫で手労働を置き換えるとか、また、手労働がなお必要な部面では、それを成年労働者の代わりに児童や少年によってやらせるとか——を工夫するのに発明の才が極度に刺激されてきた。

綿工場のすべての工程でこの目的はこれらの手段によって多かれ少なかれ実行に移されている。しかし、どの工程でも、最終工程の一つ、最も熟練した、したがって工場中で最高給の労働者によって担当されるミュール精紡工程におけるほど目覚ましく行われてはいない。この変化は様々な方法で実行されている。より多くの紡錘を動かせるようミュール、すなわち動軸carriageを長くすること、専門用語でダブル・デッキングdouble-deckingと呼ばれる処置によって一人にこれらの台二つの代わりに四つを担当させること、それに自働ミュールself-acting muleを導入すること、等々。この

最後の変革は主としてディーンストンのジェイムズ・スミスの発明——これにより、自働ミュールが全く新設されるときに必要なよりはるかに少ない資本投下で、手動ミュールを自働ミュールに転換できる——によってきわめて急速に進行しつつある。」

長く続いた不況は工場主たちの関心を否応なしに生産方法の改善・合理化へと向けたのであった。このほかチェシア、ウェストライディングを担当する検査官T.J.ホーウェルは、合理化の一形態として機械のスピードアップをあげている[7]。どの程度の賃金コストの低下になったかをホーナーのあげた例から拾っておこう。高番手の綿糸を産出する一工場(J.J)の賃金表は、ミュールを長くし、またダブル・デッキングを採用した結果、37年から41年にかけて次のような変化を見せた。

○ミュール2台、紡錘各480、計960錘

	L.	s.	d.
1837年における精紡工の週賃金（10週平均）	3	5	0
糸継ぎ工などへの支払い分控除	− 1	6	0
精紡工の純収入	1	19	0

○この2台のミュールが結合されて現在1台になったとすると、

現在における精紡工週賃金（10週平均）	2	15	10
控除	− 1	3	0
精紡工の純収入	1	12	10

○しかし、同じ精紡工が現在同じ紡錘数のミュール4台（すなわち1,920錘）を担当するので、

1841年における精紡工週賃金（10週平均）	4	14	0
控除	− 2	8	0
精紡工の純収入	2	6	0

○4台のミュールに対する賃金支払総額

1837年	6	10	0
1841年	4	14	0
工場主にとっての節約	1	16	0 [8]

また、自動ミュールを採用したあるマンチェスターの大工場主はホーナーに次のような手紙を書き送った。

「私は自働主軸台 self-acting head stock をミュールに使用したおかげで生じた賃金の低下等について書きます。賃金を他の費用と区別しながら手動ミュールの1838年と自働ミュールの1841年との比較をしましょう。その際ミュールによる精紡工程に限ります。梳棉室等々においては大した変化がないからです。

○固定的費用および賃金以外のすべての費用　　　労働者に支払われた賃金

	d	L.	s.	d.
手動ミュール（1838年）	0.56	15	3	4
自働ミュール（1841年）	0.70	12	18	4
約15％の節約		2	5	0 [9]

驚くべき賃金コストの低下が起こっていた。これらは先進企業の例であったとしても決して例外ではなかった。生き残るためにはどの企業も合理化を怠るわけにはいかなかったのである。

そして、このような合理化と結びついて労働者の実質的な賃下げも進行した[10]。

ミュール精紡工は相当の熟練を要し、したがって最高給を受ける彼らが、紡績専門工場で労働者の1割弱を占めていた。その賃金は産出する糸の品質、ミュールの錘数、およびダブル・デッキングかどうかの違いに応じてさまざまであったが、平均すると週賃金は23シリングぐらいであった。ところが、機械の改良によって熟練は多かれ少なかれ意味を失い、全体としては大幅に下がった。減少率はこれもまちまちだったが10〜45％に達したという。さらに自働ミュールの採用は従来のミュール精紡工——通常25歳以上の男工

——の熟練を不要にした。その代わりに登場した新しい職種の労働者には仕事仲間から「無価値の者」"cypher"という名が与えられ、熟練度の低い若年工——男工でも女工でもよい——で十分で、賃金も週9シリングで済んだ。だが、繁栄時なら若い者がやる仕事なのに、41年当時この「無価値の者」は一般に成年男工によって占められた。また、成年男工の多くがいい働き口が見つからないため、通例15～20歳の若年工の領域である糸継ぎ工 piecer にもあふれだしていた。この場合平均賃金は週14シリング以上ではなかった。これら成年労働者のあるものはミュールの改良その他の理由で精紡工程から排出された元ミュール精紡工であった。一般により年齢の低い層によって十分な仕事が同じ賃金で年上の層によって行われるようになっていた。それは児童労働者の減少に端的に集約されていた。1841年の児童労働者数の減少の理由について、ホーナーは、部分的には多数の工場が休業したためだが、主として13歳以上の少年を以前より低い賃金で雇うことが可能になったからだと指摘している[11]。

　ともあれ、合理化による賃金コストの著しい低下は、与えられた製品と綿花の市場価格のもとで採算を赤字から黒字に転換させ、さらには製品価格を値引きして販売量を増大させる——特に海外に対して——という自由を工場主に与えることになっていったといえよう。

　それと同時に、綿工業自身の内部的努力と並行して、外部の障害も徐々に取り除かれていった。綿花価格は1839年以降次第に下がり、1842年にはアップランド・ミドリングの1ポンド当たり価格は年平均 $5\frac{3}{8}$ ペンスとなった。ようやく恐慌前の最低水準を下回るにいたった。綿花価格の大幅な低下はコストへの圧迫を軽減するとともに、また製品価格の低下を導いて販売に有利な状況を作り出していった。

　このように活況への条件が整いつつあったイギリス綿工業であったが、なお1842年前半にはアメリカ貿易取引の破綻もあって需要は停滞し、破綻と休業は続き、一層の企業の破綻が予想された[12]。そして6月にはミドランドに口火を切ったチャーチスト運動がランカシア、ヨークシア、および西部スコットランドに広がった。しかし、この騒動が一段落すると、7月末ころに初めて部分的な回復がいくつかの部面で始まった。これはすぐ消えてしまったが、

1842年最後の四半期報告からホーナーの報告の調子が変わり始めた。11月の微弱な回復の後、12月から12時間以上操業の工場が増え、それに伴って工場法の侵犯、労働災害が増加し始めた。それに長い間きわめて少なかった工場の新設と拡張も久しぶりに現れた[13]。

　好転の直接のきっかけとなったのがアヘン戦争の終結、南京条約の締結（8月、批准書交換は1843年6月）であった。香港が割譲され、広東、上海など中国の五つの港が開かれ、イギリス商人は居住の権利を得たうえ、だれとでも交易することができるようになった。1840年に50万ポンドに落ちこんでいたイギリスの対中国輸出は1842年に97万ポンドに回復した。この事情に国内の豊作、穀物条例の緩和などが加わって、1842年末には繁栄の復活の見通しが開けたのであった。この見通しは翌43年の春に実現されることになる。

1) L. Horner: *Reports of the Inspectors of Factories 30th* June,1841, p.12.
2) L. Horner: *Reports of the I. F.,* Dec. 1841, p.23.
3) L. Horner: *Reports of the I. F.,* Dec. 1841, p.23.
4) L. Horner: *Reports of the I. F.,* Dec.1841, p.24.
5) L. Horner: *Reports of the I. F.,* June 1841, p.12.
6) L. Horner: *Reports of the I. F.,* Dec. 1841, p.12.
7) T. J. Howell: *Reports of the I. F.,* Dec. 1841, p.93.
8) L. Horner: *Reports of the I. F.,* Dec. 1841, p.27.
9) L. Horner: *Reports of the I. F.,* Dec. 1841, p.28.
10) L. Horner: *Reports of the I. F.,* Dec.1841, p.27, 29, 85-92.
11) L. Horner: *Reports of the I. F.,* Dec. 1841, p.19.
12) L. Horner: *Reports of the I. F.,* June 1842, p.26.
13) 工場検査官報告はメディア未発達な当時貴重な資料であったが、特にレナード・ホーナーの報告は、四半期ごとの綿工業の市況、工場経営の実態を詳しく伝えている。ただし、『物価史』を書いたT.トゥックは1842年前半すでに工業地方へ大量の注文が現れ始めたと指摘し（T. Tooke, *A History of Prices*, Vol. IV, p.47）、さらにチャーチスト運動鎮静後長く失業していた労働者たちは、大量の需要と長期の操業停止によって在庫の減少した工場主たちによってふたたびやすやすと雇い入れられた、としている (ibid., p.48.)

B　綿工業の輸出ブームと雇用増・設備投資　1843-45年

第1章 現実資本 綿工業が主導する好況

　好況は主軸の綿工業が先導する輸出ブームとして展開し、雇用増が進み、設備投資が盛んにおこなわれるようになった。この好況に羊毛・亜麻・絹工業がほぼ同調し、それはさらに関連諸産業に波及した。したがって、穀物、食料品、嗜好品の需要も着実に増加し始め、それらの輸入も動き出すとともに、農業地帯でも働き口がないという声が弱まっていった。好況は綿工業については1845年に繁栄の頂点へ達した。

1　綿工業

好況を担った標準的工場（1843-44年）

　冒頭に好況を中心的に担った標準的工場の有り様をまずつかんでおこう。いくつかの難しい推定を積み重ねなければならないが、その資本構成、生産価額、並びに製品のコスト構成はおおざっぱに表1-1のように推計される。

　標準的な40番手の太糸—粗布兼営工場の総資本額は約2.9万£、その技術的構成は52馬力の蒸気エンジン、1.45万錘の精紡機、250台の力織機に対し274人の労働力、価値構成は不変資本と可変資本の比9.0対1、固定資本と流動資本の比2.5対1というものであった。年に0.86万£（43.5万重量ポンド）の綿花を購入し、0.64万£の賃金を払って、2.36万£の綿布を生産、販売した[1]。

　この標準的工場を中心的な担い手として、イギリスは文字通り世界各地に綿製品を輸出した。綿布輸出は1842年から1845年へ数量で48.5％増加し、この間平均輸出単価は年々下がったが、綿製品輸出全体で2170万£から2610万£へ20.3％増加した（表1-2）。

市況。

　1843年の3月からランカシアとチェシアの工業都市の表情は目立って明るくなった。4月にはマンチェスターの取引はここ数年に見ない好調となった。夏から商取引は一般的に決定的な繁栄の様相に入った[2]。

　綿糸生産および綿製品生産の動向は図1-1のとおりで、綿花、綿糸および綿布価格の動向は図1-2（33ページ）のとおりである。

　マンチェスターの大工場主で貿易商のロバート・ガードナーはのちに下院の商業的苦難委員会において証言する[3]。

表1-1 イギリス綿工業の標準的工場（太糸－粗布、紡織兼営）1843-44

A 資本規模および構成

○固定資本 ——1馬力あたり£400として　　　　　　　　　　　　　　£20,800
　蒸気エンジン52馬力、精紡機（スロッスル、ミュール、自動ミュール）
　14,500錘、力織機　250台

うち	土地、建物、蒸気エンジンおよびガス施設	£10,000
	作業機	10,800
あるいは	紡績部門（1錘あたり平均　24s.6d）	£17,760
	織布部門（1台あたり　£23）	5,750

○流動資本 ——回転期間を5.5ヵ月として　　　　　　　　　　　　　　£8,320
　　　　　　　棉　花　　　435,000lbs　　　　　　3,940
　　　　　　　労働力　　　274人　　　　　　　　2,920
　　　　　　　その他　　　　　　　　　　　　　1,460

○総資本量　　　　　　　　　　　　　　　　　　　　　　　　　　　£29,120

B 年生産価値

○紡績過程

$$30.0 lbs. \times 14,500 \times \frac{89}{100} = 387,150 lbs.$$
（1錘あたり年棉花消費量）　　　　　　（屑を11％として）

$$10.2 d/lb \times 387,150 lbs = £16,454$$
（棉糸価格）

○織布過程

$$387,150 \times \underset{(屑を8\%として)}{\ } = 356,180 lbs.$$

[356,180 ÷ 1,430lbs = 249]
（力織機1台あたり綿布生産量）（織機台数）

$$15.9 d/lb \times 356,180 lbs = £23,597$$
（綿布価格）

C コストおよび利潤

				綿布1lbあたり
綿布 356,180lbs		£23,597		15.9d
うち固定資本償却				
建物、蒸気エンジン	（£10,000×2.5％）	250	⎫	
作　業　機	（£10,800×7.5％）	810	⎭	……… 0.7
棉　　　　花	（4.75d/lb×435,000lbs）	8,610		……… 5.8
賃　　　　金	（111.5d×274×50）	6,365		……… 4.3
そ　の　他	（賃金の1/2とみて）	3,182		……… 2.1
コ　ス　ト　合　計		19,217		……… 12.9
利　　　　潤	（年利潤率15％）	4,380		……… 3.0

第1章　現実資本　綿工業が主導する好況

表1-1の推計方法

A 資本規模および構成
1. 蒸気エンジン馬力数　1841年9～12月のランカシア地区の紡織兼業工場（屑による紡織兼業をも含む）平均（I.F.R., Dec. 31, 1841. App. No.1）。精紡機錘数および力織機台数はまず計算の都合上、半製品としての綿糸を売買しない一貫生産工場と考えることとし、同資料に記載されたものをはじめ、いくつかの個別工場の例を参考にしながら、また同一の紡績錘数または力織機台数に充当される動力の増加傾向を考慮に入れて、1850～51年までのそれぞれの増加（23%および32%）がエンジン馬力数増加（31%）を若干下まわるように定めた。
2. 固定資本量　王国全体の綿工場の固定資本投下量は1830年代なかばに1馬力あたり平均約400ポンドであったとみられる（BlaugによるUreの修正——M.Blaug, The Productivity of Capital in the Lancashire Cotton Industry during the Nineteenth Century, in E.H.R. XIII, p.372.）。また、当時の代表的紡績業者T. Ashtonは工場および機械のコストの変化と同一の紡織動力の増加の結果、1馬力あたり固定資本量は1835年の£500から1842年も£400に下がったとのべている（qtd. in M.Blaug, op. cit., p.372）、および1836年の織機1台あたり平均資本量（ただし新設）21～25ポンド（ibid., P.375.）を用いた推計より1割強小さい。
3. 流動資本量　のちの流動費用を年回転数（2.18）で割って算出した。1834年についてのMcCullochの推計は年回転数を2としているが、それは交通手段の発達とともに増加する傾向にあり、1856年についてのA.Baynesの推計は年回転数を2.5としている。

B 年生産価額
1. 1cあたり年綿花消費量　王国全体についての二つの推定——Mulhallは1845年について17,500千錘、（op. cit., P.158）、T. Ellisonは1844-46年について19,500千錘（op. cit., P.68.）——をもとに1843-44年の紡錘数を18,000千錘とし、1843、44年の綿花消費量517.8, 544.0百万lbsを除すと、それぞれ年28.76, 30.22lbs 0.575、0.605lbsをえる。そのうえでこの工場の平均番手を40番手とし、王国全体の平均番k手を41番手とすると（1830年代の平均番手は同時代の人々によって40番手ないし40～50番手とされており、1840年代には変化がなかったと考えられる）、この工場の1錘あたり年綿花消費量は28.76, 30.221lbs×$\frac{41}{40}$=29.48, 30.98lbsとなる。そこで年平均30.0lbs週0.6lbsを採った。なお、これは、1830年代なかばにA.Ureが40番手のばあいの1錘あたり平均綿花消費量を週0.5lbsとし、それはすぐれた紡績機および自動ミュールのそれぞれ3/4、1/2としていたが、(A.Ure, op. cit., IIp.399.) 1843-44年には平均消費量が1830年代なかばのすぐれた紡績機の水準にほぼ達したことを意味する。
2. 綿花価格　1843、44年の輸出平均価格12.215dを1845～50年における輸出平均価格のマンチェスター市場40番手ミュール糸価格（The Economist.）に対する比率1.2で除してえたもの。
3. 力織機1台あたり綿布生産量　1845年9～12月のランカシア地区の力織機数は138.7千台（I.F.R., Oct. 31, 1845, P.14.）当時王国全体の68%（1850年には71%）がランカシア地区にあったとすれば王国全体では204千台だったと推定される。1843、44年には194千台を採り、これに手織機数推定156千台を力織機26千台に換算（1/4の機械生産性、さらに2/3の稼働率とみて）して加えた220千台をもって43、44年の完成品生産量の90%（縫糸、靴下、レースなどの生産分として10%控除）を除すと、それぞれ1,310　1,410lbsをえる。1843、44年平均としては1,360lbsを採るが、この工場の使用する平均番手40番手としたのであるから、同様の計算を用いれば、この工場の力織機1台あたり綿布生産量は1,360lbs×$\frac{41}{40}$×$\frac{41}{40}$=1,430lbsとなる。
4. 綿布価格　1843、44年無地キャラコの1ydあたり平均輸出価格3.46d（T.Ellison）を5yd=1lbとして換算。

C コストおよび利潤
1. 固定資本償却率　1841年のボルトンの代表的細糸紡績工場の例を採用（H.Ashworth, Statistics of the Present Depression of Trade of Bolton, in J.S.S., V pp.74～5.）。なお、1841年の工場検査官が集めた固定的費用の計算の第1例大太糸紡績専業工場では蒸気エンジン、ボイラーおよび作業機に7.5%、電力機構に3.75%、建物に修繕費こみで3.75%の償却をみこんでいる。
2. 綿花価格　アプランド・ミドリングの1843、44年平均（T. Ellison）。
3. 労働者数　1841年9～12月のランカシア地区の紡織兼業工場平均は253人（I.F.R., Dec.31, 1841, APP. No.1.）ただし、このときは操業制限中でフル操業時には274人になるとされている。1843、44年には一方でこれらの工場がフル操業に入ったばかりか、若干の拡張をおこなったと考えられ、他方でこの数字に含まれてない当時ショートタイム中の工場や操業停止中の工場の一部——それは比較的小規模だった——が復帰したと考えられるので、そのまま274人を採った。
4. 週賃金　王国綿工業労働者1843、44年平均（G.H. Wood, op. cit., p.127.）。
5. その他コスト　大糸であることを考慮し、1841年のボルトンの代表的細糸紡績工場の例よりやや多い目にみて、賃金の1/2を採った。
6. 利潤率　1843、44年はすでに異常な高利潤の年であった（A.Wylle, S.C. of 1847-48, QQ.1994～5.）から、現実の利潤率はここに結果としてあらわされたものよりかなり大きかったものと思われる。

表1-2 イギリス綿製品の輸出と価格 1841-51

	綿　糸				綿　布			綿製品合計 (その他共)
	数量	価格	1重量ポンド当り平均輸出縄格	1重量ポンド辺り平均マージン	数量	価格	無地布1ヤール当り平均輸出縄格	
	百万 lbs	百万£	d.	d.	百万 yds	百万£	d.	百万£
1841	123.2	7.3	14.15	7.90	751	15.0	4.12	23.5
1482	137.4	7.8	13.57	8.20	734	12.9	3.64	21.7
1843	140.3	7.2	12.30	7.68	919	15.2	3.43	23.4
1844	138.5	7.0	12.11	7.24	1047	17.6	3.49	25.8
1845	135.1	7.0	12.07	7.95	1092	18.0	3.43	26.1
1846	161.9	7.9	11.68	6.81	1065	16.7	3.22	25.6
1847	120.3	6.0	11.89	5.77	943	16.2	3.59	23.3
1848	135.8	5.9	10.47	6.35	1097	15.7	2.94	22.7
1849	149.5	6.7	10.76	5.64	1338	18.8	2.88	26.8
1850	131.4	6.4	11.66	4.66	1358	20.5	3.09	28.3
1851	144.0	6.6	11.06	5.56	1543	22.0	2.93	30.1

(出所) T. Ellison, *The Colton Trade of Great Britain*, Tables I, II.
(注) 1) 1重量ポンド当り平均マージンは1重量ポンド当り平均輸出価格から1重量ポンド当り平均綿花価格（リヴァプール市場、アップランド・ミドリング）を差引いて算出。

図1-1　綿糸生産および綿製品生産

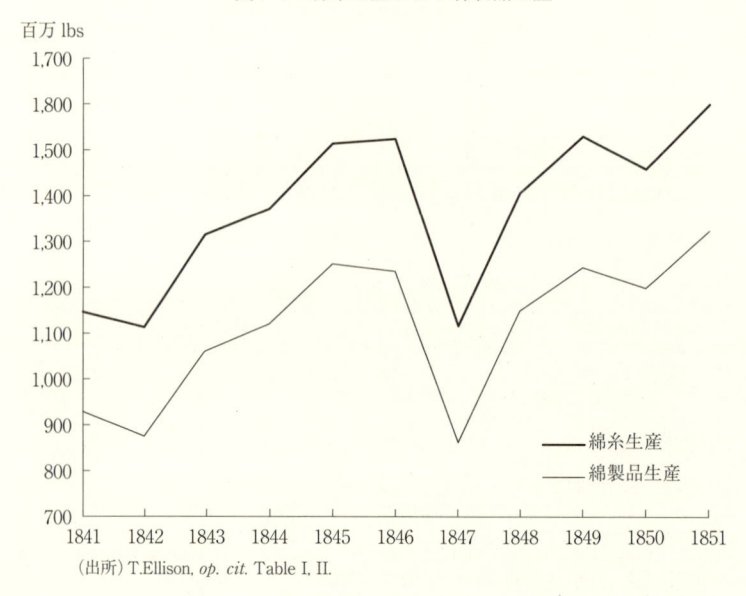

(出所) T.Ellison, *op. cit.* Table I, II.

第1章 現実資本 綿工業が主導する好況

　「中国条約が出来るや否や、わが中国貿易の大拡張について大きな見込みが生まれたので、中国市場で主に売れる綿織物を作るために多くの大工場がそれ専用に建設された。これらの工場が既存の我々の全工場へ付け加えられた。ランカシアでは、現役のパーティからも引退したパーティからも途方もない中国貿易の拡大についてのとても大きな期待が表明されたからである。」
　「3億の人に着せよう」との情熱がイギリス綿工業資本家の心をとらえたのであった。そして、中国市場への中継基地となる東インド市場もこれ以上に重要な輸出先であった。どの景気循環においても、他の市場に先駆けてイギリス製品の輸出が伸び、その後最も活気を呈し、やがて恐慌に際して最も甚だしい崩壊に落ち込む市場が常に存在する。この循環では中国、インド市場がその役割を担うことになった。
　1844年に入ると、アメリカとの商業的接触が健全な信用の基礎の上に再開され、ブラジルへの輸出も増大した。さらにヨーロッパの景気回復も始まって、ヨーロッパへの輸出も改善されることになった[4]。
　この間、国内市場でも、豊作によって需要が拡大に向かった。
　1845年は綿工業の繁栄の頂点の年となった。製品輸出はますます伸びた。西インドおよび中南米への伸びが目立ち、また北ヨーロッパへの輸出も大きく増加した。もっとも、景気上昇において先発していたアジアへの輸出はわずかながら減少に転じた。この分野では投機的な輸出の急拡大が早くも市場の溢れ（glut）を作り出すようになっていたのである。工業地帯で需要によって正当化される以上の製品の供給があったか、と聞かれ、ガードナーは「あった」と認める。「工場を作りすぎた結果、1844, 45の両年に中国向けに積み出された製品の2/3以上が利益を生んだとは信じられない。10％から70％にも及ぶ損失を出した。」ただし、彼によれば、それは予想された茶関税の引き下げが実現せず、帰り荷として持ち帰った茶の販売で大きな損失を被ったからである。「外国市場との我々の取引は商品を買う外国市場の能力によって制限されているのではなく、ここ自国内で我々がわが工業生産物の見返り品として受け取る生産物を消費すべき我々の能力によって制限されるのです」[5]。
　国内市場も一段と順調に拡大した。

製品販売・生産・原料調達。

綿布輸出は1842年から45年にかけて7.34億ヤードから10.92億ヤードへ42％（金額では1289万ポンドから1803万ポンドへ40％増）増え（表1-2）、国内消費もそれに劣らず増えたようだ。イギリス綿工業からの輸出は世界市場の隅々にまで伸びた（表1-3）。キャラコは東インド、中国、ブラジル、ドイツが主要仕向け地として抜きんでており、綿糸ではドイツ、オランダ、東インドが大きい。

表1-3　イギリス綿製品輸出市場別　1845年

	綿　糸		無地キャラコ		プリント地および色地キャラコ	
	1845	1846	1845	1846	1845	1846
	百万lbs	百万lbs	百万yds	百万yds	百万yds	百万yds
英領北アメリカ	0.9	0.7	13.8	12.5	26.7	16.5
英領西インド	0.0	0.0	13.1	13.2	22.4	19.7
東インド	15.7	18.2	165.0	193.1	27.1	20.3
モーリシャス	0.0	0.0	3.9	2.8	3.4	3.5
オランダ	21.6	24.2	13.4	17.2	12.2	11.7
ベルギー	3.7	5.1	1.9	1.1	1.1	0.5
フランス	0.1	0.1	0.7	1.2	1.4	1.6
ドイツ（ハンザ都市を含む）	41.6	49.3	16.1	17.3	26.6	25.7
ロシア	18.1	14.1	0.8	1.0	0.0	0.2
ネープルスおよびシシリー	5.0	6.2	2.4	7.3	2.0	4.6
オーストリア(トリエステ、ヴェニスを含む)	2.3	4.3	9.4	15.8	4.0	3.6
トスカナおよびサルデニア	4.5	5.3	17.2	20.9	13.3	12.4
セント・トーマス	0.0	0.0	10.7	7.5	12.3	11.6
ブラジル	0.0	0.0	46.5	60.2	36.0	35.0
チリーおよびペルー	0.0	−	22.1	36.2	30.7	20.0
トルコおよびギリシャ(サイラ、オミルサを含む)	5.8	7.5	45.2	44.2	19.8	17.2
中国	2.6	4.1	108.7	69.9	2.5	2.7
ジャワ、シンガポール、およびマニラ	0.8	1.3	30.2	21.9	14.4	11.2
アメリカ合衆国	0.1	0.0	13.3	11.5	15.6	17.0
シリアおよびパレスタイン	2.9	1.0	21.0	9.1	9.3	3.2
その他共合計	132.5	156.4	656.0	668.4	360.2	307.3

(出所) *The Economist*, 27 Feb 1847, pp.256-8.

綿工業の生産は1842年から45年にかけて綿糸で35.6％、綿布で42.4％増加した（図1-1）。

原料綿花の輸入も1841年から1845年にかけ4.30億重量ポンドから7.16億ポ

ンドへ46％増加した。圧倒的にアメリカ合衆国からで、東インドが補完的な供給を担っていた（表1-4）。

綿工業は世界市場商品である綿糸、綿布と綿花の流通を作り出し、その飛躍的増加を実現した。

労働力。
① 雇用増

このような急激な拡大は、工場操業の繁忙をもたらし、雇用増加に導いた。1843年に入ってからの工場検査官ホーナーの報告内容は全く一変して、雇用増加、工場新設と拡張、それに工場法侵犯の摘発になってしまった。ホーナーは、1馬力当たり4人とみて、1844年1月から45年4月までに18,000人の雇用増加があったと見積もっている[6]。そして好況は、不況期にいったん家庭内あるいは関連の雑業に押し戻した多数の児童を再び工場へ急速に吸収しつつあった。1843年末には7526人と年間7％増えただけだったが、44年に入ってから増勢は強まり、45年4月には12,428人とわずか16カ月に65％の増加を見せた。

1845年に入って雇用の増勢はさらに強まった。ホーナーは実態をつかむため5－9月に担当地域の1226の全工場の調査を実施したが、45年秋には221,537人（綿工業のみでは197,460人）の労働者が雇われるようになっていた（表1-5）。これは1839年2月の報告の数字と比べると、50,522人（30％）の増加である。しかも、ホーナーは、前の調査が始められた38年6月から42年11月にかけて休業や解雇による労働力減少が相当あったので42年以降の雇用増加はこの数字よりもかなり大きかったに違いない、と述べている[7]。この地域にイギリス綿工業の7割があったとして、イギリス全土では綿工業だけで8万人前後の雇用増加があったと見積もって多すぎはしないだろう。そして増勢はなお一層募る傾向にあった。

② 賃金上昇

雇用増加が進むにつれ、賃金上昇も現れてきた。1844年10月－45年4月の時期に、ホーナーは「賃金上昇があった。私はどこでも『人手が足りない』という声を聞いた」と述べ、例をあげている[8]。

表1-4　イギリス綿工業の原料棉花調達　1841-51

	輸　入			輸入合計（重量ポンド換算）	再輸出	国内消費	在庫	スペキュレーターへの売却	価　格		
	アメリカ	インド	その他共合計						リヴァプール（アップランド・ミドリング）	ニューヨーク（アップランド・ミドリング）	差
	千bale	千bale	千bale	百万lbs	百万lbs	百万lbs	百万lbs	千bale	d/lb	c/lb	c/lb
1840	1,238	216	1,600	583	39	459	207	229	6	8.9	3.1
1841	903	274	1,344	490	38	438	217	196	$6\frac{1}{4}$	9.5	3.0
1842	1,013	256	1,393	529	45	435	242	259	$5\frac{3}{8}$	7.8	3.0
1843	1,397	182	1,744	667	40	518	342	490	$4\frac{5}{8}$	7.2	2.1
1844	1,247	238	1,682	644	47	544	390	479	$4\frac{7}{8}$	7.7	2.1
1845	1,500	155	1,856	716	43	607	454	564	$4\frac{1}{8}$	5.6	2.7
1846	991	95	1,244	481	66	614	245	689	$4\frac{7}{8}$	7.9	1.9
1847	874	223	1,233	465	75	441	184	286	$6\frac{1}{8}$	11.2	1.1
1848	1,375	228	1,740	686	74	577	220	129	$4\frac{1}{8}$	8.0	1.3
1849	1,478	182	1,905	754	99	630	240	875	$5\frac{1}{8}$	7.6	2.7
1850	1,184	308	1,749	686	102	1,515	522	796	7		
1851	1,394	329	1,904	760	112	1,663	495	263	$5\frac{1}{2}$		

（出所）T. Ellison, *The Cotton Trade of Great Britain*, Tables I, II.

第1章　現実資本　綿工業が主導する好況

表1-5　イギリス綿工業の工場数、馬力数、労働者数

	L.ホーナーの管轄区			王国全土労働者数
	工場数	馬力数	労働者数	
1841.12	1,164	39,895	169,827	…
1845.4	1,226	44,277	197,460	…
1847.3	…	…	203,875	316,527
1850.10	1,185	50,286	219,274	330,924

(出所) *Reports of the Inspectors of Factories; Factories Return 1850.*
　1) L. ホーナーの管轄区とは、ランカシア、ヨークシアのウエスト・ライディングの一部、同ノース・ライディング、ダラム、ウエストモアランド、カンバーランド、ノーサムバーランドの諸州で、同地区は綿工業労働者の約2/3を含む。

　1845年に入ると、工場主の採算は微妙に変化した。人手不足と賃金上昇が著しくなってきた。「私の訪れたどこでも、私は人手不足と賃金上昇、そしてなお一層の引き上げ要求について聞かされた[9]。」

　賃金上昇を的確に捉えることは、技術変化による機械の変化、受け持ち台数の変化などが盛んに進んでいて、残念ながら不可能である。判明する資料の限りでは、表1-6のように、1841年から1846年にかけて、上質糸のハンドミュール精紡工spinnerが週給35～40シリングから50～60シリングへ、自働ミュール世話工minderが13～20シリングから17～19シリングへ、また1841年から1845年にかけて、大糸継ぎ工big piecerが10シリングから10シリング9ペンスへ、小糸継ぎ工little piecerが6シリングから7シリング6ペンスへ、清掃工scavengerが2シリング6ペンス～5シリング4ペンスから3シリング6ペンス～5シリング6ペンスへ上昇した。一番の熟練工である上質糸精紡工の賃金上昇が少々誇張されているように思われるが、他方精紡工から糸継ぎ工

表1-6　綿工業労働者(マンチェスター地区)の週賃金

	hand mule spinner (medium)	self-acting minder	piccer (medium)
	s.d.	s.d.	s.d.
1841	24, 27	13/20	10, 7/4, 9, 8, 9
1842. 3	広汎に10～12.5％のダウン	…	10
1844	22, 30/6	17, 19	10
1845, 46	23/6, 32/7	…	10/9
1848. 10	…	18/6, 18	8/1
1849, 50	21, 21	…	7/9

(出所) G.H. Wood, *The History of wages in the cotton trade*, 1910.

への職種の下方転換に甘んじた大糸継ぎ工の賃金上昇は10％に満たない。それらを除くと、10％から30％の賃金上昇があったと認めてよかろう。

　構造的過剰人口を抱えていた当時に、まぎれもない賃金率の上昇が起こっていた。合理化によるコストダウンの効果はあらかた失われることになったであろう。この賃金上昇はその分利潤を削減し、綿工業の資本蓄積を内的に制約するものに他ならなかった。なお、賃金受け取りの増加が資本蓄積を全機構的に制約することになるのは、いまひとつ消費増加による穀物、食料品、嗜好品の輸入激増を通してのちに見るとおりである。

　だが、じつはもう一つ、綿工業の資本蓄積を脅かす動きが力を増して来ていた。10時間法をめざす運動である。

③ 10時間法運動

　1833年工場法の完全実施（1836年2月）後も、工場の労働時間はしかと定まらなかった。法律では一応成人男子の労働時間については手を触れず、児童、若年者、婦人の労働時間を制限することになっていたが、それを工場主に守らせることは工場検査官にとって至難の技であった。

　というのも、社会に新しく出現した工場の実態を憂え議会で立法にあたったアシュレー卿やウルトラ・トーリイの人たちは、工場法によって児童、若年者、婦人を道徳的健康的に保護することを人道主義的に目指していた。ところが、工場主たちはこの法的規制をまぬかれようとし、他方成年労働者たちは戦術的には児童、若年者、婦人等への人道的配慮という形に乗じて、成年男子の労働時間をも制限しようとしていたのである。

　工場主がリレー制を導入すれば、制限違反を言い逃れすることができ、したがって工場の一日の操業時間を好きなように設定できた。それに工場主は法定食事時間のかじりとりまでも行った。これに対し、工場検査官たちは法律違反のかどで工場主の告発を進めたが、裁判は例外的な場合を除き工場検査官側の敗訴となった。法の抜け穴を封じるための修正法も次々に立法化されたが、それでもリレー制が認められる限り十分な成果を上げることはできなかった。このような成り行きを見ながら、労働者たちは、成年男子のみならず、女性も参加して、時間短縮委員会へ結集し、10時間法の実現へ向けての運動に取り組んだ。工場の操業時間そのものを10時間に制限すれば、既存

の工場法の抜け穴はもはや問題にならなくなり、成年男工の労働時間短縮も実現されることになるはずであった。

　法の規定を無視し、ごまかす工場主側の実力行使により社会的緊張は高まった。時間短縮委員会への労働者の結集は進み、集会は熱気を帯びた。不満をもったのは労働者たちばかりではなかった。法の規定を守ろうと考えていた多数の工場主たちも、法の公平な実施を要求した。そればかりか、開明的な工場主たちの時間短縮の実験もすでに始められていた。1844年4月からプレストンのR.ガードナーの工場で開始された11時間労働の実験では、1年間を通し、雇い主はかつての12時間労働時と同じ量の生産物を同一のコストで獲得し、労働者は、日賃金で働くか個数賃金で働くかにかかわりなく、かつての12時間労働で稼いだと同じ賃金を稼いだことが公表され、注目を集めた[10]。精紡工程では2％、梳綿工程ではもう少し多く機械スピードがあげられ、織布工程では全くスピードの変化はなかった、という。

　設備投資。
　単なる雇用増加にとどまらず、たちまち工場の新設、拡張が相次いだ。1843年の1－6月、ホーナーの担当地域で早くも55件の新投資が報告された。これらは工場新設、拡張、長い間借り手のないまま放置されていた工場の新しい経営主による再開などからなっていた[10]。さらに43年7－12月には62件、44年1月－45年4月には220件（ただし少数の羊毛および絹工業関係を含む）もの新投資が行われた。この220件のうち51件は新工場の建設で、その使用蒸気エンジン出力は1,625馬力に達した。このほか既存工場においても合計1690馬力のエンジン出力増加がみられた。しかもこれらの数字はなお不完全なもので、ホーナーは再開分も合わせてこの間の蒸気エンジン出力増加を4,500馬力と見積もっている。また、確かめることができただけでも、この間の力織機増加は8,542台に達した[11]。

　設備投資がピークを迎えたと思われる1845年5月以降の数字が得られないのが残念だが、1845年5－9月のホーナーの担当地域の全数調査では、1,519の企業が2,068の工場を経営するようになっていた。これらの工場の動力は1,552台の蒸気エンジンで44,338馬力、水車515台でその推定出力は5,413馬力、合

計49,751馬力であった[12]。これらの数字を1839年2月に行われた報告の数字と比べてみると、529工場（34％増）、10,041馬力（25％増）の増加であった。しかもこれはすべて42年11月以降に起こった変化である。力織機台数は1835年としか比較できないが、当時はこの地域にたった6.4万台しかなかったのである。

　利潤率。
　1843，44の2年間、綿花価格はアメリカの豊作もあって低水準にあり、綿糸・綿製品価格もやはり低水準にあった。ところで注意すべきことに、1843，44年の綿糸の平均マージンを見ると、1842年前よりむしろ小さくなっている（表1-2）。これは生産方法の改善による製品価格の低下がなお続いていたことを示していると思われる。いち早く輸出拡張によって活気を呈したイギリス綿工業は、この時期にはなおもこのような製品価格低下によって自らの市場を作り出していったといえよう。ただ、最終的消費に近かった綿布価格は、活発な需要に支えられ綿花、綿糸価格と同じほどには下がらず、44年にはむしろ多少上向いた。この時期には、紡績部門より織布部門がいち早く高利潤をあげていたとみられる。これは1843年から1844年にかけての好況初期および中期を特徴づける。綿工業のこのような好調が好況の原動力であった。
　しかし、1845年に入ると、工場主の採算は微妙に変化した。先にみたように10～30％の賃金上昇が実現されたのだとするなら、この賃金上昇は合理化によるコストダウンの効果をあらかた失わせることになったであろう。
　ただ、この時アメリカ綿花は未曽有の大豊作で、それに綿花関税の廃止も重なり、綿花価格は一層下がった（図1-2）。1重量ポンド当たり4ペンス台の低水準にとどまって、工場主の好採算の維持に寄与した。
　そして、綿糸価格と綿布価格は対照的な動きを見せた。綿糸価格はかなり上昇し、綿糸―綿花マージンは大幅に増加した。紡績部門には利潤率のピークが訪れたのである。リヴァプール商人A.H.ワイリーが上院秘密委員会の証言でその事実を語っている。「1845年末には（綿紡績よりも）より有利な事業は何もなく、これほど大きい利潤をもたらす事業は何もありませんでした。1845年には綿花在荷がたくさんあって、良質な手頃な綿花が1ポンド当たり4ペン

第1章 現実資本 綿工業が主導する好況

図1-2 マンチェスター市場の綿花、綿糸および綿布価格

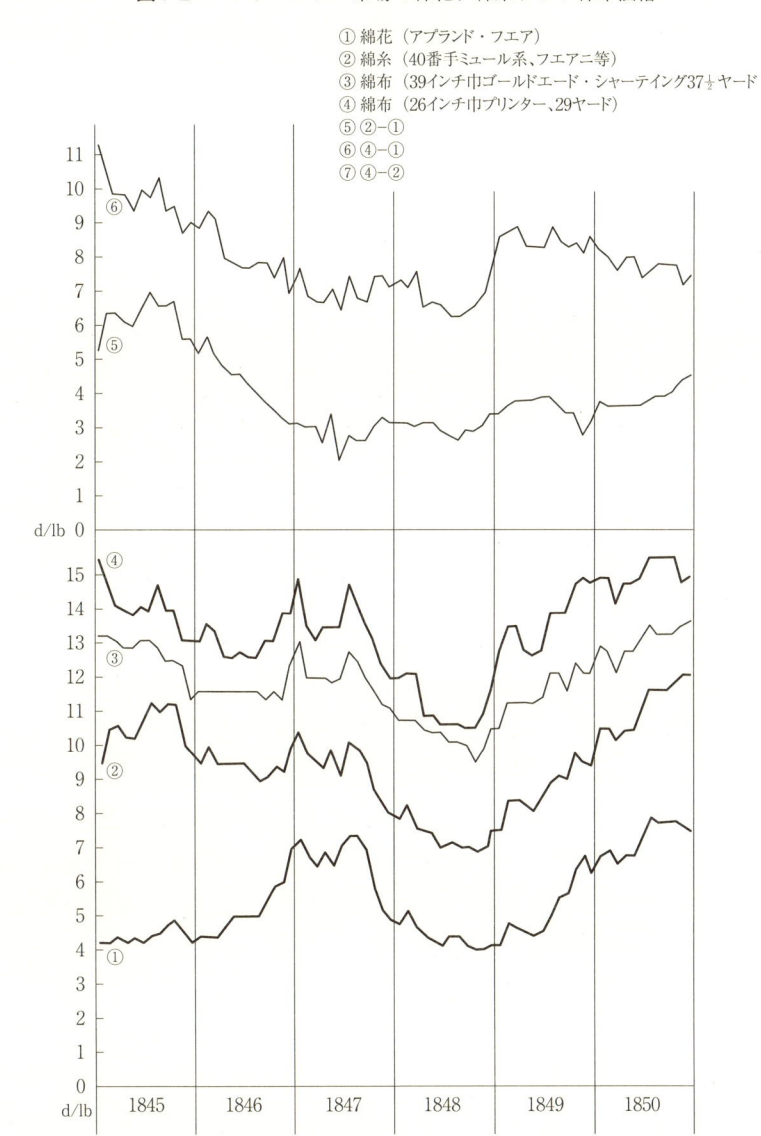

① 綿花（アプランド・フエア）
② 綿糸（40番手ミュール糸、フエアニ等）
③ 綿布（39インチ巾ゴールドエード・シャーテイング37½ヤード）
④ 綿布（26インチ巾プリンター、29ヤード）
⑤ ②−①
⑥ ④−①
⑦ ④−②

(出所) *The Economist* 商品市場欄
(注) 1. 各月第3週の数字
    2. 綿布価格はそれぞれ8ポンド4オンス、4ポンド2オンスに対するものを1ポンドあたりに換算して表示。

33

スで得られました。そしてその綿花からは良質の40番手2等撚り糸を同じ程度の経費で紡ぐことができました。すなわち、紡績業者にとっての総経費はおよそ8ペンスでした。45年9月と10月にこの糸が大部分1ポンド当たり$10\frac{1}{2}$－$11\frac{1}{2}$ペンスで実際に売られ、また契約されたので、若干の場合に紡績業者は綿花の輸入価格にも等しい利潤をあげました。」「もちろんこのような利潤は極めて長期に続くはずはありません。しかし事実についていえば、紡績業者の非常に大きい利潤は1844年と1845年のあいだ得られました[14]。」

これと反対に綿布の市場価格は下がってきた。東洋市場の溢れ、現地における在荷増大の傾向が早くもマンチェスター市場の綿布需要に影響し、見込み需要によって一時上押しした価格の低下に導いたのであろう。したがって、綿布—綿糸マージンは著しく低下した。真っ先に好況に入った織布部門ではあったが、賃金上昇も進んでもはや以前のような利潤率は望めなくなっていたのである。A. H. ワイリーによれば、「彼の（織布業者の）高利潤は紡績業者のそれよりも早めに始まり、また早めに落ちたと思う。多分始まりは中国貿易の開始からであった[15]。」好況初期に華々しく伸長したアジア市場への輸出が頭打ちから縮小に転じ、それとともに最も潤った部門がいち早く利潤率低下に見舞われる——これは最好況をくりかえし特徴づける重要な現象であった。

ともあれ、工場主や綿製品の売買に携わる商人たちは後から後から流入する巨額の利潤の使い道がなかった。もちろんすでにみたように綿工業の拡張へもどんどん投資されたが、それだけでは使いきれなかった。それでこの余剰分は次々に鉄道株へ買い向かったのであった[16]。また貿易商人の一部は自分が管理などできもしない植民地のプランテーションの投機にも向かった。恐慌の後に判明したその最たるものはモーリシャス諸島の砂糖プランテーションへの投機であった[17]。それに、価格の下がったのを利用して、大量の綿花の投機的な買い付けが行われた。スペキュレーターの綿花買い付け量は56.4万ベールにも達した。リヴァプールの綿花在庫は空前の大膨張を記録した。1845年末の4.01億ポンドは実にその年の国内消費量の8カ月分に相当した。これはのちのちまでイギリス綿花在庫の最高記録として残ることになる。この年にはリヴァプール—ニューヨーク間の綿花価格差は例外的に1ポンド

当たり2.7セントも開いており、この大きな価格差がリヴァプールへ綿花を引き寄せる作用をしていた。

しかし、1846年秋から1847年にかけて、一転して綿工業の利潤率は惨憺たる状況に追い込まれることになる。

アメリカ綿花の不作から綿花価格が上昇に転じ、他方在荷累積に悩む製品価格は歩調を合わせて上がるはずもない。賃金上昇がまともに響かないわけにいかなかった。

2 農業―穀物、食料品、嗜好品

農業部門は産業編成および景気循環において全く周辺に位置していた。しかし、農村は、都市住民の生活に必須の穀物および食料品、工業原料を供給し、他面で都市諸工業の工業製品の買い手であった。そればかりか、潜在的過剰人口のプールとして労働力の供給源でもあった。とはいえ、資本家経営が広がっていたものの、機械化はまるで進んでおらず、しかも非市場的な自給的部分も相当残していた。それで景気循環の波に主導的に参加してはいなかった。

ただ、農産物、特に主食の穀物それに食肉類はすでに輸入に依存する傾向が進んでおり、また砂糖、それに茶、コーヒーなど嗜好品は植民地産品として全く輸入に依存することになっていた。したがって、それらの貿易動向はむしろ景気に敏感で、景気循環において主軸の運動に対極的な地位を占めたのである。

工業地方の好況への移行にも拘わらず、1840年代半ばまで、農業地方は依然として潜在的過剰人口の重荷を抱え込んでいた。農業労働者の働き口がないという声は大きかった。これは3年ないし4年も続いた不況が都市への労働力吸収を妨げてきたので滞留する農業労働者が増えたためであった。

1845年になっても、ブランドフォードの例で、農業労働者の賃金は成人男子で週給6〜8シリング、子供は1〜2$\frac{1}{2}$シリングであった。ここから家賃を差し引かれる[18]。1846年初頭、ウィルツシアのチチェスターで開かれた救済要望の集会で、多くの夜ひもじいままでベッドに入る農民、農民に買う金がないため村に肉屋がない、靴下も買えないなどの窮状が語られている[19]。

しかし、都市の雇用増加が進むにつれ穀物、食料品、嗜好品等の消費も増え始め、それらの輸入も動きだした。そして穀物、食料品、嗜好品などの市場がこの時期の商取引の花形に躍り出るのである。

　1844年の大豊作で穀物価格は下がり気味で、輸入もいったん激減してしまった。しかし、この間穀物消費は着実に増加した。1846年6月ごろ、すでに製粉工場主、ブローカー、その他あらゆる中間商人の手元在庫は払底してしまっていた。ランカシアのある部分では手持ち不足が大きい不便を生み出していた[20]。もっともこれは、6月26日の新関税（1クオーターあたり4ペンス）待ちで約2百万クオーターの小麦が保税倉庫に留め置かれたためでもあったが、関税改正後この2百万クオーターは瞬くあいだに国内へ吸収されてしまった。

　商品価格は全体として1843年に底をついた（図1-3）。輸入商品価格は、相次ぐ関税軽減のため全体に低下傾向にあったが、ともかく43年にはその傾向が止まった。個別に見ても、たばこは42年9月、砂糖、コーヒーは43年1月、茶は43年9月に底をついている（のちの表1-10）。そして、「1844年の初めの数カ月、現実あるいは見込みの供給不足といくつかの重要商品における増大する需要とが重なって植民地産品の市場では価格の上昇傾向が最も著しかった。そして注目の的であった[21]。」まず砂糖に、続いて茶、コーヒーにはっきりと上昇を確認できよう。ただ中国貿易を除けば、輸入農産物市場に投機は見られなかった。ともあれ、このような刺激を受けて農産物の輸入は増加を始め

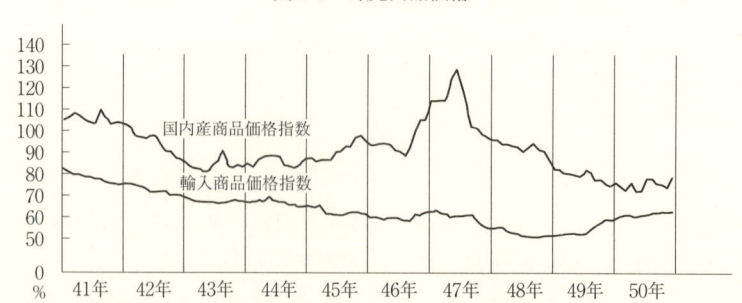

図1-3　卸売商品価格

（出所）A.D. Gayer, & c, *The Growth and Fluctuation of the British Economy 1790-1850*, Vol.I pp.468-9.
（注）1821-5年月平均を100とする。

た。1843年には茶、砂糖、タバコの、1844年には茶、コーヒー、ワインの輸入が増加した。中でも茶の輸入増加が43, 44年と著しい。茶は中国からの主要な帰り荷であった。ただ1844年には、砂糖、ラム酒、煙草の輸入はかえって減っており、まだ足並みをそろえて力強い増加に入り込んだわけではない。しかも44年半ば過ぎにはいくつかの例外を除けば農産物市場の価格はやや低下した[22]。

もっとも、この間穀物輸入は、1842年8月から1844年7月にかけかなり多かったが、次第に減る傾向にあった。そして44年の大豊作のためにその後激減してしまった。穀物価格も全体に下がり気味で平静であった。

このように農業、そして農産品の輸入は確かに好況の影響を受けて動き出していたとはいえ、それは綿工業を中心とした工業製品輸出増加からはかなりたち遅れていたといってよかろう。

1）1843-44年の標準的工場の詳細については、川上忠雄『世界市場と恐慌』上巻、39－42ページを参照せよ。
2）T. Tooke, *op. cit.*, vol. IV, p.50, 52.
3）R. Gardner: *S.C. of 1847-48*, Q.4872.
4）T. Tooke, *op. cit.*, vol. IV, p.55.
5）R. Gardner: *S.C. of 1847-48*, Q.4874.
6）L. Horner: *Reports of the I. F.*, April 1845. P.19.
7）L. Horner: *Reports of the I. F.*, Oct. 1845, p.3.
8）L. Horner: *Reports of the I. F.*, April 1845, p.19.
9）L. Horner: *Reports of the I. F.*, Oct. 1845, p.13.
10）L. Horner: *Reports of the I. F.*, April 1845, p.18-19.
11）L. Horner: *Reports of the I. F.*, June 1843, p.13.
12）L. Horner: *Reports of the I. F.*, April 1845, p.18.
13）L. Horner: *Reports of the I. F.*, Oct. 1845, p.13.
14）A.H. Wylie; *Lords' S.C. of 1847-48*, Q.1995.
15）A.H. Wylie; *Lords' S.C of 1847-48*, Q.1994-96
16）L. Horner: *Reports of the I. F.* Oct. 1845, p.13.
17）*The Economist*: Wages of Agricultural Labourers, Mar. 29, 1845.
18）*The Economist*: Condition of Agricultural Laboureres, Jan. 10, 1846.
19）*The Economist*: The Corn Bills and the State of Parties, June 13, 1846.
20）T. Tooke, *op. cit.*, Vol. IV, p.55.
21）*Ibid.*, Vol. IV, p.58.

C 綿工業の輸出頭打ちと農産物輸入激増・不作、そして不均衡化 1846-47初

1846年に入ると景気の様相は一変する。主軸の綿工業は輸出と生産の高い水準を維持するが、もはや満足に利潤をあげることはできず、力強い牽引力を失ってしまう。それには主軸の資本蓄積自体の行き詰まりが原因となる。しかし、様相を直接劇的に一変させたのは副軸鉄道業の動向であった。鉄道株投機とその破綻、それに続く大鉄道建設である。そして綿工業の繁栄に鉄道業のこの大投資、とてつもない建設労働力吸収が加わって、農産物の輸入激増を引き起こした。しかもこの時ジャガイモの病害がヨーロッパ大陸西部に広がり、特にジャガイモを主食としたアイルランドに飢饉を引き起こすことになる。イギリス貿易収支のバランスは決定的に崩れていった。

1 綿工業

市況。

綿工業の状態は1845年秋から暮れにかけて、アジア市場の行き詰まり傾向と鉄道株投機に絡む貨幣市場の異変によってにわかに悪化した。ホーナーは次のような報告をしなければならなかった。「10月の末近くなって、景気の回復後はじめて私は織布専門工場でショートタイムをやっているのを聞いた。これはここしばらく製品の販売価格がかなり生産コストを割っているという確かな証拠である[1)]。」さらに12月になると、「ランカシアおよびヨークシアの工場中心地からの報告は月中続いた非常な不振の一色である。多分先月の報告のほうがましであろう。殊にマンチェスターからのはそうである。この月中ショートタイムが多かれ少なかれ綿工業、羊毛工業の工場で拡がった[2)]。」1846年2月には見込みによる大量の綿花輸入を抱え込んでいたリヴァプールで大商人の破綻がいくつか起こった。さらに業界報によると、「商業の様々な部門が厳しい不振である。価格の継続的な下落があるばかりでなく、どのような犠牲を払っても商品を売り切ることが極めて難しい。インドおよび中国貿易が特に苦しんでいる。それらの地域からの主要輸入品である茶、イン

ディゴ、綿花等々の価格はいつになく低い。工業地帯では製品の在庫が累積しつつある。そして一般に取引に活気がないことは明らかである[3)]。」

結局、これらを総合して見ると、貨幣市場の逼迫が、すでに常以上に手形割引に依存するようになっていた商取引——特に製品販売——の円滑な進行を著しく害し、取引量のかなりの縮小をもたらした。そして製品需要の縮小が製品在庫の累積へ導き、価格の低下を生んだ。そして、すでにマージンの低下していた織布専門工場を先頭にショートタイムを採用しなければならなかったのである。

この不振からの回復はゆっくりしたものであった。1846年1月にランカシア、ヨークシアの状態は決定的な改善へと転換したかに見えたが、2月にはふたたび停滞した。労働者にとっての働き口の不足は大したものではなかったが、活動は低水準にあり、新規の注文がなかった[4)]。3月も同じだったが、マンチェスターの不活発さはリーヅのそれよりも目立っていた[5)]。6月、年初に比べると取引の量が増え、利潤の多いものになった[6)]。この状態もなお不安定だったが、ようやく8,9月になって、かなりよい価格で着実な需要が綿工業をとらえたのであった[7)]。

しかし、1846年10月、「工業地方の状態は思わしくない方向へ変化した。根本的な消費の低下があらわれた。ショートタイムへの依存はマンチェスターおよびランカシアの綿工業都市でごくふつうのことになった。…一般の意見では、主に食料の高価格が収入の余剰分を工業都市へ向けるのを削減したために内外の消費減少が起こったとしている。・・・この要因は国内より国外で強く働いているように見える[8)]。」ヨーロッパ全土を襲ったジャガイモの病気が綿工業に、いや経済全体に影響し始めたのである。他方で、9月末からはアメリカ綿作不良の知らせが綿花価格上昇をもたらし始めた。すでに上昇傾向にあった綿花価格は急騰した。8月初めに1ポンド当たり$4\frac{3}{4}$ペンスだったフェア・アプランドが、12月末には$7\frac{1}{2}$ペンスに達した。ただ12月には、先高見込みで綿製品の需要も跳ね上がって、工業地方は一時的にむしろ活気を呈した。しかし、この投機も翌1847年1月に反動が来て収まると、後には綿工業の一層悪化した状態が残った。2月にはショートタイムと失業の増加が著しくなった[9)]。

製品販売・生産・原料調達。

1846年の綿布輸出はほぼ横ばい、これまで微減を続けてきた綿糸輸出のほうがかなり増えた(図1-1)。

織物輸出の太宗をなした無地キャラコとプリント地および色地キャラコの各市場別輸出の変化を見ると(26ページ、表1-3)、1846年には、全体としてプリント地および色地キャラコの輸出がひどく落ち、代わりに無地キャラコの輸出がある程度伸びたのであったが、両者を総合してみると、東インド向けを始め、地中海沿岸およびその他南ヨーロッパ地方向け、ブラジル向けなどが顕著に増加したのに対し、中国、ジャワ、シリアなど大部分のアジア市場向け、および英領北アメリカ向けが激減、トルコ、中南米(ブラジルを除く)、アメリカ合衆国、北ヨーロッパ向けがほぼ同一水準を保ったのであった。中でも注目されるのは中国向けの異常な減少で、それだけで他の諸国向けの輸出増加をほとんど相殺してしまっていた。

最後に、綿製品輸出全体では、数量としてはなおわずかに増加したが、価額では若干の後退があったということになる。主軸の綿工業の輸出力に現れたこの深刻な衰えはもはや覆いがたいものであった。

綿糸輸出の増加は、鉄道株投機に絡んだ金融逼迫と利子率上昇によってもたらされたイギリス商業界の一種の反省——すなわち綿糸価格の低下——が、ヨーロッパの挫折を見なかった好況に対して有利な条件を作り出したからであった。綿布の場合にも、すでにあらわれていた価格下落傾向に加えて、金融逼迫による一層の反省が、部分的には輸出増加を導いたものと思われる。しかし、綿布の場合にはもはや全体としての輸出増加を見ることはできなかった。この原因は、なんといっても中国市場の甚だしい市場の溢れglutとその他多くの市場における同様な在荷累積にあった。ワイリーは証言している。「私自身の確信するところでは、1844, 45年および46年の一部において取引は紡績業者にとって極めて有利なものでした。したがって、工場と機械の拡張は原料供給によって保証されない程度にまで推進されました。かくして、46年には、国の内外を問わずほとんどすべての我々の市場が製品であふれてしまったのです[10]。」

綿製品輸出の頭打ちは自由主義時代イギリスの景気循環において最好況期からその末期にかけてをきまって特徴づける現象であった。それは、綿製品価格の不振あるいは流通期間延長を通して綿工業の利潤率の低下をもたらすものであり、そのようなものとして綿工業の好況牽引力の喪失、<u>綿工業を主軸とする資本蓄積の限界の表面化</u>を意味するものに他ならなかった。
　ただ、それは、ワイリーの言うように単純に工場生産の拡張が市場をあふれさせてしまったというだけでは済まない。輸出頭打ちには、海外市場の溢れとともにいまひとつ活発な国内需要による国内価格の堅調、上昇が原因として働いたと考えられる。イギリスの資本蓄積が限界に達し、にもかかわらずイギリス商業圏が海外市場との関係で不均衡な拡大を続けようとするなら、輸出頭打ちがいずれかの原因によって表面化してこざるを得ない。その際、運輸通信機関の未発達を背景に、新市場の解放というような多分に不確実な条件を契機として輸出が投機的に拡張される場合には、前者の面が強く出ることになるが、運輸通信機関が発達し新市場というような条件がない場合、殊に海外の資本主義諸国と相互促進的に景気が上昇するような場合には、後者の面が強く出ることになったといえる。当時は未発達な運輸通信機関の時代として、また世界市場の外延的拡大の時代として、ほとんどの景気循環を投機的拡張が彩ったのであった。1840年代の景気循環では「3億人に着せる」というフレーズとその結果としての市場の溢れが主要な側面をなしたことは言うまでもない。それに1840年代の景気循環では、海外と相互促進的に景気を上昇させる手段としていつも作用したイギリスからの海外投資が、とてつもないイギリス国内の鉄道建設ブームによって頭を押さえられてしまったのであった。
　生産を見ると（図1-1）、綿糸生産が一段と伸びて15.7億重量ポンドのピークに達した。綿織物のほうはわずかに落ちたが、ほぼ前年のピークの水準を保った。国内需要のある程度の伸びに支えられ、輸出の深刻な頭打ち傾向の中でランカシアの活動は全体として1845年と同じ、あるいはややそれを上回る水準にあったといえよう。ただ、生産面でも頭打ちが表面化したことは争えない。
　原料調達へ眼を移すと、輸入の激減が起こっていた。1846年の輸入量は前

年の2/3にすぎなかった(表1-4)。金融逼迫とリヴァプール綿花商の破産が響いて、投機的傾向は一掃され、リヴァプールへ綿花を引き寄せる役割をしていたリヴァプール価格のニューヨーク価格に対する高水準も是正されたからである。空前の規模に達していた綿花在荷は急速に減少していった。鉄道株投機破綻を契機とする反省はこの部面に最大の効果をもたらした。原料輸入におけるこのように徹底した反省は、多くの場合恐慌によってはじめて起こるものであったが、1840年代の循環では鉄道株投機の攪乱的影響がいち早くそれをもたらした。その意味では綿花市場は複雑な様相を呈していた。

　だが、綿花市場には他方でもう一つの注目すべき事態が進行しつつあった。綿花価格上昇が1846年4月ごろからはっきり表れてきた(図1-2)。金融逼迫と利子率上昇によっていったん中断されていた価格上昇は1846年秋までは他の循環と比べると比較的弱かったが、その後急騰する。この綿花価格上昇もまた最好況期に必ず現れる重要な現象であった。景気循環の初期にまず綿織物価格が少々、次いで綿糸価格が、そして末期に綿花価格が派手に上昇するのである。この綿花価格の上昇は実際にはほとんど常に綿作不良と結びついて生ずるのであったが、単なる偶然的自然条件によるとばかりは言えなかった。各循環に必ず現れてくることから、主要綿作地であるアメリカにおいて、綿工業が需要するだけの綿花を供給しきれない制約が働いたと考えられる。その制約とは、農業生産そのもの、土地、および労働力の三つであったろう。農業においては生産が生物体をとおして行われることによって根本的な制約を受けているのであるが、さらに、地代の存在と開拓に一定の期間と費用を要したことが景気循環におけるラグを不可避にしたと考えられる。当時のアメリカでは地代はほとんど無視しえたし、開拓も比較的容易だったとみられるが、それでも例外とはいえまい。それにまた、アメリカの労働力不足が構造的なものであった。綿作は奴隷労働に頼っていたとはいえ、アフリカからの新規供給はすでに止まっていたのだから、類似の制限が働いたといわねばならない。

　綿花価格のこの上昇は当然にも綿糸、綿布価格の底上げをもたらした。すでに頭打ちとなっていた綿製品輸出がこれによって手痛い打撃を受けたことは言うまでもない。ともあれ、この面にも、はっきりとイギリスの<u>綿工業を</u>

<u>主軸とする資本蓄積のもう一つの限界が表面化してきていたのである。</u>

　労働力。
　さらに、工場内の労働力にも綿工業の資本蓄積を脅かす重大な限界が表面化してきた。
　一つには、雇用増とそれに伴う賃金上昇。
　雇用は一時の不振を脱してから1845年のピークを少々上回ったようである。児童労働者数も1845年10月から1846年4月にかけてなお2000人ほど増加した[11]。
　賃金上昇を的確に捉えることは、技術変化による機械の変化、受け持ち台数の変化等があって、残念ながら不可能に近い。判明する資料の限りでは[12]、1841年から1846年にかけて、上質糸のハンドミュール精紡工spinnerが週給35〜40シリングから50〜60シリングへ、自働ミュール世話工minderが13〜20シリングから17〜19シリングへ、また1841年から1845年にかけて、大糸継ぎ工big piecerが10シリングから10シリング9ペンスへ、小糸継ぎ工little piecerが6シリングから7シリング6ペンスへ、清掃工scavengerが2シリング6ペンス〜5シリング4ペンスから3シリング6ペンス〜5シリング6ペンスへ上昇した。一番の熟練工である上質糸精紡工の賃金上昇が少々誇張されているように思われるが、他方、職種の下方転換に甘んじた大糸継ぎ工の賃金上昇は10％に満たない。それらを除くと、10％から30％の賃金上昇があったと認められよう。
　この賃金上昇はその分利潤を削減し、綿工業の資本蓄積を内的に制約するものに他ならなかった。
　だが、この分野ではもう一つ、綿工業の資本蓄積を根本から脅かす動きが力を増し、ついに確かな成果をつかんだ。十時間法を目指す運動である。
　1846年1月にアシュレー卿によって下院に提出された十時間法案は否決されたが、1847年1月に再度提出されると、その間の政治状況の変化に助けられ、議会を通過した。
　十時間法成立以前に11時間労働の実験はあったが、10時間労働の実験は皆無だった。開明的工場主の意図をも超えていたのである。工場主たちは剰余価値の生産そのものを脅かされたわけで、そのようなものとして綿工業の資

本蓄積にとっての重大な内的制約にほかならなかった。

　工場の労働日を10時間に制限することは成年男子労働者の労働時間を始めて確定的に10時間に定めることであった。それまで若年工や成年女工のシフトとリレー制によって成年男工の労働時間を12時間あるいはそれ以上に確保してきた工場主たちは、その資本蓄積に大きな打撃を受けないわけにはいかなかった。ただ、長時間労働が労働者の注意力を弱め、製品のキズものを増加するなどの弊害に気付き、大工場主あるいは開明的工場主たちは自主的に労働日の縮小に向かい、しかも以前と変わらぬ生産量を確保するという方向に向かい始めていたから、彼らにとって打撃は比較的小さかったであろう。だが、そうでない多数の工場主たちにとっては、法の完全実施は耐え難い負担をもたらした。

　設備投資。
　ホーナーの関心がこの時期他の分野に移ってしまい、工場検査官報告から設備投資の変化を立ち入って知ることはできない。

　利潤率。
　綿工場主の利潤は低位に落ちてしまった。綿糸布価格は弱含みの横ばいを続けたのに綿花価格がはっきり上昇し、マージンはつるべ落としに落ちていったし（図1-2）、賃金はほぼ同一ないしなおもやや上昇したのだから当然である。ワイリーとガードナーが証言している。「1846年の初めまでは取引は引き合っていました。」「(1846年のはじめには) 大量の取引を行っていました。しかし利益なしでした[13]。」二人の微妙な食い違いは見ている対象の糸と布の相違による。賃金上昇は1845年にすでに相当程度に達していて、本来利潤に対する脅威になっていたはずなのであるが、海外への過剰輸出とその海外在荷の手形によるつなぎ金融によって維持された製品価格の高水準によって多分に隠蔽されていた。ところが、その隠蔽作用が鉄道株投機の破綻に伴う反省によって多少禿げたところへ、綿花価格上昇が加重的に作用する結果となったのである。
　生産は高水準を維持したとはいえ、工場主にとって事態は1845年とは雲泥

の差があった。

　なお、隠蔽作用について若干ふれておこう。

　海外への過剰輸出およびその在荷金融によって維持された製品価格の高水準は、国内活況と信用膨張による国内製品価格の高水準とともに、資本の内的矛盾の直接的な発現である採算の悪化を隠蔽することになる。しかし、それは隠蔽しおうせるものではない。両者ともに海外の商業圏に対するイギリス商業圏の行き過ぎ、不均衡化として、すなわち、具体的には、一方で輸出頭打ち傾向、他方では需要増に追い付けない原料綿花価格の上昇傾向として、現れてこずにはおかなかった。先にみた輸出頭打ち傾向と原料綿花価格上昇傾向とは、資本の内的矛盾の工場主のもとでの直接的発現を隠蔽しつつ、それを歪曲して対外的に、すなわち、海外との関係において表現する形式に他ならなかったといえよう。ところで、このような隠蔽作用は常に採算の悪化を隠蔽しきったというわけではもちろんない。殊に1845年秋以降のような金融逼迫と利子率上昇があれば、その作用は多かれ少なかれはげてしまう。そして、採算の悪化がそのものとしてあらわれてくる代わりに輸出がある程度活気を取り戻すことになる。ただ、すでにみたように、1846年には、国内製品価格下落にもかかわらず、中国市場の極端な溢れもあって輸出がさほど伸びず、採算悪化と輸出頭打ちの両者が重なって表れたのである。

2　羊毛、亜麻、絹工業

　主軸的連関の一翼を形成する羊毛、亜麻、絹工業は、好況の当初から綿工業とほぼ同一の動向を示してきたが、この時期にも同様であった。製品輸出の頭打ちないし減少、生産地の不活発、原料輸入の著しい減少などが共通して見られた。

3　その他諸産業

　海運・造船業、建築および建設業は主軸綿工業とは明らかに異なる動きを見せた。

　生産財的・内需的性格の強いこれらの産業は機械化も遅れていたから、まず好況に入るのが遅れた。主軸的連関が好況に入り、その影響を受けて好況

に入った。入港船舶数はたちまち大増加を実現し(表1-7)、造船業は、鉄道株投機とその破綻による金融の変調の影響を大して受けることなく、1846年に入って生産は一段と伸びた。増勢は1847年にまで続き、造船業は建築および建設業ともども1847年にピークを迎える(表1-8、1-9)。

　ともあれ、主軸の綿工業を中心とする繊維工業部門とこれら造船、建築および建設などの部門のあいだには動向の著しいズレが生じていた。このズレがこの時期を他の時期と区別する基本的な特徴となっていた。一方は機械制大工業として確立した狭義の工業industryであり、他方はそれに対し生産財的、内需的に媒介的な役割を果たす部門であった。狭義の工業、殊に綿工業においてこそ好況への内的準備が進行したのであったから、好況に入る過程で一定のラグが生じたのは当然のことであったが、1846年の時点で生じたズレの原因をこのようなラグに帰着させるわけにはいかない。というのは、この時期には、好況の原動力だった綿工業とその他の繊維工業に対してすでにその資本蓄積を制約するネガティヴな力が働いていたのに、他方これらの生産財的、内需的な諸産業にはいまだ働いていなかったからである。利潤率の不均等が明らかに逆転していた。しかも、この不均等は、生産財的、内需的諸産業の高蓄積が繊維諸工業の内需を増加することはできても輸出需要をもち直させるはずもなく、それにすでに労働力需給が余裕を失っていた以上、資本移動による調整も困難であった。利潤率の不均等はもはや経過的なものとはいえなかった。調整しようのない不可逆的な不均等であった。ここにも綿工業を主軸とする資本蓄積の継続を妨げるもう一つの内的制約、部門間不均衡

表1-7　入港船舶トン数

	連合王国および植民地籍	外国籍	計
	千トン	千トン	千トン
1842	2,146	845	2,991
1843	2,288	908	3,198
1844	3,087	1,144	4,231
1845	3,670	1,354	5,024
1846	3,623	1,408	5,030
1847	4,239	1,852	6,091
1848	4,026	1,559	5,579

(出所) The Economist, *Trade and Navigation Supplement*.

第1章　現実資本　綿工業が主導する好況

表1-8　造船トン数

	帆　船	汽　船	合　計
	千トン	千トン	千トン
1841	148.2	11.4	159.6
1842	116.2	13.7	129.9
1843	77.0	6.1	83.1
1844	88.9	6.1	95.0
1845	112.3	10.9	123.2
1846	109.4	16.0	125.4
1847	129.7	16.2	145.9
1848	107.2	15.3	122.5
1849	105.5	12.5	118.0
1850	119.1	14.6	133.7
1851	126.9	22.7	149.6

（出所）B.M. Mitchell, *Abstract of British Historical Statistics*.

化が生じていたのである。

　そればかりではない。輸出産業である綿工業は海外との関係で、すなわち市場の溢れによる輸出頭打ちと原料綿花の価格上昇によって、行き過ぎをとがめられていたのに、これら生産財的、内需的諸産業自体にはそのようなメカニズムは働かなかった。それどころか主軸的連関の輸出頭打ちをしり目に、これら生産財的、内需的諸産業の活気は海外に製品を供給せず、資材購入増、雇用増をとおした輸入増を導いた。部門間不均衡化はたちまち対外的不均衡を生みだした。好況末期を決まって特徴づける世界市場的不均衡に他ならない。すなわち、主軸的連関の諸工業では、内的矛盾の歪曲的な表現である輸出頭打ちと原料価格上昇によってすでに資本蓄積が行き詰まりを見せていたのに、これら生産財的、内需的諸産業では、そのようなメカニズムをもたないまま、一層露骨に対外不均衡化に寄与することになったわけである。それは次に見る穀物・食料品・嗜好品の消費増大とそれに伴う輸入激増とにいっ

表1-9　煉瓦生産量

年	生産量
	百万個
1840	1,678
1841	1,424
1842	1,272
1843	1,159
1844	1,421
1845	1,821
1846	2,040
1847	2,194
1848	1,461
1849	1,463
1850	
1851	

（出所）A.D. Gayer, & c., *The Growth and Fluctuation of the British Economy 1790-1850*, Vol I, pp.285, 318

47

そう輪をかけて現れてくる。

4 農業──穀物、食料品、嗜好品

好況が持続し、主軸の綿工業はともかく、その他諸産業、さらにそれ以上に副軸の鉄道建設で労働力吸収が力強く進んだので、1845年春農業地方で働き口がないという声は聞こえなくなった[14]。

貧民救済の統計で、I四半期に救済された貧民の数は1846年に最低を記録した（表1-10）。

そして都市の雇用増加が進むにつれ、穀物、食料品、嗜好品の消費も一斉に力強く増え、一部に1845年末からの金融逼迫の影響を受けたものの、それらの輸入も動き出す。

そして、穀物輸入が激減しているあいだに穀物消費は着実に増加した。1846年6月ごろ、すでに製粉工場主、ブローカー、その他あらゆる中間商人の手元在庫は払底してしまっていた。そしてランカシアのある部分では手持ち不足が大きな不便を引き起こしていた[15]。もっともこれは6月26日の新関税待ちで、約200万クオーターの小麦が保税倉庫に留め置かれたためでもあったが、関税改正後この200万クオーターは瞬く間に国内へ吸収されてしまった。8月半ば過ぎ、穀物価格は下降から上昇へ転回したが（図1-3）、『バンカーズ・マガジン』はなおも来るべき1年を安いパンの年と占っていた。だが、6〜8月の国内産小麦の市場への販売量はペースダウンし、供給不足が顕在化してき

表1-10 救貧法による救済者数（イングランドおよびウェールズ）

	戸　内	戸　外	計	人口に対する%
1)	千人	千人	千人	
1841	192	1,107	1,299	8.2
1842	223	1,205	1,427	8.9
1843	239	1,301	1,539	9.5
1844	230	1,247	1,478	9.0
1845	215	1,256	1,471	8.8
1846	200	1,132	1,332	7.9
1847	265	1,456	1,721	10.1
1848	306	1,570	1,876	10.8

（出所）*BPP*, 1849. XXVI. I.
（注）1) Lady-day（3月25日）に終る四半期

た。新収穫年度（9月－8月）に入って国内産小麦の市場販売は再び勢いを取り戻したものの、11月の第1週には小麦の週平均価格は1クオーターあたり62シリング3ペンスに達し、その後しばらくの低迷の後、47年1月に入って急騰、第5週に74シリング11ペンスに達した。価格は投機的になっていった。

俄然マーク・レーンの市況が注目を集めるようになった。穀物輸入はこの高価格に誘われて著しく増加することになった。12～4月の主要穀物輸入を前年と比較してみると（表1-11）、アメリカからの小麦粉が激増し、また同じくアメリカからのトウモロコシも激増した。

1846年の国内の穀物作は平年並みであった。にもかかわらず、なぜこのような大量輸入となったのか？

主要には、言うまでもなく、パン消費の増大。「大量の小麦粉輸入にも拘わらず連合王国の製粉工場が以前のどの時期にも見られない活動状態にある事実ほど、我が国で異常なまでに大量のパン消費が行われていることをよく証明するものはない。これは最近では疑いもなくある程度アイルランドの需要に帰せられる。しかしまた、イングランド全土を通じて小麦粉の需要が前例を見ないことも確かである[16]。」

それにもう一つ、労働力不足。8月収穫期が近づき、例年通り穫り入れのための出稼ぎがリヴァプールに殺到するのではと期待していた。ところが、例年通り来なかったのだ。驚くべき事態だった。飢饉のアイルランドで展開された公共事業が安い賃金にせよ労働力を吸収した。46年末には46万人に達していた[17]。しかし、そればかりではない。大鉄道建設が王国全土の農村から27万人もの建設労働者を吸引していた。それで1846年秋には刈り入れ出稼ぎの不足から稔った麦が刈入れされないで畑に放置される例が広がったのであった[18]。

表1-11　1846年12月～47年4月の穀物及び穀粉輸入の激増

	小麦	大麦	オート麦	とうもろこし	小麦粉
	千grs	千grs	千grs	千grs	千cwts
1845年12月～46年4月	652	80	139	133	879
1846年12月～47年4月	454	425	373	1,235	1,924

（出所）*The Economist*, 1847, p.75～7; 1848, p.558～60.

だが、供給不足は単に需要増に対して供給が立ち遅れたというにとどまらなかった。農業分野では実は大きな異変が生じていた。イギリスだけでなくヨーロッパ全土に収穫を壊滅させる深刻なジャガイモの病害が広がり、イギリスではジャガイモを主食としていたアイルランドを飢饉に陥れたのである。そしてこれこそ穀物大量輸入の決定的な要因となるのである。これについては項を改めて取り上げる。

　この間、食料品、嗜好品の消費も一段と増加した。価格は金融逼迫によって上昇傾向に一頓挫をきたしたが、保税倉庫から国内消費へ吸収される分は、45年に引き続いて増加したのである。輸入は茶、コーヒー、タバコで増えたが、砂糖、ラム酒、ワインには減少が生じた。しかし、大陸産品である、食肉、バター、チーズなどの輸入は46年に入って飛躍的に増加した。

　そして1847年初頭には、ミンシング・レーンも最も著しい活動状態にあった。中でも砂糖取引の活発さが目立ったが、他の部門でも極めて大量の取引が行われた[19)]。植民地産品の価格は、ラム酒がはっきり上昇し、砂糖が関税引き下げの影響でやや下がったのを除けば、大体現状維持を続けていた。大陸よりやや高い水準であった。そしてこの価格のもとで輸入はますます増加の傾向にあった。砂糖、茶、ワインの輸入は1847年にピークに達し、コーヒー、ラム酒はさらにそののちまで増え続けることになる（表1-12）。これだけの輸入増にもかかわらず、在庫が特に累積したわけではなかった。食肉、バター、チーズなどの輸入はさらに伸び、ピークに達した。

　以上のように、主軸的連関の輸出が頭打ちになり、賃金上昇が進む中で、対極に立つ農業部門の供給不足が顕在化した。それが一般的かつ不均等的物価騰貴を進行させ、輸入激増をもたらしたのである。これこそ<u>不作によって恐ろしく加重された綿工業主軸の資本蓄積の第2の限界、それも部門間不均衡化によって蓄積の持続不能を決定づける限界</u>に他ならなかった。

　商品価格の動向についてはこれまで各所で触れてきたが、その動向は循環的諸要因ばかりか自然的諸要因から大きな影響を受け、商品ごとに多様で複雑である。しかし、好況末期には一般的かつ不均等的物価騰貴が起こっているので、それを確認する意味で、ここにイギリスの物価動向全体をまとめて

表1-12　商品価格

	コーヒー(英領産)		ラム酒(ジャマイカ産)		砂糖(マスカヴァドス)	煙草(ヴァージニア)		茶(コンゴー産)		絹(中国産)		"小麦(国内産)"	鉄(国内産)		銅(国内産)		棉花(バウド・ジョージア)		羊毛(レオニーザ)	
	1cwtあたりs.		1gallあたりs.b.		1cwtあたりs.d.	1lbあたりd.		1lbあたりs.d.		1lbあたりs.d.		1rあたりs.d.	1ltonあたり£s.d.		1ltonあたり£s		1lbあたりd.		1lbあたりs.d.	
1842年1月	47	144	4	4:2	37:4	2 3/4	5 1/2	1:10	2:10	16	22	63:1	6:15:0		96	98	4 1/2	6	2	
4月	43	148	4	4:2	38:0 1/4	2 3/4	5 1/2	1:10	2:9	17	22	*57:8	6:5:0		95		4	6 1/4	2	
7月	40	148	?		37:9 1/2	2 1/4	5 1/8	1:8	2:6	17	21:6	63:11	5:10:0		90		3 1/2	6 1/8	2	
11月	32	140	?		36:4 1/2	2 1/4	5 1/4	1:6 1/2	2:4	17	23:6	49:5	5:10:0		84:10		4	6 1/4	2	
1843年1月	32	135	?		31:1 3/8	2 1/4	5 1/4	1:1 1/2	2:3	17	22:6	47:1	5:5:0		84	85	4	6	2	2:6
4月	32	135	?		31:1 1/4	2 1/4	5 1/4	1:2 1/2	2:1	18	22	46:2	5:2:6		82		3 1/2	5 1/2	2	2:6
7月	32	135	?		35:11 1/2	2 1/2	5 1/2	1	2:1	13	21:6	48:8	4:10:0		82	83	3 3/8	5 3/4	2	2:6
11月	38	150	?		33:5 1/2	2 1/2	5 1/2	10 3/4	2:4	15	24	50:5	5:2:6	5:5:0	83	84	3 3/8	5 3/4	2	2:6
1844年1月	30	150	?		35:2	2	5 1/2	10 1/2	2:4	15	24	49:10	4:15:0		85		4 3/8	5 3/4	2	2:6
4月	34	156	2:6	2:9	34:10	2	5	1	2:5	18	25	55:5	5:10:0	5:15:0	84:10	85	5	6	2	2:6
7月	*19	133	2:6	2:9	32:3 3/4	2	5	10 1/2	2:5	16	23	55:9	6:0:0	6:5:0	82:10	83	4 3/4	6 1/2	*1:9	1:11
11月	18	132	2:9	2:10	31:0 3/4	2	5	101/4	2:6	16	23	46:0	5:15:0	6:0:0	84		3 1/2	5 1/4	1:9	1:11
1845年1月	18	132	?		33:0 1/2	2	5	11	2:6	16	22	45:8	7:5:0	7:10:0	84		3 1/4	4 3/4	2:9	3:1
4月	13	130	2:5	2:6	*29:11 3/4	2	5	10	2:9	*14	19:6	46:5	10:10:0		84		*3 1/2	5	2:9	3:1
7月	16	127	2:6	2:7	31:10	2	5	9 1/2	2:6	13:6	19	47:11	8:15:0	8:15:0	88:10		3 1/2	5	1:9	1:11
11月	16	142	2:5	2:9	38:1	1 1/2	5	8 1/2	2:4	13:6	21	60:1	9:15:0	10:0:0	93		3 1/2	5	1:9	1:11
1846年1月	25	130	2:10	3:1	35:4 3/4	2 1/4	5 1/2	9	2:3 1/2	15:6	19	*55:1	9:15:0	10:0:0	93		3 5/8	5	2	2:4
4月	25	120	2:6	2:10	35:5 3/4	2 1/4	5 1/2	8	2	15	18	55:9	9:0:0	9:5:0	93		3 1/2	5	2	2:4
7月	25	115	2:10	3:1	34:6 1/2	2 1/4	5 1/2	9	2	14:6	19	52:2	9:0:0		93		3 3/4	5 1/2	1:8	2
11月	25	115	2:10	3:3	*34:2 3/4	2 1/4	5 1/2	8	2	13:6	18	61:9	10:0:0		88:10		4 3/4	6 1/4	1:8	2
1847年1月	25	115	3:3	3:6	33:10	2 1/4	5 1/2	8	2:2	12	18	*66:10	10:0:0		88:10		6	8	1:8	2
4月	25	115	4:6	5	34:4	2 1/4	5 1/2	8	2:2	10	16:6	74:5	10:0:0		98		5 1/2	7	1:8	2
7月	25	128	3:6	4	*27:1 1/2	2 1/4	5 1/2	8 1/2	2:2	11	17:6	87:1	9:15:0		98		5 7/8	7 3/8	1:8	2
11月	25	128	*3:2	3:6	22:9	2 1/4	5 1/2	8	1:6	10:6	16	52:4	9:15:0		98		5	6 1/2	1:8	2
1848年1月	25	128	3:2	3:6	23:7 1/2	2 1/4	5 1/2	8	1:6	10:6	16	53:5	8:0:0	8:5:0	98		4 1/8	6	1:8	2
4月	25	128	3:2	3:6	22:5	2 1/4	5 1/2	7	1:8	10	15	49:7	8:2:6	8:5:0	88:10		4	5 1/4	1:8	2
7月	20	110	3:2	3:6	24:11 3/4	4	5 1/2	7	1:8	10	15	49:1	6:15:0	7:0:0	88:10		3 3/4	4 3/4	1:6	2
11月	20	110	3:2	3:6	23:3 1/4	3 3/4	6	7 1/2	1:8	12	17:6	52:3	6:10:0		79:10		3 1/2	4 3/4	1:5	1:6
1849年1月	20	100	2:6	2:10	23:3 1/4	3 3/4	6	8	1:9	12:6	17:6	45:4	6:0:0		79:10		4	4 1/2	1:5	1:6
4月	20	100	2:6	2:10	26:1 3/4	3 3/4	6	8	1:9	12	17	44:3	6:15:0	6:17:6	88:10		4 1/4	5	1:6	1:7
7月	20	100	2:3	2:8	27:3 3/4	4	5 1/4	8	1:9	12	17:6	48:2	5:10:0	6:10:0	79:10		4 1/4	5	1:2	1:3
11月	25	100	2:3	2:8	25:2 1/4	4	5 1/4	8 3/4	1:9	13:6	20	40:7	6:0:0		84		5 1/4	6 1/4	1:2	1:3

(出所) T. Tooke, *History of Prices* Vol.IV, pp.426 ~ 434;.Vol.IV, pp.493 ~ 513.

(注) 1) *印は関税引下げないし撤廃があったことを示す。ただし、ここに掲げた品種ないし等級のばあいに限らず、当該商品のあらゆる関税引下げないし撤廃を取上げてある。

2) 各月第1週の数字を採ってある。

3) 小麦価格のみは、T. Tooke, *op. cit.,* Vol.IV, pp.410 ~ 413および.Vol.IV, pp.462 ~ 464から採った。

表1-13　穀物・食料品・嗜好品の輸入と国内消費

A　輸入

	小麦	小麦粉	玉蜀黍	コーヒー	砂糖(未精製)	タバコ(未加工)	茶	ラム酒	ぶどう酒
	千qrs	千cwts	千qrs	千lbs	千cwts	千lbs	千lbs	千proof gall	千gall
1841	?	?	?	43,317	4,908	43,935	30,787	?	?
1842	?	?	?	41,444	4,756	39,526	40,742	?	?
1843	940	437	1	38,942	5,021	43,756	46,613	3,730	6,807
1844	1,099	981	37	46,523	4,800	37,611	53,146	3,120	8,585
1845	871	950	55	50,385	5,811	33,930	51,058	4,808	8,455
1846	1,433	3,190	706	51,814	5,623	53,170	54,767	3,855	7,311
1847	2,650	6,330	3,615	55,396	8,196	33,562	55,627	6,624	7,920
1848	2,581	1,754	1,576	57,053	6,876	34,090	47,775	6,859	7,537
1849	3,872	3,371	2,247	63,321	6,926	41,547	53,461	5,308	7,956
1850	3,739	3,819	1,277	50,803	6,292	35,166	50,512	4,195	9,304

B　国内消費

	小麦	小麦粉	玉蜀黍	コーヒー	砂糖(未精製)	タバコ(未加工)	茶	ラム酒	ぶどう酒
	千qrs	千cwts	千qrs	千lbs	千cwts	千lbs	千lbs	千proof gall	千gall
1843	869	427	10	30,031	4,038	22 β 92	40,304	2,103	6,287
1844	822	713	39	31,391	4,140	24,515	41,367	2,199	7,077
1845	136	630	42	34,318	4,881	26,078	44,183	2,470	6,987
1846	1,996	3,384	720	36,793	5,232	26,739	46,743	2,684	6,975
1847	?	?	?	37,471	5,792	26,543	43,324	3,330	6,311
1848	1,865	1,228	1,583	37,107	6,162	27,098	48,736	2,987	6,370
1849	4,510	3,937	2,250	34,431	5,992	27,481	50,025	3,045	6,488
1850	3,778	3,858	1,286	31,227	6,112	27,538	51,178	2,902	6,685

(出所) *Board of Trade Returns: The Economist*, 1846, pp.366～368; 1848, pp.283～285; 1850, pp.193～196; 1852, pp.243～246 より作成。
(注) 1841年および42年の輸入量は、T. Tooke, *op. cit.*, Vol.IV, p.435

おこう。

　主軸の綿工業関連では、綿花―綿糸―綿布の価格動向についてこれまで詳しく触れたように、3者は密接に連動し、その間のマージンが資本蓄積に重要な意味をもった。しかし、綿花価格がベースであり、綿花価格は好況初期には著しく低い水準にありながら、最好況期には綿花不足から高い水準に達する。綿糸も綿布も、先行的に少々上昇するとしても、最好況期に頭を押さえられながら、綿花価格の上昇を受けて多かれ少なかれ上昇しないわけにはいかない。

副軸の鉄道業関連では、最好況期における鉄価格の高騰が著しい。

そして、農産物価格を主とする国内産商品価格指数をみると（図1-3）、好況下の消費著増の状況下でジャガイモ不作、穀物不作が起こり、ジャガイモ価格、穀物価格の異常な高騰を記録した。国内価格指数の急騰を決定づけたのはこのジャガイモと穀物の価格高騰である。しかし、その他の商品の多くにも1846年から1847年初頭にかけてはっきり価格上昇を認めることができよう。また、輸入商品価格指数も、次から次への関税改革で傾向的低下を示しているものの、1846年秋から1847年初頭にかけてわずかにせよ上昇を確認することができる。

上昇の程度はまちまちであり、不作に見舞われた小麦、小麦粉などで異常であったが、大して変化を見せなかったものも多い。物価騰貴は極めて不均等的であった。しかし、全体としてみて、これだけ異常な投機を含んで、明らかに外的偶然的のみとはいえない循環的物価上昇があったと認めなくてはならないだろう。それは一般的かつ不均等的物価騰貴として資本蓄積の行き詰まりの表現に他ならなかった。それは労働者の消費の大増加の対極に立ち、部門間不均衡化を体現していた。

5　ジャガイモの立ち枯れ病、アイルランド飢饉

ジャガイモの病害自体は景気循環にとっては外的偶然の出来事であったが、人々の生活を深刻な危機に陥れた。そして、食糧の需給を大きく変化させ、その対策をめぐって政府を巻き込んだうえ、その政策の失当のゆえにアイルランドに史上最悪の飢饉をもたらしたのであった。資本蓄積の進行にも多大な攪乱的影響を与えずにはいなかった。

ジャガイモの病害。

黒い斑点が葉や茎に現れ、やがてしぼんで枯れてしまうジャガイモの立ち枯れ病は、すでに1843年にアメリカ合衆国に現れていたが、1845年、海を渡って、オランダ、ベルギー、イングランド南部、アイルランド東部など沿岸地帯に発生した。そして1846年になると、イングランドはほとんどまぬかれたのに、アイルランド全土およびスコットランド、それにヨーロッパ大陸の広

い地域に広がった。しかも被害を受ける範囲が広がっただけではない。アイルランドではこの病害は収まることなく7年にわたって続くことになる。

　病害の原因は当時わからなかった。一種のカビが原因であるとわかったのは40年もたってからのことである。原因不明である以上、適切な対策も取られようがなかった。次の種イモを植えるとなりに古イモの残骸が捨てられる始末だった。

　ジャガイモは栄養分豊富で、しかも気候変動に強い耐性をもつ作物で、それに収穫してから食料にするまでの手間がかからなかった。したがって、19世紀に入ってから貧しい人々の主食、しかも自給できる主食としてオート麦やライ麦に取って代わっていった。

　アイルランドでは特にそうなっていた。なお作付面積ではジャガイモを上回っていた小麦は商品作物で、主にイングランドへ積み出されていた。それだけにこれまで前例のない深刻なジャガイモの病害は、アイルランドの人たちの生活にとって致命的であった。

　アイルランドの病気の発生した畑では収穫の80％から90％が壊滅した。1846年には80％ほどの畑に作付けが行われたが、アイルランド全土で3/4以上の収穫が失われた。特に南部および西部では食用にできる分は皆無であった。1847年には作付けが1/4程度にまで縮小されたが、結果は同様であった[20]。

　政府の救済措置。
　この非常事態に直面してイギリス政府が実行した救済措置は、共同体成員の生命、身体を守るという国家の責務に照らしてみるなら、まことにひどいものであった。

　1840年代にイギリス政治は大きな転換点に差し掛かっていたといえる。1841年総選挙によって首相の地位に就いたトーリイのロバート・ピールはリベラル志向で、総選挙そのものは保護主義のトーリイの勝利であったにもかかわらず、ますます強まる自由貿易を求める声を前に、反穀物法同盟の勝利を認めるようには見えない形での穀物法廃止、それによるトーリイ政権の安定を狙っていた。こうして最初からジャガイモ作の失敗は穀物法廃止問題とリンクすることになった。このリンクが当初の9ヶ月間政策形成を助けたばかり

か、アイルランドの直接の必要がブリテンの長期的利害に従属させられるということを意味したのである[21]。

1845年夏深刻なジャガイモ病害の報を受けたピールは、歴史上深刻な不作時には採用するのが慣例となっていた輸出禁止や蒸留酒製造の停止措置を採らなかった。しかし、調査委員会の報告に接すると、素早くベアリング・ブラザーズを使ったトウモロコシのアメリカからの秘密買い付けと公共事業計画のための財政措置をとった。調査委員会の学者が被害を過大に見積もったこともあって、これらの措置は結果的に結構寛大なものとなった。1845年秋から46年春にかけて餓死者が出ることはなかった。ピールが考えたもう一つの措置が穀物不足を避けるための穀物法廃止であった。

穀物法廃止こそがこの時期の政治論議の焦点で、ピール首相の主要な関心もじつはアイルランド救済よりもそこに向かっていた。彼は穀物不作に直面した大陸の国々が相次いで穀作保護の停止に向かっている事実をもって閣僚の説得にあたった。だが、閣僚の多くは穀物法廃止にイデオロギー的に反対であり、2閣僚が辞任した。そこへホイッグ党のリーダー、ジョン・ラッセル卿から全面廃止賛成の公開書簡が発表され、ピールは12月首相辞任に追い込まれた。ところが、ラッセルも党内分裂のため組閣することができず、ピールが再び組閣した。彼は、穀物法廃止をアイルランドの不足という一時的観点からでなく、人口の大多数の社会的道徳的改善という観点から説く方向に向かった[22]。そして1846年6月、ホイッグ党の全面的支持を得て穀物法廃止に成功した。しかしその直後、アイルランドの暴力行為を取り締まるための強圧法案の敗北によってピール内閣は倒れ、トーリイ党は分裂した。こうしてホイッグ党のラッセル内閣が登場したのである。

ピールと彼を支持したトーリイの一派はすでに随分リベラル志向であったとはいえ、ホイッグ党は一層原理主義的にリベラルであった。一段と深刻化するアイルランドの食糧危機を直視して対策を検討するのでなく、政治経済学の原理とそこから出てくる自由貿易、小さな政府、不介入などの原則で現実を裁断することへ向かった[23]。1847年の総選挙は急進的な自由貿易主義者の進出をもたらして、この傾向をさらに強めた。ラッセルは当初からブリテンはアイルランドの費用を財政的にかぶるべきではないと決意していた。ア

イルランド救済政策決定の実権は大蔵大臣、チャールズ・ウッドとその次官、チャールズ・トレヴェリアンに集中したが、救済支出が巨額に上る見通しとなるにつれ、彼らはダブリンの中央救済委員会、さらに現場の救済委員会からの要請を無視して、支出を絞り、その執行を遅らせることに尽力するようになっていった[24]。

　ホイッグ新政府は、未曽有の食糧不足に直面しているにもかかわらず、依然アイルランドの港を閉ざすことをせず、蒸留酒製造の禁止にも手をつけなかった。そればかりか、ピールがしたように穀物を輸入することもしなかった。それは市場と私企業に任せた。政府の政策のかなめは公共事業計画であったが、前政府の計画の徹底的なオーバーホールが行われた[25]。それはアイルランドの人々に道徳的にも財政的にも欠乏についての責任を否応なく採らせようとするものであった。そこにはリベラリズムの衣を着て人種的民族的偏見が顔を出していたといわなければならない。救済支出の財政負担はより重くアイルランドの納税者に課され、大蔵省の負担は地方の負担の50％を超えることができないように変更された。公共事業で支払われる賃金は地方市場の相場を下回らなければならなかった。それに出来高制が導入された。そして誰を採用するかについて地方の救済委員会はもはや決定権限を失ってしまった。州知事にまでリストがあげられ、さらに大蔵省の承認が求められたのである。その上前年の「乱用」をなくすため数々の官僚的チェックが導入された。たちまち仕事そのものの遅れとスタッフの費用がかさむことへの不満が噴出した。

　それでも1846年12月までに雇用は44.1万人、1847年3月には73.4万人に上った。しかし、すでに1846年10月から、餓死者、栄養失調のもとでの病死者が急増し始めていた。

　この状況下に、1847年1月末、政府は救済政策を転換した[26]。無償のスープが供与されることになった。スープ・キッチンのネットワークを張り巡らし、救済にあたらせることにしたのである。それと同時に賃金を支払う公共事業は中止されることになった。すべての救済の責任は同年秋できたばかりの救貧法に移された。それは当該地方が全費用を負担することを意味した。しかし、政府の決定にも拘わらず公共事業雇用者は増え続けたので、大蔵省は、

多くのスープ・キチンがまだ開いていないのを無視して、1847年3月下旬から公共事業の20％縮小に乗り出した。「殺人的な不条理」の措置と非難された。

ホイッグ政府のこのような対応の変化はもちろん自由貿易思想からイデオロギー的に動機づけられていた。しかし、単にそれだけでなく、ブリテンの商人や中産階級から猛烈な突き上げを受けていたのである。

『エコノミスト』は、いち早く、1846年8月15日、「誰かを特別に利するような資金の提供はすべきではない、との当初の政府の態度は、救済すべしという意見の高まりに押され、経済法則を無視しセンチメンタルな慈善に流れた。しかし、その結果は、怠惰の弊害を増大した。」と論じた[27]。そして、食糧不足見通しは誇張されていると論じた『タイムズ』をたしなめ、不足の深刻な事実を認めたうえで[28]、12月12日、「このところ2か月の政府支出はすでに週12万ポンド、つまり年600万ポンドのペースである。これはアイルランドのみに慈善で陸軍への総費用、あるいは海軍の総費用を投じるのに匹敵し、救貧支出を若干上回る。結局この金額は帝国収入総体の1/9に相当する。・・・この600万ポンドでアイルランドを苦難から救えるのならやりがいもあろう。しかし、この600万ポンドが苦難を引きのばし増大させるのなら、来年には倍額が必要となる。この怪物のような事態がわれわれの眼前で展開しているのだ。しかもこれがすべてではない。支出されたこの大変な金額が主に武器購入に充てられている。今日最も警鐘が鳴らされている事態の一つ、地代支払いに対する戦争を仕掛けるためにである。公共事業の監督は殺されている。小銃取引は今までになく盛んである[29]。」と論じた。

ホイッグ政府は立ち往生してしまったのだ。硬化したブリテンの世論を前に、そればかりか総選挙の結果力を増した自党の急進リベラル議員を前に、ラッセル首相は必要な救済支出を増やすことができなかった。政府は現地に軍を増派したにとどまった。こうして結局、同じジャガイモの病害に苦しんだヨーロッパのどこにも見られない大飢饉がアイルランドでだけ進行したのである。

資本蓄積に及ぼした影響。

アイルランド大飢饉が主軸の綿工業を中心とする資本蓄積に及ぼした影響

は複雑で、数量的に突き止めるのは難しい。不作が穀物にではなく、ジャガイモ、それもアイルランドのジャガイモに起こり、しかもジャガイモは人間の食糧であったばかりか家畜の飼料でもあったからである。

ともあれ、アイルランドのジャガイモ減産分は種イモ、飼料、およびグレートブリテンへの移出用の部分を除いても約810万トンで、これをトウモロコシで補うとすれば141万トンを必要とするとみられた。トウモロコシの価格を1ポンド当たり1ペニーとして見積もると、1340万ポンドの付加的輸入要因となるはずであった[30]。もっとも不足の大きな部分は、現実には輸入によってカヴァーされずに放置されたのであるが。

資本蓄積への主な影響を確認しておくと、まず、アイルランドからイングランドへの穀物供給が減少し、穀物価格上昇をとおしてその分イングランドの穀物輸入を増加させることになったのは間違いない。

また、飼育困難になった家畜、特に豚および豚肉の低価格での供給がイングランドに向けて行われた。

他方で、アイルランド人のためのジャガイモに代わる主食としてアメリカ合衆国からトウモロコシの大量輸入が行われた。それは1847年1月5日から9月5日までに267万クオーターにのぼった[31]。

これらの影響は、すでに内的制約が明らかとなり、しかもそれが国際収支の不均衡化となって表れつつあった主軸綿工業を中心とする資本蓄積に対して、国際収支の不均衡化をダメ押しするものに他ならなかった。不作が景気循環に甚大な影響を与え、好況局面の転換をもたらすのは、この時代の景気循環に共通する現象である。1840年代の循環ではその役割を特にどぎつく決定的に、しかもジャガイモの不作が果たしたのである。

1) L. Horner: *Reports of the I. F.*, 30th April, 1846, p.7.
2) L. Horner: *Reports of the I. F.*, 30th April, 1846, p.7.
3) *The Economist*, Feb.7, 1846, p.178
4) *B.M.*, March 1846, p.395.
5) *B.M.*, April 1846, p.57.
6) *B.M.*, July 1846, p.258.

第1章　現実資本　綿工業が主導する好況

7) *B.M.*, Sept. 1846, p.439.
8) T. Tooke, *op. cit*., Vol. IV p.70.
9) *B.M.*, May 1847, p.114
10) A.H. Wylie: *S.C.ob 1847-48* Q 1994, 1999.
11) L. Horner: *Reports of the I. F.,* 30th April, 1846, p.4.
12) G.H.Wood, *The History of Wages*, p.24.
13) A.H. Wylie: *Lords' S.C. of 1847-48,* Q.1996; R. Gardner: *S.C. of 1847-48,* Q.4870.
14) L. Horner: *Reports of the I. F.,*
15) *B.M.*, July 1846, p.255.
16) マカロックの推計によると、1846年の穀物消費は、人間で3540万クオーター、家畜で1800万クオーター、合計5340万クオーターであった（T. Tooke, *op. cit*. Vol.V, p.　）。
17) *The Economist*, Feb.27, 1847, p.250.
18) Christine Kinnealy, *A Death-Dealing Famine*, p.69.
なお、食料の大輸入と工業の不振の対照は当時の人々の関心を引いた。「輸入の非常な活発さとわが工業の不振な状況というのは、我々の経験のうちでほとんどまた旬新しい情勢の結びつきである。余分の輸入分はランカシアやウェスト・ライディング向けでないことは確かなようである。そこでは収入と都会食糧価格のあいだのマージンの狭さが、余分の消費に利用しうる資金を増加したのでなく減少させていた。一般の意見では、進行中の鉄道建設が大量の需要の源泉である。そしてもし、それらに満足な小麦収穫と飢饉価格が高利潤をもたらしたにちがいない大部分の農民層を付け加えるなら、われわれは真の説明からそれほど外れてはいないだろう。」*B.M.* Mar. 1847, p.431
19) *B.M.*, May 1847, p.431
20) Christine Kinnealy, *A Death-Dealing Famine*, p.52.
21) *Ibid.*, p.55.
22) *Ibid.*, p.58.
23) *Ibid.*, p.69.
24) *Ibid.*, p.72.
25) *Ibid.*, p.72.
26) Cecil Woodham-smith, *The Great Hunger: Ireland 1845-1849*.
27) *The Economist*, Aug 15, 1846, p.1949.
28) *The Economist*, Sep 19, 1846, p.1217.
29) *The Economist*, Dec 12, 1846,p.1618.
30) *The Economist*, Dec 19, 1846, p.1645; Feb 27, 1847, p.225.
31) *The Economist*, Sep 11, 1847, p.1045.

第2章　株式資本　鉄道ブーム

　1840年代の景気循環では鉄道業と鉄道建設が資本蓄積の副軸として大きな役割を果たすことになった。株式会社形態をとった鉄道業は大きな株式ブームを引き起こし、その後に大鉄道建設を実現していくのである。

　従来から、綿工業を主軸とする資本蓄積とは別に、ロンドンでの証券発行を利用する国内の運河やターンパイク道路建設、海外の港湾、都市建設が行われ、そのリズムは主軸的連関の資本蓄積のいわば谷間に盛り上がる傾向をもっていた。それが、1830年代に鉄道業が新たに登場すると、まぎれもない資本蓄積の副軸としての地位を占めることになった。

　ただ、鉄道業は流通を媒介する部門であり、生産財部門に準ずる性格を持ち、しかも100％内需的であった。その意味ではすでに取り上げた「その他諸産業」に共通していた。ただ、レールのネットワークを張り巡らす巨大な装置産業で、当初から株式資本の形態を採用していた。したがって、その資本蓄積は主軸のそれとは明確に異なる性格、リズムをもち、主軸の資本蓄積が規定する循環過程のリズムに乗り切れない様相を示すことになる。

A　鉄道株投機とその破綻

　1830年代に登場し、すでに最初の建設ブームを経験していた鉄道業は、1840年代に入って既設鉄道が良好な実績を上げ始めると、たちまち社会の注目を引きつけた。そして後にも先にもない空前の大鉄道ブームを引き起こすことになる。

　それでも「鉄道網の拡張は実際には1844年に始まったのだが、次の年の初頭まではっきりと認めうるものではなかった。その頃にはこの事業に関して何の過ちもなかった。大幹線が諸地方に支線を作った。公衆はしばらくの間無関心な傍観者であった。原株式をもっていた者だけが新株発行に興味を

抱いていた。そして配当がよくなり、しかも増配の見通しが見えるに及んでようやく新計画が現れた[1]。」

　1845年に入ると、鉄道株は上伸を続け、新線計画はまさに雨後のタケノコのように現れた。1月中に登記された新会社は16だったが、4月になると53の新会社が叢生した。主だった鉄道株の価格は表1-14の如くであった。

　「議会が開かれると新線認可への請願が計画自身を知らせるのに役立った。そして法案の成立についての不確実さが希望と怖れを掻き立てて、投機自身に新しい魅力を与えたように見える。そして株式への需要が増加するにつれ、新線計画も歩調を合わせて増加し、夏には国中のあらゆる部分が空想上の線に関係しており、資本か信用をもつほとんどすべての人々が鉄道株の売買を行うというまでになった[2]。」小額の俸給を受けるにすぎない銀行や商会の書記が雇い主を代表するかのような顔をして堂々と人気株の売り手買い手になった[3]。「鉄道革命」という言葉が臆面もなく口にされた。もはや鉄道が国内に敷かれるのか、それとも植民地か外国に敷かれるのかということは問題でなくなった。イギリス人による外国鉄道の計画――ことにフランスにおける――も数多く現れた。今や公衆は妄想に取りつかれてしまった。ロンドン証券取引所では鉄道株が取引の花形となった。そればかりか、マンチェスター、リーズ、リヴァプール、グラスゴウ、ダブリン、ハル、エディンバラ、それにブリストルにも鉄道株を取引する取引所が生まれた。『エコノミスト』はそれらの動向を漏らさずモニターするため45年10月から大々的な増ページを行い、『バンカーズ・マガジン』はタイトルそのものを変え、『バンカーズ・アンド・レイルウェイ・マガジン』と名乗った。

　1845年秋の景気の焦点になったのは前後に例のない規模のこの鉄道株の投機であった。

　ふんだんにふりまかれた仮株券(scrip)の魅力は3％公債をはるかにしのいだ。これらは他のもっと条件の良い証券とともに、日に日に鉄道株と取り換えるために売りに出された。8％あるいは10％以下では投資に対する公正な配当とは認められなかった[4]。「そしてブローカーの仕事には終わりがなかった。取引の増加があまりに大きかったので、以前には1, 2日で済んだ先物取引(accounts)が、差額が支払われ、譲渡が済み、帳簿が整理されるまでに、ほ

第2章　株式資本　鉄道ブーム

表1-14　主要鉄道株価（£）

鉄道会社名	額面金額	払込金額	45年1月	5月	6月	7月	8月	10月	11月	12月	46年1月	3月
Brighton	50	50	52	$63\frac{3}{4}$	$70\frac{1}{2}$	$75\frac{1}{2}$	80	$70\frac{1}{2}$	$62\frac{1}{2}$	60	69	65
York & North Midland	50	50	104	102	$117\frac{1}{2}$	$110\frac{1}{2}$	−	118	$109\frac{1}{2}$	102	−	$99\frac{3}{4}$
Caledonian	50	5	$4\frac{1}{2}$	$11\frac{3}{8}$	$10\frac{3}{4}$	$11\frac{1}{2}$	$10\frac{5}{8}$	$15\frac{3}{4}$	$11\frac{3}{8}$	$7\frac{1}{8}$	$15\frac{1}{8}$	$13\frac{5}{8}$
Paris & Lyon	20	2	$3\frac{1}{2}$	$2\frac{1}{2}$	$2\frac{1}{2}$	$2\frac{3}{4}$	3	$2\frac{1}{2}$	3	$2\frac{1}{4}$	−	−
London & York	50	2:10	−	−	$3\frac{3}{4}$	$3\frac{1}{2}$	$6\frac{1}{2}$	$6\frac{7}{8}$	$5\frac{1}{8}$	$2\frac{3}{4}$	$4\frac{5}{8}$	$3\frac{5}{8}$
Dutch Rheinisch	20	3→5	−	−	−	−	9	$12\frac{1}{4}$	*$8\frac{7}{8}$	$6\frac{5}{8}$	8	$6\frac{5}{8}$

（出所）M. Evans, *The Commercial Crisis, 1847-48*, 1847-1848, pp.4, 12, 20, 26, 32.
（注）＊印は払込みの行われた月を示す。

とんどまるまる1週間を要するようになった[5]。」「価格の上伸の妨げになるものは何もなかった。取引人たちの集まりは日に日に、さらに時々刻々膨らんでいった。投機家たちの興奮はあまりに大きく、証券取引所の売買が終わってずっとのちに、コーヒー店やその他シティの娯楽施設において人気株の売買契約が取り交わされるほどであった[6]。」

　7月、8月と登記される新計画の数は激増したが、9月は極度に多産であった。この月に457の新計画が登記された。1月からの累計は1,035に上った。投機は秋に入って頂点に達したのである。「8月に議会に提出された諸鉄道法案の運命が決定されるや、投機は全くマニアの性格を帯びるようになった。しかしながら、反動が間近いという兆候はすでに明らかに認められた。ちょっと観察するだけで、ほんの数か月のあいだに、スペキュレーターのうち当の企画の完成によって得られる利潤に何らの期待も抱かず、実際企画について株式市場でのその瞬間最も耳新しい投機的意見以外の何にも関心を抱かないで行動する多数の人々が入ってきたことが認められた。かくて株式は、通常いやほとんど例外なく、恒久的な投資のためでなく、すぐ売り飛ばして法外の利潤を得るという見地から購入された。そして8月半ば以降投機がクライマックスに達した数週間、株式のほとんど唯一の真の買い手というのは、短期の市場で幸運な冒険者たちによって得られた莫大利得の例に倣って投機をやろうとした、限られた資本と限られた知識しか持ち合わせない人々であったと信ずる理由がある。想像がつくように、この時点から投機は色とりどり

の最悪のギャンブルに堕していった。先にふれたような人々の層が進出してくる限りは、価格は上がり続けた。そして我々が幾分かの信頼を寄せてのちの数多い暴露を認めるなら、株式市場の煽りたてられた状態は、この時分相当程度まで全く虚構の、すなわちただ無知で軽率な投機家の群れを欺くために作成された業務報告によって維持されていたのであった[7]。」

　この大変な規模に膨れ上がった鉄道株の投機的売買は、もちろん、自己資金だけによったわけではない。ロンドン証券取引所では定期取引に大量の短期資金が吸引された[8]。こうした動きは貨幣市場の資金需給全体を圧迫するほどの規模に達していたのである。

　そればかりではない。国内投資が大きく膨らんだため、通常海外へ向かったはずの資本が海外へ向かわなかった[9]。

　それだけに、ロンドン貨幣市場の状況の変化はすでに地を離れていた鉄道株投機をただちに一撃した。

　ロンドン市場レートは44年末から45年初頭のちょっとした上昇の後に$2\frac{3}{4}$～3％で安定していた。しかし、「9月半ばころわずかではあるが目に見える市場レートの上昇があった。それは10月半ばごろまで続いた。その時一流手形に対する割引レートは$3\frac{1}{4}$％から$3\frac{3}{4}$％のあいだにあった。10月16日バンク・レートが3％に引き上げられた[10]。」この上昇の原因は、当時の人々によって、ロンドン、エディンバラおよびダブリンの政府の代理人（すなわちイングランド銀行、スコットランド銀行およびアイルランド銀行）に1460万ポンドにも達する鉄道証拠金――発行株式額面の5％――の預託（railway deposit）が進行し始めたこと、それに前の会期に認可された鉄道計画の最初の払い込みが行われたことに帰された。これはたしかに当時の人々の心に大きく響いた。ことに前者はのちに見るように不安にまでなっていくのである。イングランド銀行は鉄道証拠金の預託によって増えた預金量だけ貸し付けの増加に応じたし、鉄道株の払い込みも鉄道会社の預金となってかえって地方銀行の立場を強化することになった。しかし、地方銀行は証拠金の預託を用立てなくてはならなかったし、株主は払込金を調達しなければならなかったわけで、緊張は避けられなかったのである。

　この間バンク・レートは市場レートよりかなり低位にあった。しかしバン

ク・レート引き上げの効果は絶大であった。「バンクの引き上げ通告が出た途端、王国のすべてのバンカーは彼ら自身のレートに1/2％付け加えた。株式銀行の重役会はすべての支店に、割引レートを引き上げ短期の手形だけを取り扱うよう指示した。レートをさらに高く引き上げるもう一つの通告があらわれると、もう一つの同じ運動が国中に起こった。彼らは自分の業務をイングランド銀行によって調節した。彼らはそうするよう強制されたのであった。彼らは、数百万を自由にし、長い歴史と争うべからざる地位によって影響力絶大な一機関に、単独で反抗することなどできなかった[11]。」市場レートは11月には$4\frac{1}{2}$％になった。

　現実的基礎を離れて空中楼閣と化していた鉄道株投機にとっては、この最初のバンク・レート引き上げが崩壊の契機となった。「10月の最初のバンク・レート引き上げはなお市場の一般水準よりいくらか低めにレートを保ったけれども、大きな注意を引き、いくらかの不安を生んだ。10月末までに、当時通用した高い価格で売ろうとする切実な願いは株主の中にパニックと呼ばれる程度にまで拡がった。価格は下がった。いっそうの価格上昇を夢見て買い向かい、投機にその日の株式相場表以外のガイドをもたなかった極めて多数の人々が売り急いだ。こうして下落はスピードを増し、2週間以内に新線も旧線も大多数の線の株価は2, 3か月前の水準に落ち込んだ。王国のすべての大都市にできていた株式市場は、数ヶ月間熱心な投機家の群れで満ち溢れていたのだが、ほとんどまったく見捨てられてしまった[12]。」11月に証券取引所内で利子率は$4\frac{1}{2}$％に上がった。証券取引に従事していると考えられる人々が融通を受けるのは困難になった[13]。

　不安はなおも続いた。議会が申請認可の条件として要求した鉄道証拠金は、開会前の2月には極めて巨大な額に上るとみられ、そうした操作を無事済ませられるかどうか疑問だったのである。多数の泡沫会社は消えていったが、生き残ろうとする努力は証拠金の確保に集中していった。それはこれまで控えられていた払込金徴収の一大運動となった。ところが、株式の応募者たちはじゅうぶんな割り当てを受けることができるよう過大な申し込みをしてあった。したがって払込金納入は多くの場合実行されなかった。必死の発起人側は起訴をもって脅かす始末だった[14]。

したがって、ロンドン貨幣市場はいささか変則的な状態にあった。12月に、「コール資金は大体3％であった。しかし優良手形は4〜4$\frac{1}{2}$％以上でなければ現金に換えられなかった。そして長い期限の手形——10週間または3カ月の手形さえ——を引き受けることがとても嫌われた。この政策の同様でより一層の強調が指導的な地方銀行家のあいだに見られた[15)]。」1月にもこの状態は続いた。鉄道証拠金の預託を実行するため、いくつかの相当な鉄道会社からロンドン・バンカーのもとに借り入れの申し込みが行われた。しかしこれらは拒否された。「ビルブローカーは割引のために持ってこられる手形の選択にいつにない注意を払った。短期の一流手形のみが確実に引き受けられた。イングランド銀行も20日ごろ、通常1カ月の期限で行う「一時貸付」(temporary advance)の期限を21日に縮めた。バンク・レートは3$\frac{1}{2}$％にすえおかれたが、この最低レートでは1件の貸し付けも行われなかった。しかし安全な言い方をすれば、1月10日以降、4％以下ではほんの少しの資金が貸し付けられだけであった。そしてより高いレートがもちろん大多数の例を支配していた。地方の大銀行は割引を少しでもやった限りでは先月我々が述べた注意深い政策に固執した[16)]。」資本市場の崩落とその後の不安によって貨幣市場の平穏は乱されたのであった。2月にはバンク・レートに変更がなかったが、市場レートは5％に達した。そして融通はほとんど一流手形のみに限られ、二、三流手形に大きな害を与えているとの不満が強かった[17)]。
　ようやく2月6日に鉄道証拠金の預託は無事完了した。経験したことのない巨額の操作であったため不安も大きかったわけだが、心配されたほどの混乱は生じなかった。
　株式および社債による資本調達額は1845年にいまだ1620万£にすぎず、鉄道建設も緒についたばかりであった。
　このような副軸の動向は、主軸的連関の資本蓄積に小さくない攪乱的影響を及ぼしたといえる。
　すなわち、鉄道株投機はまず平常銀行の窓口に達しないような資金を社会の隅々から引き寄せていた。工場主や商人の高利潤のかなりの部分、それに貴族・地主、年金生活者などの投資階層の資金が投ぜられたことは言うまでもないが、それだけでなく、おまけに俸給生活者やその他雑多な階層のもと

に平素有利な投資口のないままに蓄積されていた資金が、最初は高配当の見込みから、のちには単なる投機的利得を目指して、根こそぎ証券市場に吸い寄せられたといえよう。これこそが鉄道株投機を異常なマニアに導いたのであった。

　この鉄道株投機がなかったら、これらの資金は海外証券への投資に向かったであろう。そうなればいつものようにイギリスの景気と海外の景気との連動を作り出したことであろう。しかし、あまりの国内株式投機への集中から、1840年代にはそのようなことはあまり起こらなかった。これは1840年代好況の重要な特徴となった。

　さて、引き寄せられたこれらの資金は、払込金徴収が行われた限り、鉄道会社の手に渡り、銀行預金に転化された。この面では、銀行の資金状態に余裕を与えることになった。しかし、鉄道株投機は、他面で、鉄道株（仮株券）を担保に大量の投機資金を貨幣市場から引き出した[18]。スコットランドではそのために10以上の交換銀行（exchange bank）が設立されたほどであった。それどころか、シティ・バンカー自身でさえ、市場に出されたときに大きなプレミアムを約束するような企画に関係するのをためらわなかった[19]。一般に地方銀行は大蔵省手形への投資をやめ、鉄道証券購入へ向かった[20]。この面からは、鉄道株投機はその頂点でロンドン貨幣市場の資金需給を相当圧迫するものになっていったのである。

　異常な鉄道株投機が引き起こしたこの金融の引き締まりが先に見た主軸的連関の資本蓄積にやや先走った反省を強要した。綿工業関連で輸出をファイナンスする手形の大膨張はたしかに始まっていたのだが、その他諸産業、農業の全面的好況にまでは至っておらず、したがっていまだ貿易収支の逆調——金流出を招くところまで行き着かない段階で、その意味でやや先走った形で、貨幣市場の引き締まりから主軸的連関の資本蓄積はその自粛を求められたわけである。

　綿工業の状態は、すでにふれたように、45年秋から暮れにかけて、アジア市場の行き詰まり傾向と貨幣市場の異変が重なって、にわかに悪化した。また、上昇傾向にあった植民地産品の価格にも大したものではなかったがはっきりと影響が表れた。砂糖は45年末、コーヒーとラム酒は46年に入ってから

価格下落を見た。小麦価格もかなり落ちた。(図1-10)

1) M. Evans, *The Commercial Crisis, 1847-48*, p.2-3.
2) T. Tooke, *op. cit.,* Vol. IV, p.65.
3) M. Evans, *op. cit.,* p.7.
4) M. Evans, *op. cit.,* p.6-7.
5) M. Evans, *op. cit.,* p.8.
6) M. Evans, *op. cit.*, p.4.
7) T. Tooke, *op. cit.,* Vol. IV, p.65-66.
8) S. Gurney: *Lords S.C. of 1847-48*, Q.1339.
9) S. Gurney: *Lords S.C. of 1847-48*, Q.1257.
10) T. Tooke, *op. cit.*, Vol. IV, p.66.
11) この現象は1845年から続いていた。そして恐慌後に開かれた下院の委員会では多くの商人から鉄道投機の原因として大いに追及を受けたのであった。その点は差し置き、これは確かにやや異常な現象であった。年間の平均をとってバンクレートと市場レートを比べてみると、市場レートのほうが高かったのは1845-47年、65年、67－71年のみであり、しかも45-47年には差が最も開いていたのであった(R.H.I. Palgrave, *Bankrate and the Money Market*, P.13)。

これはピール法導入まで4％にレートを固定してほとんど割引がゼロになってしまったことへの反動からピール法施行後イングランド銀行が同法の描いたように銀行部を一割引会社として市場で競争しようと本気になって努力したためであった。1847年恐慌の苦い経験を経た後、下院の委員会では総裁が市場レートにしたがってまたバンクレートを$2\frac{1}{2}$％にでもさらにそれ以下にでも下げると証言しながら〔Q.3329-3333〕、実際にはその後正式な決定ないし公式の声明こそ出さなかったが、イングランド銀行は市場に対して余り競争的ではなくなっていた。(J. Clapham, *The Bank of England*, Vol. II, p216.)
12) *B.M.* Dec. 1845, p.121.(The Policy of the Bank of England, The Cause of the Panic)
13) T. Tooke, *op. cit.*,Vol. IV, p.67.
14) M. Evans, *op. cit.*, p.21.
15) M. Evans, *op. cit.*, p.27-28.
16) *B.M.*, Jan. 1846, p.237.
17) *B.M.*, Feb. 1846, p.301.
18) *B.M.*, Mar. 1846, p.398.
19) T. Tooke, *op. cit.*, Vol. V, Pt. III, Sec 7.
20) M. Evans, *op. cit.*, p.15.

B　大鉄道建設

鉄道株投機の破綻は新しい鉄道計画の出現を規制したが、それで副軸的連関の資本蓄積が下火になるわけではなかった。投機的につりあがった株価の崩落は鉄道会社そのものに対する死刑宣告を意味したわけではないからである。むしろ1846年から途方もない大鉄道建設が進行することになった。イギリス全土の主要幹線はもちろんそれらの主な支線までほとんどこの時に建設されることになる（表1-15）。

　1846年には3780万ポンド、47年には4070万ポンドの払込金徴収が行われた。建設中のマイル数は急増した。そして建設労働者の数は47年5月1日に25.7万人に達した[1]。

　それに鉄工業が熱狂的な好景気を迎えた。大量の鉄消費の予想が鉄材に対する途方もない見込み需要を生み出し、鉄価格は暴騰した。一方で鉄工場の建設が進み、他方でさまざまなU字釘について熱狂的な投機が進行した。鉄生産は綿工業をしのぐ成長を遂げるが、その生産の1/3が鉄道用に振り向けられるようになった。

　ともあれ、大規模な雇用が突然作り出されたのである。建設の不熟練な力仕事には農村の潜在的過剰人口が大動員されたことはいうまでもない。働き口がないという農村の苦情は下火になった。それどころか、飢饉にもかかわらず、アイルランドからいつもの出稼ぎがイングランド農村にあまりやってこなかった。そのためイングランドでは47年秋の麦の刈り取り手が見つからず、麦は収穫されずに放置されるという異常な事態まで発生することになる。

　1847年半ばのこのころ鉄道建設は、したがってまた副軸的連関の資本蓄積全体はピークを迎えたといえる。このようにすさまじい鉄道建設は、言うまでもなく、主軸的連関の資本蓄積に大きな増幅作用を及ぼした。何よりも、労働力吸収の増幅、それに消費財部門に対する生産財部門の大拡張による迂回生産の大発展。これらはいずれも主軸的連関の資本蓄積の内的諸矛盾の成熟を強調し、同時に世界市場的不均衡化に突き進ませるものに他ならなかった。

　主軸的連関の資本蓄積ですでにみた穀物、食料品、嗜好品の消費の著しい増加は、じつは主軸的連関の雇用増だけが作り出したのではなく、副軸的連関のほうからの雇用増の強力な後押しが加わって作り出されたのであった。そしてその結果は、穀物、食料品、嗜好品の輸入激増にアクセントをつけ、貿

表1-15 鉄道投資と鉄道建設

| | 計画数 | | | 証券発行許可額 | 資本調達額 | | | 新設鉄道マイル数 | 運輸収入 | | 鉄道株価指数(1840.6=100) |
	新線	拡張	合計	百万£	株式 百万£	社債 百万£	合計 百万£		総額 百万£	1マイルあたり £	
1841	1	18	19	3.4	?	?	?	423	?	?	83.8
1842	4	18	22	5.3	?	?	?	356	?	?	89.4
1843	5	19	24	3.9	?	?	?	420	?	?	98.2
1844	26	22	48	20.4	4.3	2.4	6.7	204	?	3,280	121.3
1845	76	44	120	60.5	15.6	0.6	16.2	296	?	3,470	149.0
1846	225	45	270	131.7	30.8	6.9	37.8	606	?	3,300	139.4
1847	115	75	190	44.2	31.9	8.8	40.7	803	9.0	2,870	117.1
1848	28	57	85	15.3	30.4	2.7	33.2	1,182	10.1	2,560	95.5
1849	0	34	34	3.9	21.9	7.7	29.6	869	11.8	2,100	77.1
1850	?	?	?	4.1	6.3	4.2	10.5	625	13.2	2,080	70.4
1851	?	?	?	9.5	4.8	3.2	8.0	269	15.0	2,220	

(出所) T. Tooke, op. cit. Vol.V, p.352; A.D. Gayer, & c. op. cit. Vol.I, pp.248〜5,254〜316, 318, 437.
(注)1) 1841〜4年の新設マイル数は、メンデリソン、前掲書、第1分冊付表から補った。
2) 証券発行許可額についてはトゥックとゲイヤーらの数字にかなりくいちがいがある。ここではトゥックのものを採っている。

易収支の逆調——金流出へ導くことになるわけである。

1）*B.M.*, Oct. 1847, p.508.

第3章　貨幣資本　信用膨張から金流出へ

A　金流入と商業信用の拡張　1843-45

1　金の流入

　綿工業を中心とする主軸的連関の好調な資本蓄積の出足を反映して、1843〜44年は金流入の年であった。

　1843年の外国為替は数年来に見ない高さにあった[1]（図1-4）。イングランド銀行の金買い入れ高は41年末からすでに高い水準にあったが、これに続く42年末から44年春にかけておびただしい量にのぼった（図1-5）。しかもこの間金売却はほとんど取るに足りなかった。銀は、43年6月の大量買い入れを別と

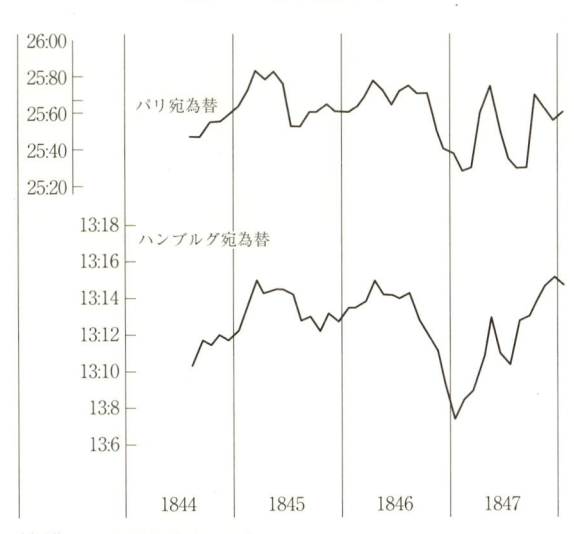

図1-4　外国為替相場

（出所）S.C of 1847-48; Appendix.
　　　　S.C of 1857; Appendix.
（注）1. 為替相場は毎月第3土曜日のもの
　　　2. パリ為替は3日のサイト付き、ハンブルグ為替はショートの相場

図1-5 イングランド銀行の金銀売買差額

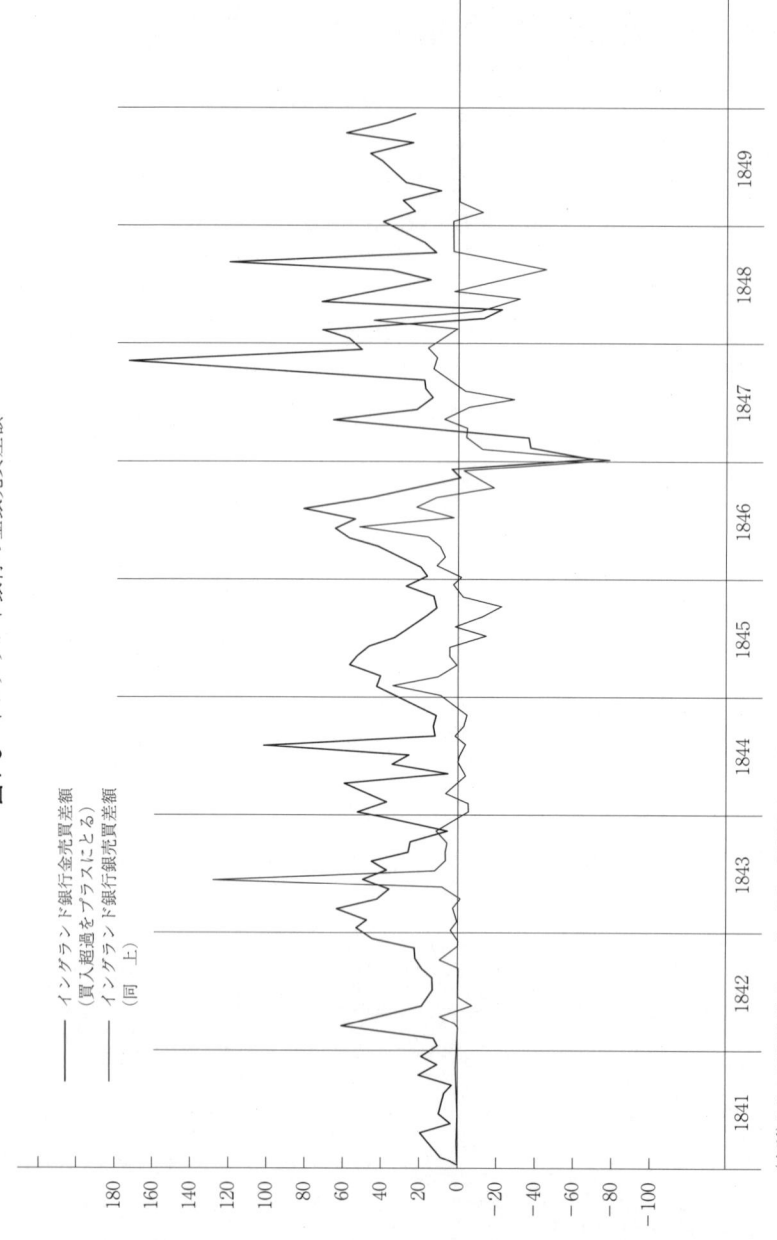

――― イングランド銀行金売買差額
　　　（買入超過をプラスにとる）
――― イングランド銀行銀売買差額
　　　（同　上）

(出所) S.C. of 1847-48, Appendix, S.C. of 1857, Appendix.

すれば終始ある程度の量の買い入れと売却が行われたが、43年中は買い入れ超過、44年に入って売却超過に転じた。買い入れと売却の差額をみると、43, 44年は順調な金買い入れ超過の年であった。

　このように大量に流入した金は、その大きな部分がイングランド銀行から金貨として国内流通へ投ぜられることとなった。イングランド銀行の支店への金貨現送は42年7月から極めて大量におこなわれ始め、43年4月にピークに達した(図1-7)。これはその時期と規模からみて、整理が完了し金流入が始まったところで景気回復を見越しいち早く地方支店へ大量の現送を行ったものと考えられる。ただ43年6月までは地方支店からの金貨返送もかなりの量にのぼった。しかし、その後も本店からの金貨現送は一定水準で続けられたのに、地方支店からの返送はほとんどなくなってしまった。

　海外からの金流入とそれの金貨としての国内流通への投入は、当時においてほぼ恒常的な現象であった。そして両者の差がイングランド銀行の金準備増加となったのだった。ちなみに、1842年11月～43年12月のイングランド銀行金銀買い入れ超過は690万ポンド、金準備（銀を含む）の増加は510万ポンドであったから、同期間中に国内流通に入った金貨の量は120万ポンド、そして44年中にはそれぞれ370, 110万ポンドであったから、国内流通に入った金貨の量は260万ポンドと推定される。

　ところで、イングランド銀行の金準備増加は1841年の10月からほとんどやむことなく続いていた。しかし、43年春以降の流入はそれ以前の流入とは明らかに性格を異にしていた。それ以前の増加は、景気の状態が一概に不況期とは言い難い複雑な性格をもっていたことと関連して、性格を一義的には決め難い。しかし、42年3月の大量の金買い入れと地方からの金貨返送にも明らかなように、根本的にはのちに見る47年10月パニック直後の整理的流入と同じ性格のものであったと考えられる。すなわち、アメリカ貿易の破綻、およびそれに関連した国内の破産増が、一方で貿易信用の収縮――したがって従来の授信分の回収――と、他方で国内商取引の収縮による金貨の必要の減少を生んで、消極的に金準備の増加に導いたのであった。ところが43年春以降の金準備増加は、綿製品輸出の伸びを中心とした輸出貿易の拡大が海外から積極的に金流入をもたらしたのであった。

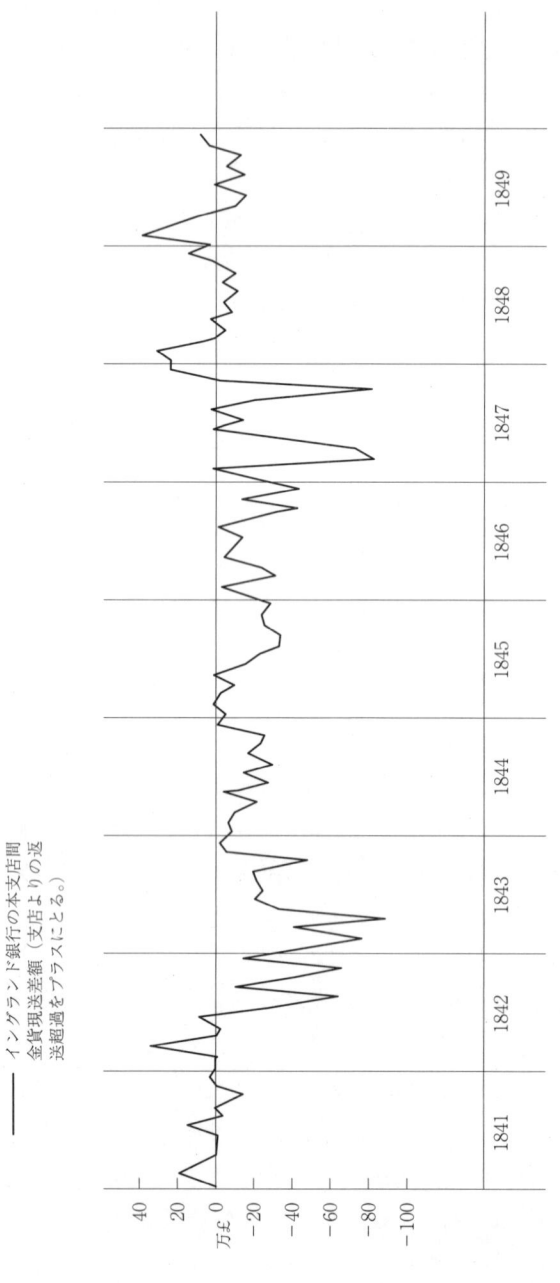

図1-6 イングランド銀行本支店間金貨現送差額

―― イングランド銀行の本支店間
金貨現送差額（支店よりの返
送超過をプラスにとる。）

(出所) S.C. of 1847-48, Appendix; S.C. of 1857, Appendix.

第3章　貨幣資本　信用膨張から金流出へ

　1845年に入っても、前半は金流入が続いた。イングランド銀行の金準備は45年6月21日に1664万ポンドと循環におけるピークを記録した。45年前半の金銀買い入れ超過は315.5万ポンド、金準備増加は172万ポンドであるから、地方支店への金貨現送はほとんど行われていないにもかかわらず、この間に144万ポンドの金貨が国内流通に吸収されたわけである。

　しかし、6月から11月にかけて大陸為替が徐々に、そして一般的に軟化した。ただハンブルグ為替もパリ為替も金現送を有利とするまでには下がらなかった[2]。イングランド銀行の45年後半の金銀売買は、金が買い入れ超過、銀が売却超過であった。そして384万ポンドの金貨が国内流通に吸収されたとみられる（図1-6）。

2　商業信用のゆっくりした拡張

　商業信用の動向をうかがうと（図1-7）、1842年Ⅳ四半期の国内手形量の激減が前の循環にピリオドを打つと同時に、1840年代の循環の出発点となったことが知れる。

　1843年中商業信用は全く停滞している。42年末の激減は、同年前半の破産増の影響を受けた商取引と信用の収縮によるものであったろう。しかしその後も、商取引の拡大が始まっていたのに、必ずしもただちに手形の増加に導かなかった。現金取引が多くなっていたのであろう。手形量はようやく44年になって増大し始める。ただ、好況に入る過程にはかなりのずれがあったわけで、先導的な綿工業の輸出部面などでは、ここに表れているより早く手形の発生が増加し始めていたとみられる。すでにマンチェスターの取引が活気を見せた43年4月以降、「ブローカーによって、それまで少ないことがこぼされていた優良手形がずっと多くなったと認められた[3]。」額面別に手形流通量を見ても（図1-9）、43年のⅣ四半期に外国貿易に関係する大手形が真っ先に前年同期の水準を超えた。その後も大手形の伸びが最も顕著である。中手形も44年に入ってからはっきり増加に転じた。ただ、小手形は景気変動と無関係に長期的な減少傾向にあったせいもあって、44年に入っても増勢に転じていない。

　商業信用は当初このようにゆっくりと拡張過程に入った。だが1845年に入

77

図1-7　商業手形の変動

(出所) T.Tooke & New march, *op. cit.*, Vol.VI. 589〜592.

ると、手形の発生は急増する。

　総額で見ると、45年Ⅰ四半期には前年同期比620万ポンド増、Ⅱ四半期以降それぞれ前年同期比610,890,1390万ポンド増とうなぎ上りに増加し、46年Ⅰ四半期にはついにピークの7760万ポンドに達した。そして額面別にみると、特に増加したのは貿易に関連した大手形であった（図1-8）。46年Ⅰ四半期には4680万ポンドと44年のⅠ四半期からみて約4割も増加した。それにまた、海外からロンドン宛に振り出され送られてくる外国手形の量も、おそらく国内手形と歩調をそろえて増加したであろう。あらゆる種類の手形が増加した。

　しかし、綿製品の輸出総額をみても、さらに貿易総額をみても、この1年でこれほどの手形量増加をもたらすほどに拡大はしていない。ということは、とりもなおさず、商取引のうちで現金取引の部分が減少し、全体に手形取引に依存する度合いが増加していたこと、そして手形の書き換えが盛んに行われ、手形期限が長期化していたこと、そのうえ同じ製品に二重にも三重にも手形が振り出されるという事態が進行しつつあったこと等を意味していたのである。

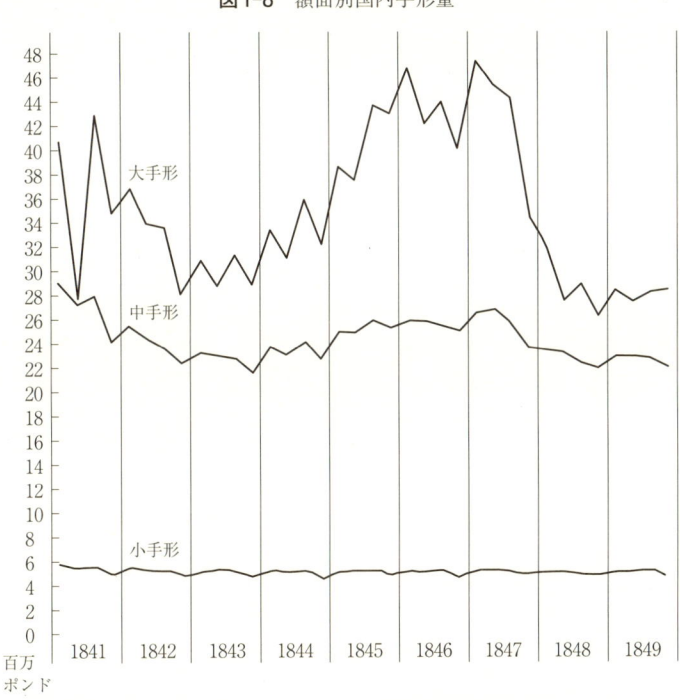

図1-8 額面別国内手形量

(出所) T.Tooke & W.Newmarch, *op. cit.*, Vol.VI. P.589〜592.

　有利な時期にできるだけ信用を利用して大もうけをという動機から手形を極度に利用していたのは、第一に綿製品取引であった。44年後半の綿布価格の上昇と45年に入ってからの綿糸価格の上昇は、手形の助けを十二分に借りた商人たちが見込み買い付けおよび工場主の委託荷積み出しによって起こしたものだったといえよう。ところが実際には、価格がそこまで上昇してみると、見込みほどどんどん売れなくなってきつつあったものと思われる。この意味での海外市場の困難は46年に入って全面的に現れてくるのである。

　だが、すでに指摘した如く、他に先駆けて華々しく伸びたアジア市場向け輸出においては、45年秋すでに行き詰まりがはっきり目に見えるようになっていた。マンチェスター貿易商ガードナーは次のように証言している[4]。

　.4874号。この事業［中国への輸出］はどんな経過でしたか？──ほとんど

筆紙に尽くしがたいほど破滅的でした。1844年および1845年の中国への積み荷全体のうち2/3以上の額が回収されたとは信じません。というのは、茶が主要な見返り輸出品でありまた大いに待望されていたので、我々製造業者は確信を持って茶関税が大きく引き下げられるものと当てにしていたからです。もしこの引き下げが行われていたとするなら、なされた準備がそこに見出されたであろう需要に対して全く超過していたとは思えません。外国市場との我々の取引は商品を買う外国市場の能力によって制限されているのではなく、ここ自国内で我々側が工業製品の見返りとして受け取る農産物を消費すべき我々の能力によって制限されるのです。

4875号。あなたはそれで期待が全く外れたというわけですね——私はあらゆる取引について、すなわちあらゆる茶箱について、損失があったというのではありません。しかし、私は損失が平均して10％から60％ないし70％にまで及んだと思います。私は最初の2,3の商品を送り出し、これは約15％の損をして売られましたが、私の茶の代理店が茶を安く買うことが出来たので、これを持ち帰って売れば右の損失を償うほど大きな利潤があるだろうと信じ切っていました。ところが利潤を得るどころか、私はしばしば25％ないし50％の損をしました。

「三億の人に着せる」というイギリス綿工業の工場主や商人たちの意気込みの前には、中国市場もたちまちあふれてしまうほかなかった。中国貿易では大きな損失がすでに現れ始めていた。そればかりではない。中国市場への輸出基地であり、中国市場よりはるかに大きく綿製品輸出市場として最重要なインド市場への輸出総額は、44年5月－45年4月が最高で、45年5月－46年4月には早くも減少に転じた[5]。アジア市場は明らかに過剰供給されたイギリス綿製品で飽和状態にあったものとみられる。不確実な情報に基づき、大きな可能性をもつように見えるがのちになるとそれほどでもないことが判明する市場を目指して生産し輸出するというのは、当時の景気循環に必ずといってよいほど伴った事情であった。しかも、この新しい多分に架空な市場というのが、大概循環過程において当初先発的役割を担うとともに、崩壊においても中心的位置を占めることになったのである。当時の通信技術の不備がそ

の温床をなしていたのであり、また運輸手段の未発達もラグを大きくすることを通じて一役買っていたといってよかろう。この循環では、結局アヘン戦争によって開かれた3億人の市場というのが合言葉で、中国・インド市場投機化の契機となったわけである。

　それに第2に、綿花の大規模な見込み輸入が続いて、リヴァプール綿花在庫が史上空前の規模に達していた（表1-4）。これがスペキュレーターの活躍と相まってブローカー手形の激増によって支えられていたことも疑いの余地はない。リヴァプール―ニューヨーク間綿花価格差が開いて、リヴァプールに綿花を引き寄せる作用が働いていたというのも、実は商業信用の膨張によってバックアップされた現象であった。第3に、砂糖、コーヒーなどの植民地産品についても、同様のことが言えよう。ただし、この時期には砂糖、茶、コーヒーなど植民地産品の輸入と在荷は増加しつつあったとはいえまだピークには遠かった。したがって、この部面での手形量増大は大きな意味をもっていなかったとみてよかろう。

　ともあれ、より大きな利得を目指した手形の極度の利用が、価格上昇のきっかけを与えながら、綿製品輸出には否定的に（とはいえはっきり影響が目に見えるのは46年に入ってからだが）、綿花輸入及び植民地産品の輸入には促進的に働いていたわけである。そして投機化していた中国・インド市場やリヴァプール綿花市場では、手形の利用が当初の思惑とは異なり、流通期間の著しい長期化をカヴァーする手段に転じていたといえよう。

3　ロンドン貨幣市場

　1843, 44年にはロンドン貨幣市場は42年後半から引き続いて極度の緩慢状態にあった。

　ロンドンの株式銀行の預金は、判明する限り、コマーシャル・バンク・オブ・ロンドンの43年における減少を例外として、他はいずれも著しく増加していた（表1-16）。しかし、手形取引よりも現金取引が増加するような時期には手形が割引に持ち出されず、商人や工場主の手元に満期まで手持ちされる傾向も比較的大きかったと考えられる。この時期には商業信用が銀行信用に対して相対的独立の状態にあったわけである。したがって、ロンドン貨幣市

場のイングランド銀行への依存は44年春までどんどん軽減されていった。

　1845年に入って手形の増発が銀行への手形割引への要求を増加させていったことは言うまでもない。地方銀行の状態はつかめないが、ロンドン・バンカーの貸出は目覚ましく増加した。ロンドン・アンド・ウエストミンスター・バンクの「その他証券」の著しい増加からそれを垣間見ることができる（表1-17）。ただこの間ロンドン株式銀行の預金も一斉に著しい増加を見せており、農業地方から資金をますます吸収しつつ割引を増加させていったといえよう。だがこのような資金量の増加にもかかわらず、割引要求増加のほうが大きかったわけで、ロンドン貨幣市場のイングランド銀行への依存は急速に強まった。

表1-16　ロンドン株式銀行の預金　　　　　　　　　　　　　　　(千£)

年	ロンドン・アンド・ウエストミンスター	ロンドン・ジョイント・ストック	ロンドン・アンド・カウンティ	ユニオン	コマーシャル
1841	1,499	1,403	581	504	169
1842	2,088	1,772	859	746	247
1843	2,210	2,046	996	956	217
1844	2,677	2,245	1,231	1,591	240
1845	3,590	2,460	1,490	2,013	501
1846	3,280	2,446	1,589	2,510	441
1847	2,734	1,972	1,225	2,645	410
1848	3,090	2,328	1,355	2,836	406
1849	3,681	2,793	1,675	2,964	542
1850	3,970	2,950	2,030	3,094	613

（出所）J. Francis, *History of the Bank of England*, p.315.

表1-17　ロンドン・アンド・ウエストミンスター・バンクの勘定

年月日	預金	その他証券	手許現金	コール・ローン	政府証券
1845.12.31	3,590	2,928	563	629	1,040
1846.12.31	3,281	2,677	635	423	939
1847.12.31	2,734	2,378	721	350	792
1848.6.30	3,170	?	589	160	1,295
1848.12.31	3,090	2,386	645	177	1,189
1849.6.30	3,393	?	553	246	965
1849.12.31	3,681	3,158	687	264	974
1850.6.30	3,821	?	655	258	972
1850.12.31	3,970	3,459	566	225	1,090

（出所）W.Bagehot, *Lombard Street*, 14th ed. p.328; T.E. Gregory, *The Westminster Bank Through a Century*, Vol. II付表

第3章　貨幣資本　信用膨張から金流出へ

4　イングランド銀行

　1843，44年にはイングランド銀行の手形割引窓口では文字通り閑古鳥が鳴いていた。イングランド銀行の手形割引の減少は1842年中に急速に進行し、44年春まで続いた。そしてその後緩慢な増加に転じたが、なおピール法施行直後の9月7日における割引は212万ポンドにすぎず、殊にロンドンでの割引は11万ポンドと皆無に近かった。ピール法によってイングランド銀行は2部門に分割され、その銀行部は市中銀行と競争して銀行業務を行うように定められ、実際またそのように努力したにもかかわらず、なかなか成果をあげえなかった。

　銀行券は（図1-9）、42年中金流入とともに大幅に増加したのに、43年中少しずつ減り続けていた。そしてこれも海外から大量の金流入があった43年末

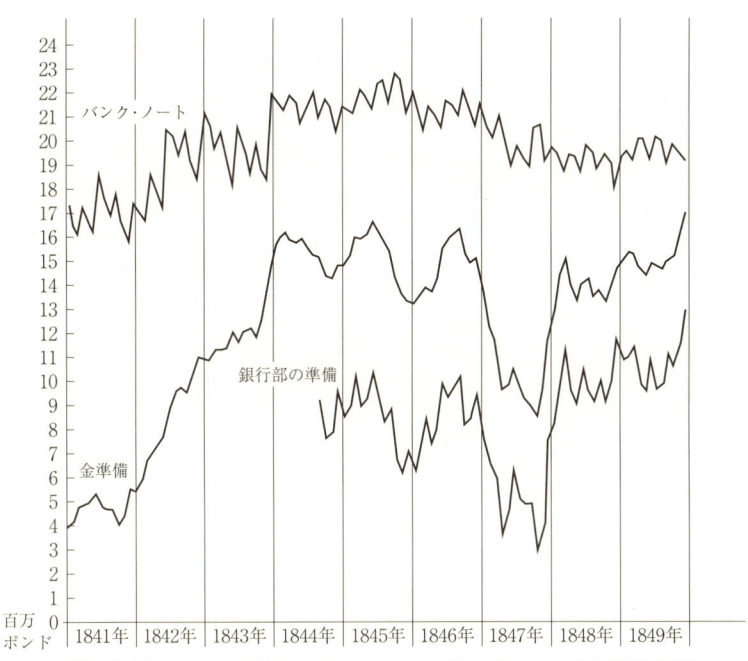

図1-9　イングランド銀行の発券残高と金準備

（出所）1841年1月～44年2月　T.Tooke. *op. cit.*, Vol. IV, p.436 et seq. から月平均を算出。
　　　　1844年3月～44年8月　*S.C. of 1847-48*, Appendix No.2から各月の一時点の数字を利用。
　　　　1844年9月～49年12月　B.M. 所載イングランド銀行週報によって月平均を算出。

83

から44年初めにかけて急増し、その後また停滞する。商取引が収縮しているときに増え、拡大し始めてから減るのは一見矛盾しているが、これはロンドン・バンカーその他が準備としてイングランド銀行券をもっていたことによって説明されよう。42年のように商取引が収縮して割引の機会のない場合、銀行としては金流入があっても債務返済に充てる他は消極的に準備ないし遊資として蓄積しておく以外に道はなかったわけであるが、当時はイングランド銀行に預けるよりイングランド銀行券で手持ちすることが多かったので、金流入とともに銀行券がイングランド銀行から出てゆくことになった。そしてこの部分は一時的に累積しても、景気の回復とともに割引ないし貸付に利用されて徐々に減ってゆき、利用された銀行券はかなりの部分がイングランド銀行へ還流したから、銀行券の流通が一見減ったようにあらわれたといえよう。実際には43年春以降、イングランド銀行券の流通は増加し始めていたと思われる。イングランド銀行券の額面別流通量を調べて見ると、主として銀行によって利用された額面500ポンド以上の銀行券が減少ないしわずかの増加にとどまったのに、それ以下の、殊に100, 50, 20、および5ポンドの銀行券は著しい増加を見せた。これは商取引の一般的拡大につれて、これら額面の銀行券の購買・支払い手段としての使用が確実に増大したことを示しているといえよう。これはさきに指摘した5ポンド以下の購買・支払手段である金貨の使用増大の事実とも符合する。このように、イングランド銀行券の実際の流通は着実に増加する傾向にあった。ただ、42年末から44年末にかけて1820万ポンドから2010万ポンドへと、その増加はこの2年間にわずか190万ポンドにすぎなかった。

　もう一つの債務である預金も同じ性質の増加を見せた。すなわち、総預金は43年中停滞気味であったが、金流入の激増した暮れから44年初頭にかけてかなり増えた。中でも、ロンドン・バンカーズ・バランスは金流入と密接な関連をもって43年2月にピークとなり、その後顕著に減ったが、44年初頭再びかなり増加して中頃まで高水準を保った。

　ともあれ、イングランド銀行における債務の増加は、このようにもっぱら金準備増加に関連して生じたものであった。そして割引の減少によってかなりの銀行券の還流があったから、債務増加は金準備増加に及ばなかった。

第3章　貨幣資本　信用膨張から金流出へ

イングランド銀行の金準備率は極めて高い水準に上昇した。1844年3月末には47％に達した。債務に対し1/3以上の金準備を確保するという、銀行内部で運営上の目安とされていたパーマーの原則からすれば、余裕綽々の状態であった。

1845年に入って、様相は一変する。

緩慢に増加し始めていた手形割引は秋口から急増し、7月26日388万ポンド

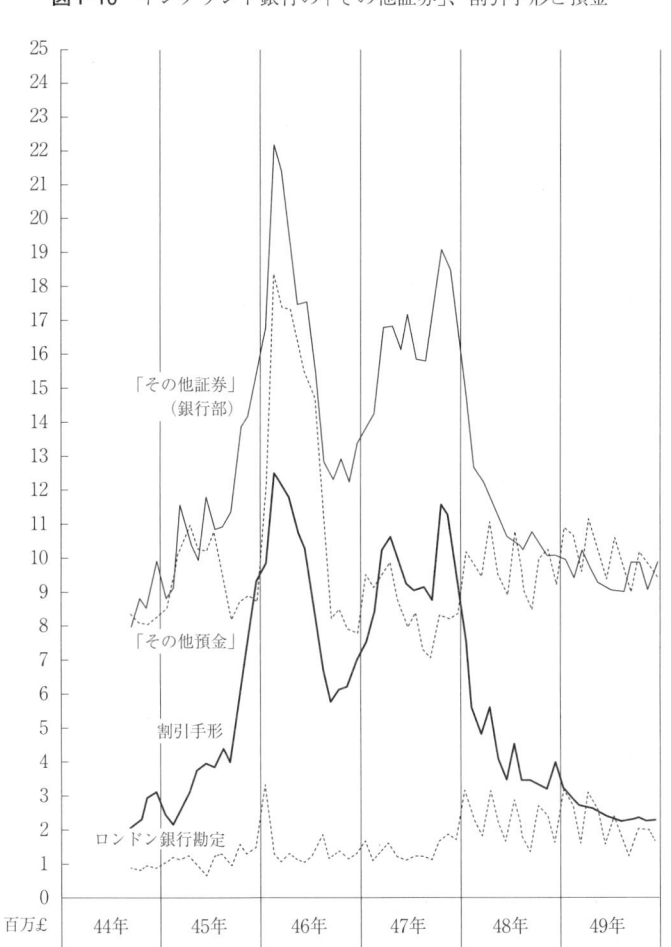

図1-10　イングランド銀行の「その他証券」、割引手形と預金

（出所）S.C of 1847-48, Appendix No.5, 6; S.C. of 1857, Appendix No. 12,13.

85

にすぎなかったのに、11月1日には698万ポンド(前年同期比417万ポンド増)に達した(図1-10)。

　銀行券も膨張を続けた(図1-9)。11月1日には2205万ポンドを記録したが、これは前年同期に比して143万ポンドの膨張であった。ただこの流通量の膨張は、もはやイングランド銀行が購入した金の代金として払いだす形で受動的にそれにこたえていたというのではなかった。すでに相当量の金準備減少が起こっていたにもかかわらず、イングランド銀行は積極的に手形割引に乗り出していたわけである。

　預金は季節変動を別とすればほとんど変化しなかった。もっともロンドン・バンカーズ・バランスは45年初頭に最低を記録した後かなり上昇した。

　この間金準備は45年前半に再び増加し、半ばに循環のピークを更新するが、その後かなりの減少に転じた(図1-9)。ただ、この時期には実際に国内流通に吸収されたわけではない特殊な制度的流出が生じていた[6]。

　海外への流出は、銀によるものがあったとしても、まだ序の口であった。だがともかく、イングランド銀行の金準備率は顕著に低下してきた。10月11日には38％に落ちた。

　異常な鉄道株投機が金融逼迫を突然引き起こしたとはいえ、ちょうどその45年秋には景気は微妙なところへさしかかっていたわけである。

5　利子率

　イングランド銀行のバンク・レート(公定歩合)は長い間5％に固定されたままであった。だが、市場利子率は1840年代に入って公定歩合から離れて下降し始めていた。そしてピール法が制定され、イングランド銀行の銀行部が民間銀行と同様の経営を促されると、バンク・レートも市場レートに追随して下がり始めた(図1-11)。自由な利子率変動の時代を迎えたのである。

1) T. Tooke, *op. cit.*, Vol. IV, p.55.
2) *Ibid.*, Vol. IV, p.69.
3) *Ibid.*, Vol. IV, p.50.
4) R. Gardner: *S.C.of 1847-48*, Q.

5) *Ibid.*, Q.5891-5.
6) この年制定されたスコットランド銀行法とアイルランド銀行法とによって、スコットランドとアイルランドの発券銀行が法定限度以上の発券高は全準備金を本店に置かなくてはならなくなり、そのため銀行券の流通が増加する秋には相当量の金がイングランド銀行から持ち出されることになったのである。1845年秋にはスコットランドとアイルランドの銀行券の増加は好景気のため合計して200万ポンドに及んだ。しかもスコットランドの銀行の場合、制度開始にあたってまずかなりの固定的な引き出しを行ったようである。

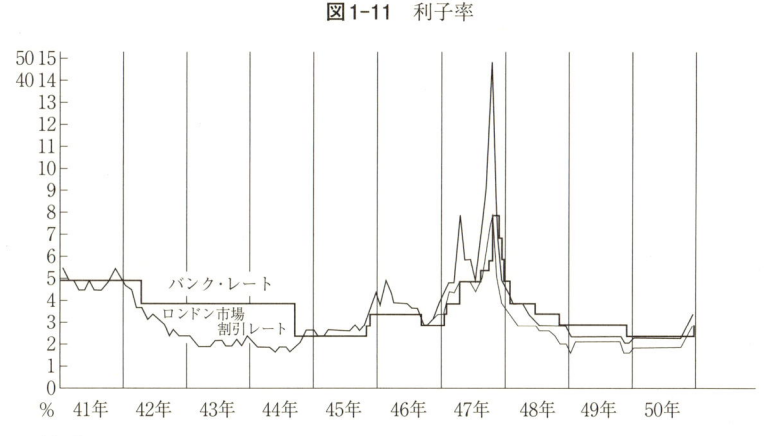

図1-11　利子率

(出所) バンク・レート　*S.C. of 1847-1848*, Appendix No.6; *S.C. of 1857*, Appendix No.13.
　　　　ロンドン市場レート　1844年8月までは *B.M.* 1844 p.89
　　　　　　　　　　　　　　1844年9月以降は T.Tooke & W.Newmarch, *op. cit.*, Vol.VI, p.545-551

B　商業信用の大膨張から金流出へ　1846－47初

1　商業信用の大膨張

1846年初頭商業信用の膨張にはいったん冷水が浴びせられた。鉄道株投機が作り出した金融逼迫が反省を強要したのだった。46年I四半期をピークとして手形量はかなり顕著に減少していった(図1-7)。中でも外国貿易関連の大手形の減少が著しかった(図1-8)。

手形量の減少は、貿易取引そのものの手控え、綿花など原料の巨大な在庫の縮減、および程度はそれほどでもなかったろうが、同じく砂糖など食料品、嗜好品の在庫減少が原因であったとみられる。すでにみてきた綿製品価格の

下落、穀物、嗜好品等の価格の停滞ないし下落などはこのような商業信用の収縮に密接に関係していた。すなわち44, 45年の一般的な価格上昇は、主として手形に支えられた海外への過剰輸出（綿製品）とこれも手形増発によってふくらまされた国内需要（綿花、それに部分的には食料品・嗜好品）に基づいていたのであったが、金融逼迫と利子率上昇によって価格下落を見た後、手形増発が止まったために、その後もかなり一般的な価格下落と停滞が続いたのである（図1-3、表1-10）。

　しかし、この程度の収縮、反省で手形の異常な活用が根本的に解消するというわけにはいかなかった。次のマンチェスターの製造業者兼商人のR.ガードナーの証言[1]にみられるように、インド市場取引など不健全な信用膨張状態は依然として続いていた。この時期はその意味でいわば小休止にすぎなかったといえる。

　　第4871号。あなたはその時（46年の初め）事業が健全な状態にあったと思いますか？——いいえ。事業は資金の大変な豊富さと長期手形を割り引いてもらう大変な便宜とのゆえに繁栄しているように見えました。たとえば、インド手形は一覧後6カ月払いか日付後10カ月払いで振り出されました。…1846年の初期に、我々はほぼ華々しい繁栄の絶頂にあったと思います。当時における資金の異常な豊富と長期手形の割引の完全なまでの容易さとによって現在の恐慌がもたらされたのだと私は思います。イングランド銀行は90日以上の手形はどれも割り引きません。しかし、人々がそれらの長期手形を預け入れ、それらに対してイングランド銀行から3か月の貸し付けを得ること、そしてその期限が来ると、バンクの割引原則に当てはまるようになるまで再びそれらを預けることが極めて容易であるのを知っております。

　なお、現実資本の項で述べた隠蔽作用と信用との関係について触れておこう。やがて海外市場をあふれさせる過剰な輸出も国内での活況を盛り上げた国内価格上昇も、じつはともに手形の魔力のなせるわざであった。すなわち、信用制度の比較的発達したヨーロッパ大陸向けの取引をのぞいて、他の市

第3章　貨幣資本　信用膨張から金流出へ

場向けの取引の大部分がイギリスの輸出信用（国内商人から国内商人ないしマーチャント・バンカー宛の手形）によって支えられていた。しかも現地で売れるか売れないかにかかわりなく委託荷として送り出され、それに対して手形が振り出されていたのである。そして、海外で在荷が累積するとなれば手形の書き換えが行われ、結局手形が在荷保持の手段、流通期間長期化をカヴァーする手段になっていた。また、国内活況の累進も、手形による見込み需要の創出が一般的価格上昇を生みつつ進行させたものであった。したがってさきに述べた隠蔽作用とは結局信用による隠蔽作用に他ならない。

ところで、1840年代の循環では市場の溢れ、在荷の累積を支える形で手形の魔力が働いたのだが、その量についてR・ガードナーの興味深い見積もり[2]がある。

　　第5090号。・・・・──私は質問の意味がわかりません。しかし、もし1845年と1846年において、1億ポンドが商業に利用されていたとするなら、多分2500万ポンドは4，6，9、および12カ月手形だったでしょう。現在ではこれらの期限の手形は反古とみなされています。そして2500〜3000万ポンドが全く失われてしまったと私は想定します。多分500〜1000万ポンドが海外におけるイギリス製品としてあります。また、何百万ポンドもの金額が海外における固定資産としてあり、現在では非生産的です。

しばらくの小休止を経て、ふたたび手形の大膨張が再開された（図1-7）。47年I四半期に激増して7890万ポンドに達した。この循環におけるピークであった。それにII四半期には例年減少するという季節的要因を考慮に入れれば、II四半期にもさらに増大したとみてよいようである。金額別にみると（図1-8）、やはり大手形の激増が目を捉えるが、中小手形の増加も著しい。また海外からイギリス宛に振り出され送付された満期前の手形量も、この時期には特に輸入の激増に歩調を合わせて増加したに違いない。

この手形激増の原因は、第1に、穀物取引。大陸諸国の価格を追い越してしまう激しい価格投機の陰には手形取引に支えられた投機的買い付けが進行していた。第2に、砂糖その他植民地産品取引。ここでも大量の取引が手形

89

増に導いていたと思われる。第3に、綿花取引。ここでも不作を背景に手形取引による投機的な買い付けが進んでいた。穀物価格投機を上回った綿花価格投機も、じつはその大きな部分が手形による追加需要が釣り上げたものだったのである。この点についても、つづくR・ガードナーの証言は明快である。

　第5091号。あなたは昨年（47年）綿花価格が釣り上げられていた——あなたの考えでは手形に対して行われた貸し付けによって——と言いましたか？——融通手形によってです。
　第5092号。それらの手形は一般に誰によって引き受けられましたか？——生産物ブローカーによってです。すなわち、人は綿花を輸入し、それをブローカーの手にゆだね、そのブローカー宛に手形を振り出し、そして割り引かせるのです。
　第5094号。‥‥それでそれら（の手形）はみなリヴァプールの銀行の手に渡ります。私はもし主としてリヴァプールの諸銀行によって与えられたこのような融通がなかったなら、綿花は昨年あれほど高くなく、1ポンド当たり$1\frac{1}{2}$ないし2ペンス方安かっただろうと信じます。

しかし、最後に、より重要ともいえるのは綿工業の工場主や商人たちの引き続く手形増発であった。彼らの過去に行った投機の破綻や輸出取引の損失が尾を引いて、そのことのために全面的に手形取引に依存し、また手形の書き換え、期限の延長などの手段を講じなければならなかった。その上鉄道株投機を経て、払込金徴収の追い打ちがかかってきたのだから深刻だったといえよう。払い込みの後はますます手形に頼るほかなかったのである。重要なポイントなので、これらに関連する証言を1847-48年の商業的苦難についての下院委員会報告からいくつか引用しておこう。

　リヴァプール商人、A・ホヂスン[3]。
　第177号。証言の初めのほうであなたは、リヴァプールの取引が春（47年の）には健全な状態にあると述べましたか？——我々は全くそう考えていました。そして私は今もなおそう考えます。私は正常な状態のうちに取引

第3章 貨幣資本 信用膨張から金流出へ

が不健全な状態にあるといわれるような何物もなかったと思います。しかしながら、そうした状態と結びついた次の特殊事情、すなわち商業に携わるほとんどあらゆる人々が、鉄道業にかかわっていたという事情がありました。それで、商会の上に負担のかかる鉄道の巨大な支出が始まると、ほとんどすべての商会が鉄道業への投資のために多かれ少なかれ事業を飢えさせ始めたのです。しかし、信用の不健全な膨張はありませんでした。そこには彼らの商業的資本の一部を鉄道のためにとりだしたための事業の飢餓があったのです。しかし、私は一般に不当な信用の拡張はなかったと考えます。もっとも特定の商会についてはそうでしたが。

ユニオン・バンク・オブ・リヴァプールのマネージャー、J・リスター[4]。

第2444号。そのために(鉄道業へ流動資本を移転したために)起こったと思われる勘定残高の大きな減少がありましたか？——第一の場合には(47年春)そのために信用の不当な拡張が起こったと思います。なぜなら、人は資産を事業から鉄道へ移転し、しかもなお事業を同じ規模で継続しようと望んだからです。彼はおそらく最初に、鉄道株を利益をあげて売り払い、再び彼の事業に資金を投じうると考えたのです。多分彼はそうできないことを知って、それで彼が以前現金で支払っていた彼の事業において信用に頼りました。このような事情から信用の拡張が生じたのです。

さらに、一流のロンドン・バンカー、G・C・グリン[5]。

第1698号。あなたはそれらの破綻をどのような原因に帰しますか？——私は東インド取引においてはここしばらくのあいだ大変過度に信用が拡張されていたと思います。モーリシャスの破綻はその島の実現できない抵当に大きな金額が固定されていたために起こりました。

第1699号。それにその生産物の減価によっても？——そうです。

第1700号。それら商会の内情検査は、それらが破綻前の相当期間極めて危機的な状態にあったということを明らかにしないでしょうか？——いくつかの例外は別として(例外はありました)、私はこれらの商会が破綻すべきでなかったという用意はありません。私が関係した限りでは破綻すべきでないのに破綻したものは一つもありません。今では、1846年において東インド取引は、はなはだしく信用制度に依存して展開されていたことが明

らかとなりました。

　第1701号。あなたは、バンクが44年およびその後の年にそうであったとあなたが指摘したような極めて低い点まで、すなわち1$\frac{1}{2}$、2、および3％へまで利子率を下げ、資本を安価にし、信用操作を極めて容易にするなら、人々がより慎みのない態度で彼らの事業を営むようにして、市場により手堅い利子率が存在する場合にそうするであろう以上に彼らの信用を拡張する傾向を助長することになるに違いないという意見ではありませんか？――それは手形に対しても、また倉荷証券やその他の資産の証書に対しても貨幣を得ることを異常に容易にします。そしてこのことは、もちろん、常に事業のやり方に大変な不注意と不謹慎とを導入しがちなのです。

最後に、C・ターナー[6]。

　第730号。それでは、信用と資本をもった商会が彼らの手形の割引に10％ないし11％を支払わねばならず、また彼らの生産物のための市場をもたぬため破綻するとは、あなたにとって驚くべきことでしょうか？――破綻した商会で利用しうる資産をもっていたのは極めて少数でした。‥‥彼らは大きい資産をもっていました。しかし、利用し得なかったのです。彼らの全資本はモーリシャスの土地や、インディゴ工場や、あるいはまた製糖工場やに固定されてしまっていました。彼らは50万ポンドないし60万ポンドまでもの債務を引き受けながら、彼らに宛てた手形を支払うために利用すべき資産をもっていませんでした。結局、彼ら宛の手形を支払うために、彼らは彼らの信用に全面的に依存していたことが明らかとなったのです。

　このように、いったん中断されていた手形の魔力の作用は再び力強くよみがえった。そしてこの手形の魔力は、一面では、過度の輸出の結果海外につみあがった在荷を支え、製品価格を維持して、綿工業を中心とする主軸的連関の資本蓄積が直面しつつあった困難を多かれ少なかれ隠蔽したが、他面では、生産財的・内需的諸産業、農業の好調、さらには鉄道業を中心とする副軸的連関の好調をとおして、穀物、食料品、嗜好品の輸入激増を手助けすることになった。したがって、部門間不均衡にかかわるイギリスの資本蓄積の

困難は、たちまち海外との関係で、すなわちイギリス商業圏＝通貨圏と海外商業圏＝通貨圏とのあいだの不均衡として暴露されることになる。そうとするなら、この不均衡は世界貨幣としての金の運動によって、すなわち海外への金流出によって規制されるのはもはや避けられなかった。

2　金流出

　鉄道株投機が引き起こした金融逼迫から、すでにみた如く、大陸為替は上昇に転じていたが、4月半ばまで上昇し続け、その後一般に8月までポンド高の相場を維持した（図1-4）。
　金銀流出の気配は消え、ふたたび大量の流入へ転じた。
　45年11月からイングランド銀行の銀の売却と買い入れは釣り合うようになり、金の買い入れが増加したが、46年2月から銀の売却はほとんどなくなり、相当多量の買い入れ一方となった。さらに3月から金の買い入れも急増し始め、6月には双方合計して114万ポンドと43年6月に次ぐ記録となった。銀の買い入れはその後早くも急減したが、金買い入れは8月にピークに達した。この年前半の買い入れ超過は、金218万ポンド、銀85万ポンド、さらに7〜9月に、金174万ポンド、銀29万ポンドで、これまでの時期をしのぐばかりであった。
　このように流出から流入へ転じたのは、一つには穀物および綿花輸入季が過ぎたという季節的事情が働いたと考えられる。しかし、それにしても、先の数年をしのぐほどの流入を見ることができたのは、鉄道株投機の破綻が絡んだ金融逼迫と利子率上昇がもたらした商取引への「反省的」影響のゆえだったといわなければならない。すなわち、国内商品価格の下落が、(1) すでに生じていた海外市場の溢れのため製品輸出総額の増加まではもたらさなかったとはいえ、いくつかの市場への輸出増加を導き、さもなければ生じたであろう輸出の減少を食い止め、(2) 綿花をはじめとする原料輸入にも抑止的影響を与えた。それに金融逼迫と利子率上昇はポンド手形信用の収縮をも引き起こしたものと思われる。
　だが、対外バランスのこの改善は長くは続かなかった。副軸的連関の資本蓄積が及ぼした攪乱が鎮まり、主軸的連関のほうで手形の大増発が再開され

ると、イギリス商業圏＝通貨圏の対外不均衡化、すなわちイギリス商業圏＝通貨圏の海外商業圏＝通貨圏に対する対外収支の不均衡化が今やまぎれもない形で表面化してこないわけにはいかなかった。ただ、それに制度上の国内金流出が先立った[7]。

　まず、10月に入ると大陸為替が軟化し始めた（図1-4）。決定的な転回は11月半ばであった[8]。そして12月初めにはいち早くニューヨークのロンドン宛為替がまずイギリスからの金現送点に達し、同月末にはハンブルクのロンドン宛為替も同じく金現送点に達した。

　46年中とおしてイギリスに順であったパリのロンドン宛為替も12月末にイギリスに逆となった。外国金融市場にロンドン宛為替があふれるようになったのである。12月中旬までは1ないし2個の地金の包みがアメリカへ送られただけであった[9]。しかし、それは先駆けであった。本格的な金流出（drain）は47年1月から始まった。1月23日、ニューヨークとハンブルクのロンドン宛為替に両地の地金プレミアムを考慮して両地とロンドンの地金価格を比較すると、それぞれ4％、1.5％ロンドンのほうが安かった。これは現送点（それぞれ3％、0.8％）をはるかに超えていた。ロシア為替も現送点を超えていた。1840年に最も悪化した時以来の逆為替だった。この中で1月初めに危機に陥ったフランス銀行救援のために80万ポンドの銀の積み出しがベアリング商会を介して行われた。このほかはほとんどアメリカ向けの積み出しであった[10]。穀物代金のほかにアメリカ鉄道株の払込金も含まれていた。また、フランス政府勘定でのアメリカへの穀物代金の現送も含まれていた。1月の流出は最大であったが、その後もなお続いた。3月まではほとんどすべてがアメリカ向けで、その後若干ロシアへ向かった[11]。

　この間のイングランド銀行の金銀売買は、金の買い入れは売却の最中にもかなりあったが、銀の買い入れは皆無だった。売買を合算してみると（図1-5）、46年10〜12月には金が23万ポンドの買い入れ超過、銀が26万ポンドの売却超過、47年1〜4月には金が140万ポンド、銀が106万ポンドの売却超過であった。なお、イングランド銀行総裁J.モリスが総括的な金流出量を推計している[12]。

第12号。4月に起こった逼迫と同年秋に起こった苦難に対する1844年法の効果について、あなたの意見を述べられましたが、あなたの意見でそれら二つの時期の貨幣市場の状態と商取引への圧迫に影響したとみられる他の諸原因について述べてください。──収穫不足によって惹起された前例のない大量の食糧輸入が、その支払いにイングランド銀行の金庫から約750万ポンド、そして他の源泉から多分150万ポンド以上、全部で900万ポンドもの大量の金輸出を要求しました。鉄道支出に投ぜられたいっそう巨大な金額に加えての、これまでの高度の信用状態と過度の投機に突如影響を与える、国内からの利用可能な資本のこの大量引き揚げによって、貨幣市場の逼迫が生じました。バンクが保持する金から750万ポンドの引き出しがあり、その結果それだけの銀行券の減少が起こりました。私は流通している金から150万ポンド流出したと推定します。それはもっと多かったかも、あるいはもっと少なかったかもしれません。しかし、1847年中の食糧の購入で約900万ポンドが流出したと推定します。

世界貨幣金の膨張した信用に対する原始的規制が始まった。すなわち、世界貨幣金は単に個々の購買・支払い手段として働くばかりでなく、機構的に、取引差額分として流出すること(drain)が、イギリス商業圏＝通貨圏の価値関係総体を尺度し、イギリス商業圏＝通貨圏と海外諸商業圏＝通貨圏との間の取引不均衡を是正する手段として働き始めたのである。

なお、金積み出しがほとんどアメリカ向けであった事実は注目に値する。なぜ、大陸諸国、殊にフランス、ドイツへの流出がなかったのか？またなぜアジアへの流出もなかったのであろうか？ジャガイモ作の失敗が続いていた中で穀物需要が特に増加し、しかも大陸が穀物不作で、穀物供給をアメリカに仰がなければならなかったという事情があった。アメリカへの金流出が巨額であった大きな理由はここにある。だがそれにしても、他の地域への金（あるいは銀）流出がほとんどなかったということは説明しきれない。じつはこれにもイギリスを中心とする当時の世界的景気循環に必然的な事情が存在したのである。それは次のような事情であった。イギリスの資本蓄積の内的諸矛盾がイギリス商業圏＝通貨圏の海外商業圏＝通貨圏に対する行き過ぎと

してあらわれてくることを指摘してきたが、そのさい海外の商業圏＝通貨圏がイギリスと同程度に活気を帯び、価格関係において同程度の一般的騰貴を示しているなら、イギリスにおける過度な蓄積は過度な蓄積としてそのまま現象しないことになる。具体的には、イギリスの輸出頭打ちと輸入激増とはならず、同程度の活気にある海外の商業圏＝通貨圏は盛んにイギリスへ商品を送るとともにイギリスからも綿製品等をますます大量に受け入れることになるわけである。したがって、それだけ息長く好況を持続し、不均衡化が遅れるわけである。1840年代の循環にあってイギリスと大陸諸国（ことにフランス）やインド・中国との関係はちょうどこのような関係にあったとみられる。フランスは自国の産業資本がほぼランカシアと呼吸を合わせて活動していたし、同じように鉄道建設ブームを迎えてもいた。アジアへはそもそも長期信用に支えられたランカシアの製品が帰り荷として特産品を要求することで活気を生みだしたのであり、プランテーションや精製工場への投資が一層の刺激を与えていた。したがって、イギリスとの連動性が高かったこれらの地域への流出はほとんどなかったのである。ところが、他方のアメリカは、1830年代の大開発ブームの後始末で好況に入るのが遅れ、その後もいつものようにイギリスからの大量の資本輸出を受けなかった。それでさほど旺盛な活動状態に入らず、したがって終始イギリスの資本蓄積に対して冷厳な物差しの役割を果たすことになった。すなわち、イギリスの資本蓄積の行き過ぎは特にアメリカ商業圏＝通貨圏との関係においてあらわれた。アメリカから大量の穀物輸入があっただけではなく、他方にアメリカ向け製品輸出の低調が一貫して存在していた。だからこそ、大量の穀物輸入が直ちに金流出へ結びついたのである。なお、イギリスからアメリカへの金流出の中にはイギリスに対して貿易黒字に転じた大陸諸国の対米支払いを代わって行うことも含まれていたと思われる。

3　ロンドン貨幣市場

　鉄道株投機の破綻の後、一方で金が流入し、他方で商業信用が収縮したので、1846年ロンドン貨幣市場の状態はいったん金融緩慢へ向かった。手形割引要求は著しく弱まった。このような資金需給の緩和は再びロンド

ン貨幣市場の資金を資本市場へと向かわせた。9月初めには資金があまりに過剰なため、証券取引所に2％の低利で短期貸し付けが行われた。10月には「既設線と健全な新線とに限られたが、突然鉄道株の価格上昇が起こり、取引も増加した。これはいつもの例で、商業資金の需要が少なくロンバード街で使用されなかった現金は、バーソロミュー・レーンで運を試そうとする」のであった。

すでにみた鉄道株価の持ち直しもじつはこういうところに原因があったのである。当然、ロンドン貨幣市場のイングランド銀行への依存は急速に減少していった（図1-10）。

だが、1846年秋から、一方で商業信用が再び膨張し、他方で金が流出に向かったのであるから、貨幣市場の状態は再び引き締まっていった。割引要求は当然にも増加していった。しかしこの時ロンドン貨幣市場の預金量は減少に転じていた（表1-16）。このためロンドン貨幣市場のイングランド銀行への依存は再び急速に強まっていった（図1-10）。

しかし、ロンドン貨幣市場はたちまち割引要求にこたえられなくなっていった。この事情は不可避的に手形の支払手段としての利用の拡大へ導いたといわなければならない。事実、4月前には、以前綿花為替の支払いに銀行へ現金をもたらしたリヴァプール商人たちが、ほとんどまったく手形しか持ち込むことができなくなっていた。これは綿糸布輸出商→綿糸布代理商→工場主→綿花輸入商という経路を中軸としつつ、大量の手形が転々流通したことを雄弁に物語っている。より高次の信用貨幣の供与が制限される時期には決まってより低次の信用貨幣をもってその不足を埋めようとする傾向が生じるものなのである。

4　イングランド銀行

イングランド銀行でも、鉄道株投機破綻ののち、資産の面で金流入に伴う金準備の増加と割引および貸し付けの急減が、負債の面でバンク・ノートの増加と預金の急減が進行した。

金準備は1846年9月12日には1635万ポンドと、ほとんど45年6月の水準へ戻った。割引手形は9月12日に579万ポンドの低水準に落ちた。もっとも、

前年同期と比べればなおかなり高い水準ではあったが、貸し付けも加えた「その他証券」の減少はこれ以上で、9月12日には1232百万ポンドと前年同期をわずかながら下回った。

バンク・ノートは46年1月から10月にかけて緩慢な増加に転じた。45年11月の水準へは二度と戻らなかったが、10月31日には2138万ポンドを記録した。「その他預金」は「その他証券」とほぼ同一歩調をとって急減した。9月12日には810万ポンドと、ほぼ45年秋の水準へ戻ったわけである。

したがって、イングランド銀行の金準備率は再び著しく好転した。9月12日には45％の高水準へ復帰した。

しかし、1846年秋からイングランド銀行の活動は様変わりとなり、金融引き締めを不可避とする目まぐるしい変化がその勘定に進行していった。

割引手形は9月12日を底に増え始め、47年に入ってから激増した（図1-10）。3月20日には1031万ポンドの高水準に達した。これは前年同期をなお下回っていたが、鉄道証拠金に関連した割引を除いて考えれば前年を上回ったといってよい。貸し付けも加えた「その他証券」も11月半ばから増え始め、47年に入ってから激増した。3月20日には1765万ポンドに達した。明らかに顧客はイングランド銀行へ追いやられていた (driven on to the Bank) のである。

金準備の減少は、11月初めから12月中旬にかけてのわずかな持ち直しをはさんで、9月半ばから4月末まで続いた。47年に入ってから特に著しくなった。3月20日には1123万ポンドにまで落ち込んだ。ただ、11月初めまでの減少はほとんど季節的な国内流通への吸収によるものであった。景気循環にとって決定的な意味をもつ海外への金流出による減少は12月半ば以降に生じたのであった。この間地方支店からの金貨返送は全くなく逆に本店から大量の送付が行われたのであるから、イングランド銀行からは依然引き続いて国内流通へ金貨が投じられつつあったと考えられようが、他方でイングランド銀行をとおさず直接相当量の金が、おそらく大部分金貨形態で海外へ流出したのであるから、国内の流通金貨量は1～3月において停滞ないし収縮傾向にあったと考えるのが妥当であろう。この推測は小額面のバンク・ノートが減少した事実とも符合する。

他方、負債の側では資産の側ほど派手な変化はなかった。バンク・ノート

はかなり減少したが、預金は停滞していた。バンク・ノートは46年11月あたりからまた減少に転じ（図1-9、1-10）、3月20日には1907万ポンドとなった。この現象はバンク・ノートの減少としては比較的激しいものであったが、金庫から金が海外へ流出するのに照応してはいなかった。イングランド銀行からの金流出に際しては兌換を求めてバンク・ノートが還流したと考えられるが、他方で、一足先に強くなっていた割引および貸し付け要求に次々応じていったので、この結果を招いたのであった。

　商業的預金を示す「その他預金」は公債利払いに関連した規則的変化を生じたが、公的預金も含めた全体としての預金はこの間停滞状態にあった。なおロンドン銀行残高もこの間目立った変化を示していない。

　したがって、この間イングランド銀行の金準備率はつるべ落としに悪化した。3月20日には32％弱にすぎなくなった。1/3の経験的原則以下の水準へ落ち込んだわけである。なお、ピール法で新たに最重要の規範となった銀行部の準備はこの時絶対額で616万ポンドまで低下していた（図1-9）。

5　利子率

　鉄道株投機破綻後の金融緩慢は当然利子率の低下を導いた。

　いつもながらロンドン市場レートが先導した。市場レートは相当上昇していたが、46年2月末から下降を始め、8月には$3\frac{1}{2}$％になり、なおも下降は続いた（図1-11）。45年秋以来バンク・レートのはるか上位にあった市場レートが、バンク・レートとほとんど同一水準ないしそれ以下にまで下がってきたわけである。それでイングランド銀行もこの動きに追随する処置を取らなければならなくなった。イングランド銀行は「資金がいっぱいで仕事がない自分を見出した。というのは、他の割引商会がより低いレートで手形を受け入れたからである。そこで彼らは、彼らの条件を市場レートまで引き下げることで自分たちを公平な競争の水準へもっていった。」ただ、これは小休止としての緩慢状態に他ならなかった。

　さて、しかし、1846年の秋からロンドン貨幣市場のイングランド銀行への依存が強まり、頼みのイングランド銀行では海外への金流出に伴って金準備率の著しい悪化が進んだのであるから、利子率の上昇、それも急テンポの上

昇が避けられなくなる。

1) *S.C. of 1847-48.*
2) *S.C. of 1847-48.*
3) A. Hodgson; *S.C. of 1847-48.*
4) J. Lister; *S.C. of 1847-48.*
5) G.C. Glyn; *S.C. of 1847-48.*
6) C. Turner; *S.C. of 1847-48.*
7) すなわち、この年制定されたスコットランド銀行法とアイルランド銀行法によって、スコットランドとアイルランドの発券銀行が法定限度以上の発券には全額金を本店に置かなければならなくなり、そのため銀行券の流通が増加する秋には相当量の金がイングランド銀行から持ち出されることになったのである。1845年秋にはスコットランドとアイルランドの銀行券の増加は好景気のため合計して200万ポンドに及んだ。大量の金がこの方面へ引き出された。しかもスコットランドの銀行の場合、制度開始にあたってまずかなりの固定的な引き出しを行ったようである。この場合には、制度上の理由からとはいえ海外への金流出と同じ意味をもっていたといえよう。
8) *B.M.*, Jan.1847.
9) *The Economist*, Feb. 1847 p.178; *B.M.*.Feb. 1847, p.306.
10) *B.M.*, Jan. 1847, p.251.
11) Prescott, *Lords' S.C. of 1847-48*, Q.12.
12) J. Morris: *S.C. of 1847-48.*

なお、J. Morrisは上院秘密委員会において、この時期の金流出の内訳を国別、形態別により立ち入って証言している。

第4章 資本蓄積の行き詰まり

A　内的諸矛盾の成熟とその対外的表現

　工場生産を確立した主軸の綿工業は、自分自身の生産工程合理化に加え、原料綿花の低廉、穀物の低廉、それに周縁での帝国主義的征服・浸透による世界市場の外延的拡大によっていち早く好条件を整え、好況的資本蓄積を開始した。これに羊毛・亜麻・絹工業が同調し、これらの直接間接の需要増、雇用増をとおしてその他諸産業、さらには農業全般を巻きこみ、全面的好況を実現した。資本蓄積は順調に大きな利潤をもたらした。しかもこの過程で副軸の鉄道業の株式資本的蓄積も刺激を受けて動き出し、その大株式ブームは異質の波を引き起こし、さらに大鉄道建設は好況を大きく増幅した。
　しかし、この好況過程はいつまでも続くものではなかった。資本蓄積は行き詰まりに直面しなければならなかった。
　当時の景気循環では局面の転換に不作が極めて大きな役割を演じた。恐慌は必ず不作の後に起こったといえる。不作と太陽黒点を結び付けて景気循環を説明する理論さえ考えだされることになる。1840年代の循環においても好況に終止符を打つうえで、1845年から引き続いてイギリスと大陸西部を襲ったジャガイモ不作、そして1846年に大陸を襲った穀物不作がそれぞれ重大な、決定的といえる影響を与えた。とくにイギリスの人々は、大量の穀物輸入の圧倒的な印象からそれを金流出、ひいては恐慌の原因としてほとんど異口同音に指摘している。
　たしかに、大量の穀物輸入は決定的であった。それがイギリスの国際収支均衡を破壊したことは間違いない。しかし、それによって世界市場を支配した資本蓄積の律動とその必然的帰結が後景に押しやられ、見失われてしまってはならない。
　局面転換を決定づけた穀物の大量輸入には、ジャガイモ作の失敗ばかりか、

一方で、労働力大吸収のゆえの穀物穫り入れ不能が制約として働いた。そればかりか、それ以上にこれまで腹いっぱい食べられなかった人々による穀物消費の大きな増加が働いた。資本蓄積の内的論理から生じてきたこの2点の現象を誤りなく捉える事が是とも必要である。
　資本蓄積の行き詰まりは、すでにみたように、主軸の綿製品輸出の頭打ち、主軸の原料綿花価格の高騰、そして主軸の綿工業内部の労働力不足・賃金上昇および労働日の制限として表面化してきていた。それらは、いずれも綿工場主たちの利潤を削り取りあるいは圧迫して、資本蓄積の継続を困難に追い込んだのである。
　こうしてあらわれた資本蓄積の困難は、資本の内的諸矛盾の成熟によるものであった。
　資本蓄積はそれを内的に構成する三つの局面それぞれで矛盾を成熟させた。
　第1に、資本の直接的生産過程、すなわち剰余価値の生産そのものの過程における資本――労働力の矛盾。
　粘り強い運動をとおして勝ち取られた10時間法の成立は、綿工業をはじめ工場生産の剰余価値生産そのものを削減し、利潤率を引き下げるものに他ならなかった。産業革命の中での手工的熟練を解体する嵐のような機械化の進行は、労働者の抵抗を打ち砕いて、労働時間の延長、児童労働の広範な利用などを実現した。それらは明らかに健康な社会の存続そのものを脅かす、すなわち社会原則を侵犯する域にまで進んでいたのだが、1830年代に続いて、1840年代にも、凱歌をあげる産業資本に対してその蛮行に歯止めをかけることができたのである。その主体は必ずしも当該の労働者たちだけではなかった。むしろ事態を社会的に憂うべきものと見たトーリイの識者、それに賛同する急進派のウルトラ・トーリイたちが音頭をとり、組織した時間短縮委員会に急進的な労働者たちが多数参集して主力となり、立法を目指す大きな社会運動となったのである。もっとも大工場主あるいは開明的工場主たちはすでに長時間労働の弊害に気付いて労働時間の縮減に取り組み始めており、しかもそれで一日の生産量を落とさない実験を展開し始めていたが。
　ともあれ、10時間法は政治状況にも恵まれ好況末にようやく実を結んだ。ただ、好況末に実現したことから、これは実際の資本蓄積の行き詰まりに後か

ら追加的にダメを押す格好になった。

　第2に、資本の流通過程、すなわち剰余価値の流通と価値実現過程における資本——固定設備の矛盾。

　資本蓄積過程で生産された剰余価値の順調な価値実現は、生産財部門と消費財部門との分割を含め、全産業部門の均衡を必要とするが、好況の進行は重大な部門間不均衡を作り出さずにはいなかった。工場生産を確立し当初高利潤をあげた綿工業をはじめ繊維工業部門に対し、いわば引き起こされて好況に参加した内需的生産財的関連産業やその他諸産業、それに農業は、やがてそこここで拡張のテンポについてゆけず、供給のボトルネックを作り出し、自身は高利潤をあげることになったとはいえ、主軸をはじめ工場生産部門の資本蓄積の進行を妨げることになっていった。部門間不均衡は、根本的には、固定設備の存在が資本の移動を制約していたために生じてくる。しかも、この部門間不均衡は次に見る労働力不足が顕在化するなかで起こったから、資本の移動で容易に解決することのできない不可逆的な不均衡化に他ならなかった。1845年以降の産業諸部門の動向は次第にこのような困難が解決不能になってゆくことを示していた。

　第3に、資本の蓄積過程、すなわち剰余価値の資本への転化の過程における資本——労働力の矛盾。

　剰余価値の生産とその価値実現がうまく行くとしても、労働力が不足して価値通りの賃金で供給が確保できないとなると、実現された剰余価値分は労働者の収入増、消費増にまわって資本の手元に蓄積資金として積み立てられず、したがって順調な資本蓄積は実現できない。1845年以降に現れた労働力不足、賃金上昇は、工場生産に携わる主軸綿工業以下の資本蓄積を脅かすものに他ならなかった。しかもこの分野では、副軸的連関の大鉄道建設が大量の労働力を吸収してすさまじい増幅作用を及ぼしたわけである。

　好況の出発点に主軸の綿工業以下に与えられた資本蓄積の推進力はこうしてすっかり失われてしまった。

　ところで、これらの資本蓄積の諸困難は、当時の世界市場の分業編成の中で、ただちにイギリス商業圏＝通貨圏と海外諸商業圏＝通貨圏とのあいだの交易関係の不均衡化としてあらわれないではいなかった。すなわち、当時の

世界市場において、工場生産を確立した繊維諸工業は主にイギリスにあり、海外諸商業圏＝通貨圏は、少なくともイギリスに対しては、原料・食料・嗜好品を供給する農業部門を分担していた。したがって、部門間の不均衡化はイギリスに不利に海外に有利に働くことになり、さらにイギリスの大労働力吸収はイギリス農業を潤したばかりか、穀物・食料品・嗜好品の大輸入増となって世界市場の外縁部まで潤したのであった。

こうしてイギリス資本蓄積の内的諸矛盾の成熟は、ジャガイモ作の失敗に劇的に加重されながら、世界市場的不均衡、すなわちイギリス商業圏＝通貨圏の海外諸商業圏＝通貨圏に対する不均衡化として対外的に表現されることとなった。

市場経済としてのイギリス経済は世界市場という商品世界にいわば浮かんだ島のような存在であり、収支のバランスをとることによってはじめて安定的に存在し続けることができる。ところがそのバランスが崩れてしまったのだ。

B　限度を超えた信用創造

さて、このような現実資本の蓄積における内的諸困難の形成、そしてそれゆえの対外不均衡化の過程に信用はどのような役割を果たしたのであろうか？

信用の本来的役割は、余剰な部門から不足する部門へ資金を回し、遅滞なく生産増加をもたらして、利潤率を増進しつつ均等化するところにある。信用は追加購買力を作り出し、価格を上昇させる方向に働くが、再生産に余裕があるときには遅滞ない生産増・供給増によって価格上昇はたちまちうち消されてしまうことになる。

ところが、好況過程が進み、再生産が緊張し、余裕を失ってくるときに、手形の大膨張が起こると、それが作り出す追加購買力は社会的な資金形成の限度を超えた信用創造によるものとなる。社会的に架空の購買力が創出追加されるわけである。そうである以上、それはもはや遅滞のない生産増・供給増によってこたえられなくなる。価格上昇は不均等に持続し、そればかりか多かれ少なかれ一般的な物価水準の上昇となってゆく。一方では、1845年に

かけて委託荷による綿製品輸出増の道を開き、価格上昇の力をももったこと、そしてその後在庫を支えて価格の下落を防いだこと、他方で、多分に投機的な綿花見込み買いを誘発し、価格上昇の力をもったことが指摘できる。そしてそれら自体がイギリス商業圏＝通貨圏と海外諸商業圏＝通貨圏とのあいだの関係を不均衡化する傾向をもっていたといえる。委託荷による輸出増は実際には最終的には売れていない大量の製品海外在庫をポンド資金で支える役割に転じていたし、綿花の見込み輸入増はこれまた将来利用することになる大量の原料在庫を輸入手形の買い取りその他で国内に抱える役割を演じたわけである。貿易収支は輸出入の差額であるが、それに輸出信用と輸入信用が不可分にかかわっていた。イギリスの対外不均衡化は、このように信用によってどぎつく強調され縁どられていたといわなければならない。すなわち、実際に区分して数字を確かめることはできないが、概念的には貿易収支の悪化に貿易信用収支の悪化が重なって生じていたわけである。

　こうして信用の役割は、単に均衡的な資本蓄積を助けたのではなく、最好況期には、限度を超えた信用創造によって部門間不均衡化を強める役割を果たし、それはまたイギリス商業圏＝通貨圏と海外諸商業圏＝通貨圏とのあいだの不均衡化への直結をも一段と強める役割を果たしたといえよう。

　金流出はこの不均衡化がもたらした避けることのできない帰結であった。

第2編　恐慌

　フランスに恐慌の先駆けのような事態が生じた。しかし、世界市場を恐慌に落とし込んだのは、イギリスの恐慌だった。それは規模が大きくかつ激しく、そして世界市場へ波及した。

第1章　　貨幣恐慌

　金準備が急減する中で割引・貸付を増加させたイングランド銀行は、とびきり厳しい引き締め政策に乗り出さざるを得なくなった。貨幣恐慌の幕が切って落とされた。
　限度を超えた信用創造によって綿工業を中心とする現実資本の過剰蓄積を推進してきた貨幣資本——信用機構は、今や金流出からその信用創造に厳しい規制を受けることをとおして、現実資本の蓄積の衝撃的規制を行うことになったのである。
　ただ、この規制は第一段の4月危機で徹底したわけではない。4月危機と10月パニックの二段の衝撃で初めて完遂された[1]。

A　4月危機

1　イングランド銀行の引き締め政策

　3月20日以降のイングランド銀行主要勘定の推移は表2-1のごとくで、勘定の動きに微妙な変化が起こっていた。すなわち、4月10日にかけて割引および貸付は相変わらず増えていたが、金準備の落ち方が異常なまで急激になった。3週間の減少が137万ポンドに達した。しかも債務のほうでこれまで減り続けてきたバンク・ノートは133万ポンド増加した。3, 4月の金銀売却超過はわずかだったから、金準備減少の大部分は海外への流出とは無関係であった。対内流出（internal drain）であった。バンク・ノートの増加も例年に比べてかなり多かった。これらの事情からパニックに備えた<u>金とバンク・ノートの退蔵（hoarding）</u>がすでに静かに始まっていたものと思われる[2]。パニックが近づくと大規模に生じてくる退蔵傾向、これが3月末からイングランド銀行の準備悪化に徐々に作用しはじめていたのである。
　イングランド銀行の金準備率は27％弱へ落ちたが、バンク・ノート退蔵の

109

表2-1 4月危機前後のイングランド銀行主要勘定 1847年

月日	流通銀行券	政府預金	その他預金	ロンドン銀行残高	銀行部政府証券	銀行部その他証券	割引手形	金	銀行部準備
3月20日	19.07	6.47	9.96	1.76	11.99	17.65	10.31	11.23	6.15
27日	19.44	6.62	9.40	1.30	11.99	17.82	10.36	11.02	5.57
4月3日	19.86	6.00	9.50	1.54	11.99	18.63	11.15	10.25	4.39
10日	20.40	4.98	11.26	2.54	13.57	18.14	11.32	9.87	3.46
17日	20.24	3.01	10.00	1.70	11.68	17.11	10.66	9.33	3.09
21日	19.83	2.63	9.13	1.07	11.12	16.08	9.76	9.21	3.38
5月1日	19.77	2.30	9.31	1.40	10.73	16.11	9.99	9.34	3.57
8日	19.59	2.87	8.93	1.36	10.31	16.31	10.14	9.59	4.00
15日	19.17	4.32	8.75	1.37	10.55	16.66	9.93	9.87	4.69
22日	18.78	6.14	8.29	1.02	11.50	16.58	9.47	9.95	5.17
29日	18.66	6.98	8.43	1.21	11.65	17.04	9.45	10.17	5.51

(出所) S.C. of 1847-48, Appendix No.5, 6.
(注) 流通銀行券にはバンク・ポスト・ビルを含まない。

ため銀行部の準備悪化は加速され、346万ポンドに低下した。そしてイングランド銀行の実際の業務においては枯渇の恐れが出てきたこの銀行部の準備を守ることが決定的な重要性をもつようになった。

　4月8日、イングランド銀行は95日期限の手形の最低レートを5％に引き上げた。しかも15日になると、理事会は最低レートは手形の条件にかかわりなく、5％であると述べた。これは割り引くとしても95日よりうんと短い期限の手形しか受け付けないということであった。この日以後手形が割引に出されてみると、最低レートは期限1週間かそこらのものにしか適用されなかった[3]。またこの日からイングランド銀行は手形割引に最も厳しい選択を実行した。彼らは範囲を縮小するとともに最も緊密な関係にある顧客に対する融通の額をも切り詰めた[4]。イングランド銀行総裁J.モリス、および副総裁H.J.プレスコットの証言[5]がこの間の消息を伝えている。

　　第3076号。T.ベアリング氏。4月にはどんな場合にも割引は拒否されましたか？——私は4月に個人が彼らの勘定にもつこととなったであろう額によって割引が制限されたと考えます。
　　第3077号。しかし実際上手形は拒否されたそうではありませんか？——実際には、イングランド銀行に手形の割引を求めた人々が保証の不十分さ

からではなく準備の状態のゆえに拒否されました。——（プレスコット氏）それらの人々の勘定はすでに高かったのです。——（モリス氏）割引は人々が彼らの勘定にもっていた額にしたがって制限されました。大きい金額を借りている人々はその金額のゆえに制限されました。

　第3078号。それはあなたが平常設けている限度を超えた制限だったのですか？——それらの人々がここに差し出した担保のおおよその大きさを知るためにそれぞれの名前に設定した金額があります。しかしロンドンでは彼らが得ることのできる金額についてそれぞれの名前に設定した限度はありません。

　第3079号。それでは、本当のところこれは割引に対する制限ですね？——そうです。

　第3080号。そしてバンクは、大蔵省手形に対して貸し付けることを拒否したでしょう？——バンクはその時大蔵省手形に貸すような状態にありませんでした。

　イングランド銀行は事態の急迫に対し、基本的にはバンク・レートの引き上げとその差別的適用（短期か長期か）をもって臨み、それを手形選別の厳格化（一流手形か否か）という手段で補足しようとしたのであった[6]。だが、銀行部の準備がますます枯渇していったので、4月半ばになると旧い習慣である日々の割引絶対額の制限（rationing the discounts）を採用しなければならなかった。そして4月17日に終わる1週間、それに5月1日に終わる1週間には新規の割引・貸付は一切行わなかった。そして「保証の不十分さからではなく準備の状態のゆえに割引を拒否された」という事実は合理性を欠いたものとして、イングランド銀行の政策の失当が激しく追及されることになる。イングランド銀行の規制の方法が量的規制の方向へ徹底することは強く要望されていたのである。

　ロンドン貨幣市場の呼応。
　ともあれ、イングランド銀行のこのような態度がロンドン貨幣市場に与えた影響は絶大であった。

「(イングランド銀行の)外部への影響力がもちろん同じような様相を生み出した。資金は恐ろしく高くなり、貸付は甚だしく制限された。新しいとりきめは最小限に縮小され、この三日間(我々は28日に書いているのだが)逼迫は極めて強烈でほとんどパニックだった。しかし神の加護のもとに不信はない。もし伝染性の疑心暗鬼が現在の危機感に加わるとするなら、我々は、いまわれわれの金融史上最も悲惨なシーンの繰り返しから24時間と離れていないだろう。」そして「現在の状態では適当な市場レートが存在しないことが容易に理解されよう。すべての取引はそれ自身の真価によって取り扱われる。極めて高いクラスの手形の割引に10～12％までも支払われているのは確実だ。しかもそんなに長くない期限の場合にである。我々は適当な額で70ないし80日期限の最高級手形のレートが現在6～6$\frac{1}{2}$％だと確かめた[7]。」市場では割引レートがバンク・レートを一層離れて上昇し(図1-11参照)、しかもその適用はますます差別的となっていた。選別が強化されていたことも言うまでもない。

なお、この間の資本市場について触れておけば、1月の二度にわたるバンク・レート引き上げによって、それまで活発だった証券取引所はいち早くひどい打撃を受けた。コンソルは94$\frac{1}{2}$ポンドから一挙に90ポンドに落ちたし、鉄道株も新線旧線の別なくかなり低下した。その後証券取引所は極めて不活発な状態に終始した。

2 現実資本に対する衝撃的規制

このような利子率の上昇と手形選別の強化は貨幣市場に強烈な否定的影響を与え、現実資本の蓄積を衝撃的に規制することになった。

「融通のこの厳しい収縮の効果は、国中のほとんどすべての信用取引をマヒさせてしまうものであった。どの商人あるいは製造業者も、いかに彼らの書類挿みが最も健全な手形でいっぱいになっていても、途方もない割引レートによってでなければ彼にその日の契約の支払いにそれらを利用できなかった[9]。」手形を現金に換えること自体が難しくなっていたのである。

ピール法の停止を求める最初の代表団が上京してきた。

商取引の各分野に立ち入ってみておこう。

綿製品取引では、「貨幣市場の逼迫は割引の便を極めて狭めたので、彼の製品の支払いに受け取った手形を貨幣にかえることができない。したがってほんのわずかの不確実な利潤を手に入れるのでさえ、いつもにない割合で彼の資本を使用しなければならない。これらのディレンマの中では、アメリカの注文の非常に多くが実行されないままになっており、これからもそれが続きそうなのも別に不思議ではない[10]。」という状態であった。そして5月にも、「貨幣市場の逼迫とその結果の高い割引レートは、きわめて多くの例で、確立されたユーザンスにしたがって支払いが長期手形で行われるような外国注文の実行を全く差し止めてしまった。そしてこの事情は綿花の高価格と一緒になって製造業者を悩ませ、ますます増大する不便と損失とに彼らをさらすことになった[11]。」

現実資本に対する衝撃はこのようにまず取引の収縮となったが、それは、生産者在庫の累積や注文の抑止をとおして、直ちに生産の低下へ浸透していった。生産の低下を指摘したリヴァプールのマーチャント・バンカー、W・ブラウンの証言[12]を引いておこう。

　第2301号。その時生じた利子率の騰貴はランカシアの工業生産をかなり阻害する効果をあげましたか？――それは製品輸出を減退させた限りでそれを阻害しました。我々は主として銀行家として活動します。我々は製品の所有者ではありません。‥‥アメリカのA氏が私の兄弟、すなわちアメリカにおける私のパートナーのもとへ行き、1千ポンドあるいは2千ポンドの製品を輸入したいといいます。彼らはその商会の信用を調べ、満足すると我々とのあいだにクレジットが開設されます。注文が工業地帯へ、我々によって製品ができたときこのクレジットの額だけ我々宛に手形を振り出すことを認められたある個人のもとへ届きます。我々は利子率がかなり上昇したのを見ると、嵐が近づきつつあるのを見たと考え、われわれの友人宛にいかほどであれ新規のクレジットを与えないように、また我々の友人にすでに許した分を正当な手続きによってできるだけ多く減らすよう努力するように書き送ります。我々は同時に、我が国において我々に対してクレジットをもっているそれらのパーティに対しても手紙をしたため、でき

るだけ少ない金額を使用するように頼みます。我々は恐慌が近づくとすべての用心深い商会は帆を下ろし、できるだけ安全な状態に彼ら自身を置こうと望むものだと思います。

　第2302号。先年起こった高利子率は、あなたの判断では、ランカシアの生産を減少させる上で目に見える効果をあげましたか？——無論そうです。

　第2303号。あなたはアメリカから送られてきた注文が融通に対して支払わねばならない高レートのために実行されなかった例を知っていますか？——はい。

　第2304号。そのようなケースは多かったのですか？——我々は我々やその他の者にクレジットを有するパーティからいくつも手紙を受け取りましたが、彼らの手形を兌換できるようにする（make their bills convertible）ことができないために彼らの注文を実行できないと答えていました。

　他方、奔騰を続ける小麦価格にも小休止が訪れた（図2-1）。価格は多少

図2-1　奔騰した小麦価格

（出所）S.C. £ 1847-1848, Appendix; S.C. of 1857, Appendix.
1) 各週の公報平均価格から月平均を算出

下がった。増加の一途をたどっていた穀物取引もかなり収縮した。穀物市場での小麦売買は一時半分以下に減った。しかも、この衝撃のあいだに再び大陸の穀物価格のほうが高くなったため、フランスへの穀物輸出が起こった。さらに、砂糖、ラム酒など数多くの植民地産品も4月前後を境に価格下落を始めた。価格上伸ないし維持のもとで輸入激増を導いていたこれらの部面にも相当の打撃が加わったわけである。

3　金流入

ところで、この間為替相場が好転し、金流出が止まったばかりか、逆に金流入に転じた（表2-2）。

ロンドンの大陸宛為替は4月初めから回復し始め、大陸でもこれに劣らずロンドン宛為替の改善が進んだ。パリとの比較金相場はすでに決定的にロンドンに有利となり、ハンブルクとのそれも現送点を離れた。ペテルブルクでも3月6日の$39\frac{1}{4}$から4月17日$38\frac{7}{8}$（金現送点）まで好転した。ただアメリカでの為替相場は4月中下落を続け、5月末になってようやく金現送点を離れた[13]。

海外からの金流入も4月末あたりから始まったようである。5月に入って多くなったが、主として大陸諸国およびロシアからの流入であった[14]。もっともアメリカへは5月中にも相当量の流出が続いていた（表2-3）。イングランド銀行の金銀売買は、5月、金の少量の売却を除けば買い入れ一方で、金63万ポンド、銀6万ポンドの買い入れ超過となった。

このような為替相場の好転と金流入には二つの要因が強く作用したと思われる。新規輸入取引の激減による貿易収支赤字改善と新規輸出取引激減に伴う輸出信用の収縮である。殊に直ちに大きな効果を表したのは後者であろう。ただ、そのほかにもさまざまな要因が働いていた。フランス為替好転は主として穀物の再輸出および1月に実行されたフランス銀行救援のための金借款の返済によっていた。オランダおよびハンブルクについてはこれら地域での穀物買い付けの中止が為替改善の原因と考えられた。また、ロシア為替改善と金流入はロシア政府のフランス公債等の買い上げ操作に大きく依存していた[15]。

表2-2 イングランド銀行の金銀売買

	金		銀	
	購入	売却	購入	売却
1846年1月	138	1	29	53
2月	179	2	103	—
3月	292	2	48	2
4月	397	2	85	—
5月	397	2	138	—
6月	627	4	503	—
7月	516	4	23	21
8月	789	2	198	—
9月	438	3	99	—
10月	203	1	12	222
11月	30	20	—	10
12月	129	111	—	37
1847年1月	48	147	—	800
2月	293	673	—	138
3月	22	387	—	54
4月	86	43	—	72
5月	652	8	59	—
6月	199	9	—	55
7月	130	23	—	315
8月	157	4	—	48
9月	158	2	56	16
10月	885	3	116	—
11月	1,690	1	89	—
12月	476	—	137	—
1848年1月	539	2	97	—
2月	703	22	—	—
3月	154	304	401	—

(出所) S.C. of 1847-48, Appendix No.21; S.C. of 1857, Appendix.

　なお、もう一つ興味深いのは、これら大陸為替のすべての場合に、ロンドンの高金利ゆえに資金を最も有利に運用しようとして王立取引所宛手形(draft on Royal Exchange)の量が増大していたという事実である[16]。ロンドンと大陸金融中心地とのあいだには、のちにイングランド銀行のバンク・レート政策にとって極めて重要な意味をもつことになる短資の移動が当時すでにはっきりと読み取れたのであった。

　ともかく、このように海外への金流出傾向は中断され、逆に金流入を見たのであるから、極度に余裕のない状態に追い込まれたイングランド銀行の勘定にもようやく弛緩の傾向が表れた。

第1章　貨幣恐慌

金準備は4月24日まで減り続け、バンク・ノートは4月10日以降増勢が止まったが、結局銀行部の準備としては4月17日に最低の309万ポンドを記録した。だが、24日を過ぎると金準備の増大にバンク・ノートの収縮も加わって、銀行部準備は急速に回復し始めた。制限されていた割引および貸付も自由に行えるようになり、残高はいったん増大し、それから減少に転じた。

また、ロンドン貨幣市場でも、4月25日以降ほんのわずかながら信頼感が回復した。イングランド銀行の引き締め態度がやや緩んだのに加えて、ロシア政府が約450万ポンドを内外の証券に投ずることに決定したとのニュースが伝わったからであった[17]。

表2-3　リヴァプールから
アメリカへの金現送（汽船）

月　　日	金積出量
	千£
1847年5月4日	149
19日	187
6月4日	20
19日	17
7月4日	56
20日	18
8月4日	71
19日	41
9月4日	15
19日	7
10月5日	4
19日	7
計	593

（出所）M.Evans, *op. cit.*, p64.

以上が4月危機の経過であった。

要するに、現実資本の蓄積は、内的諸矛盾の成熟によってすでに持続困難な状況に立ち至っていた。ところが、信用機構は、信用大膨張をとおしての限度を超えた信用創造、すなわち現実の資金形成を超えての社会的には架空の資金創出によって、直接国内的に需要を追加し、あるいは海外の在荷を支えつつ間接に追加需要を投入し、そうすることで国内商品価格を釣り上げ、あるいは維持して内的諸矛盾の成熟を多かれ少なかれ隠蔽した。そしてなおも過剰蓄積へ駆り立てたわけである。しかし、成熟した内的諸矛盾はかえって対外的な不均衡化として増幅されて表現されないわけにはいかなかった。輸出頭打ちと輸入激増が貿易収支を劇的に悪化させ、貿易信用収支がさらにそれを加重して、海外への金流出を招いたのである。限度を超えた信用創造は結局金流出による規制をまぬかれなかった。そしてそれは、とりもなおさず、貨幣資本による現実資本の蓄積の衝撃的規制となる。

117

ただ、このプロセスには、一方で、副軸の大鉄道建設が加わり、他方では、ジャガイモ、穀物、並びに綿花の不作が絡んだ。これらは過剰信用発生のきっかけを与えたのみならず、ある面の現象を加重したり、さらには攪乱したりした。鉄道建設と不作は1840年代の景気循環に大きな特色を与えたといわなければならない。

　ともあれ、金流出はイングランド銀行の準備悪化を通じて利子率上昇と手形選別の強化をもたらし、これが即座にロンドンバンカーたちの同調を呼んで、商業界に手痛い打撃を与えた。限度を超えた信用創造を求めずにはいられなくなっていた現実資本の旺盛な蓄積衝動は、暴力的な規制を受けたのである。打撃は深刻で、膨張しきった信用取引一切を清算するパニックに近かった。現にそれに備えた貨幣退蔵さえ始まっていたのである。しかし、商業界は辛うじて持ちこたえた。

　だが、商業界が持ちこたえたということは、とりもなおさず、貨幣資本による現実資本の蓄積の衝撃的規制が不徹底で十分功を奏さなかったことを意味していた。4月危機においてはなお従来の拡張された信用関係はほぼ維持され、したがって商品価格も破滅的な下落は見なかった。このため、現実資本の活動は容易に回復し、なかでも鉄道建設、造船などは一層拡大する。他方で、穀物・食料品・嗜好品の輸入増加傾向も輸入商の手で再び復活されてくることになる。したがって、もう一回のより徹底した衝撃的規制が不可避であった。

1) 4月危機と10月パニックは相互に独立した二つの危機または恐慌ではない。特に一方を「独立した貨幣恐慌」として切り離すのは、事態の理解をゆがめるものである。4月危機と10月パニックは、景気循環過程の不徹底に終わった規制とそのゆえにすぐさまもう一度必要となったより徹底した規制との連続的な過程にほかならず、両者を一つのセットとして理解しなければならない。
2) 信用関係が崩れ、商取引の支払いに手形を受け取ろうとせず、恐れ慌ててひたすら金とイングランド銀行券を求めるという行動こそ、恐慌現象の核心である。ただ、それは突然に現れるのではなく、取引上の用心を強めることから始まり、個々の手形受け取り拒否へ、さらに全面的な手形受け取り拒否へと進んでいったと考えられる。
3) M. Evans, *op. cit.,* p.60.
4) *B.M.,* May 1847, p.116.

5) *S.C. of 1847-48.*
6) *B.M.* May 1847, p.116.
7) *Ibid.*, Feb. 1847, p.304.
8) M. Evans, *op. cit.* p.61.
9) *B.M.* June 1847, p.197.
10) *B.M.* May 1847, p.114.
11) *B.M.* June 1847, p.197.
12) Lords' *S.C. of 1847-48.*
13) J. Bates; *S.C. of 1847-48,* Q 2563.
14) *B.M.* June 1847, p.198.
15) *B.M.* May 1847, pp.115-6.
16) *B.M.* May 1847, p.116.
17) M. Evans, *op. cit.* p.62.

B　穀物投機

1　穀物投機の再燃

　4月危機がかろうじて回避された後、言葉を換えていえば、貨幣資本による現実資本の衝撃的規制が不徹底に終わった後、商業界と産業界は複雑な状態にあった。
　しかし、周辺の農業部門、穀物・食料品・嗜好品取引は活気を維持し、したがって穀物・食料品・嗜好品の輸入激増傾向は持続されたのである。
　「逼迫の緩和とともに、ほとんどすべての主要部門の商品取引に根本的な収縮が見られた。販売はどこでもなかなか成立せず、途方もない商品が買い込まれたままだ。そして新しい契約に入ることはひどく嫌われた。穀物取引——それは一年のうちのこの季節にはいつも重要性と変動のゆえに際立っているのだが——は一般的な不振の例外となっていた[1]。」このように商取引の相当の収縮があった。そして生産も手控えられていた。その意味では、5月以降は一面で恐慌直後に近い様相を呈していた。しかし、記録すべき重要な破産はほんの2, 3しか生じていなかったし、商品価格の下落も概して特に厳しいとは言い難かった。要するに、打撃が不徹底だったために本格的な整理が行われず、なお他面で4月前の最好況期の様相を残していたのである。特

図2-2 穀物および穀粉の輸入激増 1846年7月～1847年11月

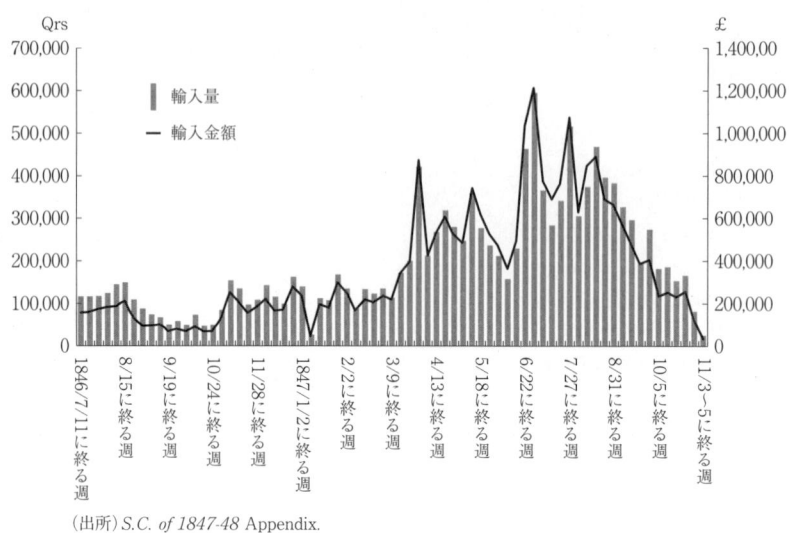

(出所) S.C. of 1847-48 Appendix.

にこの面を代表していたのが穀物取引に他ならなかった。

　穀物取引は今や景気の焦点にのし上がった。

　4月危機は確かに穀物取引をもかなり収縮させた(図2-2)。しかし、すでに4月第1週に記録された1クオーターあたり77シリング1ペニーという小麦の公報週平均価格は、これも不作と好況による消費増が重なって生じた1838年1月の81シリング以外に過去20年間一度も記録されたことのない高価格──飢餓価格であった。穀物投機はこの時すでに現実的基礎を失いつつあったといってよかった。ところが、市場での国内小麦の取引は半減したとはいえ、価格は4月第2週に74シリング1ペニーに下がったにとどまった。4月危機によって穀物投機は沈静しなかったのである。

　そこへ、「4月の末ごろ、国内農業者からの供給の少なさとその減少傾向が多くの注意を引き始めた。そして、春の後退──この間フランスとベルギーの市場で我が国の価格を上回るほどの価格上昇が起こり、我が国で大陸向け積み出しのための買い注文が多く受けられた──は国内供給の途絶の恐れと結びついて、穀物取引にかなりの興奮状態を生み出すことになった。それで、

貨幣市場のひどい逼迫にもかかわらず、小麦の週平均価格は5月の最後の週まで急速に上騰し、平均102シリング5ペンスに達した[2]。」なお、マーク・レーンの週平均価格のピークは1週早く訪れ105シリング5ペンスだった。興奮の極点には、マーク・レーンで115シリングの取引が行われた。金兌換の再開以来このような価格は記録されたことがなかった。

　マーク・レーンの穀物投機はまさに恐慌の直前に咲きだした幻の花であった。穀物輸入商や穀物代理商たちがその甘い蜜を得ようと群がっているうちに、踏みしめていたはずの大地は消え、彼らは奈落に落ち込む。

　このように異常な価格はどの道維持されうるものではなかった。なるほど、国内産小麦の市場への供給は5月初めから著しく減少して、実際に払底してしまったことを示していたが、ヨーロッパの高価格に吸い寄せられて、アメリカの諸港へは奥地から続々と小麦やトウモロコシが現れ、これらが大挙海を渡り始めた[3]。バルト海と黒海からも同様にロシアの穀物が出荷され始めた。このニュースと5月後半の好天候が重なって、価格は6月初めに大暴落をきたし、その後7月半ばにかけて大量の輸入の圧力でかなり急速に下落した。7月第2週に公報週平均価格は74シリングへ落ちた。ここで悪天候に脅かされて3シリングほど反騰し、落勢はようやく小休止を得た。ただ、このように厳しい価格崩落にもかかわらず、7月末まで穀物取引は辛うじて持ちこたえていたのである。

　輸入激増はもはや小麦ばかりではなく、他の穀類、同加工食品、それに穀粉におよび、それらの輸入は46年秋から47年8月にかけて数量で4倍、価額では6倍以上に上った。

　結局、この異常な穀物投機は、アメリカとロシア、殊にアメリカの穀物供給力を過小評価していたことを立証する羽目に陥った。当時アメリカの中西部での穀物価格は至って低かったが、港までの運賃が途方もなくかかり、港での穀物価格の大部分は運賃コストからなるという時代であった。ために、農業者たちは価格が大したことなければ家畜用に使用し、ただ価格がうんと上昇した場合にのみ港へ出荷した[4]。平常に3倍するイギリス小麦価格は、尻の重いアメリカ農業者に安心して妙味ある出荷を行わせたのである。

　綿工業を主軸とする資本蓄積の発展は、海運力の上昇にも助けられ、製品

市場の世界的拡大に対応して、農産物市場をも一回り大きいものへと転換させ始めていた。イギリスへのフランス、オランダ、ドイツなどからの穀物供給から西ヨーロッパ諸国へのアメリカ、ロシアからの供給へである。この転換はまだ始まったばかりであったが、この時の穀物投機とその破綻はこの転換が始まったことを劇的に明らかにしたといえよう。

　穀物投機の影響は極めて広範なものであった。小麦だけではなく、あらゆる種類の麦、それにトウモロコシ、コメなどの価格も上伸した。特にトウモロコシでは激しい投機が進行した。またその他食料品の価格も上昇が避けられなかった。そして輸入が促進されたわけである。穀物から醸造あるいは蒸留される酒類の価格も一斉に上伸し、輸入を誘った。さらに低品位の砂糖さえ影響を受けた。低品位の砂糖から醸造するほうが有利となり、またそれが正式に許可されたからである。

　もう一つの部面、ミンシング・レーンの取引も依然活気を保ち、砂糖、茶、コーヒーなどの輸入はなおも著しく増大した水準を保つ傾向にあった[5]。

　以上のごとく、1846年秋から1847年春にかけて顕在化した穀物・食料品・嗜好品の輸入激増傾向は、全体としてみるなら、4月危機の後まで持ち越されることになった。

2　資本蓄積の諸動向

　ところで、農業以外の諸部門の資本蓄積の動向はどのようなものであったか。

　主軸の綿工業は、4月危機によって輸出取引、殊に長期信用と結びついたアジア市場との取引に手痛い打撃を受け、生産も著しく収縮したが、6，7月アメリカの注文によって改善した。年間の数字で見ても、アメリカ向け輸出の伸びは著しく、無地布の場合、1846年の11.5百万ヤードから1847年の43.3百万ヤードへ、色地およびプリント地の場合、同じく17.0百万ヤードから51.6百万ヤードへ激増した。47年には両品目でインド市場に次ぐ消化力を見せたのだった。これは、穀物輸出増と久しく低迷した綿花価格の上昇とによってアメリカが急速に本格的な好景気に入り込み、イギリス製品の活発な買い手としておそまきながら登場したことを示していた。

第1章　貨幣恐慌

表2-4　マンチェスター地区175綿工場のショートタイムと失業　1847年

月日	工場数合計	操業状態			平常の雇用労働者数	現在の内訳			ショートタイムの平均時間
		フルタイム	ショートタイム	休業		フルタイム	ショートタイム	休業	
6.3	175	104	39	32	40,640	22,655	6,730	11,255	$6\frac{3}{4}$
6.22	175	115	36	24	40,910	26,399	5,375	9,136	8
7.6	175	128	27	20	40,910	29,399	3,221	8,290	$7\frac{1}{4}$
10.19		97	48	30		18,516	12,198	10,341	
11.9		81	60	34		16,697	14,404	10,954	

(出所) *Bankers' Magazine*, Aug.1847, p.394, Dec.1847, p.712.
(注) *Manchester Examiner* からの引用。

　生産は、しかし、厳しい不振のうちにあった。輸出がかなり回復しても、食料品の高価格のため内需が根本的に縮小したからである[6]。マンチェスター地区の175工場のうち、7月初めにフル・タイムは約7割の128工場にすぎず、他がショート・タイムや休業を余儀なくされていた。しかもフル・タイムの工場にも設備の一部を遊休していたものがかなりあった。このため平常雇用されていた労働者40910人のうち、1割弱がショート・タイムに追いやられ、2割強が工場外に投げ出されたままになっていた。賃率についての記述はないが、一人一人の労働者にとって一日の収入は激減したことになる。ただ、全産業にまで不振が広がっていなかったから、失業した労働者の多くは干し草場やその他農業部面に雇い口を見つけ、その他の者は街で彼らのやりなれた他の種の仕事にありつけたのであった[7]。

　綿花取引も、6,7月にはふたたび活気を取り戻し、7月にはこの景気循環中最高の$7\frac{1}{2}$ペンスの価格を記録した。とはいえ、この間輸入はかなり低位にとどまった。慎重なリヴァプール商人は5月以降引き続き事態を静観する立場をとり、自分自身の勘定で取引することを一切手控えていたのであった[8]。

　工場主の採算はどん底の状態に落ちていた。賃金コストに大した変化はなかったが、綿花コストの圧迫は厳しく、原料価格と製品価格が釣り合っていないという強い不満が続いた[9]。綿花価格上昇につれ綿製品価格もかなり上昇したが、製品市況のゆえに同じ割合とまではいかなかったからである。綿布——綿花マージンは最低の状態に落ち込んでいた(図1-2および図3-1参照)。

この状態の打開なしにはもはや綿工業が再び順調な資本蓄積を行い得ないことはますます明白であった。

ところで、綿工業がこのような窮状にあったのに、生産財的、内需的なその他諸産業はなお活気を保ったことは、造船トン数、レンガ生産量の1847年の伸び（表1-7、1-8）から知ることができる。

さらに、一層決定的だったのが、副軸の鉄道建設であった。たしかに、4月危機は鉄道株価の下落をとおして新規計画の出現に対して強力に阻止的影響を与えつつあった。だが、この時期の「最も顕著で重要な様相の一つが、鉄道払込金徴収に応ずる全く巨額の月々の支払いであった[10]。」すでに1～4月に1540万ポンド（うち220万ポンドが外国鉄道の分）もの巨額の払い込みが行われたが[11]、四月危機は、この分野にまで根本的な影響を与えなかった。5月には340万ポンド、(40万ポンド)、6月320万ポンド、7月540万ポンドとますます大量の払込金徴収が実行された。すでに株式所有者の1割程度が払込不能に陥っていた[12]が、ともかくこの払込金徴収によって鉄道建設は最高潮を迎えた。4月危機の影響を大して受けることもなく、大規模な建設作業が25万人以上もの労働者を雇用して引き続き行われたのである。

結局、穀物・食料品・嗜好品の輸入激増傾向の背後には、これら生産財的、内需的な諸産業、中でも鉄道業の活況があった。四月危機によって部門間不均衡化は一段と目立つようになり、したがってまた世界市場的不均衡、すなわちイギリス商業圏＝通貨圏と海外商業圏＝通貨圏とのあいだの不均衡も一段と目立つことになった。

3　ふたたび金流出の気配

したがって、ふたたび国際収支の悪化と金流出は避けられなかった。殊に6月半ばからの穀物輸入の増勢は決定的だった。

いったん好転した大陸為替相場の再度の悪化が始まる（表2-5）。ただ時間的なラグがあった。6月半ばを過ぎても北部ヨーロッパにおけるポンド為替は売り手に有利な傾向を見せていた。大量の穀物輸入にも拘わらず大陸のポンド為替が堅調であることに矛盾を指摘して、『バンカーズ・マガジン』が次のように説明している[13]。「それは一般の注目をひいている。通常与えられる解答

第1章　貨幣恐慌

表2-5　恐慌下のロンドン外国為替相場

	パリ宛(一覧後3月払い)	ハンブルグ宛	アムステルダム宛
1847年1月2日	25.40	13.9 $\frac{1}{2}$	12.2 $\frac{1}{2}$
9日	〃	13.9	〃
16日	25.37 $\frac{1}{2}$	13.7 $\frac{1}{2}$	12.2 $\frac{1}{4}$
23日	25.25	13.6 $\frac{3}{4}$	12.1 $\frac{3}{4}$
30日	25.27 $\frac{1}{2}$	13.7 $\frac{1}{2}$	12.2
2月6日	25.30	13.8 $\frac{1}{2}$	12.2 $\frac{1}{4}$
13日	〃	13.8 $\frac{1}{4}$	12.2
20日	25.27 $\frac{1}{2}$	13.8 $\frac{1}{2}$	12.2 $\frac{1}{4}$
27日	〃	〃	12.2
3月6日	25.30	13.9	〃
13日	〃	〃	〃
20日	〃	〃	12.2 $\frac{1}{4}$
27日	25.37 $\frac{1}{2}$	13.9 $\frac{1}{4}$	12.2 $\frac{1}{2}$
4月3日	25.42 $\frac{1}{2}$	13.9 $\frac{3}{4}$	12.3
10日	25.50	13.10	12.4
17日	25.60	13.10 $\frac{1}{2}$	12.5 $\frac{1}{4}$
24日	〃	13.11 $\frac{1}{4}$	12.5
5月1日	25.70	13.12 $\frac{1}{4}$	12.5 $\frac{3}{4}$
8日	25.85	13.15	12.7 $\frac{1}{4}$
15日	25.75	13.13	12.6
22日	25.60	13.10 $\frac{3}{4}$	12.4 $\frac{3}{4}$
29日	〃	13.11	12.4 $\frac{1}{2}$
6月5日	25.50	13.12	12.4 $\frac{1}{2}$
12日	〃	13.11 $\frac{1}{2}$	12.4
19日	〃	13.11	12.4 $\frac{1}{4}$
26日	25.45	13.11 $\frac{1}{4}$	〃
7月3日	〃	〃	〃
10日	25.40	〃	12.4
17日	25.35	13.10 $\frac{1}{2}$	12.3 $\frac{1}{2}$
24日	25.32 $\frac{1}{2}$	13.10 $\frac{3}{4}$	〃
31日	〃	13.11 $\frac{3}{4}$	12.4 $\frac{1}{2}$
8月7日	25.32 $\frac{1}{2}$	13.12 $\frac{3}{4}$	12.5
14日	25.37 $\frac{1}{2}$	13.13	12.4 $\frac{3}{4}$
21日	25.30	13.12 $\frac{3}{4}$	12.4 $\frac{1}{4}$
28日	〃	13.12 $\frac{1}{2}$	12.4 $\frac{1}{2}$
9月4日	〃	13.12 $\frac{3}{4}$	12.4 $\frac{1}{4}$
11日	25.35	〃	〃
18日	25.30	13.13	〃
25日	25.35	13.13 $\frac{1}{4}$	12.4 $\frac{1}{2}$
10月2日	25.40	13.14 $\frac{1}{2}$	12.5
9日	25.60	13.15 $\frac{1}{2}$	12.7
16日	25.70	14.0	12.8 $\frac{1}{2}$
23日	25.75	14.01	12.10
30日	25.70	〃	12.9 $\frac{1}{2}$
11月6日	25.65	13.15	12.8
13日	25.60	13.14 $\frac{1}{2}$	12.6 $\frac{1}{2}$
20日	25.62 $\frac{1}{2}$	13.14 $\frac{3}{4}$	12.6 $\frac{1}{4}$
27日	25.55	13.15	12.6 $\frac{1}{2}$
12月4日	〃	13.15 $\frac{1}{2}$	〃
11日	〃	13.15 $\frac{1}{4}$	12.6
18日	〃	〃	12.4 $\frac{1}{2}$
24日	25.57 $\frac{1}{2}$	〃	12.5
1848年1月1日	25.60	13.15 $\frac{1}{2}$	12.6
8日	〃	13.15	12.6 $\frac{1}{2}$
15日	〃	13.14 $\frac{3}{4}$	12.6
22日	〃	〃	12.5 $\frac{1}{2}$
29日	25.50	〃	12.4 $\frac{1}{2}$
2月5日	25.45	13.14 $\frac{1}{2}$	12.3 $\frac{3}{4}$
12日	25.40	13.14	12.3 $\frac{1}{2}$
19日	25.35	13.13 $\frac{1}{4}$	12.3 $\frac{1}{2}$
26日	25.40	13.14 $\frac{1}{2}$	12.4 $\frac{1}{2}$
3月4日	25.60	13.15	12.5
11日	25.40	14.0	12.5 $\frac{1}{2}$
18日	26.30	13.13 $\frac{3}{4}$	12.6
25日	26.70	13.14 $\frac{1}{2}$	〃

(出所) *S.C. of 1857 on Bank Acts*, Appendix.

は、現在ロシアと黒海から到着しつつある大量の穀物の積み荷は冬のうちに支払われた。もともとその時穀物投機が注文の送達へ導いたのであった、というものである。多分これはある程度まで当たっている。我々は下バルチック諸港の穀物取引においては、外国の取引先が販売の実行を指図すると同時に、積み荷の1/3についてイギリスの委託先へあてて手形を振り出し、残りの2/3についてはその積み荷の到着の日から3ヵ月後に手形を振り出すという習慣であると信じている。同じルールが黒海とペテルブルクの穀物取引にあるのかどうか確かではないが、もしそうだとすると、きわめて近い将来北方為替の状態には最も根本的な変化が起きるであろう。」この不幸な予想は意外に早く的中した。7月に入ると大陸為替は悪化を始めた。そして金現送点のわずか上のところまで落ちてしまった[14]。それでも、ロシア政府のイギリス公債買い入れに大いに救われ、ロシアや大陸諸国への金現送は行われなかった。

　他方、ニューヨークでも5月半ばごろにはなおも続いていたイギリスからの金現送はほとんどやんだ。しかし、その後すぐに悪化に転じ、6月14日には$105\frac{3}{4}$－$106\frac{1}{2}$と早くも現送点を割り、その後もほぼ同水準にとどまった。当時$106\frac{3}{8}$が現送点だった[15]。そして7月初め、3, 4万ポンドの金がアメリカへ向けて積み出され、その後も少量ではあったが、現送が続けられる気配を見せた。リヴァプールからの汽船による金現送量はさきの表2-3のごとくであった。このほか郵便帆船や他の船舶による積み出しもあったが、それらは4月30日以前にほとんどやんでおり、5～10月には2万ポンド以下であったという。

　金流出の金額はまだ大したことはなく、その気配にとどまった。しかし、イングランド銀行の金準備は低い水準にあって余裕はなく、金流出が再び本格化するのをもはや待つわけにはいかなかった（表2-6）。7月31日、割引手形922万ポンドに対し、金準備は933万ポンドにすぎなかった。現実資本の蓄積のより徹底した衝撃的規制が避けられなかった。

第1章　貨幣恐慌

表2-6　10月パニック前後のイングランド銀行主要勘定

月日	流通銀行券	政府預金	その他預金	うちロンドン銀行残高	銀行部政府証券	銀行部その他証券	うち割引手形	金	銀行部準備
6月26日	18.05	9.80	7.92	0.90	11.71	18.32	9.08	10.53	6.48
7月31日	18.89	4.50	8.32	1.43	11.64	15.72	9.22	9.33	4.44
8月28日	18.24	7.19	7.11	1.36	11.71	16.71	9.16	9.14	4.90
9月4日	18.21	7.72	6.79	1.15	11.64	17.51	8.73	8.96	4.74
11日	17.84	8.17	6.98	1.27	11.64	17.80	8.53	8.92	5.07
18日	17.93	8.75	7.19	1.08	11.64	18.74	8.68	8.88	4.95
25日	18.08	9.45	7.48	1.19	11.64	20.01	9.61	8.78	4.70
10月2日	18.71	9.23	7.96	1.60	11.66	21.26	10.40	8.57	3.85
9日	18.64	9.41	7.71	1.32	11.43	21.44	10.98	8.41	3.77
16日	19.36	5.50	8.67	1.91	11.09	18.96	11.91	8.43	3.07
23日	20.32	4.77	8.58	1.62	10.90	19.47	12.49	8.31	1.99
30日	20.83	4.70	8.91	1.99	10.61	20.41	12.74	8.44	1.61
11月27日	18.97	7.73	8.24	1.94	10.95	18.53	10.48	9.32	5.54
12月24日	17.82	9.24	8.24	1.43	11.07	16.98	8.54	10.89	8.41
1月29日	19.14	4.17	10.77	3.68	11.55	14.32	6.65	13.39	8.25
2月26日	18.18	6.42	9.55	2.25	11.57	12.93	5.27	14.76	10.58

(出所) *S.C. of 1847-48*, Appendix Nos.5, 6; *S.C. of 1857*, Appendix.

1) T. Tooke, *op. cit.*, IV, pp.31-2.
2) *B.M.*, July 1847, p.321.
3) Abraham Bell and Sons' Circular, New York Dec. 31,1847 (qtd. in *The Economist*, Jan.23, 1848, p.93.)
4) M. Evans, *op. cit.* p.132 et seq; 茶については、J. Thomson and Sons Circular (qtd. In *The Economist*, Jan.29, 1848による。
5) *B.M.*, Aug. 1847,, p.389.
6) *B.M.*, Aug. 1847,, p.394.
7) A.H. Wylie: *Lords' S.C. of 1847-48*, Q.2026-31.
8) *B.M.* July 1847,p.319; Aug. 1847, p.391.
9) *Ibid.*, July 1847, p.319.
10) Statistics of the Railway Expenditure, in *B.M.* Nov. 1848.
　　Evansの著書および*The Economist*からも同様の数字が得られるが一致しない。
11) *B.M.*, July 1847, p.319.
12) *Ibid.*, July 1847, p.321.
13) J. Bates: *S.C. of 1847-48*, Q.2562.
14) M. Evans, *op. cit.*, p.64.
15) J. Bates; *S.C. of 1847-48*, Q.2563.

C　10月パニック

1　8－9月　厳しい引き締め政策
イ　バンク・レート引き上げ

　海外への金流出気配によって金準備に脅威を受けたと感じたイングランド銀行は、異例の方法で急いでバンク・レート引き上げへ進んだ。

　8月2日月曜日に、総裁と副総裁の責任において[1]、バンク・レートは、今後満期まで1カ月またはそれ以下の手形に対し5％、2カ月手形に対し5$\frac{1}{2}$％、より長期の手形には6％とする旨の半ば公式の通告が行われた。この措置は8月5日木曜日の定例理事会で承認され、さらに、最低レートを5％から5$\frac{1}{2}$％に引き上げるという公式の通告が行われた。無論、適格手形の条件の厳格化もこれに伴った[2]。

　バンク・レート引き上げの意義。

　バンク・レートの引き上げは、海外への金流出によって余儀なくされた。海外への金流出は、イギリス商業圏＝通貨圏と海外商業圏＝通貨圏とのあいだに生じた世界市場的不均衡の結果であり、それは、イギリス商業圏＝通貨圏内部の資本蓄積の内的諸矛盾の成熟の対外的表現であり、それを隠蔽しつつなおも過度な資本蓄積を推進した信用膨張、限度を超えた信用創造によってもたらされたものであった。そしてこの金流出は、直接的には、世界貨幣としての金がその信用膨張、限度を超えた信用創造を原始的に規制するものに他ならなかった。だが、信用膨張、限度を超えた信用創造が現実資本の要求によって行われたものである以上、信用膨張、限度を超えた信用創造の規制は、同時に貨幣資本による現実資本の蓄積衝動そのものの規制として実現される以外になかった。バンク・レート引き上げはまさにこの規制を実現するものだった。

　信用膨張、限度を超えた信用創造によって架空の資金を供給され、虚偽の豊富さを享受していた貨幣市場は、にわかにその虚偽の豊富さを失うことになる。絶対的な貨幣欠乏が発生する。そしてそれは、機構的には、低い利子

率で現実資本の蓄積を後押ししてきた貨幣資本が、一転して、高い利子率により現実資本の蓄積に制動をかけるという形態をとったのである。

ただ、現実資本が直ちに蓄積を停止するわけではなかった。それに至る一連の過程こそ、海外への金流出によるバンク・レート引き上げによって幕を切って落とされる恐慌の過程に他ならない。

ロ　ロンドン貨幣市場の収縮

このバンク・レート引き上げはロンドン貨幣市場の様相を急変させた。「この通告と月曜の予告的な動きの貨幣市場に与えた効果は極めて重要であった。ただちに市場レートの根本的な上昇が起こった。もっとも短い期限の手形についてさえもである。そして持ち出された手形が3ないし4カ月を超えているすべての場合、割引にはかなりの困難があり、もちろんより高いレートが課された。市場レートは6週間の一流手形にはしばらくのあいだほぼ6％および1/4％の手数料、6週間の限度を超えた手形には$6\frac{1}{2}$％および1/4％の手数料だったと思う。この状態は大した緩和なしに月半ばまで続いた[3]。」こうして貨幣市場の厳しい収縮がふたたび始まった。

もはや高い利子率のゆえに商取引の注文を実行することが困難となった[4]。正常な取引では利子率が払えず、ただどうしても必要な支払いのためにのみ高利に甘んじることになった[5]。

ハ　穀物投機の破綻

貨幣市場の急変によって、商業界の人々は、突然自分たちが厳しい逼迫の兆候の真っただ中にあることを見出して大きな驚きに捉えられた[5]。パニックが始まった。

パニック（panic）とは、恐れ慌てるという文字どおりの意味での恐慌である。人は予期しない異常な出来事に突然直面した時パニックに陥るが、経済過程においては、貨幣欠乏、資金の絶対的不足に突然直面した時こそまさにその例にあたる。それは商人、工場主たちを支払い期日の来た債務の支払い困難に陥れ、これまで大膨張してきた信用関係の動揺、崩壊を招かずにはいない。それは、個々の商品市場のパニックとして始まり、やがて貨幣市場全体のパ

ニックというクライマックスに登りつめる。貨幣パニックとはこの過程全体を指すものと理解すべきであろう。パニックという用語も、当時広い意味ではこれとほぼ同義に、すなわち貨幣市場のパニックを中心においたパニックの総体として用いられたようである。

　穀物投機の破綻が皮切りとなった。穀物価格の崩落でひどい損失を受けながらも、引き続き得られた割引の便にすがって辛うじて持ちこたえてきた穀物商人たちにとって、貨幣市場の収縮は致命的だった。

　穀物価格は再び暴落した。7月最後の週に77シリング3ペンスだった小麦価格は8月第2週に8シリング以上も急落し、その後も下落を続けて8月最後の週には60シリング4ペンスとなった（図2-1）。もっとも、公報の数字は多数の鈍感な地方市場を加えた平均であるため、マーク・レーンの小麦価格暴落の始点とその激しさを十分に伝えていない。マーク・レーンでは、7月第3週（24日に終わる）に80シリング5ペンスと広報数字を4シリング11ペンス上回っていたが、次の週から下がり始め、8月第2週には64シリングと実に3週間で16シリング5ペンスも下げた[6]。6月初めの大暴落に次ぐ下げ方だった。しかも、この暴落で小麦価格は穀物取引が投機的傾向を帯び始めた1846年末の水準を下回ってしまった。貨幣市場の収縮のために貨幣を手に入れることができず、支払い約束の履行に進退きわまった商会は、支払い手段を得ようとして投げ売りに訴えた。しかし、貨幣市場の収縮は同時に信用買いをも厳しく阻止したから、買い手は著しく減った。これが暴落の直接の原因だった。しかも、穀物輸入の継続的増加、王国全土および大陸に及ぶ良好な収穫予想が結びついて、価格下落を促進した[7]。

　穀物商の破綻が始まった。しかも、投げ売りによる価格暴落は、投機的に釣り上げられた価格の上に築きあげられていた商業信用の基礎を掘り崩したから、破綻は孤立的な現象にとどまらなかった。

　リヴァプールとアイルランドの穀物市場は、すでに7月28－31日にはパニックに陥っていた[8]。そして8月初め、最初の重要な支払い停止がストックトン・オン・ティーズに起こり、それが直ちにロンドンに伝播し、取引先であったCharles, Douglas, and Sonが25万ポンドの債務を負って6日に倒産した[9]。地方からは引き続き破綻の知らせが届いた。そして9日、ロンドンの最

大級の穀物貿易商レズリー・アレクサンダー商会が57万ポンドの債務をもって倒れた。それは極度の警戒感 (alarm) を掻き立てた。この後に大穀物商の支払い停止がいくつも踵を接して起こった。もはや支払い停止は部分的現象にとどまらなかった。21日にはW & H. Robinson, and Co. が倒れ、次いで穀物代理商のW. & J. Woodleyが倒れた。前者のパートナー、W・R・ロビンスンは元イングランド銀行総裁で、ショックは極めて大きかった。すでに8月中(27日ごろまで)、ロンドンで主だった穀物商会8社が破綻したが、その債務額合計は150万ポンドを超え、またリヴァプールその他穀物市場の分を加えると3百万ポンドは下るまいとみられた。

だがこの時期には、パニックはまだ穀物取引に限られていた。商業界の他の部面では、価格下落は生じたが重要な支払い停止はほとんどなかった。

二 商品価格の崩落と商人の一般的破綻の開始

ミンシング・レーンでは、マーク・レーンほど激しくなかったが、8月から価格下落がじりじりと生じた[10]。やはり貨幣市場の逼迫が投げ売りと信用買いの阻止を導いたからだった。

砂糖は、2月以来大幅に下げ続けたこともあって、8月に1シリング前後下げたにとどまった。ただモーリシャス産の砂糖には大量の売りが出て2シリング下げた。9月にはほぼ現状を維持した。コーヒーは、9月初めまで保っていたが、その後投げの圧力が働いて3シリング方下げた。茶は、8月中かなりの取引が行われ、月初めには価格が上向いたのに、その後貨幣市場の逼迫のため売りが出て、品種によっては月末にやや下がった。9月に入ると東インド商会の破綻の影響を厳しく受け始めた。ラム酒も、8月初めはある程度取引があったのに、その後不活発になり、9月には大量の売りが出て2カ月で6ペンスも崩落した。(表1-10)

工業地帯でも著しい価格下落が生じた。同様に貨幣市場の厳しい逼迫のせいだった。

「次第に改善しつつあった状態は、8月初めに起こった金融逼迫によって突然、かつ甚だしく妨げられた。信用と信頼感の上に加えられた一撃が、ただちに注文のキャンセルと延期との導いた[11]。」それで綿製品価格は8, 9月続い

て急落した（図1-2）。アメリカ向けの綿製品の大量出荷も、このころから貨幣を得るための手段としての性格を持ち始め、たちまち市場の溢れをもたらした[12]。綿花価格は、低い在庫と不作見込みで8月には下げ渋った。そして取引は活発さを維持した。しかし、9月に入ってついに下がり始めた。需要減とアメリカからの収穫良好の知らせのゆえだった[13]。さらに9月末には、突如訪れた完全な銀行信用の停止によって圧迫され[14]、一層急落した。

マーク・レーンと地方の穀物市場では、9月に入っても穀物価格が一層下がった。9月18日に終わる週には早くも底に落ち込み、公報価格49シリング6ペンスを記録した（図2-1）。破産企業の持ち荷の処分が次々に行われたことが一層の下落をもたらした原因であった。

さて、9月に入ると、投げ売りによっても支払い手段を調達できなかった商人の破綻が穀物取引以外の部面でも頻発し始め、価格下落が商業信用の基礎を掘り崩していたから、支払い停止は雪だるま式に広がっていった。

9月中ごろまで、ロンドン穀物貿易商や地方の穀物取引商の支払い停止が相次いだが、8月末に、大陸貿易に携わっていたCastellain, Sons & Co.（債務額20万ポンド）の支払い停止が起こり、その後破綻は他の部面へ広がった。11日、鉄道計画のプロモーションにも手を出していたGower, Nephews, & Co.が倒産した。取引は極めて多岐にわたっていたが、殊にモーリシャス貿易に深く関係していた。この倒産はその規模と重要性で先のレズリー・アレクサンダー商会の倒産に匹敵するもので、債務額は45万ポンドだった。しかも、パートナーのA・A・ガウアーはイングランド銀行の理事であった。これ以後破綻の重点は穀物取引以外の分野へ移ったといってよかった。そして14日、ロンドン貨幣市場の最も敏感な、そして最も弱い部分に破滅が訪れた。すなわち4大手形ディーラーの一つ、Sanderson & Co.（債務額172万ポンド）の支払い停止だった。17日には、最大級のロンドン貿易商でありマーチャント・バンカーでもあるReid, Irving, & Co.（債務額66万ポンド）の支払い停止が発表された。この商会は西インドおよび東インド貿易に関係が深く、モーリシャスの土地投機にも手を出していた。パートナーのJ・R・レイドもイングランド銀行理事だった。さらに25日、これに匹敵する著名なインド貿易商、Cockerell, Larpent, & Co.（債務額62万ポンド）が倒れた。多数の東インド貿易商や植民

地産品ブローカーの支払い停止がこれに続いた。

　9月中(25日まで)の支払い停止は一流企業だけで20を超え、その債務総額は7－8百万£に達した。地域別では、無論ロンドンが過半を占め、グラスゴー、リヴァプールがこれに次いだ。部門別では、東インド、中国、モーリシャス諸島などアジアとの貿易に携わる商人たちの破綻が特に多かった。穀物商がこれに次ぎ、その他では南アメリカ貿易商、大陸貿易商、ロシア貿易商、ワイン貿易商、食用品取引商、倉庫業者、植民地産品ブローカーなど多岐にわたっていた。ただ、穀物取引の部面での主要な破綻は9月半ばでほとんど完了してしまった。

　なお、長期信用で有名だったアジア貿易に携わる大商人の破綻が目立った点に注目しておこう。

　厳しい貨幣市場の逼迫の中で長期手形はほとんど割り引かれなくなったのが直接の原因だが、単にそれだけのことではなかった。新しく開かれた中国市場を始め、これら市場が比較的新しく、1840年代の景気循環においては、大量のイギリス綿製品を真っ先に受け入れて好況のきっかけを与え、その後も最も活気を示した市場であったことを思い起こさなければならない。この地との商取引はもともと短期の決済が困難であったが[15]、貿易商や委託荷を送り出した製造業者たちは、長期手形を最大限に利用してロンドン貨幣市場から資金を引き出し、綿製品輸出を異常に促進して市場の溢れ (glut) にまで導いた。そして、この輸出は砂糖、茶、インディゴなど特産品の帰り荷としての輸入と固く結びついていたが、この部面でも、同じ商人たちが代理店や支店と結んで長期手形を最大限に利用していたのであった。輸出信用と輸入信用の異常な膨張が存在していたわけである。そして好況末期には、この貿易信用の膨張は、多分に現実の販売代金の還流の停滞を隠蔽し、巨大な在庫を保持する手段、過去の投機の失敗を糊塗する手段に転化していたのである。手形の書き換えが通例のごとく行われたのはこれを端的に物語っていたといってよい。破産企業のバランス・シートを見ても、46年に積み出したイギリス製品の支払いが47年10月になっても大量に残されていた[16]。そのうえ、これら商人たちは、大量の資金を鉄道株や植民地のプランテーション、工場やらに注ぎ込んでいたわけで、いざ貨幣市場の収縮が始まってみると、即座に貨

幣に換えることのできる資産を大して持ち合わせていない始末だった。これでは軒並み支払い停止に陥ったのも当然なのであった。

関連する証言を二、三引いておこう。

ロンドン・バンカー、G・C・グリンの証言[17]。

第1697号。あなたは・・・初期の破綻が穀物取引に関連していたと述べました。それらは商業の他のどのような部門へ広がりましたか？——とくに東インド貿易へ、そしてまたモーリシャス貿易へも大きな金額で広がりました。

第1698号。それらの破綻をあなたはいかなる原因に帰しますか？——私は、東インド貿易において、しばらくのあいだ大変過度の拡張された信用があったと考えます。モーリシャスの破綻は、その島の実現できない抵当に大きな金額が固定されたことから起こりました。

第1699号。それにその生産物の価値下落からも？——そうです。

第1700号。それら商会の事情の調査は、彼らの破綻のしばらく前から極めて危機的な状態にあったことを示していないでしょうか？——ある少数の例外を別とすれば(例外はあったのですが)、私はそれらの商会が破綻すべきでなかったという用意がありません。私が彼らのある者と関係した限りでは、破綻すべきでなかったのは一つもありません。今では、1846年において東インド貿易が極めて大規模にクレディットの体制の上に運営されていたことが明らかです。

イングランド銀行総裁J・モリスの証言[18]。

第119号。東インド商会の失敗を特になにに帰しますか？——私はほとんどもっぱらクレディットの上に乗っている貿易システムと考えます。

大蔵大臣G・C・ウッドの議会における発言[19]。

彼(大蔵大臣自身)はインドとの貿易が運営されていた体制を確かめました。それは損益の観点からというよりは手形の創出によって貨幣を得る方法としてより多く運営されているように見えました。人々は9カ月ないし10カ月期限で手形を振り出しました。そして手形は、生産物ブローカー、それから銀行によって割り引かれるために、本国へ送られました。これらの

慣行は新しいものではありませんでしたが、極めて大規模に行われました。そしてその貿易（東インド貿易）に寄せられた不信の少なからぬ部分はそれらに起因したのです。彼は、貿易は一部分は資本によって、一部分はクレディトのよって運営されねばならぬことを認めます。しかしながら、その上に築きあげられたクレディトの上部構造を支える資本の適当な割合というものがなくてはならない。・・・

ホ　商業信用の崩壊

　支払いの連鎖が各所で中断され始めると、大規模な信用膨張の前提条件となっていた信頼感が動揺を始めた。しかも、次々に起こる支払い停止が支払いの連鎖を不払いの連鎖に変え始めるに及んで単なる動揺では済まなくなっていった。商業信用は崩壊を始めたのである。

　8月に、いち早く穀物手形（corn paper）は貨幣に変えることが極めて困難になった。「穀物市場に関係したすべての人々の間に、信用で買った商品の価値暴落の影響と取引決済の実行について大きな不安が存在した[20]。」「これらの破綻は商業上の信用に破滅的な効果を与えた。第一級の商会の破綻についての根拠のないうわさなしにはほとんど一日も過ぎてはゆかなかった[21]。」そして、「この月中、アメリカの商会から我が国へ向けて振り出された大量の穀物手形の引き受けが拒絶されている。すでに破綻した企業はこれらの手形の相当部分の名宛人であった。もちろんそのような場合には、引き受け拒絶された旨を正式に申し立てる以外に道はなかった。いくつかの例で、ベアリング商会は、裏書人である彼らの取引先、プライム・ワード・アンド・キングの名誉のために介入した。そしてこの間接的な引き受けは（手形の）所持人に大変な不便を起こすのを食い止めた[22]。」中断された連鎖を繕おうとする試みがなお見られるとはいえ、すでに穀物取引の信用関係は崩壊し始めていたといってよい。<u>貨幣恐慌の開始</u>である。

　9月に入ると、商業信用の動揺は一般的となった。警戒の念は不信（discreditまたはdistrust）の念に転化し始めた。貨幣市場にははっきりと新しい様相が見え始めたのである。8月中の貨幣市場に生じた興奮と逼迫とは9月中も続いたと認めた後、バンカーズマガジンは次のように述べている。「しか

しながら、困難の正確な原因が幾分異なっており、その兆候はまたいくつかの新しい様相を呈した。8月には、不便は、イングランド銀行が彼らの割引業務の上に4月の厳しい制限を繰り返そうとしているという広まった懸念によって生じた。今月中に、警戒感（alarm）は不信のそれになった。破産があまりにも頻々としかも、以前の推測ではそんな不祥事の危険から極めてはなれた領域で起こるので、不安の気持ちが、決して神経過敏で理由のない臆病などに取りつかれることのない人々の心をとらえ始めた[23]。」そして、「これまでその高い名声が一度も疑われたことのなかった商会も、＜触れるとしぼませてしまう噂の舌＞（"the withering tongue of rumour"）を長く逃れることはできなかった[24]。」一般に手形の受け取りはひどく渋られた。したがって新規の手形振り出しも厳しく制約されざるを得なかった（図1-9参照）。信用関係の基盤となる商業信用は、貨幣市場の収縮圧力のもとで、今や全面的に崩壊していった。<u>貨幣恐慌は日に日に進展した</u>。

ところで、商業信用の全面的崩壊が始まると、これまでとは異質な貨幣需要が激成された。すなわち、正常な商取引に基づく新規の手形割引要求などではなく、満期手形の差し迫った支払いのための、企業の生き延びがかかった必死の貨幣需要である。それは投げ売りした商品に対して振り出された手形の割引要求、コンソル公債を担保とする貸し付け要求などの形態をとったであろう。

しかし、引き続き預金減少に苦しむ銀行は、これらの割引や貸し付けに自由に応じることはできなかった。それどころか、極度に警戒的にならざるを得なかった。これまで優良とみなされてきた手形でさえもはや安全とはいえなかったからである。しかも、商人の破綻による損失はすでに信用機関の一角をも脅かしていた。ビルブローカー、サンダースン商会の破綻は穀物商の破綻によって多大の損失を受けたからであったが、ロンドン・バンカーのいずれにも匹敵する重要性を有したこの商会の破綻は、あまたの地方銀行とロンドン貨幣市場との結びつきを切断してしまった[25]。銀行は自分の身を守るためにいっそう慎重な配慮を必要としたわけである。以前には当たり前のこととされた融通を得るのが一般に困難となった。市場レートは急速に上伸した[26]。また、引き受け業務によって国際的銀行業を営んでいたオーヴァレン

ド・ガーニイ商会がニューヨークのプライム・ワード・アンド・キングから彼ら宛に振り出された手形1万ポンド以上の引き受けを拒絶したことは大いに注目を引いた。もはやベアリング商会も介入しなかった[27]。

したがって、貨幣需要は最後の貸し手イングランド銀行へ集中した。

貸出は、8月初めの引き締め措置の影響で、いったん増勢が止まっていた。しかし、9月に入って商人の一般的破綻が始まるとともに、貸出は再び増勢を盛り返した。「その他証券」は8月28日から9月25日にかけて330万ポンド増えた。9月25日以降増勢はさらに甚だしいものとなった。ただ、割引手形が中旬まで停滞したが、これは、9月2日以降、公式の最低レートを$5\frac{1}{2}$％にとどめたまま、10月14日またはそれ以前に返済する条件のもとに、「一時貸付」を5％で行うことにしたからであった[28]。

もっとも、預金はこの間増加していた。その大部分は利払いに備えての政府預金の増加であったが、「その他預金」も9月初めまで減少したのち増加に転じた。ただ、ロンドン銀行残高はむしろ減った。それにバンク・ノートもこの間減り続けていた。

最後に、金準備はわずかずつながら減少を続けていた。しかも9月の末になって減り方が著しくなってきていた。すでに9月には海外への金流出は全く止まっていたから、これはほぼ例年通り国内へ金貨として吸収されたものに他ならなかった。

結局、警戒による預金増加もあって、イングランド銀行はこの時期増大する貨幣需要に相当程度応じていたが、準備の状態はじりじりと悪化に向かっていたのだった。金準備率は8月28日に27％、9月25日には25％へと落ちた。もっとも銀行部準備は9月11日までむしろわずかながら改善を示し、その後悪化へ向かった。9月25日に470万ポンドで、7月31日よりむしろ高かったが、その後つるべ落としに減少した。このあたり、ピール法による勘定分離の影響が微妙に現れてきたといえよう。

2　10月パニック

イ　イングランド銀行のさらなる引き締め強化

さて、イングランド銀行は、次第に悪化する準備の状態に強制され、一層

厳しい引き締め措置をとる以外になかった。

　実際、イングランド銀行は最低レートを変更してはいなかったけれども、9月中ごろから割引の過半に6％を課し、一部には7％を課すようになった。そして23日の理事会は、$5\frac{1}{2}$％を2カ月以下の手形の最低、6％を2カ月を越え3カ月に満たない手形の最低と定め、手形の選択に最も厳格な審査を実行するにいたった[29]。また、破産宣告を受けたパーティによって振り出されあるいは引き受けられた手形は、その割引を依頼した人の即座の支払いを求めて提示するという厳しい措置をとった[30]。

　さらに、10月1日、イングランド銀行は、$5\frac{1}{2}$％の最低レートはこの月14日ないしそれ以前に満期となる手形にのみ適用し、その他の手形は6％あるいはそれ以上で割り引くと発表した[31]。実質的なバンク・レートの引き上げだった。それと同時に、公債および大蔵省手形に対してはしばらく貸し付けを行わないことも明らかにした。大量の公債および大蔵省手形を担保とする貸し付けが更新を拒絶されたのであった[32]。

　この厳しい引き締め措置はただちに一般的なパニックを引き起こした[33]。大量の公債や大蔵省手形が市場に投げ出された。ロンドン市場レートは10％へ跳ね上がっていった（図1-12参照）。

ロ　貨幣退蔵 (hoarding) の発生

　ついに、貨幣恐慌は進展して、最悪の形態をとり始めた。貨幣退蔵が発生した。

　銀行やビルブローカーたちにとってバンク・ノートが得られないかもしれないという恐れは決定的であった[34]。彼らは貨幣を得られるうちに得ておこうと、短期の優良手形やコンソル公債、大蔵省手形をもってイングランド銀行窓口へ向かい、手持ちのバンク・ノートは仕舞いこんで積み上げ、自分たちの割引と貸付をほとんどやめてしまう[35]。

　商人たちは、すでに破産の頻発の中で支払い準備金を強化することを余儀なくされていたが、銀行やビル・ブローカーがこのような行動に出始めたとなると、今や彼らも恐怖感に突き動かされて同じ行動に走りだすことになる。首尾よく増強した支払い準備の一部は商人の手元に積み上げられるようにな

る。まだ大部分は銀行のもとにおかれるとはいえ、それらはすでに著しく安定性を失っていた。銀行に対する不信の色もきざし始めていたからである。いつ何時銀行不信が燃え上がり、熱狂的な預金と地方銀行券の取り付けが発生しないとも保証できない。そうなると、銀行も自己保全に最大細心の努力を払わなければならない。

　貨幣退蔵の動機と開始の時期に触れたS・ガーニイの証言[36]をみておこう。

　　第1596号。…9月の終わりまでにシティには特に著しい不信が存在するようになりました。その不信は極めて一般的に拡がり、そしてついに、バンク・ノートを準備しようとするかなり強い傾向がそれのできる人々のうちに生じ、バンク・ノートは、力をもつ人々によって必要とするはるか以上に準備されました。バンクの準備はますます減少し、この法律（ピール法）のもとでバンク・ノートが一体得られるのかどうかということが、極めて重大な問題になるまでになりました。この不安が増すにつれ、流通手段を保持しようという願いも強烈になりました。1844年法がなかったなら自然にそうしたであろうように救援を与える代わりに、バンクは厳しい規制の体制で進む必要がありました。

　なお、貨幣退蔵といっても、バンク・ノートに対する不信が生じたわけではなかった。パニックの頂点においてさえ、不信のためにそれが兌換を求められた例はなかった。バンク・ノートは貨幣と同じように機能しえたのである。したがって、バンク・ノートによる退蔵が大量に行われた。ただ、発券銀行の多い農業地帯では、バンク・ノートを使用する習慣が十分できておらず、地方銀行券の信用が揺らいだ時に、取り付けに来た人々は金貨をもちかえるようになった[37]。このような事情があったため、農業地方では主として金貨の退蔵が行われた。また、工業地方でも、バンク・ノートが5ポンド券を最低としていたことから、バンク・ノートの退蔵だけで済ますわけにはいかなかった。それにスコットランドやアイルランドでも、バンク・ノートは法貨ではなかったから、当然金貨（および信頼のおけるその地銀行券）の退蔵となった。これらはイングランド銀行にとって金の対内流出を意味した。

貨幣退蔵の傾向が発生すると、その貨幣需要をほとんど一手に引き受けることになったイングランド銀行の勘定はつるべ落としに悪化した（表2-6）。

貸出は、公債利払いの影響を別とすれば、割引拒否を伴いながら著しく増加した。「その他証券」は、10月16日には公債利払いの完了によって「一時貸付」が返済されたため、かなり減少したが、政府預金の減少を著しく下回った。そして同期間に割引手形が230万ポンド増加した。すでにイングランド銀行は55万ポンドに上る政府証券を市場で売却して、貸出資金を調達していた。この間預金は、公債利払いによる影響を別とすれば大して変化していなかった。

そして、貸出増に対応して、バンク・ノートの増加と金準備の減少が生じた。バンク・ノートは、9月25日から10月16日にかけて、130万ポンド膨張した。金準備のほうは同じ期間に40万ポンド減少した。商取引の甚だしい収縮とすでに始まっていた海外からの金流入にも拘わらずこうした変化が起こったのである。

イングランド銀行の準備はまさに枯渇に瀕した。16日に、金準備率は20％、銀行部準備は310万ポンドで、殊に銀行部準備は危険な状態に落ち込んだ。貨幣恐慌のクライマックスがやってくる。

ハ 「恐怖の一週間」（the "week of terror"）

徐々に銀行不信を織りこみながら進行した貨幣退蔵のさなかに、ついに地方銀行の破綻が生じた。これを機に、預金と地方銀行券の取り付けが激成され、その猛威の前に貨幣市場は崩壊し去った。10月17～23日はまさに「恐怖の一週間」となった。

すでにいくつかの銀行の窮状についてうわさが流れていたが、15日、Abingdon and Wantage Bankが支払いを停止した。これは中級の個人発券銀行で、ロンドン代理店のウイリアム・ディーコン商会がドラフトの支払いを拒否したのが知れ渡って支払いを停止した[38)]。これが地方銀行破綻の皮切りとなった。ついで18日、イングランド銀行のコンソル貸し付けという非常手段による援助にも拘わらず、Royal Bank of Liverpoolが三日にわたる取り付けの末倒れた。これは払込資本64.6万ポンドの大株式銀行で、リヴァプールの三つの商

会に多額の貸し付けを行っていたことが破綻の直接の原因で、殊にそのひとつには50万ポンドも貸していた。また東インド商会や西インド商会のいくつかにまで取引を拡大していた[39]。同じ日にOldham Banking Companyも倒れた。この後さらに続けて、20日にはLiverpool Banking Company、21日Newcastle Union Bank、22日マンチェスターのScholes and Co.、そして25日にはNorth and South Wales Bankが倒れた。

さて、ひとたび地方銀行、殊に大株式銀行の破綻が始まると、これまで比較的穏やかな形で進んできた貨幣退蔵は、狂気のように預金および地方銀行券の取り付けとなって地方銀行を襲った[40]。破綻した銀行のうち、リヴァプール・バンキング・カンパニイ、ノース・アンド・サウス・ウェイルズ・バンクおよびニューカースル・ユニオン・バンクはいずれもその犠牲だった。また、破綻した銀行以外でも、Northumberland and Durham District Bankが恐ろしい取り付けを受けた。無論取り付けに直面した地方銀行は融通を全く停止し、死に物狂いで自行の支払い準備の保全強化に向かった。

ロンドンでも、地方銀行破綻の衝撃は大きかった。殊に、ロンドンに拮抗する商業中心地であり、ある程度独自の貨幣市場リヴァプールのパニックの影響は絶大であった。ロンドン・バンカーのいくつかについても噂が立ったが、辛うじて持ちこたえた。しかし、シティでは、引き受け業務によって世界貿易に対する銀行の役割を果たしていた大商会が、既にいくつも倒れていた。この一週間にも、大陸貿易商で大陸銀行の代理店を兼ねていたRougemont Brothersが支払いを停止した。それに、すべてのロンドン・バンカーやビル・ブローカーは地方銀行のロンドン残高引き揚げによって厳しく試されなければならなかった。彼らの手元から地方銀行へ向けてどんどんバンク・ノートが発送された[41]。そしてロンドンバンカーやビル・ブローカー自身がおそらく最大の貨幣退蔵者であった。彼らのうちで彼らの使用しうる以上にバンク・ノートをため込まない商会は一つもなかった[42]。ロンドン貨幣市場は10日ばかりというもの業務の完全な停止から程遠くない状態だった。オーヴァレンド・ガーニイ商会でさえ貨幣を手渡すことを全然しない日が続いた[43]。貨幣市場の正常な融通は終わってしまっていた。シティ全体がパニックの渦の中にあった。すべての人が彼の隣人を恐れるようになり[44]、19日にあるロン

ン商人は「私はあなたにベアリング商会の手形でさえ受け取るようにはすすめない」と書いた[45]。なお、本当に実行された小額の取引では利子率と手数料が異常に高かった。1週間以内に満期となるシティ・バンカーの引受手形1万ポンドの割引に年13％に等しいレートが支払われた[46]。

　イングランド銀行は、一つの狂気と化した貨幣退蔵への応接とそれによって窮地に落ちた諸銀行の救援を一手に引き受けなければならなかった。今やイングランド銀行は貸出を行っているほとんど唯一の機関であった[47]。「国内用途のための金の大量の引き出しが異なる地方銀行の手で次々とバンクに対して行われた[48]。」さらに堅実さで名高いスコットランド諸銀行までが救援を頼みこんできた。これはいやがうえにも危機感をあおった[49]。イングランド銀行はあらゆる手段を用いて救援に応じようとした。実際の救援はこの前後20例に及んだが、前週末すでに危険状態に陥っていた銀行部準備はもうそれを許さなかった。この週に行われた新規貸し付けは97万ポンドで、前の週の6割にも満たなかった。貸付はもはや一切行われなかった。コンソルによる市場からの借り入れも再度非常手段として利用されたが[50]、それ以上の貸し出しは無理だった。そして、のちに見るように海外からの金流入を見るようになっていたから、金準備は減らなかったが、バンク・ノートが膨張したため、銀行部準備はますます急減して文字通り枯渇してしまった。22日金曜日には238万ポンドしか残らず、そのうち78万ポンドは地方支店にあった。しかも同日のロンドン銀行残高は177万ポンドで、大部分が1商会のものであった。「最後の貸し手」ももはや貸せる状態になかった。この事情こそが貨幣退蔵を一般的にし、燃え上がらせていた[51]。イングランド銀行の準備が減れば減るほど貨幣需要は大きくなった。ただし平常時とは全く性格を異にする貨幣需要である。なお、バンク・レートは変更されていなかったとはいえ、割引の大部分には8％および9％が課された。

　全体としてどれだけの量の貨幣退蔵が行われたのかは推測による以外にないが、バンク・ノートの形態によるものについては、S・ガーニイが4－5百万ポンドと見積もっている[52]。金貨形態によるものについては、J・モリスが8－10月に地方へ送られた金貨を2.2百万ポンドとしている。ただ、モリス自身が認めているように、主にリヴァプールへ送られたが、その一部は海外へ

送られたし、他方でロンドン・バンカーから直接地方へ送られた分は含まれていない。それにこれとは別にスコットランドへも大量に送られた。

このように、「恐怖の一週間」はまさに貨幣恐慌のクライマックスであった。信用関係の中枢ロンドン貨幣市場は、完全にその機能をマヒし、崩壊し去った。海外への金流出、すなわち世界貨幣としての金の機能が強制した貨幣市場の規制は、ここに貨幣市場の崩壊をもって完成されたわけである。その過程で限度を超えた信用創造によって演出されていた架空の資金形成は暴露され、資金の豊富の見せかけは消失した。

最後に、貨幣市場の崩壊に決定的意義を有したリヴァプールのパニックの模様を、現地から25日に送られた生々しい通信[53]によって確認しておこう。

　前の月曜、10月18日に、その日までほとんどの主要な商業都市を吹き荒れた嵐のただなかに揺るぎもせず維持されていたリヴァプールの信用は、ロイヤルバンクの支払い停止においてその最初の衝撃を受けることを宣告された、あまりにも驚くべき予期されていなかった出来事によって作り出された驚愕と意気阻喪とを書き記すのはペンの力を超えている。リヴァプールが街になって以来一度も、1837年においてさえも、それはこんなにひどくはなかった。‥‥
　（ロイヤル・バンクの）支払い停止は、リヴァプールが酔っぱらいのようによろよろとした打撃だった。商業と工業は、ともにちょっとの間動きを止めた──マヒした。不信が上流の者から下流の者にまで広まった感情であった。ほとんど同時に他の諸銀行に対し取り付けが行われた。しかし、幸いなことに彼らはそれを切り抜けた。その知らせによってロンドンに引き起こされた影響はほとんどこれに劣らなかった。イングランド銀行の救援を要求するための幾人かの重役たちの到着によってニュースが確かめられるや否や、コンソルは1/2－1％落ちた。証券取引所に引き起こされたパニックは、多分より大きくはなかった。しかしながら、その支払い停止が、3企業、すなわちバートン・アーラム・アンド・ヒギンズ、テイラー・ポッター商会、リトルデイル商会に対して行われた巨額の慎みのない貸し付け（全部でほとんど100万ポンドになる）によるものだということが当地で知

られると、警戒感（alarm）は幾分鎮まった。同夜、商業と工業の恐ろしい状態を政府に対し明らかにし、即時の介入を要望するために代表団がロンドンへ出発した。

火曜日、小さいが高い名声をもった企業、Liverpool Banking Companyは、前日の取り付けによってその小切手の支払いを停止することを余儀なくされた。しかし、その他すべての業務については平常通り営業を続けた。慎みのない貸し付けのゆえにイングランド銀行がロイヤル・バンクを助けるのを拒んだことは、現存する陰鬱さをさらに深めた。Littledale and Co.の地位が、今やすべての人々を引き付ける話題となった。この有力な手形割引商会は百万ポンドをいくらか超えるほどの一流手形を保持していた。彼らが勘定を開いていたロイヤル・バンクの支払い停止によって、彼らは完全に戦闘力を奪われた。そして最も痛々しい危険を告げるうわさがすぐに時々刻々流された。しかしながら、幸運にもイングランド銀行が遅れずに救援に駆けつけた。大商会であるブラウン商会に対して（援助を）行った37年のように、バンクはほとんど全般的な破産になったであろう事態からリヴァプールを救った。万一リトルデイル商会が支払いを停止したなら、少なくとも20の主要企業が倒れたに違いない。しかし、そんなにも大きな破局が百万の半分ほどの時宜を得た貸し付けによって回避され、それによって商会は事業を続けることができた。それに、商業界は、バンクが商会の資産に完全に満足し、専門用語で言うと彼らを守り通す（"pull them through"）ことを決めたという声明によって、いっそう安堵した。この心配の種は消え、信頼感が戻り始めた。

この週の後半に、このことは、月曜と火曜にいくつもの銀行から預金を引き出した多くの人々が今やそれを戻しに急いだという事実によって立証された。

思わしくない冷酷でさえある回答を受けた代表団の政府との会見からの帰還は、しかしながら、ある程度この感情に水を差した。土曜日に、（さまざまな半ば公式のヒントのよって強められ）その時開かれた閣議は何らかの救済策を考えださないでは閉じられないだろうとの意見があまねく信用を得た。政府の介入はもはや選択の問題ではなく現実の必要事である、と

いうのが一般の考えのようにみえる。

　今日、10月25日月曜日、North and South Wales Bankが回状によって彼らの支払停止を発表した。この1週間の間首都で流布されたうわさ——これはロンドンの一新聞が流した——が、本店と支店への一般的な取り付けを生んだ。預金銀行であると同時に発券銀行でもあったので引き出し（drain）は二重だった。…

　今や、すべてのパーティが最大の懸念をもって大臣の考慮の結果を待っている。……

二　商人の次々の破綻と商品市場の崩壊

　貨幣市場の崩壊は商業界に深刻な影響を与えないではおかなかった。貨幣市場がパニックに陥り、融通はほとんど停止してしまったから、満期手形の支払いには今や手持ち商品の投げ売り以外の道がなかった。ほとんどの主要商品市場で大量の投げ売りが行われた。その一環として製品の輸出投げ売り、綿花など輸入原料の再輸出投げ売りも行われた[54]。しかも、次から次へひっきりなしに発生した不渡手形のために、商人の破綻は数えきれないばかりとなった。これら破綻企業の持ち荷処分が次々に行われ、これは商品市場の破滅を仕上げることになった。これまで比較的持ちこたえてきた商品市場も含め、全面的な価格崩落が生じた。すでに崩壊していた穀物市場のほか、主要商品市場の多くが、貨幣市場の崩壊とともに崩壊したのであった。

　数えきれないばかりの10月のロンドンの破産のうち主なものは、ロシア貿易商のJ. Thomas, Sons and Lefevre（債務額40万ポンド）、モーリシャス貿易商のBarclay, Brothers & Co.（債務額39万ポンド）、すでにあげた大陸貿易商のルージュモン兄弟商会、東インド貿易商のRichards, Little & Co.、Lawrence Phillips, & SonsおよびScott, Bell & Co.などであった。また、巨大なCompany of Copper Miners in Englandも倒れた。部門別で見ると、やはりアジア貿易に携わった貿易商がもっとも多かったが、アメリカ貿易商、西インド貿易商、南米貿易商、大陸貿易商、ロシア貿易商、レヴァント貿易商、植民地産品ブローカー、船主、船舶ブローカー、茶取引商、倉庫業者、ビル・ブローカー、代理商、穀物代理商、家畜取引商、食用品取引商、綿花ブローカー、綿紡績業者、捺

染業者、綿糸取引商、羊毛紡績業者、鉄取引商、鉱山会社、それに証券会社とほとんどあらゆる部門にわたっていた。

　価格についても簡単にみておくと、ミンシング・レーンでは、砂糖が各種とも1～4シリング崩落した。コーヒーも2シリング、茶は1ペニー～2ペンス、ラム酒は4ペンス方崩落した。いずれも破産企業の整理による競売のために特に影響を受けた。工業地帯でも、綿製品、綿花ともに、9月に引き続きひどく崩落した。ただ、穀物価格のみはいち早く9月に底をついたので、例外的にあまり変化しなかった。

　　ホ　政府書簡とパニックの鎮静
　クライマックスに達した貨幣恐慌は、ピール法の停止を示唆した政府書簡がイングランド銀行総裁に送られ、劇的に鎮静に向かうことになった。
　貨幣恐慌が進展し、商業界や産業界の状態がひどく悪化するにつれ、救済処置を要求する声が各地で上がり始めた。すでに9月21日、ニューカースルの炭鉱主、商人その他は、大蔵大臣C・ウッドと会見して、貨幣市場の危険な状態について訴えた[55]。だが何の成果もあげえなかった。その後10月初めより、朝起きてから夜床に就くまで陳情の人々に応対するのが大蔵大臣の日課になってしまった。「恐怖の一週間」に入って、リヴァプールや多数の工業都市からの代表団が総理大臣ジョン・ラッセル卿とウッドに会見し、一時的な救済措置を要望した。しかし、なおも政府が介入するという確かな見通しは得られなかった[56]。そしていよいよ最後に、23日土曜日の朝、ロンドン・バンカーの有力者10人が、ピール法停止による救済措置を要請するために[57]ダウニング街へ向かった。これらのなかには、T. Masterman, A. Smith, G.C. Glyn, R. Bevan, S. Gurneyらそうそうたる面々が加わっていた。商業の運命はまさにこのこの要請に対する回答にかかっていたから、政府の決断が熱病的ないら立たしさで待たれたのであった。回答は月曜まで延期された。ラッセルとウッドが受けたこれらあらゆる種類の代表団の要請は共通していた。ウッドによれば、彼らは次のように語った。「我々は銀行券をほしがってはいない。我々が望んでいるのは、あなたがたがわれわれに信頼感を与えてくれることです。それはあなたがわれわれを支持していると一言いうことです。それ

以外のどんな手段も我々に信頼感を与えることはできません。我々は銀行券をほしがっているのではなく、それが得られる所を知りたいのです[58]。」そしてさらに、「どのような利子率を課してもかまいません」と付け加えた。

ついに政府は態度を変えた。木曜日、金曜日、そして土曜日に受けた報告がこれまでのものと全く異なっており、貸し付けうる貨幣の不足が日に日に深刻になり、国中の不安を高めたからであった。最終決定にあたって、土曜日の正午、ラッセルとウッドはイングランド銀行総裁J・モリスと理事G・W・ノーマンと会見し、意見を交換した[59]。介入の仕方について、政府の意見はすでに前もって決めてあった。ピール法の一時的停止によるバンク・ノートの発行であった。そして、介入を要請しに訪れた人々の9割が述べたように、その場合の何らかの制限が必要であると考えられたが、それには高利子率をもってすることにした。この際、ウッドによって高利子率の適用が考えられたのは、もしそうしないなら、「資本と地金の輸入を妨害するというもっとも有害な結果を招く」という点であった。最後に何％にするかが問題となったが、7％では不十分と考えられ、結局8％に決まった。当時、ハンブルク領事からの22日付けの手紙によれば、同地の利子率は6〜7％で、これはヨーロッパのどこよりも低くなかった。10月30日の――すなわち、イギリスのパニックの知らせがつく前の――ニューヨークでは、貨幣需要は強く、7％あるいはある場合にはそれ以上のレートが支払われていた。このような海外貨幣市場の状態のもとで、8％はイギリス人を海外のレートに無関心ならしめ、また外国人に当地で自国より高いレートを得させるギリギリの線だったのである。なおバンクとのあいだには2, 3技術的な点について調整が行われ、手筈は整った。

ともあれ、このように手筈が整ったので、イングランド銀行は土曜日の午後、そうでない場合よりは自由に貸し出しを行った。10月のシティに週末はなかった。

パニックは月曜日にも続いた。少しでも融通を受けるのにひどい困難があった。しかし、午後1時、次の政府書簡とこれに応じるイングランド銀行の決定がイングランド銀行から発表された。

ダウニング街　10月25日　1847年

　紳士方よ——女王陛下の政府は、深い遺憾の念を持って、この国の商業的利益の上に数週間にわたって加えられた圧迫、およびこの圧迫が商業の正常な取引を営む上で欠くべからざる信頼感の欠如によって加重されていたということを見てまいりました。

　彼ら(政府)は、投機的性質の取引に加えられた抑止、他の国々からの資本の移転、地金の流入、およびこれらの諸事情の認識がもたらすことを期待される感情が、広がった不信を取り除くであろうとの希望を持っておりました。

　彼らは、さる4月における同様な感情の状態の急速な解消によって、この期待を強められました。

　この希望は、しかしながら、満たされませんでした。それで、女王陛下の政府は、彼らが、ある正常でない、かつ一時的な手段によって、商業界および産業界に信頼感を回復するよう試みるべき時が来た、との結論に達しました。

　この目的のために、彼らは、イングランド銀行の理事諸氏に、現在の緊急な場合において、適格な証券に対し割引と貸付を増やすべきこと、ただし、この操作を合理的な限度にとどめるために、高い利子率が課されるべきであることを勧告いたします。

　現在の状況下では、彼らは、利子率は8％未満であるべきではないと示唆いたします。

　もしこのコースが現存する法律の何らかの違反に導くならば、女王陛下の政府は、議会に対し、その会議において、免責の法案を提起することを準備するでありましょう。彼らは、何らかの異常な銀行券の発行が起こったとしても、できうる限り速やかに法によって定められた限度内にその額を減少させる理事諸氏の分別に信頼を置くでありましょう。

　女王陛下の政府は、この措置から得られるいかなる特別利潤も政府の勘定に入れられるべきであるとの意見でありますが、その厳密な方法は将来の取り決めに残されねばなりません。

　女王陛下の政府は、この国の通貨を健全な基盤の上に据えてきた法律か

ら離れることの害悪を知らないわけではありません。しかし、現在の状況下では、彼らが提案した措置は安全に採り入れられ、かつ同時に、その法律の主要な条項、およびバンク・ノートの兌換性を保持するという根本的な原則は固く維持されうると確信いたしております。

　　　　我々は、紳士方よ、
　　　　　あなた方の従順なしもべである名誉を有します
　　　　　　　　　　　　　　　　　　　　　ジョン・ラッセル
　　　　　　　　　　　　　　　　　　　　　チャールズ・ウッド
イングランド銀行総裁および副総裁殿

　これに応えたイングランド銀行の決定は、①期限95日を超えない手形の割引最低レートを8％にすること、②為替手形、公債、大蔵省手形、およびその他の適格証券に対し、2000ポンドをくだらない金額、総裁によって決定される期限、年8％のレートで貸付を行うこと——以上2点であった。
　この発表はただちに事態を一変させた。人々の極度の恐怖は大いに鎮静した。イングランド銀行から全くバンク・ノートを得られないという恐れが解消したからであった。
　そして、銀行の地位が安泰となれば、商人や工場主も銀行に取りつけることはなかった。狂気のように進められた貨幣退蔵に終止符がうたれた。シティを覆っていた暗雲は散り始めた。退蔵されたバンク・ノートと金貨の還流が進むことになった。ののちも、なお重要な破産が起こった。とはいえ、この救済措置が取られる以前の絶望的な厳しさからみると、ほとんど驚くに足りなかった[60]。
　政府書簡がもたらした即時的効果を、貨幣市場の敏感な中心にあったS・ガーニイの証言[61]ほどよく伝えているものはない。

　　第1599号。政府書簡発行の効果はどのようなものでしたか？——その効果は即時的な救援のそれでした。多分私は、政府書簡が出された日とその前の土曜日における私の企業の一部始終をお話しする以上にうまくその理由を説明できますまい。その土曜日に至るまで、私たちの企業は、イング

ランド銀行に何らかの援助を申し込んだことはありませんでした。パニックの感情の結果、私たちは土曜日に流通手段を手に入れなければなりませんでした。私はバンクの総裁のもとへ貸付を得るために出かけました。私は彼によって、私がその期間の中でそうであったように、大変な丁重さでもって迎え入れられました。しかし、私は、彼らがその日の2時まで回答できない、だがもし実行可能なら、私に貨幣が得られるよう取り計らうだろうと告げられました。彼らは、私に、彼らが取り計らってくれるだろうが10％の利子を課すだろうとのかなり強い期待を与えました。

　第1600号。あなたはその金額を述べるのに何か差し支えがありますか？——金額は20万ポンドでした。…私は総裁に私たちがこのような取引で2,3、ないし400ポンドを失うのは全く枝葉のことだが、しかし私は、もし仮に私たちの企業が10％を支払ったことがシティに伝えられるなら、きわめて有害な影響を及ぼすだろうと述べました。私はこのことを強く押しとおし、彼は親切にも9％へ緩和してくれました。しかし、彼はそれ以下へ下げることは全く望まず、それで私たちは9％を支払いました。それが土曜日のことでした。月曜日の朝、シティには同じ暗雲が覆いかぶさっていました。地方からやってきた紳士たちの側にも、ロンドンの銀行家たちの側にも、ともに、得られるうちに、彼らはもっとも正当にそう考えたのですが、流通手段を手に入れておこうという強い要求がありました。そして、貨幣額についてきわめて変化に富んだ注文が、銀行家たちやその他銀行家でない人々から寄せられました。私（あるいは私のパートナー）はバンクへ出かけて同じ額だけほしいと述べました。私たちは同じ丁重さで迎えられ、2時に私たちが得ることができるかどうかを知らせようと告げられました。2時前にこの緩和の書簡が到着し、きわめて一般的に貨幣の注文は取り下げられました。彼らは、「我々はもう貨幣を必要としない——我々はもう貨幣を必要としない——それを支払う機会はないのだ」と言いました。要求した貨幣額は私たちにただちに提供され、人々はその後彼らの持つ銀行券を使用する信頼感を持ち始めました。その週が終わる前に、私たちはバンクへ行き、私たちが借り入れた貨幣の返済に好意的に応じてほしいと頼まなければなりませんでした。

パニックの急速な鎮静の故に、イングランド銀行の貸出は、25日以後増えるには増えたが、大したことはなく、したがって銀行部準備の減少もわずかで、ピール法を実際に侵犯することはなかった。すなわち、30日に、「その他証券」は1000万ポンド増え、2040万ポンドと実質的な最高水準を記録した（表2-4）。そのうち割引手形は、30万ポンド増の1270万ポンドだった。これは極めて強かった25日前の貨幣需要を振り返ってみれば、まるで嘘のような増加にすぎなかった。それで、この間バンク・ノートは、50万ポンド増えて2080万ポンドになったに過ぎず、また、金準備の引き出しは海外からの盛んな金流入に相殺され、かえってわずかに回復して840万ポンドになった。結局、銀行部準備は、40万ポンド減って、160万ポンドを記録したにとどまった。これが法定限度すれすれの最低だった。ピール法違反をかろうじてまぬかれた。

3　ピール法の実践的意義

10月パニックが政府書簡によって劇的に鎮静に向かうと、『エコノミスト』や『バンカーズ・マガジン』にはピール法の破産、銀行主義の勝利を声高に論じる論説が掲載された。

果たしてそうだろうか？

たしかに、ピール法制定のもとになった考え、銀行券の流通を金貨流通の法則にしたがわせるという考えは、理論的には大きな問題を含んでおり、法制定以降通貨主義vs.銀行主義の大論争を引き起こした。ピール法は銀行原理を唱える人々からの批判にさらされ、しかもその批判は信用関係の理解を深める上で数々の貢献をしたのであった。

しかし、この理論論争そのものの検討は別の機会に回し、ここでは、当時イングランド銀行は実際に何に直面し、政府はそれにどういう解答を与えようとしたかという歴史的実践的観点からピール法の実践的意義を確かめておこう。

ナポレオン戦争終結後、イギリス綿工業を主軸とする資本蓄積が成立し、それは世界市場にあまねく交易のネットワークを形成し、また同時に、それ

を媒介する極めて伸縮性に富んだ商業信用のネットワークを発展させていった。それとともに、イングランド銀行はこの世界市場的信用体系の元締めとして、好むと好まざるとにかかわらず、その運動のバランスをとること、すなわち資本蓄積過程に生じる不均衡を調整することを求められるようになった。

　具体的には、資本の内的諸矛盾の成熟は、すでに見たように、三つの局面からの蓄積の内的制約を作り出したが、信用の大膨張は限度を超えた信用創造によってなおもその制約を超えて過度な資本蓄積を推し進めようとする。しかし、この内的諸矛盾の成熟は対外的不均衡化、すなわち中心のイギリス商業圏＝通貨圏の国際収支悪化となって表現され、そのためにイギリスからの金流出を招いたのであった。これこそイギリスが周期的に直面することになった危機、いっそうの発展のためにはどうしても克服しなければならない危機であった。しかも、循環のたびごとに恐ろしく規模を拡大する世界貿易、そして商業信用に対してイングランド銀行の金準備は随分小さいものにすぎなかった。にもかかわらず、この金流出にいかに誤りなく対処し、金準備を枯渇させず、ポンドの信用を維持し、イギリスの信用体系を守りきるか——それがイングランド銀行に課せられた課題だったのである。

　歴史的に、この課題にこたえるのはイングランド銀行にとって難しいことであった。

　1825年恐慌の当時、イングランド銀行の対処は遅れ、金準備は文字通り枯渇してしまった。激しいパニックの中で3，4のロンドン・バンカーが支払いを停止し、預金銀行の運営ルールも形成途上で、少数の顧客に貸しこんでしまった70もの地方銀行も倒れた[62]。それ以上に重要だったのは、金準備の枯渇したイングランド銀行の銀行券には不信の目が向けられ、金に打ち歩がついたことである。1819年までの不換状態の記憶が生々しかったこともあって、イングランド銀行の金兌換自体に疑惑の目を向けられたイングランド銀行は、フランス銀行から救援の融資を受けてやっと危機を乗り切る始末であった。

　この失敗に懲りたイングランド銀行は、その後債務に対して1/3の金準備を確保するという慣習法的なパーマーの原則を基準として運営するようになっていった。だが、1830年代の循環では、1836－37年、早めに引き締めた結果

金準備は急回復した。ところが、整理が不十分だったうえ、不作に見舞われ、1839年にふたたび金流出、結局金準備枯渇へ追い込まれたのであった。イングランド銀行は非難の針のむしろに置かれた。だが、2度の循環の経験を経て多くの関係者のあいだの認識が深まり、イングランド銀行は十分大きな準備を持つべきこと、そして金流出が起こったら遅滞なく対処すべきことについて一般的な合意が形成されてきた。イングランド銀行としても2度あることは3度あるとは言えない雰囲気になってきたわけである[63]。

このような認識と雰囲気の中でピール法は制定された。ポイントは、いかに速やかにかつ断固として予防的に対処するかであった。ピール法には、発行部と銀行部2部門分離によって、巧まずして金準備枯渇のかなり前に機械的に割引および貸付にストップがかかるような仕組みが考案されていた。ピール法は金準備と銀行券とのあいだに厳格な算術的関係——銀行券量≦金準備量＋14百万ポンド——を設定することによってそれを与えた。もはや理事の裁量で優柔不断に逡巡したり、せっかちに早まってしまう余地はなかった。ピール法がなかったら1825年を繰り返しただろうという、商業的苦難委員会におけるイングランド銀行総裁の証言[64]は正直な告白と受け取るべきだろう。これこそピール法の実践的意義であり、まさにピール法は現実の必要に応えたのである。

ただ、この機械的な限度設定には、にもかかわらず、不都合を生じる可能性があった。銀行部準備がゼロとなり、イングランド銀行が一切貸し出しできず、とんでもない貨幣欠乏を作り出してしまう可能性であった。ピール自身はそのような事態が起きる可能性に気付いていた。立法者がどこまでそのことを明確に考慮に入れていたかは定かではないが、現に銀行部準備がゼロになっても、なお発行部に1300万ポンドの金準備が残っているのである以上、法の一時停止あるいは法の侵犯の免責の約束の措置によって、イングランド銀行が非常緊急の貸出を増やす余地は残されていたわけである。

結局、1847年10月パニックの経験は、まさにイングランド銀行がこのことを成功裏に達成したことを証明した。そしてそのことによりイングランド銀行は文字通り信頼しうる中央銀行として、しかもたんにイギリスおいてのみならず世界市場から信頼される中央銀行として、真に確立したといってよか

ろう。パニックではイングランド銀行とその銀行券の信用はもはや揺るがなかった。パニックにおける貨幣市場の崩壊を指摘したが、それは貨幣の顔をして大手を振って流通した手形の信用が崩壊したことをさすのであり、それを取り扱うロンドン・バンカー、ビル・ブローカー、引受商会たちは決して無傷ではありえず、ために資金調達はマヒしてしまったが、その大部分が生き延び、貨幣市場の再建、新しい手形信用ネットワークの再形成に取り掛かることができたことも見落とすべきではない。

　なお、ピール法の破産、銀行原理の勝利を主張した人々は、信用の膨張に一定の限度を設けるべきことを認めながら、その実用的手段について提起することがなかった。彼らの意見は、科学的な信用論を作り上げるうえで少なからぬ理論的貢献を行ったとはいえ、生きた経済に対処する政策という点では具体性を欠き、したがって野党的立場にとどまらざるを得なかった。ピール法が結局のところ存続せしめられたことがそれを端的に示しているといえよう。

4　11－2月　恐慌の終息

　貨幣恐慌がその悪魔的な力を失った後、11月からはその鎮静過程であった。商業界の破綻はなおも次々に起こった。だが、それらはいわば余燼であった。その整理の一段落とともに、2月には貨幣恐慌は終わったのである。

　貨幣退蔵の解消と信頼感の回復へ。
　ロンドン貨幣市場のパニックは急速に鎮静していった。11月の貨幣市場には、まだ非常な困難と相当程度の不振が行き渡っていたが、10月の4週間を特徴づけた耐えがたいパニックの空気はすでに完全になかった[65]。退蔵されたバンク・ノートや金貨が徐々に還流してきた。そして、貨幣市場の状態がいったん緩和に向かい始めると、「倒れるべきでない」大商会の破綻は次第に少なくなり、したがって、満期手形の支払いも比較的順調に行われるようになったから[66]、この事情が信頼感の回復へ導いた。2月初めには、1843年を思わせる緩慢状態が出現し、貨幣市場は、膨張しきっていた信用関係の清算によって著しく縮小した形態で、ようやく静穏を取り戻した。

イングランド銀行の主要勘定は表2-6 (128ページ) のような推移を見せた。

一方で、貸出が激減した。新規の割引も貸付もほとんど無きに等しかった。この間割引・貸付の返済が相次いで行われたから、2月26日「その他証券」は1230万ポンド、うち割引手形は530万ポンドで、それぞれ10月30日の水準から800、750万ポンドの減少をみた。

他方で、預金はある程度増加した。中でもロンドン銀行残高が増加した。

そしてこの過程は、とりもなおさず、退蔵されたバンク・ノート還流による収縮過程であった。パニックを機に地方へ向けて発送されたバンク・ノートの大きな量が、開封もされないまま返送されてきた[67]。バンク・ノートは2月26日には1900万ポンドとなった。10月30日のピークから280万ポンドの減少だった。

また、退蔵された金貨も還流した。地方銀行の手元には金貨がだぶつき、それらがイングランド銀行の支店へ還流した[68]。イングランド銀行の支店から本店への金貨の返送は12月から始まった。金準備は、2月26日には、早くも1476万ポンドとほぼ金流出の始まった1846年末の水準に回復した。10月23日の底から70万ポンドの増加であった。もっとも、金準備増加の主要な原因は、この間休みなく続いた海外からの金流入であり、この点はのちに取り上げる。

結局、枯渇に瀕した銀行部準備は1060万ポンドに回復し、金準備率も40％へ戻った。

ロンドン貨幣市場でも、その貸出と預金について、一足先に同様の変化が進行していたことは言うまでもあるまい。

利子率は急速に下がった (図1-11参照)。ロンドン市場レートはバンク・レートを先導した。オーヴァレンド・ガーニイ商会は、いち早く11月に、彼らのコールレートを5％に引き下げた[69]。天井知らずのように上昇した市場割引レートも急速に下がった。そして議会開会当日の11月23日、政府からイングランド銀行へ再び書簡が送られ、先の10月25日の書簡は撤回された[70]。イングランド銀行はその前日、政府の了解のもとに、バンク・レートを7％に引き下げた。11月の末ごろ、市場では、優良手形はバンク・レートより1/4％～1/2％低いレートで容易に割り引かれるまでになっていた[71]。そし

てバンク・レートは、引き続いて12月2日には、6％、同23日には5％へ引き下げられた。すでに市場では、$3\frac{1}{2}$％〜$3\frac{3}{4}$％で割り引かれる例が出ていた[72]。1月27日には、バンク・レートはさらに4％へ引き下げられた。しかし、市場の緩和傾向はいっそう続いて、2〜4カ月期限の一流手形は3〜$3\frac{1}{2}$％以上のレートをつけられなかったから、イングランド銀行の窓口はますます閑古鳥の鳴く状態を余儀なくされたのである[73]。

　商人の整理の一段落と商品価格の一応の底入れ。

　鎮静に向かい始めたとは言っても、11月には大商人の破綻が相次いだ。殊に、Thurburn & Co.、Johnson, Cole & Co.、A.A. Lackersteen など、東インド貿易商の破綻が再び勢いを増した。15日には、植民地産品ブローカー、Trueman and Cooke が倒れた。この商会は、東インド、西インドおよびモーリシャスなどとの貿易に携わる大貿易商に対し、自らの資力と信用を利用して救済手形（'relief bills'）を引き受け、巨額の融通を行っていた。これらの手形の引き受けは植民地産品の次の収穫を担保としていた[74]。このほか重要なものに、生産物ブローカー、Sargant Gordon & Co.、ワイン商、J. and H. Reay、西インド貿易商、Judah, Cohen, and Sons、アメリカ貿易商、Coates and Hillard、ロシア貿易商、J. Wright and Co.、倉庫業者、Leaf, Barnett, Scotson, & Co.、毛皮代理商、Tanner and Ward などがあった。また、証券取引業者の多数が破綻したし、地方銀行の破綻もいくつか続いて出た。それに、これら大商人の大量の破綻と並んで、もう一つ新しい傾向があらわれ、それがこの月の破綻の目立った特徴となった。工場の休業や操業制限、および鉄道建設の中止によって生じた小売商業に対する巨大な需要の突然の収縮が、このころから、主として貧乏な階層を取引対象とする中小取引商のうえに重大な影響を与え始めたのであった[75]。

　12月以降になると、次第に大商人の破綻は少なくなっていった。12月には、ブラジル貿易商の Cotesworth, Powell and Pryer ぐらいのものであった。ただ、海外の鉱山会社と関係していた保険ブローカー、スコットランドの製鉄会社、鉄取引商、製糖業者などに、かなり大きな債務を負った破綻が起こった。1月には、またしても東インド貿易商、および西インド貿易商が倒れた。のち

　　　　　　　　　　　　　　　　　　　　　　　　第1章　　貨幣恐慌

に見るように、ロンドンの破綻の影響は東インドおよび西インドへ波及してパニックを引き起こしたが、1月になるとその反響がイギリスへ帰ってきて、これら貿易商はまたまた揺り戻しを受けたのだった。だが、2月に入ると、ロンドンではもう記すに足る重要な破綻はほとんど起こらなくなった。こうして、何百何千という企業を支払停止に陥れた商業界の破綻の嵐もようやく静まったわけである。

　この間、穀物を除くほとんどすべての商品の価格がはなはだしい下落を続けた。ことに11月の落勢は10月のそれに匹敵するばかりであった。だが、ほとんどの場合、商人の破綻が一段落する2月までに落勢は休止し、一応下げ止まった。

　ミンシング・レーンでは、砂糖が、各種とも11月に2〜3シリング下げた後落勢は休止した。茶は、破産企業の持ち荷処分で11月1/2ペンス、12月にも1/2−1ペニーの崩落を続けたが、そこで底入れした。コーヒーも、11月にやや下げた後、一進一退を続けるようになった。ただ、傾向的には落勢はなおその後に持ち越された。ラム酒は、11月から1月までズルズルと下落を続け、ようやく下げ止まった。

　工業地帯でも、綿布、綿糸、綿花ともに下落を続けた後、1月に一応底入れした。

　ともあれ、こうして商人の破綻が一段落し、商品価格の崩落もやんだ。猛威をふるった貨幣恐慌による商業界の整理もここに終了した。

1) J. Clapham, *The Bank of England*, Vol. II, p.203.
2) *B.M.* Sep. 1847, p/450.
3) *Ibid*, Sep. 1847, p.450.
4) *B.M.*, May 1847, p.116.
5) *S.C. of 1847-48*.
6) *B.M.*, Sep. 1847, p.450.
7) *B.M.*, May 1847, p.116.
8) J. Morris; *Lord's S.C. of 1847-48*, Q.12.
9) T. Tooke, *op. cit.*, Vol. IV, p.32.
10) M. Evans, *op. cit.*, p.65.
11) *B.M.*, Sep. 1847, p.448.

12) A. Brown, *Lord's S.C. of 1847-48*, Q.2323.
13) *B.M.*, Oct. 1847, p.518.
14) A.H. Wylie; *Lord's S.C. of 1847-48*, Q.2048~9.
15) R. Gardner; *S.C. of 1847-48*, Q.4941-50.
16) *B.M.*, Nov. 1847, p.534.
17) *S.C. of 1847-48*.
18) *Lord's S.C of 1847-48*, Q.119.
19) M. Evans, *op. cit.*, p.80.
20) *B.M.*, Sep 1847, p.447.
21) A Chronological History of the Panic, *B.M.*, Feb 1848.
22) *B.M.*, Sep 1847, p.448. この詳細は Hidy, The House of Barings, p.574.
23) *B.M.*, Oct 1847, p.518.、
24) M. Evans, *op. cit.* p.69.
25) J. Morris; *Lord's S.C. of 1847-48*, Q.12.
26) M. Evans, *op. cit.*,p.71.
27) *B.M.*, Oct. 1847, p.518.
28) *B.M.*, Oct. 1847, p.520.
「一時貸付」のレートが割引の最低レートを下回るのは異例なことで、そのため割引要求の代わりに有利な「一時貸付」の要求が多く提出された。
29) M. Evans, *op. cit.*, p.72.
30) *B.M.*, Oct 1847, p.517.
31) J. Clapham, *The Bank of England*, Vol. II, p.205.
ただし、バンカーズ・マガジンも M. Evans も、ともに、5½％はこの月14可ないしそれ以前に満期となる手形にのみ適用すると発表されたと記している。
32) *B.M.*, Feb. 1848, p.85.
なお、この措置は6日に若干緩和され、貸し付けの半分が更新された。
33) M. Evans, *op. cit.*, p.75.
34) Turner; *S.C. of 1847-48*, 648, 664.
35) *B.M.*, Nov 1847, p.585.
36) S. Gurney: *S.C. of 1847-48*.
37) J. Morris, *Lord's S.C. of 1847-48*, Q.147.
38) *B.M.*, Nov 1847, p.540.
39) *Ibid.*, Nov 1847, p.540.
40) Charles Wood の演説にその経過が詳しく伝えられている。(*B.M.* Supplement of Jan 1847, p.iv-v)
41) S. Gurney: *Lord's S.C. of 1847-48*, Q.2648.
42) *Ibid.*, Q.2645.
43) *Ibid.*, Q.1303.
44) G.W. Norman: *Lord's S.C. of 1847-48*, Q.2702.
45) J. Clapham, *op. cit.*, Vol. II, p.207.

46) *B.M.* Nov 1847, p.587.
47) J. Morris: *Lord's S.C. of 1847-48*, Q.12, 277.
48) The Triumph of the Banking Principle, *B.M.* Nov 1847.
49) C. Wood's speech on 30th Nov, *B.M.* Supplement to Jan 1848, p. iv.
50) J. Morris: *Lord's S.C.*, Q.16-18.
51) この点を指摘した証言は数多い。G.C. Glyn:
52) S. Gurney, *Lord's S.C. of 1847-48*, Q.1867-68.
53) *B.M.* Nov 1847, p.569.
54) A.H. Wylie: *Lord's S.C. of 1847-48* Q.2017, 2032.
55) A Chronological History of the Panic, *B.M.* Feb 1848.
56) M. Evans, *op. cit.* p.82.
57) シティの銀行家と商人は、四月危機の経験にかんがみて、すでに6月、議会に対し、政府に緩和権を与えることを中心内容とするピール法改正の陳情を行っていた。(The Petition against the Bank Charter Act, *B.M.*, Aug 1847)
58) M. Evans, *op. cit.*, p.85.
59) C. Wood's speech in the House, qtd .in M. Evans, *op. cit.* pp.95-6.
60) かなり以前から、イングランに銀行は政府と連絡を採っていた。そしてイングランド銀行としては自分を守るためにピール法の緩和を沃素するようなことはしていなかった。ただ、もうこれ以上、諸銀行の援助を与え荒進ことはできず、商業的利益を一層圧迫することなしに法を守り続けることはできない旨を告げたのだった。
61) *B.M.*, Nov 1847, p.587.
62) S. Gurney: *S.C. of 1847-48.*
なお、パニックの急速な鎮静については、J. Lister; Lord's S.C. of 1847-48, Q.2571: A.H. Wylie; Lord's S.C. of 1847-48, .2080などを参照せよ。
63) イングランド銀行自身過去の事例を政策の失敗と認めていた (*S.C of 1847-48* Q.3087-90)。
64) J. Morris: *Lord's S.C. of 1847-48*, Q.10.
なお、J. Lloydはピール法がなかったら貨幣制度の安全についての一層のの困難に遭遇したであろうと証言し (*S.C. of 1847-48* Q.5135-40, 5116-25)、R. Gardnerも同様の証言を行っている (Q.4912-16)。
65) S.C. of 1847-48, Q.1761.
もっとも11月の特徴として小売商の破産は増加した (*B.M.*, Dec. 1847, p.712.)。
66) *B.M.*, Dec 1847, p.712.
67) *Ibid.*, Jan 1848, p.62.
68) S. Gurney; *S.C. of 1847-48*, . 2649: J. Morris; *Lord's S.C. of 1847-48*, Q.171.
69) J.C. Wright; *Lord's S C.* Q.2820-3.
70) M. Evans, *op. cit.*, p.100.
71) The Banking Committee of Enquiry, *B.M.*, Dec 1847.
72) *B.M.*, Dec 1847, p/714.
73) M. Evans, *op. cit.*, p.131.

74) *B.M.* Mar 1848, p.204.
75) M. Evans, *op. cit.*, p.100-1.
76) *B.M.*, Dec 1847, p.712-3.

第2章　　現実資本の蓄積の衝撃的規制

　イギリス貨幣恐慌がもたらしたのは、いうまでもなく、第一に、副軸の株式資本的蓄積を巻き込んだ現実資本の蓄積の衝撃的規制であった。

A　商業界の整理　商人の破産と商品価格の崩落

　貨幣恐慌がその直接の結果としてもたらしたものは、商業界の規制、具体的には商人の大量的破綻による整理と商品市場の一般的崩落であった。

1　商人の大量的破綻

　商人の大量的破綻についてはすでに詳しく経過を見てきたので、ここではそれをまとめる意味で、破産件数を産業別、地域別に分類整理しておこう（表2-7）。

　『バンカーズ・マガジン』の報じる主要な破綻の総数は242件だった。時期別にまず見ておくと、やはり10月が頂点で、恐慌期（8月－2月）の破綻総数の1/3強を占めた。これに次いですでに峠を越えた11月の破綻がなかなか多かった。地域別では、無論世界貿易の中心ロンドンが図抜けていたが、ある程度拮抗的な商業中心地であり、かつパニックの打撃を最も甚だしく受けたリヴァプールも極めて多かった。グラスゴーとマンチェスターがこれらに次ぎ、以上4都市で国内の主要な破綻の85％以上を占めた。各都市の恐慌の時期的ずれは必ずしも明確ではないが、大銀行の破綻によってパニックの焦点となったリヴァプールの破綻は10月に集中していたこと、および工業都市マンチェスター、オールダム、ブラックバーン、リーズなどの破綻はやや遅れて生じたことを知りうる。

　部門別では、merchantと呼ばれる大商人が圧倒的に多かった。彼らは外国貿易に携わり、それを営業の中心にしていた。そしてこれらのうちでかなりの

表2-7　破産件数(イングランドおよびウェールズ)

	1844	1845	1846	1847
〈産業別〉				
農業	63	63	72	84
鉱山業	0	1	0	4
製造業	229	214	309	240
うち羊毛工業	23	22	37	30
綿工業	8	12	14	24
金物工業	18	20	16	21
建築業	44	45	57	88
商業				
うち銀行、貿易商	52	34	47	133
船主、ブローカー、取引商	563	670	601	771
小売業、手工業				
うち宿屋	115	113	152	88
食料品店	101	74	117	134
衣料品店	91	62	75	127
合計	984	975	1,209	1,538
〈地域別〉				
首都	331	340	1,538	1,805
ランカスター	118	137	204	257
サマーセット	33	39	47	71
オックスフォード	28	24	28	23
ウォリック	36	20	41	67
ヨークシャー・WR	62	40	86	67

(出所)*Journal of Royal Statistical Society* 各号。

商人が、マーチャント・バンカーとしての業務を兼ねていた。ほとんどあらゆる分野の貿易が深刻な打撃を受けたことが一目瞭然であろう。ただその中でも、東インド貿易商と穀物貿易商の破綻が群を抜いており、このほか西インド貿易商、モーリシャス貿易商、鉄貿易商などの破綻が目立っている。結局、著しい投機的な発展を遂げて好況を先導したアジア貿易とこれまた最好況期に不作を背景に投機の中心となった穀物取引とが最も徹底した整理を受けたわけである。殊に穀物商の破綻は8月に集中し、全面的破綻のきっかけとなったのに対し、東インド貿易商のそれは10，11月に集中し、商業界の破綻の中心をなしたことがはっきり表れている。merchantの破綻とともに重要な意味をもったのが取引商、ブローカー、および代理商の破綻であった。ことに穀物代理商(corn factor)、植民地産品ブローカー(colonial broker)、綿花ブローカーなどは、これまでにも触れたごとく、merchantに勝るとも劣らぬ

信用力を持ち、貿易商に手形を振り出させてこれを引き受け、穀物、食料品、嗜好品および原料品の輸入を激増せしめるかなめの位置にあったからである。以上合わせて商人の破綻は156件で全体の65％強を占め、破綻の主流をなした。金融部門の破綻は36件で全体の15％強を占めた。ただ、資本市場関係のものを別とすると、銀行14件、ビル・ブローカー2件で大して多くはなかった。とはいえ、地方銀行の破綻は10月に集中し、これこそ信用関係全体を崩壊させるものとして商業界の破綻の嵐の頂点をなし、その総仕上げとなったことは今更繰り返すまでもあるまい。

　このほか鉱工業者の破綻は37件で全体の15％強を占めた。これらの中では綿工業の紡績業者と織布業者が圧倒的ウェイトを占め、キャラコ捺染業者や漂白業者を合わせれば大部分を占めてしまう。ただ、これらのうちのかなりの部分は商人を兼ねていたから、15％強という数字はそのままには受け取れない。しかも、より根本的に、鉱工業者の破綻は恐慌期の破綻の嵐の進行にとってあまり重要でなく、いわば二次的な位置を占めるに過ぎなかったことに注意しておかねばならない。それは、一つには、鉱工業者の資本は商人のそれのように流通資本のみから成り立つのでなく、むしろ生産過程に集積された固定資本部分を中心とするため、商品価格の崩落の影響を商人ほどには厳しく受けず、したがって、すぐには経営の破綻に至らなかったからである。また今一つには、原料購入の決済に当たっても自分宛の手形を振り出させることは少なく、むしろ名の通った商会ないし銀行宛手形を裏書譲渡する方法をとっていたから、鉱工業者が破綻した場合にも必ずしもただちに波及することとはならなかったからである。恐慌期の破綻の嵐は優れて商業界の現象で、のちに議会の委員会が調査の対象としたのも「商業的苦難」（commercial distress）に他ならなかった。

2　商品価格の崩落

　商品価格の崩落についてもその経過を詳しく見てきたので、ここでは表2-8によって4月危機による価格下落と合わせて総括したうえ、その意義を確定しておくこととしよう。

　全体として見て、①、羊毛および絹を除くすべての商品が金流出の始まっ

表2-8 商品価格の崩落

	小麦 (国内産平均)	米 (ベンガル・ 下〜上等)	ラム酒 (プルーフ・ リーワーズ平均)	砂糖 (ジャマイカ・上黄)	砂糖 (モーリジャス・ 下縞)	コーヒー (セイロン・上 中)
	1qr. あたり s.d.	1cwt. あたり s.d.	1gal. あたり s.d.	1cwt. あたり s.d.	1cwt. あたり s.d.	1cwt. あたり s.d.
1946年11月	63 9　66 10	15　　19	26　　28	56	35	37
4月危機まえの極小値	78　7 ③	22　　24 6 ②	4 ②	59 ①	38 ②	41 ②
4月危機による極小値	77　1 ④	16　　23 ④	31 ④	—	36 ④	36 ④
そのごの極大値	105　2 ⑤	20　　25 ⑤	35 ⑤	—	36 ⑤	37 ⑤〜⑧
8月	64	14 6　18 6	25　　27	50 6	31	37　38 6
9月	51　　78 10	13 6　18 6	22　　25	50 6	31	34　37 6
10月	54 8　60 6	10 6　17 6	18　　22	49	28	32　35 6
11月	54　　59 1	10 6　16 6	18　　19	46 6	26	32　34
	57 2					
10月パニックによる極小値	51 ⑨	10 6　10 6 ⑪	17 ⑫	46 6 ⑪	26 ⑪	32　34 ⑪
4月危機まえの極大値からの下落率	35%	52〜33%	60%	21%	32%	22〜24%
そのごの極大値からの下落率	49	48〜34	54	—	28	14〜12

164

第2章　現実資本の蓄積の衝撃的規制

	綿花 (アップランド・フェアー) 1lb. あたり d.	羊毛 (国内産) 1lb. あたり s. d.	絹 (ベンガル・ノサイ) 1lb. あたり s. d.	インディゴ (下ー上等) 1lb. あたり s. d.	鉄 (スコッチ銑鉄) 1ton あたり s. d.	綿糸 (40番手、フェアー二等) 1lb. あたり d.	綿布 (26インチ巾プリンター) 29yds あたり s. d.
1946年11月	6	8　14$\frac{1}{2}$	8　18	26　6　7	70　72　6	9$\frac{1}{4}$	4　9
4月危機まえの極小値	7$\frac{1}{4}$ ①	8　14$\frac{1}{2}$ (⑧〜⑪)	8　18 6 (⑤〜⑩)	29　6　7 (③〜④)	77 6 ②	10$\frac{3}{8}$ ①	5　1$\frac{1}{2}$ ①
4月危機による極小値	6$\frac{1}{2}$ ⑤	8　13$\frac{3}{4}$ ②	7　6　18 6 ⑤	26　6　2 ⑥	63 ⑤	9$\frac{3}{8}$ ⑥	4　6 ③
そのごの極大値	7$\frac{3}{8}$ (⑦〜⑧)	8　13$\frac{3}{4}$ ⑥	8　16 (⑦〜⑩)	26　6　2 (⑦〜⑨)	72 6 ⑦	10$\frac{1}{8}$ ⑦	5　0 ⑦
8月	7$\frac{3}{8}$	7　13	8　16	26　6　2	67	10	4　10$\frac{1}{2}$
9月	7	7　13	8　16	26　6　2	66　6　68	9$\frac{5}{8}$	4　8
10月	5$\frac{3}{4}$	7　13	8　16	2　6　2	57　66	8$\frac{3}{4}$	4　6
11月	5$\frac{1}{4}$	7　13	7　15	2　5　10	48　54	8$\frac{1}{4}$	4　3
10月パニックによる極小値	4$\frac{3}{4}$ ①	5　10$\frac{1}{2}$ ①	7　15 ⑪	2　5　10 ⑪	45 ⑫	7$\frac{7}{8}$ ①	4　1$\frac{1}{2}$ ⑫
4月危機まえの極大値からの下落率	36%	38〜24%	13〜19%	27〜11%	42%	24%	20%
そのごの極大値からの下落率	37	38〜21	13〜6	20〜5	38	22	17

(出所) M.Evans, *op. cit.*, p.132 etc: *The Economist*, 各号市況欄
1) ○内はそれぞれの価格があらわれた月を示す。
2) 綿花、綿糸、綿布は各月第3週の価格。

た12月以降に価格上昇傾向を持ち越し、1，2ないし3月に極大値を記録している。循環の最大値は、穀物と綿花を除けば、ほとんど循環の第一のピーク、45年に記録しているのであるが、ともあれこの時期にも再び一般的な物価騰貴傾向を生み出していたことは明らかであろう。そしてそれは海外への金流出が始まっても直ちにはおさまらず、1847年初頭まで持ちこされたわけである。次いで②、価格の崩落は4月危機によるものと10月パニックによるものと2段になっているが、全体として4月危機による価格下落は比較的軽微だった。ただ、いくつかの商品グループごとに興味深い相違がうかがえる。相当ひどい価格下落が生じたのはラム酒、コーヒー、インディゴなど植民地産品で、のちの二者の場合は秋の価格下落に匹敵ないしこれを上回った。他方、漸落傾向にあった羊毛および絹の受けた打撃が軽かったのは当然としても、上昇傾向の中心の一つだった穀物関係の受けた打撃がことに軽かった。そして多くの商品が4月危機以後にその価格をいったん持ち直し、中でも活発な投機の対象とされ上昇の中心となった穀物関係と綿花とはかえって4月危機後にこの循環期中の最大値を記録した。ただ、ここでも植民地産品の砂糖とインディゴは価格の回復を見せていない。主として国内産の穀物価格の動向と植民地産品価格の動向のあいだには著しい相違があったといってよい。そして10月パニックによる崩落では、全商品が巻きこまれたとはいえ、穀物関係と綿花がもっともひどい打撃を受け、砂糖、インディゴなど4月危機後継続的に悪化していた商品の場合には目立った価格下落はやや遅れ、しかも比較的軽微にとどまり、長期にわたって下落傾向にあった絹および羊毛の場合に最も軽かった。そして③、いずれの場合にも貨幣恐慌が収束する2月までに極小値を記録している。小麦の9月を別とすれば、11月に極小値を記録した商品が最も多い。このように極小値が出たことは、その後の展開はともかく、貨幣恐慌による投げ売りと整理売りとが既存の価格体系を破砕し極端な低価格をつけさせたが、そうした要因が出尽くすといったん多かれ少なかれ反動が生じ、若干価格が戻して落ち着いたことを意味している。④、4月危機の前の極大値から10月パニックによる極小値への下落率は、絹を除くといずれも20％を超え、小麦、コメ、ラム酒など穀物関係、および綿花、鉄が35％を超えた。

さらに立ち入って、資本主義的生産に対して持つ意味に応じてグループわけをやり、それぞれのグループの価格崩落の特色とその意義を探ると、まず第1に、綿製品の価格は中位的好況期のそれと比較して著しい低位、しかもこれまでに経験されたことのない低位に落ちこんでしまった。第2に、原料綿花の価格も同様に中位的好況期のそれと比較して著しい低位に、しかもこれまでに経験されたことのない低位に落ち込んでしまった。双方ともに、商品市場でこれまで標準とされてきた価格水準がもはや標準とはなりえなくなってしまったといってよい。だが、第3に、原料綿花の価格下落が綿製品のそれを上回っていることが見逃せない。綿花＞綿糸＞綿布というように一番遅れて騰貴した原料の場合の下落率が最も高くて、最も早く騰貴した完成品の場合が最も下落率が低い。これは、じつは自由主義段階のいずれの恐慌の際にもみられた現象で、綿工業の採算の問題と関連して重要な事実であった。この点はのちに取り上げる。以上綿工業の製品と原料について指摘した3点は、他の諸工業、少なくとも他の繊維工業には共通してあらわれた事情と考えて差し支えあるまい。綿花以外でも原料の羊毛および鉄は下落率が高い。なお、第4に、羊毛にせよ、絹にせよ（およびある程度鉄も）、1845年に価格の最大値を記録しその後漸落傾向を示したが、これは、原料品の動向からみるなら、45年がむしろ循環のピークらしい性格をより多く備えていたことを示すものといえよう。この点では、45年には豊作で大して上昇せず47年には不作で急騰した綿花価格が、再生産外的要因によって例外的な傾向を示したとみなければなるまい。たしかにこの循環では、原料価格の騰貴が大量の輸入を誘発し、原料在庫も膨れ上がるという最好況期末に通有の現象が47年にはあまり見られず、むしろ45年にはっきり表れたのだった。47年には不作の影響が決定的だった。さて、第5に、食料品および嗜好品の消費財グループでは、すでにふれた如く、穀物関係とその他で著しい相違が存在したが、前者は結局グループとして下落が最も激しかった。それは、不作を背景とした商業資本の投機的活動によって一般的かつ不均等的物価騰貴の中心となっていたのがこの部面だから、いわば当然のことだった。無論中位的好況期の水準を下回った。しかし、穀物以外の食料品、嗜好品のグループも、40年代には自由貿易政策の影響で価格が概して傾向的低下を見せていたことも

あって、やはり大幅に中位的好況の水準を下回った。こうして、労働力の価値を構成したはずのこれら食料品および嗜好品のかつての標準的価格は通用しなくなったわけである。

ともあれ、以上のごとく、綿工業を主軸とするイギリスの資本蓄積機構は、貨幣恐慌に伴う価格崩落によって中位的好況期にその蓄積の基準としてきた各種の標準的価格水準の体系を全面的に喪失したのであった。循環当初の標準価格はもはや標準価格として機能することができなかった。

3 商品在庫動向

ところで、この恐慌期に諸商品市場の在庫はどのような変動を見せたのか？資料的制約のため、ここでは的確に動向をつかみうる食料品、嗜好品グループについて検討し、それをもとに当時の商品在庫変動の特徴を二、三明らかにしておこう。

砂糖とコーヒーについて特に詳しく知ることができる（表2-9）。砂糖在庫は1843，44，45各年末に大して変化せず、ほぼ一定の水準を示していたが、最好況期末の46年末にはかえってかなり減少した水準にあった。ところが4月危機の影響が4月以降顕著に表れ始め、5月1日、6月1日の在庫は前年同期を著しく上回った。その後一服した後（この間にも増加しているがむしろ季節的要因による）、ふたたび10月パニックを頂点とする貨幣恐慌の影響が9月以降はっきり表れ、10月1日にピークを記録した後、季節的に急減するはずのものがあまり減少せず、12月1日まで前年同期に比較してますます差が開いた。コーヒーの場合も恐慌前は大体同じで、44年末にやや高い水準を示した以外、43，45，46各年末にはほぼ一定の水準で、ただ最好況期末の46年末が最も低い水準にあった。だが、砂糖の場合と異なり、4月危機の影響による在庫の増加も10月パニックの影響による在庫の増加も認められない。

砂糖とコーヒーの在庫のこうした動向のうち、最好況期末に在庫が最低であったという両者に共通する事実は、輸入の増勢にもかかわらずそれを上回る強い消費需要が働いたためで、これはミンシング・レーンで取引される植民地産品一般に共通した傾向だったとみてよい。ついで、恐慌期に砂糖在庫が激増したのは、砂糖市場が最好況期末（47年1月にはいっても）ミンシング・

表2-9 恐慌期商品市場における砂糖とコーヒーの在庫動向

	砂　糖		コーヒー	
	イングランド	大陸諸国	イングランド	大陸諸国
1845.12.31	1,278	638	420	944
1846.4.1	995	981	409	1,297
7.1	1,216	899	404	1,295
10.1	1,487	832	450	840
12.31	1,105	455	412	961
1847.4.1	1,097	437	308	768
7.1	2,118	630	302	1,139
10.1	2,431	489	326	589
12.31	2,060	738	380	899
1848.3.1	1,941	1,025	393	1,213

（出所）*The Economist* 各号。

レーンでは例外的にかなりの投機性を帯びて活気を呈していたためであった。すなわち、少なくとも1～2か月前の情報によって取引が行われた植民地では、ロンドンで貨幣恐慌が始まった3月や8月に、まだ有利な価格のもとに過去の注文品や見込み品の積み出しで賑わっていたわけで、パニックの報が入ったときには、郵便船より船足の遅い商船が多数、2－3カ月続けて大量の砂糖をもたらすべく、すでにロンドン航路についていたのである。当時の未発達な運輸通信手段のもとで不可避のタイム・ラグの存在のゆえに、恐慌直前にミンシング・レーンが活気を見せていた場合には必ず恐慌期に大量の在荷累積が生じることとなった。なお、この恐慌期の(恐慌前のではない)在庫累積こそが、先にふれたように、「砂糖その他植民地産品は過剰輸入された」という考えが当時の人々をとらえる素朴な根拠となっていたといってよいだろう。

　このほか、これまでみてきたところからして、穀物グループが砂糖とかなり類似した動きを恐慌前後に示したことは容易に推定できる。すなわち、最好況期末の在庫払底と恐慌期におけるかなり著しい増加がそれである。他方、綿花、羊毛など原料グループの動向は、多分コーヒーのそれに近かったのではないか。事実47年末の綿花在庫は甚だしい低水準にあったことが目を引く(表1-3)。綿花の場合恐慌直前に投機的価格上昇があったとはいえ、専一的な供給地アメリカの不作のため大量の供給は不可能だったのである。

　このように見て来ると、最好況期末に(恐慌期ではなく)イギリスの商品市

場においてこれら穀物、食料品、嗜好品、それに原料品の一般的在庫累積が生じていたとは言い難い。

　むしろ在庫は最低の水準にあったと認めるべきであろう。もっとも原料品の場合循環の第1のピークに大変な在庫累積を記録したのではあるが。恐慌直前に在庫過少に陥っていたというこの興味深い現象は、当時の農業の後進性に根差した、むしろ最好況期に一般的な現象と理解すべきであろう。根本的には主要な生産手段が土地であるという生産方法に規定された諸種の自然的制約に、小経営や奴隷利用のプランテーション経営という生産関係の後進性から来る社会的制約が加わって、これら農産物の供給は世界市場の生産基軸であるイギリス機械制大工業の資本蓄積が作り出す需要に追い付けなくなることがしばしばであった。そして最好況期末にはこうした状態が多かれ少なかれ一般化することが避けられなかったといえよう。慣用の言い方をすれば、最好況期末にはほとんど常に周辺の後進的な農業生産がボトルネック化したのである。しかも多くの場合、不作という偶然的事情——といってもこれも農業生産に特有の——によってどぎついアクセントを受けてである。

　なお、工業製品、殊に代表的な綿製品の在庫はこれら商品グループのそれとはかなり違って、海外市場において最好況期に在庫累積に陥っていたことはすでに指摘したとおりである。ただ、恐慌前後の動きを確かめることはできなかった。

4　商品資本の価値破壊による整理

　さて、貨幣恐慌によるこのような商人の大量的整理と商品価格の一般的な崩落は何を意味するのか？それは<u>商品が資本として意味を持たなくなったこと——すなわち商品資本の絶対的過剰があらわになり、その価値破壊による整理が進行したこと</u>を意味する。これまで現実資本の過度な蓄積が限度を超えた信用創造によって多かれ少なかれ隠蔽され、かつ促迫を受けて進行していた。限度を超えた信用創造による追加需要のため、一方では超過供給された工業製品が在庫つなぎされ、他方では周辺の農産物市場では供給が立ち遅れることとなっていたからである。ところが、突然の金流出によって限度を超えた信用創造の架空性が暴露され、貨幣の絶対的欠乏が生じた。架空の購

買力が払しょくされてみると、もはや商品は利潤をあげる価格を実現することは不可能となった。商品は自己増殖する価値としての資本の資格を喪失したのである。<u>こうして多かれ少なかれ隠蔽されてきた現実資本の絶対的過剰はまず商品資本の部面において暴露され</u>、価値破壊による整理が進行したのである。

なお、この点では輸入された穀物、食料品、嗜好品と国内資本主義的生産過程で生産された工業製品とのあいだに何ら違いはなかった。いずれも資本として機能することができなくなった。穀物、食料品、嗜好品もイギリスの資本主義的生産過程で生産された工業製品の見返りとして輸入され、イギリス現実資本の価値増殖関係の有機的一環に組みこまれていたのであるから、内的諸矛盾の暴露とともにイギリス現実資本の絶対的過剰の表現を分けもつことになり、またかかるものとして価値破壊による整理を受けることになったわけである。穀物、食料品、嗜好品の過剰輸入も、単に消費需要を上回って輸入されたということだけではなく、このような資本次元の意味に理解しなければならない。

この商品資本価値の破壊の程度について大まかな概念を得るために、R・ガードナーの証言[1]を引用しておこう。

> 第509号。…私は質問を理解できません。しかし、もし45年と46年の商業に1億ポンドが運用されていたとするなら、2500万ポンドが3, 6, 10、および12カ月手形に運用され、その期日になってそれらは反故とみなされているというのが事実らしい。2500万ポンドから3000万ポンドが全く失われたと推定します。たぶん500万ないし1000万ポンドが諸外国に保有されたイギリス工業製品のうちにあり、数百万ポンドが海外の固定資産のうちにあり、これは現在では不生産的です。

最後に、1847年の貨幣恐慌による商業界の整理を以前の貨幣恐慌による整理と比較しておくと、当時二つの矛盾する証言が行われている。そしてこの矛盾にはそれ相当の意味があった。第1は、その前例のない劇的な激しさの証言。上下両院委員会での証言者の大多数はこの点を強調している[2]。機

械制大工業としての産業資本の支配する部面が拡大し、信用制度の伸縮性も一段と増し、しかもその厳しい量的規制の機構がピール法によって確立した1840年代には、貨幣恐慌の破壊力はこれまでになく激甚で、しかもこれまでになく集中的となったわけである。当然の指摘といえよう。商品価格の崩落の仕方——その一般性と鋭角性——にその点はもっともよく現れた。もっとも、最終的に破産手続きを踏んで整理された総数は47年に910件で、26年の2301件、29年の2161件、37年の1954件、および40年の1887件を下回っているが、これは実は正式の法的手続きを踏まずに整理を行うものが47年には著しく増加したためである[3]。

　第2に、にもかかわらず、他方に1825年恐慌の時のほうが破壊が激しかったという証言。イングランド銀行正副総裁、およびロンドン・バンカー、J. ロイドがそう証言している[4]。実際、かつて厳しかった銀行の破綻が驚くほど少なかった。1825年恐慌では120の地方銀行、6のロンドン・バンカーが支払いを停止したのに、47年恐慌ではわずかに14の地方銀行と2のビルブローカーの支払い停止にとどまった。貨幣恐慌は手形の信用を崩壊させたが、それを取り扱う信用機構まで崩壊させたわけではない。これは、一つには、1820年代からの株式銀行制度の普及によって銀行業の集積が進んだからであるが、むしろ主として、ピール法の施行によって地方銀行が発券に基づく独自性を著しく失い、好況期に自由に銀行券を増発できなかったため[5]、恐慌期に取り付けを受けることも少なかったからであった。イングランド銀行の金準備の海外流出にもかかわらず地方銀行の発券量が膨張し続けるというかつての傾向は、ピール法の規制によって影をひそめたのであった。要するに、ピール法は、イングランド銀行を中央銀行として確立したばかりか、イギリスの銀行信用の機構全体を確立したわけである。そのことが破綻の嵐の中で、貨幣市場の崩壊にもかかわらず、手形を媒介する銀行信用の機構、少なくともロンドンのそれをよりフェイルセーフにしていたといえよう。

　1）R. Gardner: *S.C. of 1847-48*.
　2）R. Gardner: *S.C. of 1847-48*, Q.4865-66.

3) *S.C. of 1847-48.*
4) J. Morris & Prescott, Jones Loyde, *S.C. of 1847-48.*
5) 地方銀行になお残されていたのはbanker's draftの発行のみであった。

B 産業の危機

　貨幣恐慌による現実資本の蓄積の規制は、単に商業界の規制、すなわち商人の大量的破綻と商品価格の一般的崩落によって終わるわけでは無論なかった。商品価格の一般的崩落は産業界に対し決定的打撃を与えないではおかなかった。すなわち、綿工業を主軸とした資本主義的諸工業は極めて広範な休業と操業制限に追い込まれ、雇用した労働者の大きな部分を生産過程から排出しなければならなかった。文字通り<u>産業の危機</u>[1]の到来である。産業資本の旺盛な蓄積衝動もついに阻止されたのである。

1　主軸的連関

　工業地帯では、すでに触れたごとく、徐々に改善に向かっていたのに、この傾向は、4月危機の打撃から大して回復もせずショート・タイムと休業が続いたが、10月に入ると、ランカシアの状態は甚だしく陰鬱なものとなった。表2-14のごとく、ショート・タイムと休業が激増して、フル・タイムは5割そこそこになった。このため大量の失業者が出、街には不穏な空気がみなぎり始めた[3]。11月に入ると事態は一層悪化した。9日に、マンチェスター地区の175工場中、フル・タイムは81に過ぎず、休業34に達した。このため、平常の雇用労働者4.1万人中、1.4万人がショート・タイム、1.1万人が完全な失業に追いやられた（表2-4参照）。その後わずかに緩和し、雇用も多少回復したが、憂鬱な状態が続いた。当時の事態を一層詳細に示してくれる表2-10によると、フル・タイムのうちにも工場の一部しか稼働してない場合が含まれていたことが分かる。しかも、これらの統計は失業の状態を実際よりやや軽く反映していたと考えられるので、工業地帯の失業の実態は一層ひどいものだった[4]。2月初め多数の工場がまた雇用を大幅に縮小した。そしてこのよ

表2-10　パニック下マンチェスター地区諸工場の操業状態

産業別	工場総数	全労働者によるフルタイム	一部労働者によるフルタイム	ショートタイム	休業
A.1847年12月28日					
綿紡織工場	94	58	10	8	18
絹紡織工場	8	4	−	4	−
疎毛紡織工場	3	2	−	1	−
小間物製造所	16	11	2	1	2
捺染工場	4	2	1	1	−
染色工場	24	5	−	19	−
機械製作所	36	5	10	15	6
鋳造所	18	6	5	7	−
計	203	93	28	56	26
B.1848年2月8日					
綿紡織工場	94	67	9	5	13
絹紡織工場	8	7	−	−	1
疎毛紡織工場	3	1	−	2	−
小間物製造所	17	13	2	2	−
捺染工場	4	2	1	1	−
染色工場	24	8	−	15	1
機械製作所	37	12	9	15	1
鋳造所	18	8	4	6	−
計	205	118	25	46	16

（出所）*The Economist*, Jan 1 1848, p.20; Feb 12 1848, p.187.

うな労働者の解雇と並んで賃金の切り下げも一般的に強行された。マンチェスター地区全域にわたって賃率は約10％引き下げられた。ブラックバーンでも、1月、当地の全工場主により精紡工と織布工について10％、梳毛工7％の賃金引き下げの声明が出された[5]。

　こうした一般的な操業制限と休業、および労働者の大量の解雇と賃金切り下げという事態は、綿工業のみならず、他の繊維工業や関連産業でもあらわれていたことは言うまでもない。綿工業に密接に結びついていた捺染および染色工業、機械工業、鉄工業などもひどい打撃を受けていた。機械工業の場合、年末に完全操業していたのは36企業中わずか5企業にすぎなかった。このほか建築の一般的減少も起こっていたし、過去2年間大変な繁栄を謳歌した海運業と造船業でも、やや遅れて1月ごろから深刻な影響が表れ始めた。建築の減少に伴う木材輸入の減少および一般的な貿易縮小のゆえに運賃が下がり、船価も敏感に値下がりしたからであった[6]。

このように広汎な休業と操業制限、および解雇やショート・タイムによる労働者の生産過程からの排出が生じたのは直接的には商業界の大混乱の結果であった。綿工業について見るなら、製造業者が商人を兼ねていた場合には直接商業界に荒れ狂った嵐に打ちのめされたであろう。そうでない場合にも、8月、商業信用動揺はいち早く注文のキャンセルと延期とへ導いた[7]。このため生産しても手許に在荷が累積することになったであろう。そして、貨幣恐慌が9月以降販売ルート、殊に世界貿易の機構を打ち砕いたことはいっそう致命的な影響を及ぼした。しかも商業信用の崩壊のため委託荷を海外市場へ自らの負担で積み出してそれを手形でつなぐ策をとることも閉ざされていた。かくて生産は停止ないし制限されざるを得なかったのである。しかし、もし単に商業界の混乱のみが原因としたら、先に触れた商品資本の絶対的過剰が商人の大量的整理によって清算され混乱が沈静するにつれ、産業界は生産を全面的に再開できたといわねばならない。だが、事態はそのように生易しいものではなかった。崩落した製品価格の水準が工場主の利潤獲得を総じて不可能な状態に置いたからであった。ともあれ、産業資本としての工場主にとって、利潤を生まない再生産の続行はもはや無意味であった。

　綿工業の採算についてみておくと、価格下落は綿製品よりも綿花のほうがやや激しかったので、綿糸——綿花マージンは47年春ごろの最低水準をわずかに上回った。綿工業としては、賃金騰貴によってばかりでなく、不均等な物価騰貴によって最好況期末には甚だしい圧迫を受けていたわけで、貨幣恐慌による物価崩落の過程でむしろこの窮状をある程度是正しえたのだった。とはいえ、さきのワイリーの計算を援用して、綿糸1ポンド当たりのコストが綿花以外に4ペンスとすれば、依然大多数の工場が深刻な採算難の状態にあったことは明白である。年間を通じて採算が取れないという不満が一般的であった[8]。もっとも、10％程度の賃金引き下げは行われたのではあるが。

　ところで、休業と操業制限による一般的な設備の遊休化のために、生産過程に集積された大量の資本価値が資本価値としての意味を失わざるを得ない。単なる商品資本の絶対的過剰にとどまらず、<u>生産資本の絶対的過剰、すなわち生産過程にある資本の絶対的過剰が露呈され、同時にその大量的価値破壊による整理が進行する</u>わけである。これこそ産業の危機に他ならない。当時

の人々にとって事態は「商業的苦難」(commercial distress) と映り、そのようなものとして議会の調査対象となったのであるが、経済危機の核心はまさにこの産業の危機にあったといわなければならない。

　こうして<u>信用創造によって隠蔽されつつ推し進められた現実資本の過剰蓄積は、貨幣恐慌によって、商品資本の絶対的過剰を媒介として、いまや生産資本の絶対的過剰として全面的に暴露され、価値破壊によって強力的に整理されることになった</u>。

　現実資本の蓄積が内的諸矛盾の成熟によって困難になったとき、ロンドン貨幣市場は現実資本の内的制約のゆえの現実の貨幣供給の停滞をただちに反映することができず、信用創造による社会的に架空な購買力の供給を引き起こした。これが一般的物価騰貴を誘導して現実資本の蓄積の内的制約を隠蔽し、この制約を超えて、しかも投機を誘発し部門間不均衡を激成しつつ蓄積をなおも推進する役割を果たした。このため現実資本は部門間不均衡を拡大しつつ過剰蓄積を続けることになった。

　しかし、部門間不均衡化は、主軸の綿工業等が不利に、生産財的内需的な諸産業、さらに原料・食料品供給の農業が有利になる形で進み、信用創造による物価騰貴はその傾向をどぎつく強調したのであるから、農産物を主とする輸入商品価格の騰貴は工業製品を主とする輸出商品価格の騰貴をはっきり上回り、イギリスの交易条件はひどく悪化したのである。中央商業圏イギリスの国際収支は貿易収支悪化を主因として赤字に転化しないわけにはいかなかった。それゆえ突然の金流出が生じ、社会的に架空の資金を供給する信用創造の継続は不可能となり、それどころかにわかに厳しい貨幣市場の収縮を余儀なくされたわけである。

　ともあれ、貨幣恐慌に始まり、商人の大量の整理と商品市場の崩壊を通して、産業の危機に帰着したこの恐慌過程は、世界市場をその中心となって編成するイギリスの資本主義的生産過程の内的制約のゆえに生じたのであった。この制約は社会的再生産が資本の蓄積過程として行われるという言うことから生じる特殊歴史的な形態的制約に他ならなかった。すなわち、賃金が上昇し、労働者の消費が増大するまさにその時点で、部門間のバランスも崩れ、生産の続行は不可能となったのである。最好況期末には賃金上昇による利潤率の

低下が一般的物価騰貴によって多かれ少なかれ隠蔽されはしたが、それも貨幣恐慌によって暴露されずにはいなかった。これまでになくパンやチーズの消費を、それにまた酒類の消費を増加させていた労働者は、突然工場主の都合でショート・タイム、賃率引き下げ、さらには解雇を申し渡されなくてはならなかった。これは労働者を商品として、すなわち需給関係で相場の決まるモノとして取り扱うからには当然の処置であった。とはいえ、モノではない労働者にとってこのような突然の変化が耐え難い苦痛であったことは言うまでもない。収入の激減した労働者家族の生活は深刻な危機に落としこまれた。

　救貧法による救済を受ける者の数は激増した。

　イングランドおよびウェールズでは恐慌直後には好況期の最低の水準から4割ふえ、188万人と人口の10.8%に達した（24ページ、表1-12）。地域別にみると、綿工業のランカシア地区、ややおくれて鉄工業の南ウェールズ地区での増加が目立った（表3-16）。都市では、リヴァプールの救済を受ける者は1846年前半の1.6万人から48年前半の2.8万人へ、マンチェスターのそれは同じく2.7万人から9.5万人へ跳ね上がった。[1] リンカーン、ノーフォーク、サフォークなど農村地帯では恐慌による増加は大してなかった。

　しかし、アイルランド農村では、人口の8割、およそ200万人が飢餓状態に落ちていた。救貧法による救済者数は46年9月末の5.2万人から47年9月末に8.6万人に増加し、49年6月末には6.2万人に減少したが[2]、これらの数字はアイルランド救貧制度の未整備のため悲惨な状態をまるで不十分にしか反映していなかった。飢餓線上のアイルランド難民はいまや大挙移民としてアメリカ、カナダ、オーストラリアへ向かって海を渡りつつあったが、また多数がイングランド、スコットランドの大都市の街角になかば浮浪者化して沈澱した。リヴァプールでは47、48年中に救済したアイルランド人はそれぞれ4.7万人、1.3万人、マンチェスターでは48年に4.4万人（うち1.2万人が浮浪者）に達した[3]。

　工業都市とアイルランド農村のこのような状態は、いやがうえにも社会不安を激化した。事実、48年のマンチェスターは軍隊による警備を受けなければならなかった。

2 副軸的連関

　貨幣恐慌は、副軸としての鉄道業の連関に対しても甚だしい打撃を与えずにはいなかった。

　鉄道業は株式資本的蓄積という独自の蓄積方式をとっていたが、1840年代の循環においては、それに固有の方式とリズムにしたがって自己調整に入り始めていたものの、主軸の資本蓄積の破局、特に貨幣恐慌から否応なく激しい影響を被り、調整を強いられたのである。すなわち、ロンドン資本市場は公債をはじめとする諸証券価格の全面的崩落によって崩壊し、また証券市場の基礎的業務を阻害され、さらに、ロンドン貨幣市場の崩壊によって直接に、関連産業として編成されていた鉄道建設や鉄工業もその蓄積に厳しい規制を受けなければならなかった。

　まず、8月初めのバンク・レート引き上げとそれに伴う貨幣市場の収縮が諸証券価格に極めて不利な影響を与えた(表2-11)。3％コンソルは8月2日の88$\frac{3}{8}$ポンドから9日に86$\frac{1}{4}$ポンドへ急落した。そして、London and Northwestern, Great Western, Midlandなど優良鉄道株は6〜7％の下落を余儀なくされた。その後公債価格はやや持ち直したが、鉄道株価は、貨幣融通を受けることの困難からではなく、思わしくない半期の営業報告のゆえにさらに下がった。London and Northwesternは年10％の配当を行うという習慣を破らねばならなかった[9]。9月中には公債、株式とも一層相場が下がった。そして10月1日、イングランド銀行が公債および大蔵省手形への貸し付けを全く中止する発表を行うと、それはただちに最強度の逼迫を引き起こしたが、その影響は当初特に証券取引所に集中し、証券取引所のパニックとなった。10月5日にはコンソルの現金取引価格と定期取引価格のあいだに年30％のマージンが生じた。前者は83$\frac{1}{2}$ポンド、後者は84$\frac{1}{2}$ポンドだったのである。根強く強気の買い投機が続けられたが、結果は惨憺たるものとなった。その後も指導的ブローカーの現金売りが出てコンソルは一層下落し、「恐怖の一週間」には価格が79ポンドと80ポンドのあいだにとどまった[10]。これは1831年以来16年ぶりの低価格であった。鉄道株の下落はもっとも激しかった。9月に113ポンドだったMidlandが102ポンドへ、157ポンドだったLondon and Northwesternが142へ、74だったYork and North Midlandが65へ等々。これ以外の譲渡性の低い株式

第2章　現実資本の蓄積の衝撃的規制

表2-11　公債および鉄道株相場の崩落

	額面金額	払込金額	47年1月	4月危機による最低	その後の最高	8月	9月	10月	10月の最低	11月	48年2月	48年2月までの最低	10月の下落率(%)
3% Consols, Money	100	–	$93\frac{5}{8}$	$85\frac{1}{4}(7)$	$89\frac{1}{4}(7)$	$88\frac{3}{4}$	$87\frac{1}{4}$	$84\frac{3}{4}$	$78\frac{3}{4}$	$81\frac{3}{4}$	$89\frac{1}{2}$	$78\frac{3}{4}(10)$	12
ExchequerBills, 3d	1000	–	–	–	15/pm.(7)	9/pm.	3/pm.	1/pm.	37/dis.	16/dis.	37/pm.	37/dis.(10)	5
Brighton	Stock	50	59	50(4)	$56\frac{5}{8}(6)$	$54\frac{1}{4}$	49	$43\frac{1}{4}$	$36\frac{3}{4}$	$39\frac{1}{4}$	$42\frac{3}{4}$	$28\frac{3}{4}(2)$	35
London and North Western	Stock		Feb.51	168(5)	186(6)	162	166	158	$138\frac{1}{2}$	$148\frac{1}{2}$	153	130(2)	26
Midland	Stock		$130\frac{1}{2}$	112(4)	132(6,7)	114	$118\frac{1}{2}$	$112\frac{3}{4}$	100	$106\frac{1}{4}$	$115\frac{1}{4}$	98(2)	24
Great Western	100	85	$131\frac{1}{2}$	107(5)	123(6,7)	107	$109\frac{1}{4}$	100	85	93	$103\frac{3}{4}$	85(10)	31
York and North Midland	50	50	94	$80\frac{1}{4}(4)$	90(7)	$76\frac{1}{2}$	$76\frac{1}{2}$	$73\frac{1}{2}$	$66\frac{1}{2}$	70	$77\frac{3}{4}$	66(2)	26
Northern of France	20	8→10	$13\frac{3}{4}$	$10\frac{3}{8}(6,7)$	$12\frac{7}{8}(7)$	*$10\frac{3}{4}$	$10\frac{7}{8}$	10	$9\frac{5}{8}$	$10\frac{7}{8}$	$11\frac{1}{4}$	5(2)	25
Paris and Rouen	20	20	36	$33\frac{1}{4}(3)$	$38\frac{1}{2}(6,7)$	36	$36\frac{3}{4}$	$33\frac{3}{4}$	33	–	$35\frac{1}{4}$	24(2)	14

(出所) M.Evans, *op. cit*. pp.57, 64, 66, 75, 90, 106, 114.
(注) 1) 各月の相場は1日のもの。1日に相場が立たなかったものについては前月末日のものをあてた。
2) 最高、最低欄における( )内はその相場の立った月を示す。
3) * 印は払込みの完了した月を示す。
4) 下落率は4月危機の最高価格を基準として算出した。

表2-12 鉄道会社株の払込金徴収

	国内鉄道	外国鉄道	合　計
47年7月	4,334	1,032	5,366
8月	2,225	62	2,281
9月	3,362	800	4,162
10月	3,342	420	3,762
11月	1,896	146.5	2,042.5
12月	2,424	―	2,423
48年1月	4,639	222	4,860
2月	2,141	132	2,272
3月	1,849	1,287	3,136

(出所) Statistics of the Railway Expenditure-Its Effects on the Monetary and Commercial Affairs of the kingdom; B.M.,1848, p.579

　が一層甚だしく崩落したことは言うまでもない。こうした全面的崩落によってロンドン資本市場はロンドン貨幣市場とともに崩壊したのである。

　政府書簡が発表されて価格の下落はようやく止まった。その後貨幣恐慌の鎮静とともに公債価格は目覚ましく回復、コンソルは2月初めにいったん90ポンドを記録した。鉄道株価のほうも当初優良なものは公債価格改善の後を追った[11]。しかし、いくつかの指導的な鉄道会社の営業報告が粉飾されており、実際の経営内容は著しく悪いという疑惑が持ち上がり、12月半ばから上昇はピタリと止まった[12]。そして2月からは再び下落へ向かうのであった。配当が下がるということが一般に知られたのが一因だが、鉄道会社の財務状態に対する信頼感の完全な欠如が大きな原因として働いた[13]。

　ともあれ、貨幣恐慌に伴う公債および鉄道株相場の崩落の激しさは表2-11に一目瞭然であろう。四月危機による下落も含めてみると、コンソルは46年12月の最高価格から18％崩落したことになる。鉄道株のほうは、6,7月の最高価格からみて、国内の指導的な会社のものでさえ25〜35％の惨落だった。しかもなお、鉄道株の払込金徴収は続けられていた（表2-12）。

　このような証券価格の全面的崩落は証券ブローカーたち取引所に関係する業者を無傷のままにはおかなかった。

　1）産業の危機は通常産業恐慌と訳される。たしかに産業の危機は貨幣恐慌から引き起

こされるが、それを恐慌とするのは恐慌という用語の過度の拡張であり、かえって恐慌の意味を不明確にするものといえる。
2) *B.M.* Sep. 1847, p.447.
3) *Ibid*, Nov. 1847, p.585.
4) *The Economist*, 1848, feb. 12, p.191.
5) *Ibid*, 1848, Jan. 15, p.78.
6) *Ibid*, 1848, Jan. 29, p.131.
7) *B.M.* Sep. 1847, p.447.
8) *The Economist*, 1848, Jan. 8, p.35.
9) *B.M.* Sep. 1847, p.447.
10) *Ibid*, Nov. 1847, p.585.
11) *Ibid*, Dec. 1847, p.712.
12) *Ibid*, Feb. 1848, p.129.
13) *The Economist*, Feb. 12, 1848, p.183.

C 恐慌の世界市場への波及

　さて、世界貿易とそのファイナンスの中心、そして景気循環の過程では景気高揚の中心でもあったイギリスに爆発した貨幣恐慌は、世界市場へ波及せずにはおかなかった。イギリスの貨幣恐慌は世界貨幣恐慌を引き起こし、イギリスの恐慌は世界市場恐慌となった。
　世界各地の主要な破綻は1847年8、9月から48年5月にかけて表2-13のようにつぎつぎに起こった。
　世界貿易が海を媒介としていたことから自明なように、イギリス貨幣恐慌の大津波は文字通り海をわたって次々に貿易港――世界貿易とその金融の地方的中心地を襲った。そしてこれらの地方的中心地はそれぞれの通貨圏の世界市場への窓口であるととともに、またその内部の商業金融の中心でもあったから、衝撃はその通貨圏全体に伝わることとなった。だが、世界貿易を通じてイギリスと直接関係をもつことの比較的少なかった内陸の諸都市へは波及が遅れ、その影響も比較的軽微にとどまったのである。概略を述べると、8月にいち早く、ハンブルク、アントワープなどは貨幣恐慌の様相を呈し始め、9月に入るとその範囲はジェノア、ヴェニス、ペテルブルク、ニューヨークと

表2-13　世界各地の破綻

A. 都市別－時期別

	8〜9月	10月	11月	12月	1〜2月	3〜5月	計
オランダ							
アムステルダム	0	0	3	1	1	18	23
ロッテルダム	0	0	2	0	0	0	2
ドルト	0	0	0	0	0	1	1
ハンザ諸都市							
ハンブルグ	1	2	0	1	0	11	15
ブレーメン	0	1	0	0	0	0	1
ベルギー							
アンントワープ	1	0	1	0	0	3	5
ブリュッセル	0	1	1	0	0	0	2
ナムール	0	0	0	0	0	1	1
フランス							
パリー	1	0	0	0	3	16	20
マルセイユ	1	0	0	1	1	15	18
カレー	0	2	0	0	0	0	2
アーヴル	0	0	1	0	1	7	9
バヨンヌ	0	0	1	0	0	0	1
リール	0	0	0	0	1	0	1
リヨン	0	0	0	0	0	1	1
ヴァランシアンヌ	0	0	0	0	0	1	1
ニューシャテル	0	0	0	0	0	1	1
コローニュ	0	0	0	0	0	1	1
エー・ラ・シャベル	0	0	0	0	0	1	1
ブーローニュ	0	0	0	0	0	1	1
ドイツ							
エルベルフエルト	0	0	0	0	0	1	2
カールスルーエ	0	0	0	1	0	0	1
フランクフルト	0	0	0	3	1	2	6
ベルリン	0	0	0	0	0	8	8
マグデブルク	0	0	0	0	0	1	1
ブレスラウ	0	0	0	0	0	2	2
ロシア							
ペテルブルグ	1	2	0	1	1	0	5
その他ヨーロッパ、地中海							
ストックホルム	0	0	1	1	0	0	1
モン	0	0	1	0	0	1	3
ジェノア	1	2	0	0	0	0	3
ヴェニス	2	1	0	0	0	0	3
レーホルン	0	4	0	0	0	0	4
リスボン	0	1	0	0	0	0	1
トリエステ	0	0	1	0	0	0	1
プラーグ	0	0	0	1	0	0	1
バルバトス	0	0	0	0	1	0	1
マドリード	0	0	1	0	0	0	1
アルジェリア	0	0	0	1	0	0	1
メンツ	0	0	0	0	1	0	1
カーデイツ	0	0	0	0	0	1	1
コンスタンチノーブル	0	0	0	0	0	1	1
スミルナ	0	0	0	0	0	1	1
合衆国							
ニューヨーク	1	0	1	0	0	6	8
東インド							
カルカッタ	0	0	0	1	16	3	20
マドラス	0	0	0	0	1	0	1
モーリシャス	0	0	0	0	2	0	2
合計	9	17	14	12	30	105	187

第2章　現実資本の蓄積の衝撃的規制

B. 部門別－時期別

	8～9月	10月	11月	12月	1～2月	3～5月	計
金融業	0	2	5	7	7	61	82
銀行業者	0	1	5	6	7	41	60
銀行業者兼マネー・ディーラー	0	0	0	0	0	2	2
銀行業者兼ビル・ブローカー	0	0	0	0	0	1	1
銀行業者兼製造業者	0	0	0	1	0	0	1
割引銀行業者	0	0	0	0	0	1	1
マネー・ディーラー	0	0	0	0	0	14	14
貿易商兼マネーディーラー	0	0	0	0	0	1	1
マネー・ブローカー	0	1	0	0	0	0	1
証券ブローカー	0	0	0	0	0	1	1
貿易商	7	13	8	3	22	38	91
鉱工業	2	2	1	2	1	4	14
製造業者	0	1	1	1	1	1	5
紡績業者	0	1	0	0	0	0	1
精糖業者	1	0	1	1	0	1	4
製塩業者	0	0	0	0	0	1	1
その他	1	0	0	0	0	2	3
合計	9	17	14	12	30	105	187

M. Evans, *op. cit.*, p.6, 73～4, 90～2, 103～6, 112～3.

広まった。またすでに年初にパニックを経験したフランスのマルセイユ、パリ——などでも再度貨幣恐慌の様相が深まった。そして10月と11月、貨幣恐慌はその触手を東インドや西インドにまで伸ばすとともに、内包的にも一段と強度を増し、大陸の各所にパニックが生じた。12月になると東インドで貨幣恐慌が始まり、それは1月に激しいパニックとなった。アメリカの沿岸諸都市もパニック寸前だった。またこのころになって大陸奥地にも次第に影響があらわれ、1月、フランクフルト、カールスルーエなどがパニックに陥った。こうした各地の貨幣恐慌は2月に入ってようやく鎮静するかに見えたが、フランスの政治危機が突如2月革命となって爆発し、それはドイツその他大陸各地にも飛び火して、大陸諸国は政治的激動の渦中に巻き込まれた。3月から5月にかけ、その煽りでパリー、マルセイユ、アーヴル、アントワープ。アムステルダム、それにハンブルク、ベルリン、フランクフルトなどの諸都市の貨幣市場と商業は一層徹底的な混乱を経験しなければならなかった。ショックはイギリスやアメリカの諸都市にまで及んだ。世界貨幣恐慌が全く鎮静するのはやっと6月に入ってからであった。

　こうしてイギリス貨幣恐慌は世界市場の隅々まで波及したが、その波及の

仕方には、まぎれもなく自由主義段階における恐慌を特徴づける基本的なコースがあったと認められる。それは、言うまでもなく、世界貿易をファイナンスする国際金融の機構のマヒ、解体とそれによる世界商業の整理をとおすコースであった。ロンドン貨幣市場は単に国内商業をファイナンスする機構ではなく、むしろなによりもまず、イギリスの世界商業をファイナンスする機構であった。そしてイギリスの世界商業は各通貨圏の世界商業をいわば放射線状に集中して編成しており、かつ、ロンドン貨幣市場も各通貨圏の世界商業をファイナンスする外国為替市場を自らのポンド手形信用に依存せしめ、世界商業全体をファイナンスする機構の中心をなしていた。したがって、イギリス貨幣恐慌による商業界の整理は、まず何よりもイギリス世界商業の整理であったが、それは同時に、海外外国為替市場を含む世界商業をファイナンスする機構全体のマヒ、解体による整理となり、それを通して世界市場の他の構成部分である諸通貨圏内部に波及したのであった。

　個々の通貨圏についての分析からの総合によって得られたのであるが、波及の基本的過程を先取りしてまず示すことにしよう。

　金流出によるロンドン貨幣市場の急激な収縮の始まりは、<u>ポンド手形信用の収縮として</u>、いち早く収縮圧力を世界商業に対して及ぼした。主としてマーチャント・バンカーらの敏速なクレディット制限（ポンド手形信用の収縮）がイギリス輸入商の取引抑制と海外輸出商の委託荷積み出し抑制をもたらし、殷賑を極めた諸通貨圏からイギリスへの輸入貿易は否定的な影響を受けた。各通貨圏では輸出港その他に原料、穀物、嗜好品等の滞貨が増加し、価格は一般に下落に転じることになったと思われる。イギリスから諸通貨圏への輸出取引も、さしあたりマーチャント・バンカーらの海外為替業者に対するドラフト振り出し制限、準備強化の要求等（＝ポンド手形信用の収縮）が海外輸入商の取引を抑制し、同じ否定的影響を受けた。ところが、イギリス国内で支払い手段を得るための投げ売りが一般化し、価格が崩落するにつれ、工業製品輸出に新たな動きが生まれた。とはいえ、これはもはや正常な輸出とは言えず、主として委託荷積み出しによる輸出投げ売りにほかならなかった。この輸出投げ売りは少なくとも10月まで続いた。投げ売りを受けた一部の通貨圏では、イギリス製品の滞貨が増え、その価格はイギリスのそれに

倣って破滅的な下落を経験しなければならなかった。なお、イギリスからのこうした国際的投げ売りは植民地産品についても行われた。

次いで、事態が進展し、イギリス貨幣恐慌が猛威をふるう段階では、ロンドン貨幣市場のマヒ解体が<u>ポンド手形信用の崩壊として、連鎖的に海外為替市場の崩壊を導きつつ</u>、世界商業全体を恐慌に陥れた。すなわち、イギリス輸入商の破綻を背景としたマーチャント・バンカーら宛ポンド手形の引き受け拒否や不渡りの頻発が海外貿易商および為替業者に手痛い打撃――イギリスへの輸出手形による損失、輸入決済のため買い入れた輸出手形、または為替業者のドラフトによる損失――を与えた。こうした損失は、輸出委託荷のイギリスにおける価格崩落ゆえの損失と相まって、海外各通貨圏の貿易商を破綻に追いやらずにはいなかった。ポンド手形による国際的な支払いの連鎖は支払い停止の連鎖に転化していたのである。こうした事態は海外各為替市場において一般的なポンド手形不信を生んだ。この一般的なポンド手形不信は輸出手形の譲渡をほとんど不可能としたばかりか、為替業者がマーチャント・バンカーら宛に振り出すドラフトの譲渡をも極めて困難にした。輸入決済の送金にはドラフトでなく文字通り金（または銀）が要求された。輸出手形等による損失を受けた為替業者の多くは、さらに従来ロンドン貨幣市場に依存していたポンド・ドラフト信用を維持することができず、金銀準備の引き出しを迫られ、枕を並べて倒産しなければならなかった。そして、世界商業の金融中枢の崩壊に呼応した地方的中心である各通貨圏の外国為替市場の崩壊は、当該通貨圏の世界商業の一層徹底的な整理を強制したのであった。

このようなポンド手形信用の崩壊とそれによる世界商業全体の規制は二つの側面から各通貨圏内部へ波及した。一つには、直接支払い連鎖の中断によってであり、いま一つには、多かれ少なかれ自立性をもつ限り、イギリスへの金銀の逆流出を媒介としてであった。

すなわち、各通貨圏にとって、世界商業は国内商業と緊密な連絡を有し、ほとんどの場合それを集約する関係にあり、外国為替市場も貨幣市場の重要な一部に他ならなかったから、世界商業とそれをファイナンスする機構における一般的な支払い連鎖の中断は各通貨圏内部へ直接波及せざるを得なかった。また、ポンド手形信用の収縮と崩壊は、とりもなおさず、一面でイギリ

スによる債権の回収であり、他面でイギリスの債務切り捨てであった。殊に、これまで送金手段として利用されてきた為替業者のポンド・ドラフトの利用が困難になったことは重要な意味をもった。突然生じたこれらの事情は、これもポンド手形信用崩壊による世界商業マヒ、解体の結果であるイギリスの輸入激増傾向の中絶という実体的側面を消極的条件としつつも、主として金融的側面から、好調だった各通貨圏の国際収支を瞬く間に赤字に転化させた。したがって、一転して金または銀のイギリスへの現送が生じた。そして金または銀の現送は各通貨圏貨幣市場の貴金属準備に脅威を与え、多かれ少なかれ呼応的に膨張していた信用の厳しい収縮を強制した。支払いの連鎖の中断の直接的波及と金銀流出の媒介による波及という二つの側面からの作用は密接に絡み合っていた。支払い連鎖の中断の波及がいっそう徹底的なポンド手形信用の崩壊を結果して金銀流出の量を増大させたし、金銀流出による国内貨幣市場の厳しい収縮は支払い連鎖中断の直接的波及の力を強めたからである。もっとも、ふたつの側面からの作用は各通貨圏の世界市場編成における位置、および景気循環において果たした役割に応じて一様ではなかった。ともあれ、イギリス貨幣恐慌はこうして世界貨幣恐慌となった。

　ただ、イギリスへのこの金銀逆流出の性格は正しく捉えておく必要がある。この金銀流出は、先に指摘したごとく、世界商業をファイナンスする国際的機構——ポンド手形信用の崩壊の結果であり、殊にポンド・ドラフトの流通が途絶に瀕したため、決済中心地ロンドンへの送金は世界貨幣としての金（または銀）の現送によらざるを得ず、それまでが金銀流出として現象したのであった。これと同様の事態は小規模かつ部分的ながらイギリス国内においても生じたと考えられる。信頼できるロンドン宛商業手形も払底している中で地方銀行の破綻が生じ、そのドラフトがロンドンへの送金に利用できなくなった場合、地方からロンドンへの送金は金以外の手段によっては不可能で、その地方の金貨がロンドンへ流出することになったであろう。要するに、イギリスへのこの金銀逆流出はそれ自身イギリス貨幣恐慌の生み出した世界市場的な恐慌現象の一つなのであり、しかも主として貿易信用収支の悪化という金融的要因によって生じたのであった。イギリスからの金流出が、正常な国際的取引の結果として、しかも主に貿易収支の悪化という実体的要因によっ

て生じたのとは厳密に区別しなければならない。また、ポンド手形信用の収縮、崩壊が、一方で、国際的な支払い連鎖の中断から直接個別的に内部の信用関係切断をもたらしつつ、他方で、金銀流出を引き起こし、それを通して間接的一般的に内部の信用関係の収縮を強制したのであるが、これら二つの側面からの作用は、各通貨圏の世界市場編成における位置、および当該景気循環において果たした役割に応じて一様ではなかったが、概して支払い連鎖の中断の波及によってただちに壊滅的打撃を受けたといってよかった。この点でもイギリスからの金流出が全く専一的に貨幣恐慌を媒介したのと厳密に区別しなくてはならない。

　もっとも、イギリスに次いで資本主義的生産を内部に成立させ、世界市場的過程として進行した景気循環において内的動力の故に一定の独自性を示しつつあったフランス、アメリカの場合、金流出の性格は必ずしも単純ではなかった。1840年代の循環ではイギリスのそれに先駆けて生じたフランスの金銀流出が明らかに貿易収支の悪化を主因とするもので、むしろイギリスの金流出に類似する性格を示したのであった。

　以上がイギリス貨幣恐慌の世界市場への波及の基本的な過程であった。そしてこの過程に、海外為替市場での手形割引、短期資金の流入、海外への証券売却などが加わり、イギリス資本収支好転の一因となり、イギリスへの金逆流にいわばアクセントをつけることになった。これら諸要因の作用も量的にはすでに無視できなかった。しかし、恐慌が資本主義的生産の実体的調整を媒介しえた1840年代の循環においてはいまだ重要性をもたなかった。

　さて、イギリス貨幣恐慌の世界市場への波及の仕方は各通貨圏ごとにまちまちだった。そこで、資料的には甚だ不十分で断片的であるが、あえて、判明する限り、各通貨圏ごとにその特殊な波及諸要因の働き方、およびその受け止め方をスケッチしておこう。

1　大陸諸国 (the Continent)

　この地域が世界商業とその金融においてイギリスと最も緊密な関係を取り結んでいたことは言うまでもない。しかも通信は沿岸部に1-3日のうちに届いたから、波及はもっとも敏速であった。とはいえ、三つのグループ――オ

ランダおよびハンザ諸都市、フランス、そしてドイツでは波及諸要因の働き方、その受け止め方にかなりの相違がみられた。

（1）オランダおよびハンザ諸都市。オランダの中心アムステルダムは単にイギリス工業製品を輸入し、ヨーロッパ内陸の手工業製品その他をイギリスに出荷するにとどまらず、18世紀初頭にロンドンに筆頭の地位を譲ったとはいえ、なお世界中継ぎ貿易の一大中心であった。特定の植民地産品、例えばコーヒーについては依然としてロンドンをしのぐ在庫を保持し、世界市場価格を調整する立場にあった。またハンザ同盟諸都市商業の利害はハンブルクに集中されていた。ハンブルクは北海およびバルト海貿易の中心としてつとにその商業の盛大を誇っていたが、この時期には、イギリス綿糸および植民地産品を受け入れてバルト海沿岸地域へ供給し、見返りに穀物、木材等を集荷してイギリスへ送るという多分に中継ぎ貿易的性格を備えた世界商業の地域的中心の一つとなっていた。そしてイギリスのハンザ諸都市との貿易額は、合衆国、東インドに次ぐ重要性をもっていた。そのうえ両都市は豊かな資金力をもった貨幣市場でもあり、ロンドンとのあいだに特別に密接な金融関係を形成していた。アムステルダム為替とハンブルク為替はパリ為替と並んでロンドン王立取引所において大陸を代表する三大為替となっていた。しかも相場は一覧払い手形および一覧後払い手形（sight bill）についてたてられており、ロンドンと両都市のあいだには外国為替の頻繁な交流も存在した。短資の移動もすでに容易であったとみられる。

アムステルダムとハンブルクへは47年初頭イギリスから金が流入したが、ロンドン貨幣市場の逼迫が厳しくなり、市場レートが上昇するにつれ、まず短期資金がロンドンへ引き寄せられた。また、10月パニックの前後、イギリスの大貿易商や地方銀行が相対的に市場利子率の低いハンブルクで代理店を通じ手形を割引に出した[1]。それに引き受け拒否あるいは不渡りとなったポンド手形の返送が相次いだ。それでロンドンのハンブルク、アムステルダム宛為替は8月末に著しくポンド高となってイギリスへの金現送点に達した。さらに10月に入って相場は一段とポンド高になり、イギリスへの本格的な金流出が生じた。他方、イギリスからの手形返送が直接大貿易商を支払い停止に追いやった。まずハンブルクに大貿易商の支払い停止が発生したが、イギリ

ス貨幣恐慌の影響は10月から11月にかけて集中的にあらわれ、10月にはハンブルクで2件、ブレーメンで1件、11月にはアムステルダム3件、ロッテルダム2件、ストックホルム1件の大貿易商の支払い停止を記録した。

　両地域の貨幣市場は二つの面からイギリス貨幣恐慌に激しく揺さぶられた。ハンブルクおよびアムステルダムで市場利子率は激しい変動を余儀なくされた。ハンブルク貨幣市場は大陸で最も敏感な市場利子率の変動を見せ、47年を通してロンドンのそれを下回ったとはいえ、4月危機および10月パニック期には大陸最高のレートを記録した。P.H.マンツによれば、最高レートは6～$6\frac{1}{2}$％で、数日間続いた[2]。そしてハンブルクにパニックが生じた。ただパニックの程度はイギリスに比較して軽かった。

　なお、この貨幣恐慌と商業界の整理は2月に入ってほぼ鎮静したかに見えたが、フランスの2月革命に端を発して大陸を覆った革命の動乱のために貨幣市場の機能はマヒし、商業界は大混乱に陥って、3月から6月にかけ一層大量の支払い停止を生じることになった。

　(2) フランス。フランスは当時すでに機械制大工業としての綿工業を成立させていた。フランス通貨圏はイギリスに対する最も有力な地方的生産基軸をもつようになっていた。フランスは、イギリス貿易では手工業品、ワイン、食用品などを輸出する関係にあったが、すでに関税政策の助けを借りてイギリス綿製品の輸入をシャットアウトするとともに、アメリカ各地および自国植民地とのあいだに小イギリス的な貿易関係を作り上げつつあった。したがって、発達したパリの貨幣市場はロンドン貨幣市場と密接な為替関係をもち、影響を受けるとともに、他面自国の商工業に規定された独自の脈拍を打つ立場にあった。

　資本主義の規模を考慮するとイギリス同様、あるいはそれ以上に鉄道建設ブームが大きな役割を果たしたフランスの資本蓄積過程では、穀物およびジャガイモ不作の重圧が加わってイギリスよりかなり早くから苦境に陥った。1846年には前例を見ない割引手形を抱えるに至っていたフランス銀行で、年の中ごろから金銀準備が減少し始め、年末までに8000万フランへと激減した（表2-17）。これは主に不時の輸入食料代金として海外に流出したのであった。このためフランス銀行は厳しい引き締めに転じた。主たる政策手段は適格手

形の期限の規制であったが[3]、47年1月14日には久しい間据え置いた公定歩合を5％に引き上げた（フランスにおける公定歩合政策の端緒）。支払い停止の嵐は銀行をも襲い、貨幣市場はマヒした。フランスでは47年初頭いち早くパニックに陥ったのだった。1月の『ラ・レフォルメ』誌は次のように報じている。「資本はもっとも大きな災害の時のように、トランクの中にしまい込まれている。・・・パリの街頭では、閉鎖された店を見ないでは、一歩も進めない。信用によってのみ維持されてきた小商人の大部分は、恐慌に対処することができない、毎日数限りない破産、逮捕、裁判所による財産の売り立てが起こっている[4]。」

そしてルーアン、ルーベ、リール、トゥルクァンなどでは工場閉鎖や操業制限が相次ぎ、失業者がはなはだしく増加した。貨幣恐慌は明らかに激しい産業の危機を結果していた。

このフランスの貨幣恐慌がロンドン貨幣市場の空気を重苦しく圧したことはすでにふれたとおりである。ただ、フランスの貨幣恐慌がロンドンを全面的に巻き込むことにはならなかった事実は見落とせない。

フランス銀行の金準備は、1月ベアリング商会を介したイングランド銀行からの援助2550万フラン（100万ポンド）に頼ってかろうじて最低線を維持した後、わずかに回復を見せた（表2-14）。3月には、フランス銀行はロシア政府に5000万フランの公債を売却し、代金の一部を地金で受け取るなど金銀準備回復に積極的な手を打った。この間、1月14日に2980万フランに達していた割引手形は3月4日までに2520万フランへ収縮し、ようやく貨幣恐慌は鎮静するかに見えた。しかし、国内的整理が進んだとは言っても、ロンドン貨幣市場の崩壊は甚だしい破壊的影響を及ぼさないわけにはいかなかった。貨幣恐慌は再び激化し、9月から10月にかけ、パリ、マルセイユ、カレーなどで大貿易商の支払い停止が相次いだ。そして11月、アーヴルでフランス最大の株式銀行 Caisse du Commerce et de Industrie が倒れ、このほかにも一連の地方銀行が支払いを停止した。政府は銀行制度を救うためモラトリアムを宣しなければならなかった。この間、フランス銀行の金銀準備は、割引手形の収縮にも拘わらず、ロンドンのパニックが峠を越えるまで、ふたたび引き戻され、低位にくぎづけされていた。

第2章　現実資本の蓄積の衝撃的規制

表2-14　フランス銀行の主要勘定　　　　　　（百万フラン）

	銀行券	個人勘定	割引手形[1]	準備
1846.7.1	?	?	?	252
12.26	259	62	223	73
12.31	?	?	?	80
1847.1.14	260	61	298	103
3.4	243	61	252	119
3.25	249	51	202	80
9.25	230	50	201	95
12.27	234	49	183	110
1848.3.15[2]	275	82	253	124
4.20	293	59	197	89

（出所）*B.M.*, 1847, pp.49, 115; 1848, pp.195, 221, 313.
（注）1) 本店割引および支店のパリ宛手形割引。
　　2) 同日をもってフランス銀行は正貨支払を停止した。

　結局、フランスにおける貨幣恐慌は47年中続き、1月に主として国内的原因で、11月には主としてイギリス貨幣恐慌の影響で、都合ふたつの山を経験した。だが、それでもなお鎮まらなかった。48年に入って、後述のようにフランクフルトとカールスルーエでパニックが生じると、パリはみたびショックを受けた。フランス銀行のみでもこれら地域の破産企業宛の大量の手形を保有していたからであった[5]。イギリスの破綻で信用の揺らいだ銀行はドイツの破綻で一層打撃を受け、加えて、高価格で購入した鉄道株の値下がりで窮境に立った（表2-11）[6]。2月初めに入っても、パリでは日々破産が起こり、手形の不渡りが生じていた。ただ、47年の終わりから回復に転じたフランス銀行の金銀準備は1月27日に1.39億フランに達し、公定歩合は4％に引き下げられた。

　ところが、これだけ劇甚を極めたフランスの貨幣恐慌は単なる恐慌として終わらなかった。パリの政治不安は、恐慌による商工業者の多数の破綻、労働者、職人の失業に刺激され、地方農民の暴動にも影響されつつ、財政危機を中心に展開した。そして48年2月22日、革命が勃発した。革命の政治過程に立ち入ることはできないが、この革命による経済のマヒが一層徹底的な商業界と金融界の整理を強制したことは言うまでもない。2月から5月にかけて、パリ、マルセイユをはじめフランスの主要都市でおびただしい数の銀行、大貿易商、大工場主などの支払い停止が発生した。こうした混乱が沈静したのは

やっと6月に入ってからであった。

　(3)ドイツ。ドイツでは著しく異なった経過をたどった。世界商業において直接イギリスと接触することが相対的に少なく、アムステルダムやハンブルクを通して間接に接触する立場にあったドイツへはイギリス貨幣恐慌の波及がやや遅れた。重要な破綻は10月エルベルフェルトで1件生じたのみで、12月に入ってからようやくカールスルーエとフランクフルトに本格的なパニックが発生した。カールスルーエ随一の銀行業者兼貿易商兼工場主ハーベル商会が支払いを停止し、当時ドイツ第一の貨幣市場フランクフルトで、この商会のために大変な額の引き受けをしていたゴンタード商会およびL．H．フレールスハイムが同様に支払い停止を余儀なくされたからであった。フランクフルトの2企業の債務は800万グルデンにのぼった[7]。これらの企業の破綻の後フランクフルトでは支払い停止が相次いだ。しかし、フランクフルトの利子率は1月半ばに$3\frac{1}{2}$％、2月初めには3％へ下がった。こうしてドイツの貨幣恐慌は比較的短期間のうちに鎮静に向かったが、フランスの2月革命はドイツ各地へも波及した。貨幣市場はほとんど機能を停止し、商工業はマヒしてしまった。いっそう多数の破綻が3月から4月にかけて生じた。

　(4)ロシア。ロシアは大陸諸国(the Continent)の概念に入りきらない存在であった。資本主義的生産は未発達で、手工業の段階にあり、世界貿易においては、穀物を主とし、亜麻など工業原料、手工業織物などをイギリスへ輸出し、主としてイギリスから綿糸や植民地産品を輸入する関係にあった。1840年代の循環においてはアメリカと似た役割を果たした。すなわち、好況的蓄積の中心イギリスに対しその蓄積にブレーキをかける役割をある程度分けもち、貿易収支の好調からイギリスより金を受け取る側へ回ったのである。

　イギリス貨幣恐慌の波及の仕方はアメリカの場合とほぼ同じで、穀物手形の返送によってその世界商業が打撃を受けた。ペテルブルクのJ. A. Barthlingthは、9月に返送された手形にとどめを刺されて倒れた[8]。他方金の逆流出も生じた。一般的な不信が広まり、手形、殊にロンドン宛手形の譲渡は困難となった[9]。ロシアも貨幣恐慌を避けられなかったのである。取引は減退し、価格は下がった。輸出商品の在庫は概して過大ではなかったが、穀物の在庫は累積した。こうした不振は内陸の定期市へも伝わっていった[10]。

2 アメリカ合衆国

1840年代に入ると、アメリカもニューイングランド一帯に機械制大工業としての綿工業を成立させており、その意味でフランス同様世界市場の地方的生産基軸を自己のうちにもつようになっていた。そしてイギリスからアメリカへの綿製品輸出はすでに減少する傾向を見せていた。とはいえ、アメリカは、世界貿易において工業原料である綿花を中心に、穀物、煙草等農産物をイギリスおよび西ヨーロッパ諸国に輸出し、イギリスから毛織物、綿布、フランスから絹織物等工業製品、およびアジア、西インドから植民地産品を輸入する関係にあった。内部における工業的発展と世界市場における農業国的性格とのギャップがこの時すでにアメリカを特徴づけていたのである。また資本主義的発展とともに、東部の諸都市、殊にニューヨークを中心にアメリカ全体を統括する貨幣市場の形成が進み、それは世界市場の金融中枢ロンドン貨幣市場への依存を強めたが、にもかかわらず、同時に、西へ西へと向かう開発の遠心力を反映して、その経済は依然分散的性格を強く残していた。

さて、アメリカは、1839年に生じたイギリスとの貿易信用関係の崩壊の影響と引き続く綿花価格の低位のため、イギリスを中心に進行した1843-46年の好況的蓄積に十分参加することが出来なかった。そしてその好況的蓄積が終末に近づいた46年秋から、かえってイギリス、西ヨーロッパ諸国の穀物価格高騰に誘われた前代未聞の穀物輸出、同じく綿花価格高騰に誘われた綿花輸出価額増加（46年の綿作不良のため数量的には下回る）、およびこれらの結果である貿易収支好調にもとづく金流入に刺激されつつ、急速に活気を呈し始めたのであった。

とはいえ、こうしてようやく好況的蓄積に入ったアメリカに対しても、イギリス貨幣恐慌は深刻な影響を及ぼさずにはいなかった。

マーチャント・バンカーたちによるポンド手形信用収縮措置が次第に強化されてゆくなかで、イギリスに貨幣恐慌が始まると、引き受け拒否あるいは不渡りになったポンド手形が次々に返送されてきた。殊に9月から10月にかけて穀物手形の返送は甚だしい件数と金額にのぼった。このため穀物輸出に当たった貿易商をはじめ、世界貿易とその金融に従事する商会は多額の損失

193

表2-15 ニューヨークの
　　　　ロンドン宛為替相場（1847年）

月　日	相　場
1.5	$105\frac{1}{2} \sim 105\frac{3}{4}$
20	$105\frac{3}{4} \sim 106$
30	$106 \sim 106\frac{1}{2}$
2.8	$105\frac{3}{4} \sim 106$
12	$105\frac{3}{4} \sim 106$
24	$105\frac{3}{4} \sim 106$
27	$105 \sim 106$
3.2	$105 \sim 105\frac{1}{4}$
5	$105 \sim 105\frac{1}{2}$
12	$104 \sim 104\frac{1}{2}$
31	$104\frac{1}{2} \sim 105$
4.7	$104\frac{3}{4} \sim 105\frac{1}{2}$
15	$105 \sim 105\frac{1}{2}$
16	$105\frac{1}{2} \sim 106$
29	$106\frac{3}{4}$
5.14	$106\frac{3}{8} \sim 107\frac{1}{4}$
30	$107\frac{1}{4} \sim 107\frac{1}{2}$
6.14	$105\frac{3}{4} \sim 106\frac{1}{2}$
29	$106 \sim 106\frac{1}{4}$
7.7	$106\frac{1}{4} \sim 106\frac{1}{2}$
14	$106\frac{1}{4} \sim 106\frac{1}{2}$
31	$106\frac{1}{4} \sim 106\frac{1}{2}$
8.6	$106 \sim 106\frac{1}{2}$
13	$106\frac{1}{4} \sim 106\frac{1}{2}$
27	$106 \sim 106\frac{1}{2}$
9.14	$108\frac{3}{4} \sim 109$
29	$108\frac{1}{2} \sim 109$
10.6	$109 \sim 109\frac{1}{2}$
14	$109 \sim 109\frac{1}{2}$
20	$109 \sim 119\frac{1}{2}$

（出所）J. Bates; *S.C. of 1847-48*, Q.2562.

を被り、大貿易商のいくつかは9月に支払い停止に陥った。これらの支払い停止の頂点をなしたのがニューヨーク最大の投資銀行業者であり、ベアリング商会代理店であったPrime, Ward and Kingの支払い停止であった。プライム商会は、ベアリング商会のほかオーヴァレンド・ガーニイ商会に頼ってドラフト信用を拡張していたが、ベアリング商会からはドラフト振り出しのほとんど全面的な停止、準備強化を要求され、オーヴァレンド・ガーニイ商会には同店宛ドラフトを引き受け拒否されたために、支払いを停止したのであった[11]。10月半ばまでにニューオーリーンズの外国為替市場は機能を停止した[12]。ポンド手形信用はこの地域でも完全に崩れ落ち、ひどいポンド手形不信が支配するにいたった。もはやニューヨークでも為替市場で正常なポンド相場は立たなかった[13]。

しかも、ポンド手形信用の収縮と崩壊は、他面で、アメリカからイギリスへの金の逆流出をもたらした。8月いっぱいイギリスから金流入を導いてきたニューヨークのロンドン宛為替相場は9月前半、突然急転した（表2-15）。J・ベイツによれば、$106\frac{3}{8}$がイギリスからの現送点、$109\frac{1}{2}$がアメリカからの現送点だった。9月末から金の逆流出が始まった。脱漏があるとみなければなるまいが、表2-16の統計によって47年中各月の金銀流出入のすう勢を知ることができる。

アメリカとしては、8月までに流入した金のほぼ2/3が9月から48年1月にかけ

て流出したわけである。8月以降穀物輸出の増勢が抑止されたうえ、従来の代金の支払いは、一つには綿製品等の委託荷の投げ売り、いま一つには破産によってなされたと思われる。その上ポンド手形信用の収縮が貿易信用収支の悪化を招いたから、金の逆流出が生じたのである。

ポンド手形信用の収縮

表2-16 アメリカの正貨流出入

	輸　入	輸　出
47年1月	91	73
2月	1,235	4
3月	1,329	244
4月	3,397	74
5月	1,327	158
6月	548	134
7月	294	28
8月	196	66
9月	95	351
10月	101	675
11月	59	1,456
12月	80	1,700
計	8,751	4,963

(出所) *The Economist*, Jan 22 1848, P.101
(注) 12月のみ推定による。

と崩壊に伴う以上二面からの深刻な影響は、アメリカ内部にも貨幣恐慌を引き起こした。

　1847年の初期にはニューヨーク貨幣市場の資金需給には余裕があり、6％で容易に割引が得られた。その後ロンドン貨幣市場の逼迫につれて次第に引き締まり、大貿易商の破綻が生じ、引き受け拒否あるいは不渡りとなった手形が返送されるに及んで、市場レート（out of doors あるいは in the street）は急騰した[14]。春までにイギリスから流入した金の大部分は「極西部」の食用品、穀物取引商によって持ち去られていたし、またメキシコでの戦費支出のためメキシコにも流出していた。したがって、イギリスへの逆流出は、流入額を下回ったとはいえ、ニューヨーク諸銀行の正貨準備を厳しく圧迫した。10月末に7％またはそれ以上だった市場レートは12月末には15－18％に跳ね上がった[15]。12月半ばにはウォール・ストリートで月2％の短期貸し付けが実行された。6％の利子を生む財務省証券でさえ額面割れで売られた[16]。そして12月末までに四つの小銀行が支払いを停止した。その後も金流出とメキシコ戦争に絡んだ財務省証券の発行継続のため困難は続き、48年1月、Central Bank of New Orleans のボストン代理店宛ドラフトが支払い拒否にあって返送されたため、この銀行への取り付けを生み[17]、貨幣恐慌は拡大した。二三流の銀

行がいくつも倒れた。ニューヨーク諸銀行の正貨準備は1月には極めて低くなり、兌換は危険にさらされた。しかし、内陸の諸銀行がニューヨークへ十分の金を送ったので、辛うじて貨幣市場全体の崩壊は避けられた[18]。他面、1月に入ると、イギリスからの破綻の波及も一段落し、為替相場も信用の高い大手の振出人はポンド手形に11％のプレミアムを得ていたが、ほかの時期には疑われることもなかったであろう優良な貿易商の手形の出回りも増えてきて、これらはまだ売れ残ったものの、9～10％のプレミアムで売られた[19]。2月、金流出は止み銀行不信も鎮静に向かった。もっとも貨幣市場の逼迫はその後も続き、5月にはフランスの革命にためフランスとの貿易に携わる貿易商に数多い破綻が生じた。

　この貨幣恐慌は当然綿工業や始まったばかりの鉄道建設に打撃を与えた。殊に綿工業はイギリスからの綿製品投げ売りによって痛めつけられた。2月には大工場が倒産した。

　しかし、1837年恐慌と比較してみるなら、恐慌ははるかに軽微にとどまった。1847年恐慌はいうならわずかにアメリカをかすめただけであった。

　なお、最後に、最大のマーチャント・バンカーの一つ、ベアリング商会が恐慌の過程でアメリカに対してとった行動を見ておこう[20]。

　1846年1月、恐慌到来を見越してほとんどすべての手持ち商品を売り払い、「嵐に備えた」同商会は、46年後半から47年初頭にかけて、アメリカ貿易のいくつかの部面で平常通りに活動した。秋に手持ち綿花を売却し、冬と春の初期にかけて、相対的に少ない額ではあったが、綿花の購入と委託荷への前貸しを維持した。アメリカ商人から食料品の委託をも受け入れた。もっともトウモロコシ・クレディットは大部分イギリス商人の勘定に開設された。ベアリング商会が与えたクレディットの総額は46年10－12月に増加した。とはいえ、この期間にも、アメリカの多くの取引先は、ワード（同商会の代理店、プライム商会のパートナー）を通じ、食糧と綿花の輸出から発生した疑わしい手形を送付することを避けるよう指示されていた。

　いっそう厳しい引き締め措置は4月危機とともに採用された。4月19日、トウモロコシの委託荷への前貸しを市場価格の6割に抑える指示が発せら

れた。また、小麦や小麦粉に対する前貸しも極めて低い制限をつけられたので、7月初めに同商会はわずか1件5万バーレルの船荷のみを委託荷としてもったに過ぎなかった。綿花についての操作もいち早く5月に、まだ利益が予想されたにもかかわらず、中止された。安全こそ第一だった。同じ理由からハヴァナの取引先に対し、合同勘定による砂糖の買い付けを中止するよう指図が送られた。そして、為替操作は、4月危機以降、安全を保ち、かつイギリスからの金流出を防ぐ観点で運営された。4月19日、為替勘定のオペレーターたちに対し、できる限りドラフトを振り出さないこと、および金で返却されるべき送金を行わないことの指図が発せられた。送金がなされる場合には、できる限り多くの手形が同商会自身宛のものでなければならないし、すべての送金手形が疑いのないアメリカ振出人と全く健全なイギリスの名宛人をもたねばならなかった。いかなる種類の荷為替 (documentary bill) も送付されてはならなかった。一商会はベアリング商会の手元にある現金に対しドラフトを振り出すことさえ制限された。他面、キング商会は新原則によくしたがったので、9月までにロンドンの合同勘定にかなりの現金残高を積み上げた。

　この間、ワードは、すべての利用しうる資金をイギリスへ送る目的で、債権取り立てとベアリング商会所有のアメリカ証券の売却を行っていた。もっとも、ベアリング商会がイギリスからの金流出を防止するため売却したキング商会宛ドラフトを支払うのに、彼はある程度手元に資金を保持しなければならなかった。

　こうした努力の結果、同商会は8月に余裕を生じ、メキシコ戦争の戦費に関連して政府とのあいだにクレディットを結ぶようワードに指示している。しかし、商業信用に対しては一層厳しい禁止的措置をとりつつパニックを迎えた。小麦、小麦粉、およびトウモロコシの購入、および合衆国からの委託荷に対する前貸しは8月中に二度も制限を強化された。9月18日現在、同商会の保持した保証のない手形は、プライム商会の支払い停止によって生じた1枚だけであった。10月には委託荷への前貸しは一切拒絶した。自らも12月中旬まで綿花の注文を発しなかった。そして為替操作は特に注意深く見守られた。織物クレディットのいくつかが閉じられたり、半

減された。ある場合には、それはアメリカ輸入商が自分の英国代理店宛ドラフトを振り出したためであり、またある場合には、輸入商がベアリング商会に対する債務カヴァーするのにパリのクレディットを利用したためであった。11月、ベアリング商会はアメリカの顧客に同商会宛手形または金以外を送付しないよう強く要請する回状を送った。キング商会はベアリング商会の勘定でアメリカ証券を売った代金から買い入れた手形に対して以外はドラフトを振り出さないことに同意した。この商会はベアリング商会、およびそのヨーロッパの顧客たちの証券を着実に売り続けた。これらの代金は、ワードによる手形債権回収分とともに、ある時はベアリング商会宛手形で、また11月1日以降はしばしば金で送付された。

このようにベアリング商会は恐慌を切り抜けることができた。しかし、厳しいクレディット制限、ドラフト振り出し制限、荷為替による送金拒絶、ロンドン勘定残高強化要求など、いずれの手段もポンド手形信用の徹底的な収縮を結果したわけである。もっとも、同商会のクレディット残高は高い水準を47年中維持し、同年末186万ポンドであった。48年1月に入って同商会は規制措置を緩和し始める。

3　東インド

植民地化された東インドは、相当発達した在来のアジア的商品流通とそれを媒介する土着の信用関係を持ちつつ、イギリスに対しては伝統綿織物、砂糖、インディゴ、綿花などを輸出し、綿製品を輸入するという形で世界市場の一構成部分となっていた。しかも世界市場の外延的拡大によって新しく開けた市場でありながら、すでに最大の綿製品消化力を示していた。そして世界商業の金融には、東インド会社手形が特殊な役割を果たしたが、やはり全面的にロンドン貨幣市場に依存する関係にあった。殊に、他に例を見ない長期手形の利用が特徴的だった。しかも、東インドで振り出される手形は通常日付後6カ月、10カ月払いであったから、アメリカのように振り出し後ただちにイギリスへ送付されるばかりでなく、ある程度東インド商人のあいだで転々流通する傾向を持っていたと考えられる。なお、通信には少なくとも6

週間を要し、これが市場の外延的拡大の継続と相まって、貿易取引に著しい投機性を与える条件となっていた。

　1840年代の循環において東インドが果たした役割はアメリカとは逆のものであった。市場の外延的拡大の基調を背景に、征服その他偶然的事情を契機として輸出信用に支えられたイギリス綿製品の輸出を投機的に誘い、イギリスの好況的蓄積を外部から促進する通貨圏が存在した。しかもこの通貨圏へはイギリス海外投資の拡張が伴うのが常であった。1840年代の循環においてイギリスと連動し景気を先導する役割を引き受けたのが中国および東インドに他ならなかった。1840年代の循環ではイギリスの海外投資が景気高揚にあまり大きな意義をもたなかったとはいえ、東インドは、モーリシャス諸島と並んで、砂糖、インディゴなどのプランテーション投資先となった。そして景気高揚の先導的役割を務めたわけである。

　だが、投機的拡張は45年秋以降はっきりと頭打ち傾向を見せていた。膨大な綿製品在荷の累積が生じていた。それでもイギリスの手形信用が従来通り維持され、また帰り荷としての産品がロンドンで良好な売れ行きを保つ限り、それは深刻な問題とはならなかった。結局、循環後期の東インド商取引の運命はロンドン貨幣市場の状態いかんにかかっていたといって過言ではなかった。

　したがって、イギリス貨幣恐慌の東インドへの波及は極めて激甚なものとなった。カルカッタの一雑誌（11月25日発行）が大津波の最初のうねりが届く瞬間を生き生きと捉えている[21]。

　　先週以上に憂鬱な週は15年前の大破綻以来カルカッタになかったことだ。最初の三日は土民の休日だった。だが、気晴らしの楽しみは、事業の再開とともに10月7日の郵便船──これについては前便によって最も恐ろしい予感が醸し出されていた──がやってくるという考えによって打ち消されてしまった。木曜日の朝郵便船は到着した。そして最悪の懸念が実現され、なおおまけがついた。この国の浮沈が懸っている企業が次々にイギリスで倒れてしまっていた。それで、事業は、カルカッタでほとんど100万ポンドに上る不渡り手形が即座に予想されるという知識のもとに、再開された。

好況期にマーチャント・バンカーあるいは大貿易商の自由なクレディット開設によりポンド手形が自由に振り出され、その量は著しく膨張していたであろう。しかも膨張していたのは単に商業手形ばかりではなかった。東インドの為替銀行や為替業者がロンドンの代理店宛に振り出す代理店宛ドラフト（agency draft）または郵便手形が送金手段として用いられていたが、これが銀行の資金繰りに利用されつつ、異常に膨張していた。のちにやかましい話題となったUnion Bank of Calcuttaの郵便手形発行残高は44年7月の34.8万ルピーから47年7月には277.2万ルピーへ跳ね上がっていた[22]。これらの信用が一挙に地に堕ちたのだった。イギリス——東インド間で最も徹底的なポンド手形信用の崩壊が起こったといえる。

　カルカッタのめぼしい貿易商、為替業者、為替銀行が次々に破綻していった。まず、11月下旬、支払い停止したロンドン商会の兄弟商会を主としつつ、貿易商がバタバタ倒れた。その後やや鎮静したが、コッカレル・ラーペント商会の支払い停止のため続々返送されてくるドラフトを何とか支払って信用を維持していたUnion Bank of Calcuttaがついに倒れ、為替操作は全くマヒしてしまった[23]。パニックであった。カルカッタの貨幣恐慌と商業界の整理は2月まで続いた。なおボンベイでは、11月下旬貿易商の破綻が発生したがその後持ちこたえ、12月末には、綿製品の売れ行きは比較的良好で、在庫も減り、ボンベイ向けの航行中の船荷も少ないので、価格も改善されていた[24]。

　主要な東インドの商会の破綻は表2-17のとおりである。

　ほとんどの商会が振り出した手形の返送か、送金のために買い入れた手形の返送、あるいは委託荷としてイギリスへ送った農産物の価格下落によって倒れている。パニックの頂点となったUnion bank of Calcuttaのケースでは、この銀行は100万ポンドを超える資本金のほとんどすべてをインディゴ投機の商人に貸し付けていた。コッカレル商会とコルヴィル商会は12カ月期限で23万ポンドの貸し付けを受け、恐慌時には受信残高は60万ポンドに達していた。これらはほとんどの部分がインディゴ工場およびインディゴを保証とする貸し付けで、1－2割が手形割引にすぎなかった。銀行はこれら2商会およびマディソン商会の破綻によって大打撃を受けた。他面同銀行はロンドンの諸商

第2章　現実資本の蓄積の衝撃的規制

表2-17　東インド商会破産の諸原因

商会名	主たる原因	説明
Birley, Corrie, & Co.	手形買入	ロンドン・クレディットのもとに振出された手形の大量購入。
Church, Lake, & Co.	価格下落	投機的に輸出した生産物のイギリスにおける価格崩壊。
Cockerell & Co.	代理店破産(手形返送)	ロンドンのCockerell、Larpent商会が融通手形の操作(kite flying)に使うために温存していたもので、すでにひどい損失を蒙っていた。この商会は支払停止のときUnion Bank of Calcuttaに2.23百万ルピー(約223千ポンド)の債務を負っており、同行に大打撃。債務総額12.57百万ルピー。
Carr.Targose, & Co.	銀行破産	Union Bankの破産による。
Colville, Gilmore, & Co.	手形返送	カルカッタの損失の多くは、この商会がロンドンのBarclay Brothersのクレディットのもとに売却した手形によって引起こされた。Union Bankに2.72百万ルピーの債務をもち、同行に大打撃。
H. & A.Crooke & Co.	価格下落	大砂糖取引商だが、砂糖価格下落で。
Eving, Aird, & Andersons	代理店破産(手形返送)	着実な取引をしていたのに、当地の代理店を引受けていたロンドンのGower、Nephews商会の破綻によって。同商会のクレディットのもとに、モーリシャス生産品の供給のため振出した手形が返送される。
B.T. Ford & Co.	手形返送	資力十分の商会だが、Richards, Little, & Co.宛に商品を積出し、クレディットのもとに手形振出。しかし、商品は受取られたが、手形は支払われず。
Haworth, Hardman, & Co.	価格下落・手形買入	砂糖価格下落と送金のため買入れたロンドン・クレディットの不良手形。
Hichey, Bailey, & Co.	銀行破産	インディゴおよび一般ブローカー。Union Bankの破綻で。
Hughesdon, Bros.	為替操作	事業の好調から広汎な為替操作に乗り出し、ロンドン取引先の信用を失う。
Lackersteen,Bros.	?	
Lake, Hammill, & Co.	価格下落	英国市場における砂糖、米のひどい価格下落で。
Livingston, Lyers, & Co.	手形買入・価格下落	ロンドン・クレディットの手形買入と砂糖価格の崩落で。
Lyall, Matheson, & Co.	?	Union Bankに0.09百万ルピーの債務。
Owen, Allhusen, & Co.	手形返送	リヴァプールのT. & H.Murrayの代理店。その指図により大量の生産物を送り、クレディットのもとにドラフトを振出したが支払われず。
Saunders, May, Fordice, & Co.	代理店破産	ロンドンのReid、Irvilig & Co.の代理店。そのクレディットのもとにモーリシャスに資金供給するため融通手形を振出していた。
Smith,Cowell, & Co.	手形返送	Santipore Sugar Co.の代理店。その資格で、ロンドンのS.Phillips、リヴァプールのMurraysのクレディットにもとづき手形を振出したが、両商会の破綻でドラフトに責任をとらされる。
Shearman,Mullens, & Co.	代理店破産	ロンドンのPerkins、Schluster and Mullellsの代理店。その破綻による。
J.Wienholt & Co.	手形買入・価格下落	ロンドン・クレディットの手形の買入と生産物の価格下落による。

(出所) *B.M.*, 1848, pp.662～3より作成。

会の破綻によって18.5万ポンドに上る手形の返送を受けた。さらに乱発された郵便手形の返送に対しても4.5万ポンドの支払いが必要となった。ところで、コッカレル商会への貸し付けと郵便手形乱発は複雑に絡み合っていた。同行は47年6月資金繰りに窮し、ロンドンのコッカレル・ラーペント商会宛に期日後10カ月払いのドラフト（郵便手形）3万ポンドを振り出した。カルカッタのコッカレル商会が同銀行に25万ポンド以上も借りていたからであった。これらの郵便手形の整理は満期前に行われるべきであったのに、そうはされず、他の手形が満期になるまで保証として保持されるため、ロンドンへ送付された。万事うまくゆけば、それらはカルカッタへ返されるはずであった。ロンドン商会はこの手形を引き受け、ジャーディン・スキナー商会はこれを割引き、銀行はその代わり金を受け取った。しかし、コッカレル・ラーペント商会は自分の破産が近づくと、保証に預かっていた手形を譲渡して貨幣を手に入れ、それから破産した。そのため銀行としてはジャーディン・スキナー商会に対し清算しなければならなかった。

　この間、東インドからイギリスへ向けて銀流出が生じていた。2月末には70万ポンドに及ぶ大量の銀がロンドンへ届いた。その後もかなりのちまで散発的に銀が運び込まれた。この銀流出は全くポンド手形不信と優良なポンド手形欠如の結果として起こったものであった[25]。ただ、貨幣市場の小さい、それに過度の緊張状態にあった東インドの場合、銀流出によって圧迫されるまでもなく、手形返送による支払い連鎖中断の波及の一撃でパニックに陥ったといってよかろう。この点、フランスやアメリカと異なった。

　なお、このカルカッタのパニックは反対方向のうねりを生み、それが1月末にロンドンへ届いた。生き残っていたロンドンの東インド貿易商のいくつかが、当てにした送金の未到着によって、支払い停止に陥らねばならなかった。

　以上がイギリス貨幣恐慌の世界市場への波及における諸要因の働き方と各通貨圏の受け止め方のスケッチである。世界貨幣恐慌の過程はいうまでもなく、イギリスからの一方的波及過程にとどまらなかった。世界貨幣恐慌はイギリスの貨幣恐慌に端を発しつつも、相互作用的に徹底していったのである。

第2章　現実資本の蓄積の衝撃的規制

　ところで、この世界貨幣恐慌は、いかなる結果をもたらしたのか？

　世界貨幣恐慌は、世界市場的過程として進行した好況的蓄積のなかで、どの通貨圏にも多かれ少なかれ現存するに至っていた現実資本の過剰蓄積を規制することになった。その規制は、イギリスの規制をいわば基準としつつ、世界市場的に行われた。すなわち、イギリス貨幣恐慌は、イギリス資本主義自身の内的制約にもとづく現実資本の過剰蓄積を規制し、同時に自らが醸成した世界市場的不均衡を規制した。具体的には、貨幣恐慌による商品市場の一般的崩落が他の通貨圏との価格体系の不均衡を是正し、輸入激増傾向に終止符を打った。このイギリス商品市場の崩落は世界市場において最も激しいものであり、結果として得られた水準も世界市場商品について言うならこれまで世界市場で支配した水準を下回る低い水準であった。各通貨圏の商品市場は、波及した貨幣恐慌によって崩落させられつつ、その過程でも絶えずイギリス商品市場の低水準に圧迫を受け、最終的にはイギリス商品市場の水準を基準とした一定の水準に落ち着くことになった。

　なお、貨幣恐慌の結果としてイギリス国内の世界市場商品価格水準と他の通貨圏のそれとはどのような関係に至ったのか。

　まず、第1級の世界市場商品、綿製品についてみると、マンチェスターの価格が最も激しく崩落し、他の国々の綿工業を圧迫したようである。『エコノミスト』に転載されたマンチェスターの一業界報は、「現在保持されている大量の在荷のゆえにこの国で支配しそうな低価格水準と、まだ運転されていない、しかし需要の新たな息吹があれば稼働を始める準備の整っている拡張された生産設備とに抗して、大陸の競争者たちが戦うことはほとんど無駄であろう。この事実は他のいずこにおける同様の製造企業の成長をも妨げ、我々の現在の優位を維持するのに役立つに違いない」[26]と論じ、イギリス綿工業の覇権の持続を占うことができた。綿花も同じで、リヴァプールの価格が最も激しく崩落し、原料生産地アメリカの価格との格差は狭まり、また大陸諸国の価格を明らかに下回った。その結果、10月には綿花の輸出投げ売りが強行されたし、その後も低価格のゆえに、リヴァプール在庫の低水準にもかかわらず、綿花は一定期間アメリカからリヴァプールへ出荷されず、むしろフランス等へ向けられた[27]。

次に、バーミンガム諸工業の製品についてみると、ランプ製造兼青銅鋳造業者T.C.ソルトによれば、バーミンガムのすべての産業が外国の競争によって圧迫されていた。外国市場の価格のほうが一層不振の状態に落ち込んでいたためであった[28]。青銅製品、ボタン、金物類、それにガラス製品など、これらのバーミンガム製品は、程度の差はあれ、フランスとドイツの競争によって数年来大陸市場から駆逐される傾向にあり、さらにフランスやドイツの製品がイギリスへも侵入しつつあった[29]。植民地市場だけが競争にさらされていなかった。世界市場的とは言い難いこれら諸産業となると、貨幣恐慌の結果必ずしも綿工業と同じ最低価格を実現したわけではなかったのである。
　さらに、副軸的連関の蓄積に関連したスコットランド鉄鋼業の製品、銑鉄についてみると、パニックによる低価格が幾人かの大口の買い手を市場に誘い入れ、内需激減と対照的に輸出の好調をもたらし始めていた。こののちイギリス鉄鋼業は、アメリカ鉄鋼業の生産を停滞させたまま、アメリカの鉄道建設に資材を供給することになるのである。
　最後に、穀物、食料品、嗜好品についてみると、代表的な、小麦、砂糖および茶の価格崩落が特に甚だしく、輸入激増傾向が一挙に解消され、48年の輸入が低水準に推移したことや、パニック後のマーク・レーンやミンシング・レーンを支配するようになった価格が海外諸通貨圏からの輸入を抑制する低価格であったことを物語っている。実際、アメリカ、ロシアの穀物も東インドの砂糖も、イギリスへの輸出の刺激を失い、積み出しを控えられていたのであった。
　以上要するに、貨幣恐慌直後のイギリスにおいては、世界市場的でない、そして半手工業的な諸産業の製品価格を別とすれば、綿工業の製品と原料、鉄工業製品、および穀物、食料品、嗜好品の価格はいずれも他の諸通貨圏の当該価格よりも激しく崩落し、単に諸通貨圏とのあいだの価格体系の不均衡を是正したにとどまらず、もっとも低い水準に落ち着いたのである。これはやがてイギリスの資本主義的生産に新しい、しかも後進資本主義国の追随を許さぬ飛躍を強制する梃子となる。当時のイギリス資本主義がもっていたヴァイタリティの秘密はここにあったといってよかろう。それに微妙な変化が生じるのは、1850年代以降のことである。

1) P.H. Muntz: *S.C. of 1847-48*, Q.1352; J.Pease: *S.C.* of 1847-48, Q.4782, 4785.
2) P.H. Muntz; *S.C. of 1847-48*, Q.1355.
3) *La Reforme*, Jan. 13, Jan. 20, 1847.
4) *The Economist*, Jan.8, 1848, p.43.
5) *Ibid.*, Jan.22, 1848, pp.94-5.
6) *The Economist*, Jan 15 1848, p.66-7.
7) *Ibid.*, Jan 20, 1848, p.121; feb 12, p.177.
8) *B.M.* Oct 1847, p.516.
9) *The Economist*, Jan 15 1848, p.61.
10) メンデリソン、前掲書　第2分冊　361頁以下。
11) *B.M.*, Feb 1848, p.81.
12) R. Hidy, *op. cit.*, p.378.
13) ニューヨークの一新聞はつぎのように報じている。
「ロンドン宛の60日手形は容易に10$\frac{3}{4}$%をもたらす。しかし、ロンドン商会——当地で十分よくは知られていない——宛に振り出された手形について大変な不信が存在するので、これは二国の新の愛犬債務関係を示すものとしてでなく、ある種の仮想的価格とみなされねばならない。・・・」(qtd. In *The Economist*, Jan 22, 1848, p.97)
また、12月以降のアメリカからイギリスへ向けての穀物輸出は、部分的には、貨幣とロンドン宛てのひどい払底によって誘われたものであった。*The Economist*, Jan 1, 1848, p.20.
14) A.H. Wylie, *Lords' S.C. of 1847-48*, Q.2197.
15) *The Economist*, Jan 20, p.101-2.
16) *Ibid.*, June 1, 1848, p.130-4.
17) *Ibid.*, Feb 12, 1848, p.185.
18) Hidy, *op. cit.*, 379.
19) *The Economist*, Feb 12, 1848, p.185.
20) R.W. Hidy, *op. cit.* Chap XII.
21) Qtd in *B.M.*..Feb 1848, p.581.
22) *B.M.* Mar 1848, p.367.
23) *The Economist*, Jan 29, 1848, p.29.
24) *Ibid.*, Feb 5 1848, p.158.
25) *Ibid.*, Feb 26 1848, p.239.
26) Ferguson & Tarlor's Circular; *The Economist*, Jan 8, 1848, p.34.
27) *The Economist*, Feb 19, 1848, p.215.
28) T.C. Salt, *S.C. of 1847-48*, Q.1091-1104.
29) T.C. Salt, *S.C. of 1847-48*, Q.1171; Munt, *idid.*, Q.1395.

D　海外からの金流入

　イギリス貨幣恐慌の世界市場への波及過程はとりもなおさずイギリスへの金流入の過程にほかならなかった。
　各通貨圏からイギリスへの金の逆流についてはすでに各通貨圏の側からふれたのであるが、最後に、イギリスの側から総括しておこう。
　イギリスでは、イングランド銀行がバンク・レート引き上げを発表して直ちに、為替相場は上昇に向かい、海外為替市場でも時を移さず同じ動きが生じた。そして海外への金流出はほとんどやみ、8月末からは徐々に金の流入が始まった[1]。この時にはまだアメリカへの流出が続いていたが、流入が本格化したのは10月に入ってからであった。貨幣恐慌がクライマックスに達したときには、世界市場のほとんどあらゆる地域からイギリスへ金が流入する形勢に転じていたわけである。為替相場は引き続き順で、アメリカからの郵便船やその他の船舶は2月中旬までほとんど毎週ソヴリン金貨を積みかえったし、ロシアからは陸路で、やはり2月中旬まで、ロシア金貨が現送された。大陸諸国からも1月まで金および銀の現送が続いた。また、メキシコのヴェラクルスから郵便船が1月初旬に銀約16万ポンドを持ち帰り[2]、西インドの郵便船も銀貨26.8万ポンドと砂金の袋をもたらした[3]。さらに最後に、2月下旬、東インドから70万ポンドにのぼる大量の銀が届いた[4]。ただ、2月下旬になると、海外外国為替市場のポンド相場はやや下がり、主要な地域からの金流入はようやく終わった。
　金流入の推移とその合計額は正確にはわからないが、表2-2（116ページ）が最良の参考となる。イングランド銀行の金銀売買は8月から買い入れ超過が始まり、10月に急増、11月にピークに達した。しかしその後も2月まで高い水準を維持した。これに漏れている分を加えて考えるとすれば、国内からの還流が始まった12月以降も、イングランド銀行の金準備増加は、12月を除き、主として海外からの金流入によるものだったといえる。8～12月の買い入れ超過合計は金457万ポンド、銀44万ポンドだった。そして、国内からの退蔵金貨還流も一段落した2月末イングランド銀行の金準備が46年12月の水準

表2-18　イギリス国際収支好転の諸要因

諸要因	作用した期間
A.貿易収支の改善	
1.信用収縮崩壊による貿易収縮、中断	4月、7～12月
2.投売り的輸出	9～12月
3.価格崩壊による輸入激減	10月～
B.貿易信用収支の改善	
1.輸入手形の引受拒否と不渡り	8～12月
2.輸出信用の収縮と回収	4月、8～2月
3.銀行信用の収縮	4～12月
4.海外貿易信用の利用	10月～
C.資本市場収支の改善	
1.短期資金の流入	4月、9～11月
2.証券の海外売却	4月、7～11月

近くへ回復したのだから、直接流通へ入ったものなどここに現れてない分も加えると、結局47年春の金流出にやや劣る程度の——7～800万ポンドほどの金銀流入があったと推定してよかろう。なお、国別では、アメリカを例外として、他のいずれの通貨圏からの流入もそれに先行する流出を上回ったと思われる。

ところで、急転して海外からこのような量の金流入を引き起こした諸原因、言い換えればイギリス国際収支を好転させた諸原因は、一言で言うなら、世界貿易をファイナンスする機構＝ポンド手形信用の崩壊に伴う諸事情だった。ここではイギリス側から要約して表示し、主要な諸要因について立ち入った説明を加えておこう。

イギリス国際収支好転の諸要因を、それが主として働いたと思われる期間とともに表示すれば表2-18のとおりである。

金流入の積極的条件となったのは、ポンド手形信用の収縮と崩壊に伴う一群の金融的諸要因であった。その一は、輸入手形の引き受け拒否と不渡りで、整理によってのちにある程度の支払いが行われたとはいえ、大部分は支払われなかった。イギリスは穀物代金を破産によって支払ったといわれるほどであった。その二は輸出信用の回収で、主として、マーチャント・バンカーらが海外の貿易商のための引き受けクレディットを圧縮し、ほとんど新規供与を停止したことによる。海外の貿易商は膨れ上がっていた従来の残高の清算

を迫られたわけである。その3は、銀行間信用の収縮で、これは海外の為替銀行または為替業者がロンドン代理店宛に振り出すドラフトについて、マーチャント・バンカーらがその振り出しを抑制し、さらにのちには引き受け拒否や支払い停止による不渡りを頻発させて海外為替市場での不信を招き、その流通を不可能にしたことによるものであった。これらの手形はロンドン代理店の信用力によって遠隔地間の決済手段としていわば世界貿易における銀行券の役割を果たし、好況期には著しく増発されていた。この収縮によって海外の為替銀行および為替業者は従来の残高の清算を迫られたばかりか、送金手段を失ったため新規の送金には金または銀を現送する以外に手段はなかったのである。

　以上3要因こそ国際収支を積極的に黒字化し、金流入に導いた最大の要因であった。『エコノミスト』も次のように解説している。「我々の輸出が大変低下している時期にすべての地域から金銀が急速に到着するのは、ただ一つの回答しか持ちえない。すなわち、最近の貿易不振で収縮した状態の自然の結果だが、我々の対外信用が非常に収縮しつつあるという回答しか持ちえない。それは、また同時に、現時点におけるいくつかの種類の在庫過少にもかかわらず、商品を輸入することを嫌う傾向を立証している[5]」。

　金利差に基づく短期資金の国際的移動の中心をなしたとみられるのが、資本市場収支の改善に働いた二つの要因であった。一覧払いないし一覧後3日払いのロンドン宛手形の相場を乗せていた海外為替市場は、『エコノミスト』によれば、パリ、アントワープ、アムステルダム、およびハンブルクの四つに尽きていた。流入した資金の運用は、主としてコンソルや大蔵省手形への投資に向かうか、それともコールに出されるかしたと考えられる。大口のものではロシア政府によるイギリス公債買い入れが行われたが、流入した資金の大部分は大陸諸国からのものであった[6]。海外への証券売却はイギリスからの金現送に代わる手段としてマーチャント・バンカーらによって積極的に利用された[7]。売却に用いられたのはほとんど当該国の政府証券だったようである。アメリカ、大陸諸国、ブラジル等について事例を確かめうる[8]。金利差、あるいはそのヴァリエーションとしての証券価格差にもとづくこれら短期資金の移動はすでにかなりの量にのぼっていたとみられる。

ポンド手形信用の収縮と崩壊に伴う一群の金融的諸要因に次いで国際収支好転で決定的な意味をもったのは価格崩落による輸入激減であった。もっとも、貨幣恐慌の過程ではポンド手形信用の収縮と崩壊による輸入激減と重なり、むしろその陰に隠されていたといってよい。最好況期末の輸入激増傾向はまず輸入クレディットの収縮によって抑制された。契約と同時に一部を支払うという慣習等によって実質的な輸入前貸しを含んでいただけに効果は大きかった。次いで、海外為替市場における一般的なポンド手形不信のため輸入激増傾向は全く中断された。しかし、やがてパニックが鎮静するにつれ、イギリス商品市場の一般的崩落がもはや輸入を誘うことのない事実が明らかとなり、この要因が前面に出てきた。殊に、穀物は言わずもがな、砂糖、茶などの植民地産品、バター、チーズ、肉類などの食料品——輸入激増傾向の中心となっていた諸商品の輸入が一様に激減することになった。ニューヨークの一雑誌は1月初めの時点で次のように述べている。「我々の綿花収穫は船積みされないままだ。——部分的には農場主が受け入れようとしない価格のため、だがより一層船積みに対し手形を裏書き中とすることの困難のために。我々の食料品は当地で、大西洋の他の側からの注文の実行を除けば、それらの船積みを正当化するにはあまりに高すぎる[9]。」

　価格崩落による輸入激減は、金流入にとって消極的要因にすぎず、しかもその作用の仕方も先の金融的諸要因に比べいささか鈍重に働いた。しかし、金融的諸要因が債務の切り捨て、債権回収という1回限りの働きでしかなかったのに、価格崩落による輸入激減は、永続的な、再生産過程の実体的な規制を基礎とした要因であった。すなわち、イギリス貨幣恐慌は自らを引き起こした実体的原因そのものを取り除いていたのである。その意味で、価格崩落による輸入激減と貿易収支改善こそ金流入の根本的条件であったといわなければならない。そしてまたイギリスへの金流入がこの条件を基礎としていたことこそ自由主義段階の景気循環を決定的に特徴づけるもので、綿工業を中心としたイギリスの資本主義的生産が自らの内的諸矛盾を解決し、同時に世界市場の不均衡を正して、新たな蓄積条件を準備する力を備えていることを示すものにはかならなかった。恐慌期の金流入にこの根本条件が失われるのは1873年恐慌後のことである。

ところで、イギリス貨幣恐慌は、端的にいえば、イギリスからの金流出によって引き起こされ、イギリスへの金の逆流をもたらして収束した。あるいは、世界貨幣としての金の運動はイギリス貨幣恐慌を媒介し、かつそれに媒介された。この運動を通して世界貨幣としての金が果たした機能とは、結局暴走したイギリス商品価格体系全体を価値尺度することにほかならなかった。しかも、イギリス商品価格体系は、少なくとも世界市場商品については世界市場における需給を集約していたのであるから、多かれ少なかれ暴走した世界市場全体の商品価格体系の価値尺度をすることになったといってよかろう。

　ともあれ、イギリスからの金流出こそは、世界市場全体の価値尺度を行いつつ、その過程で世界市場における諸通貨圏への金の配分を再建した。世界市場の中心イギリスは、金逆流を通して、イングランド銀行がいったん失った金準備の正常な水準を再び回復しえた。ただ、世界市場の周辺にある諸通貨圏、殊に流出が厳しく金銀の払底が生じた東インド、フランスなどの場合、イギリスのようにただちに正常な金準備を回復したとは言い難かった。これら諸通貨圏はもともとイギリスのように金銀をいっきょに呼び戻す力をもっていたわけではなく、長い不況をとおして著しい困難を経験しなければならないのだった。

　さて、イングランド銀行の回復した正常な金準備は、言うまでもなく、<u>崩壊したロンドン貨幣市場の復活の基礎となる金準備</u>に他ならなかった。この金準備を基礎としつつ、著しく収縮した規模でロンドン貨幣市場は復活したのである。

1）J. Morris: *Lords' S.C. of 1847-48*, Q.126.
2）*The Economist*, Jan. 8, 1848, p.42.
3）*Ibid*, Feb.5, 1848,p.155.
4）*Ibid*, Feb. 26, 1848, p.239.
5）*The Economist*, Feb. 5, 1848, p.155.
6）W.G. Norman: *Lords' S.C. of 1847-48*, Q.2777.
7）*Ibid*, Q.2776.
8）R.W. Hidy, *op. cit.* p.378, 380; W.G. Norman: *Lords'S.C. of 1847-48*, Q.2777; *The Economist*, Aug. 21, 1847, p.954.

9) *The Economist*, Jan.22, 1848, p.104.

第3章　社会的反乱と秩序の回復

　世界市場恐慌は、世界市場の市場秩序をマヒさせた。資本が価値増殖を続けられなくなり、その結果、資本の運動の破断が生じた。

　この資本の危機はほとんどただちに社会的な反乱、革命を呼び起こすことになった。イギリスではチャーチズム運動が再活性化し、アイルランド独立の蜂起が起こった。ヨーロッパ大陸では、一足先にフランスの2月革命を皮切りに、各地に革命の火の手が上がり、民族の覚醒、統一を求める運動が広がった。そればかりではない。メキシコでは長く続くマヤ族の住民の反乱が始まったし、中国では多数の反乱の先に太平天国の乱が始まる。インドにも反乱が広がった。

　反乱の激しさは必ずしも恐慌の激しさによってきまったわけではない。むしろ、産業革命後周辺を収奪する資本蓄積を軌道に乗せた中心国イギリスの反乱はいち早く穏和化する傾向を示し、市場化、資本主義化を始めたばかりのヨーロッパ大陸の地域に激しい反乱、革命が発生した。また市場化に巻き込まれたばかりの、そしてヨーロッパの諸帝国がいまだ掌握できていないアジアや新大陸の各地へも反乱は広がった。

　1847年恐慌後の社会的反乱、革命は他の恐慌後にはない広範な広がりを見せ、世界的に大きな社会的政治的変革をもたらすことになる。

　しかし、世界市場にまたがる資本の運動は商取引の安全、安寧を不可欠の条件としており、平常は国家権力あるいはそれに相当するものによる法秩序としてそれを保証されていた。反乱と革命はこの法秩序を震撼させた。したがって、資本にとっては、反乱と革命の鎮静化、秩序の回復が何よりもまず必要となったのである。反乱が続く限り、世界市場での資本蓄積は重大な制約を受けることになる。鎮圧かそれが難しい場合には反乱の局地への隔離封じこめが求められた。

　1847年恐慌後の社会的反乱、革命とその鎮圧の過程は、きわめて興味深い

テーマではあるが、到底踏み込むわけにはいかない。

　ここでは、19世紀初期に激しく燃え上がった社会運動がいち早く鎮静化に向かったイギリスの例についてのみ、スケッチしておくことにする。

　保守的な地主貴族および金融貴族、自由主義的な商工業ブルジョアジー、民主主義的な急進派、小ブルジョアジー、それにもう一つプロレタリアート——これらが当時のイギリスにおける四つの主要な社会的勢力であった。資本主義世界の中心国イギリスでは、すでに大陸諸国より一足先に「工場制度」が作り出した新しい階級、プロレタリアートが一の新しい社会勢力として登場していた。ただ、このプロレタリアートは、独自の階級組織を持ち始め、初期社会主義の洗礼を受けてはいたが、まだ自らを新しい階級として小ブルジョアジーから区別しきれないでいた。工業都市の労働者は、産業革命の引き起こした深刻な経済的社会的変動の中で生活の不安にさらされ、まだ記憶と郷愁の絆で、彼らが余儀なく捨てた農村の共同体生活に、あるいはまた同業組合生活につながれていた。彼らは多くの場合小ブルジョア急進派に吸収された。政治的には、改革議会のもとでブルジョアジーこそが、「産業的利害」のホイッグと「土地的利害」および「金融的利害」のトーリイ（ただし、1847年当時は穀物法撤廃をめぐってピール派と保護貿易派に割れていた）という散文的な金銭的利害の形を採ってゆるぎない絶対多数を占め、小ブルジョアジーはその傍らに少数の急進派、ウルトラ・トーリイに独自の表現を、またアイルランドの分離独立を唱えるアイルランド党に特殊の表現を見出していた。プロレタリアートはチャーチスト議員、F. オーコンナーに唯一の表現を見出していたにすぎない。

　だが、社会諸勢力の社会政治体制内への吸収が比較的すすんだこのイギリス市民社会の秩序も、飢饉と重なった恐慌の衝撃から無事ではなかった。

　失業と飢饉による飢餓から被救済者数は激増した。イングランドおよびウェールズでは恐慌直後には救済を受ける者の数は好況期の最低水準から4割増え、人口の10.8％の達した。地域別にみると、綿工業のランカシア地区、やや遅れて鉄鋼業の南ウェールズ地区での増加が目立った。都市では、リヴァプールの被救済者は46年前半の1.6万人から48年前半の2.8万人へ、マ

ンチェスターのそれは2.7万人から9.5万人へ跳ね上がった[1]。労働者の多くが救貧法の保護を受けるのを嫌って、救貧所以下の生活に甘んじたことを考慮に入れるなら、都市が半ば飢えていたといってもいいすぎではあるまい。この間飢饉のアイルランド農村では一層破滅的で、人口の8割、およそ200万人が飢餓状態に堕ちていた。被救済者は、46年9月末の5.2万人から47年9月末には8.6万人に増加した[2]。ただ、これらの数字はアイルランド救貧制度の未整備のため悲惨な状態を十分に反映していなかった。これら飢餓線上のアイルランド難民は、今や無一物の移民としてアメリカ合衆国、カナダ、オーストラリア等へ向かて大挙海を渡りつつあったが、また多数がイングランド、スコットランドの大都市の街頭へ浮浪者化して沈澱した。リヴァプールでは47、48年中に救済されたアイルランド人はそれぞれ4.7万人、1.3万人、マンチェスターでは48年に4.4万人(うち1.2万人が浮浪者)に達した[3]。工業都市とアイルランド農村のこのような状態はいやがうえにも社会不安を激化した。48年のマンチェスターは軍隊による警備を受けなければならなかった。

また、この間破産もパニックの終息後引き続き高水準を続けた(222ページ表3-1)。特に大工業を別として、農業、農業関連商工業、小売商、手工業のそれなどは、整理の困難を反映して長く尾を引いていた。これらに法的手続きを踏まない生産も加え、資本家階級からの脱落者が相次いでいたわけである。これもまた社会不安を激化する一要因に他ならなかった。

チャーチズムの再燃。

1841年の盛り上がり以来下火になっていたチャーチズムがこうした飢餓と社会不安を背景とし、「2月革命」の熱気の幅射を受けながら、ふたたび活気を取り戻した。

四散していたチャーチストたちはふたたび結集した。彼らの主力は、第3回国会請願のための署名集めを始めた。そして新しい全国『コンヴェンション』を開き、請願を議会に提出するためウェストミンスターへ行進することとし、請願が拒否された場合には、チャーチストの「ナショナル・アセンブリイ」を選び、憲章が立法化されるまで解散しない計画を立てた。

1848年4月10日のロンドンのケニントン広場での大集会は、こうして復活

したチャーチズム運動の一頂点となった。イギリス版「2月革命」へのブルジョアジーの恐怖を反映した政府は、周到な反乱鎮圧体制を敷いた。間もなくフランス皇帝となるルイ・ナポレオンを含む15万以上の特別警官が登録されたうえ、軍隊と砲兵がロンドン中心部の全戦略拠点に配置された。政府官庁にはバリケードが築かれ、文官も武装した。政府は軍隊でテームズ河を固め、これを渡ってウェストミンスターへ行進するのを遮るつもりであった。ケニントン広場には数万の人々が集まった。国民請願の署名はF.オーコンナーによれば570万に達していた（ただし議会の公式計算では200万を下回った）[4]。だが、指導者はこの鎮圧準備に気おされて当初の計画を強行しようとはしなかった。国民請願は馬車を持って下院に送られ、集会は解散した。署名数は1839, 41両年をかなり上回ったが、復活したチャーチズムにはもはやかつての反乱的性格は失われていたのである。この失敗の後運動の左派指導者、そして最も民衆の心をつかんでいたファーガス・オーコンナーは発狂し、チャーチズムは力を持つ大衆運動としては急速に衰滅することになる。

　チャーチズムがかつての戦闘的性格を失っていたこと、これは主としてその左派を形成していたランカシア、ヨークシアおよび南ウェールズ労働者層の生活状態と意識の変化によるものであった。手織り工を始め彼らの一大部分は繊維工業の相次ぐ技術革新の過程で解体される運命にあり、雇用されていたものも旧来の熟練が無用になる不安にさらされていた。彼らは経済的社会的大変動のただなかにあった。だから彼らの闘争エネルギーは多分に工場制度を呪う性格のものだったのである。ところが、繊維工業地帯、特にランカシアの様相は大きく変化しつつあった。すでに綿工業等の嵐のような技術革新は峠をこえようとしていた。そして過剰人口の本源的プールである農村は、エンクロージュアによって共同体を徹底的に破壊されたうえ、それによって生じた滞留分を相当に吐き出し、また失業人口の第2の、直接的プールである都市の手織り工たちは衰滅の最後の時を迎えようとしていた。これとともに綿工業労働者の賃金水準の趨勢的な低下もようやく止まった。彼らは自己を階級として再生産する近代的労働者階級として、ほとんど完全に定着したのである。彼らは初期社会主義のエネルギーを著しく失い、代わって熟練を持つ成年男工のあいだに「自助」をモットーとする「ヴィクトリア風」のイデ

オロギーが広まり始めていた。

　なお、チャーチストの主流は、1840年代初頭の敗北以来始まったオーコノヴィルの土地計画——工場制度と失業から抜け出す道としてチャーチストたちに土地を与え民主的社会を作ろうとする計画——に流れていた。この計画はオーウェンの計画と同じように多くの労働者の心をとらえた。しかし、この計画自体は共同耕作を行うオーウェンの『国内植民地』とは異なり、個人的保有地を持って個別に耕作を行うもので、共同体的紐帯は弱いものでしかなかった[5]。そしてオーコンナーの全国土地会社は行き詰まって1851年に解体する。

　アイルランドの反乱。
　大飢饉のアイルランドには、しかしまだ反乱のエネルギーがあった。農業労働者や小作農たちは飢えて、何かを待ち望んでいたからだ。1847年を通して激しい調子の煽動が行われた。そして下院議員ダニエル・オーコンネルら「道徳力」によって「廃止」(1800年の大ブリテンとアイルランドの連合条項の)を達成しようとする穏和派に対して、「腕力」によって同じ目的を達成しようとする過激派が街の若者や失業者を基盤に台頭した。スミス・オブライエン、ミッチェル、ミーガーらがそのうちの目立つ煽動家であった。
　政府はここでも救済および政治的譲歩の策を講じるとともに物々しい弾圧体制をとった。政府はアイルランド政府のクラレンドン卿のもとに軍隊を増派し、アイルランドは4万の軍隊と艦隊の制圧下に置かれた。6月に起こったパリ労働者の6月蜂起とその鎮圧は、ヨーロッパ大陸全土を反動の波で覆うことになった。イギリスでもブルジョアジーの諸分派は私有財産という共同の旗印のもとに固く結束して攻勢に出た。オブライエンらの扇動が行き悩むのに対し、ラッセル首相は1848年7月25日、一部のアイルランド議員の反対を押し切って、人身保護法をアイルランドにおいて49年3月まで停止し、陰謀の疑いがあるものの逮捕拘留の権限をアイルランド政府に与える法案を成立させた。アイルランド政府はただちに反乱企図が存在すると公表して不法集会の解散を指示し、オブライエンらの逮捕に賞金をつけた。孤立し、追い詰められたオブライエンらは失業した炭坑夫、鉱夫らからなる一団とともに

武装して炭鉱地帯のティペラリーの境に現れたが、7月29日逮捕に向かった70名の警官隊と撃ち合いの衝突のうえ敗北し、逮捕された。反乱的な武装クラブは町という町に存在し、現に政府は11の州といくつかの男爵領を反乱の恐れがある地域に指定していたくらいであったが、彼らはついにそれらに反乱の火を点じることはできなかった。反乱を待ちつかれた民衆は農場へ働きに戻った[6]。

　アイルランドでさえ、未曽有の飢饉にもかかわらず、あるいはむしろそのためもあって、20年ほど前のエネルギーを失っていた。1820年カトリックが解放されたことも一因であったが、農民はむしろ主として移民という個人的解決策に向かっていったのである。

　こうして資本主義世界の中心国イギリスの秩序は、大陸その他の深刻な騒乱をよそに、いち早く回復された。

1） *The Economist*, June 17, 1848, p.679.
2） B.P.P., 1847-48, XXXIII 377; 1849, XLVII p.783.
3） B.P.P., 1847-48, LIII p.7; XLVII p.57.
4） G.D.H.Cole, History of British Labour Movement, （林ほか訳『イギリス労働運動史』I, p.208.）
5） *Ibid.*, (I, p.204.)
6） *The Economist*, Mar 25, 1848, p.340; May 6, p.509; July 29, p.842; Aug 5, p.868; Oct 28, p.1215.

第3編　　不況

　世界市場恐慌の後いち早く活気を取り戻すものもあり、不況の様相は各地でさまざまであった。世界市場の多極化はすでに始まっていた。しかし、世界市場の主要な動向を決めたのはやはりイギリスであった。

第1章　現実資本　生産方法の改善と世界市場の条件整備

　恐慌によってその資本蓄積を規制された現実資本は、混乱した商品流通の整理修復によってただちに新たな好況的資本蓄積に入っていけるわけではなかった。不況期に入っても破産は尾を引いた(表3-1)。もちろん、混乱した商品流通の整理修復は最初に必要なことであった。しかし、単にそれだけではない。好況期末に成熟した内的諸矛盾の解決、すなわち資本蓄積の三つの局面——剰余価値の生産、実現と流通、およびその資本への転化の三つの局面に表面化した内的諸制約の解除が必要であった。それに世界市場性の高い主軸の綿工業以下にとって、その解除を保証する世界市場の条件再整備が是非とも必要であった。それらの課題を解決してこそ、新たな好況的資本蓄積の生産諸条件が整うのである。

A　綿工業

　さて、主軸の綿工業はこの難題の解決にどのように立ち向かったのか？
　1848年春から夏にかけて、紡績業者も織布業者もともにその利潤率は低位に落ち込んだ。綿布—綿花マージンも、綿糸—綿花マージンもこれまでに経験したこともない低位に落ちてしまっていた(図3-1)。一部の企業が休業し、またかなりの企業がショート・タイムを余儀なくされていた。そしてこの休業やショート・タイムは固定経費の負担のゆえにかえって利潤率を引き下げ、あるいは損失を大きくする傾向があった。だから、フル操業中の企業の一定部分もただ損失を少なくするために操業していたわけである。綿工業は何をおいてもこの困難の打開に取り組まなければならなかった。
　この困難の打開は、綿工業資本にとって死活がかかった課題であった。綿工業資本とこれに関連する利害が取り組んだ主要な打開方向は次の二つであった。第一に、自分自身の工場における内部努力で、労資関係を再編して

表3-1 不況下に尾を引く破産-業種別地域別(イングランドおよびウェールズ)

	1843, 44年の各四半期平均	1848				1849		
		I	II	III	IV	I	II	III
総計	263	615	513	323	354	411	350	249
業種別								
農業	2	9	7	16	8	7	4	6
農業関連商工業	18	46	31	35	29	30	31	14
鉱業	1	18	4	2	0	5	0	0
製造工業	55	186	162	118	110	72	41	27
うち羊毛工業	6	13	13	9	5	6	4	1
綿工業	3	7	6	5	8	4	0	0
麻工業	1	9	6	7	0	0	0	0
絹工業	2	3	3	2	0	0	0	0
染色工業	2	5	2	1	5	11	2	5
レース工業	1	0	5	13	0	3	0	1
靴下・シャツ製造業	1	24	10	7	1	0	0	0
金物工業	6	11	24	1	19	10	2	0
陶器工業	1	3	9	6	1	1	0	0
ガラス工業	1	2	1	8	1	0	0	0
製紙工業	1	7	7	6	4	1	0	0
建築業	12	33	28	14	36	20	9	5
金融業および貿易商	14	34	45	10	27	19	30	32
船主, 倉庫業者, ブローカー, 卸売商	27	31	16	8	25	56	24	19
小売商および手工業	148	291	248	138	156	222	220	145
うち宿屋	20	57	37	21	25	31	30	26
酒屋	6	16	13	21	3	12	12	0
食料品店	22	64	39	13	31	37	34	18
衣料品店	26	7	43	1	30	52	50	30
家具店	7	7	11	13	5	7	14	6
地域別								
ロンドン	82	136	135	50	91	106	81	59
ランカスター	30	93	71	13	60	53	49	33
チェスター	4	2	2	3	8	5	5	2
ヨーク・ウエスト・ライディング	21	35	37	5	17	5	26	15
ウォーリック	8	51	6	6	14	25	5	11
スタッフォード	8	5	6	4	13	12	11	8
サマーセット	7	40	30	14	10	12	16	12

(出所) *Journal of Statistical Society* 各号

コストダウンをはかること。これは自分自身の利潤率の回復をもたらす本来的手段である。そればかりか,同時に,それは部門間不均衡化の解消,労働力不足の解消など,全体としての資本蓄積の内的諸制約の解除に先に立って貢献するものであったといえる。第二に,外的諸条件を再編し,世界市場の

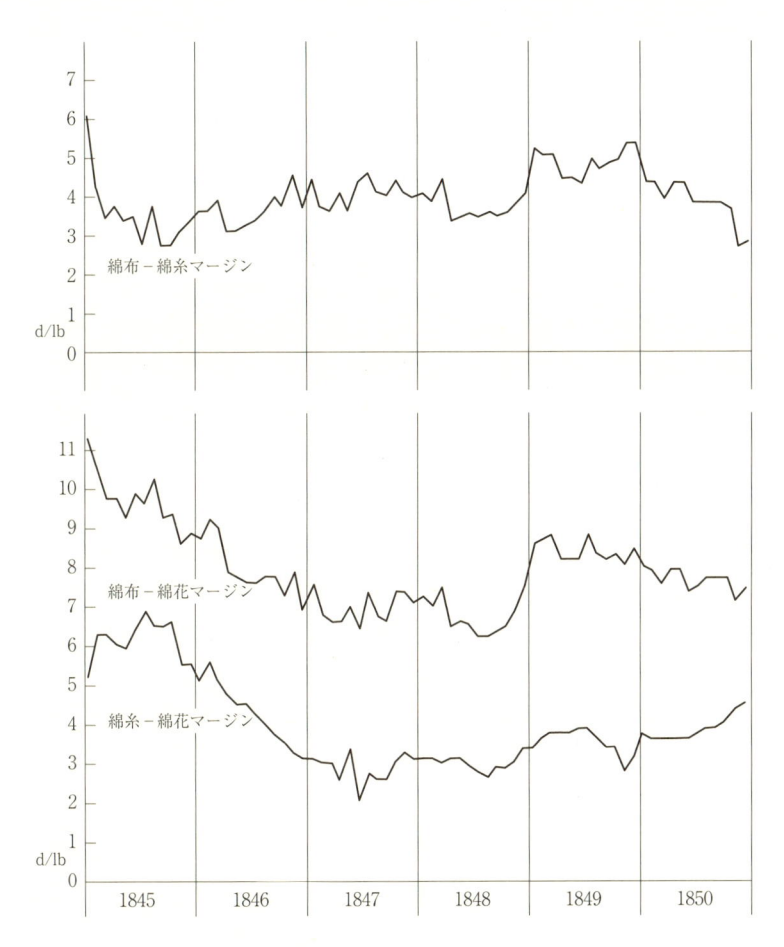

第1章　現実資本　生産方法の改善と世界市場の条件整備

図3-1　綿糸−綿花マージン、綿布−綿花マージンおよび綿布−綿糸マージン

（出所）*The Economist*　商品市況
　1）算出の方法については図1-2をみよ。

　自由な商品流通の発展を促進し、一方での製品市場の拡大、他方での原料調達の低廉安定化を図ること。それには、従来からの重商主義的帝国主義的侵攻の活用と新手の自由貿易政策の推進とが並んで用いられた。

　市況。

1848年春から1850年初頭にかけて、マンチェスター綿製品市場とリヴァプール綿花市場の市況は大きく波を打ちながら、三つの時期に分けられるかなり複雑な経過をたどった。

　48年3月～10月。2月革命に端を発した政治的激動が大陸の秩序そのものを揺るがしており、それはイギリスにも重苦しく影響していた。しかも、まだ海外市場の整理もつかず、したがって製品市況は一般に重い在庫を抱えて沈衰状態を続けた。恐慌期のマヒ状態からは立ち直りつつあったものの、破産数も多く、信頼感は回復されていなかったのである。多くの工場が休業またはショート・タイムを余儀なくされ、この間綿花価格は需要減と豊作見込みで異常な低位にまで下がっていった。

　5月初めの一業界報によって出発点における綿製品市場の個々の状況を確認しよう[1]。

　昨年の優良な穀作の結果としての生計費の軽減、植民地産品の低価格が、すでにこの地区（ランカシア――川上）の製品に対する国内消費に有益な影響を与えている。卸売商たちはロンドンおよび地方の取引の必要を満たすのにかなりせわしく従事している。……

　我々は外国需要があまりいいコメントの機会を与えてくれないのを残念に思う。昨月号来どの大手大陸市場向けの需要もほとんど改善を見せなかった。そしてこの方面への繊維製品のストックは荷づくりされないまま大量に累積し続けており、その間市場価値の低下を余儀なくされている。レヴァント向けは少しばかり多くの取引があった。しかし、取引規模は、送金の困難と売却のため大陸市場のいくつかに委託されるトルコなどの農産物の有利な代金実現の困難のために、通常の規模に比べほんの小さな割合をなすにすぎない。アメリカ向け取引は期待外れだし、今期のカナダ取引は相当の落ち込みを示している。……我々は西インド向け需要に少しの改善も経験していない。ブラジル向けの取引は、気の利いた新商品の小口荷と現在当該市場の必要に対して余るほど十分な無地布の在庫品の取り合わせ荷いくらかとに引き続き限られている。西海岸の諸港向けについては、当地での需要が収縮し続けている。それは部分的には彼の地の金融逼迫とこの

第1章　現実資本　生産方法の改善と世界市場の条件整備

国への送金方法の困難からきている。

　インド需要は22日の郵便船到着までは引き続き力がなかった。その後はある程度多くの取引が行われたが、持ち手に強気の調子を与えるのを超えて価格に影響するには十分でなかった。中国については、糸と上質の布の双方にその市場向けのいくつかの大口取引があった。この投資への動機は、広東と上海の港の需要再開ばかりでなく、長期信用の取り決めと対になった当地の低価格であった。……

　その後製品在庫整理が徐々に進行した。7月に入ると、価格低下傾向は止んで大量の取引が行われ、紡績業者も織布業者もストックを一掃して、かなりの程度将来引き渡しの注文にもとづいて生産するまでになった[2]。だが、市況はすぐ逆転した。オーストリアの革命、穀物収穫不良の予想、それに鉄道株の大量の払込金徴収とパニック的崩落などが響いた。しかし、こうした外的事情によるばかりでなく、動き出した大きな生産能力がたちまち製品価格を圧迫したというのが真相であった[3]。

　なお、全面的沈衰の中で当初は国内需要がわずかに救いとなっていたのであるが──この背景には単に47年の良好な穀作ばかりでなく、引き続き高水準を維持した鉄道建設が存在していた──、この方面からの需要もその後決定的に悪いほうへ変化した。まず小麦収穫不足の懸念から影響を受け、次いで鉄道株のパニック的落勢がほとんどすべての商人に恐ろしい影響を与えたからであった。

　48年11月〜49年5月。11月に最初の本格的回復の波が訪れた。活発な海外需要がほとんどあらゆる種類のマンチェスター製品をとらえたのである。特に決定的役割を演じたのはインドからのよい報告であった[4]。この回復には内外における整理の進行と信頼感の回復が前提となっていたが、そうなると諸外国への何カ月にもわたる供給過少とイギリスの低価格がにわかに意味を持ち始めたのである。製品価格は底入れして上昇を始めた。そしてそれは概して生産者にいくらかの利潤を許すものとなった[5]。生産もかくて本格的に拡大へ向かった。12月には早くも取引はこれまでにないほどの規模に達し、決定的な製品価格上昇へ導いた。在庫が軽く、供給が不足気味なことが買い手の

225

競争を生んだからであった。ところが、製品価格上昇はたちまち2月にかけて激しい投機に発展し、回復の着実な進行を危険なほど妨げるにいたった[6]。しかし、小康状態にあった大陸の政治的不安の新たな高まり——デンマークおよびイタリア問題と他国の介入による戦争の危険——がこの投機に終止符を打った。

なお、国内需要は引き続き限られていた[7]。

この間リヴァプール綿花市場へも刺激が伝わったから、綿花価格も底入れし、ある程度上向いた。しかし、豊作で供給が豊富なため紡績業者と織布業者のマージンが回復するのを助けた（図3-1）。

49年6月～50年3月。6月の末に向かうにつれ、第2のより本格的な回復の波があらわれた。信頼感は再び基礎を得、売買取引は活発さを増した。プロシャとデンマークの休戦、オーストリアとサルディニアの和平、それにプロシャによるバーデン反乱の鎮圧が報じられたので、着実な発展が始まったとの確信が広まった[8]。実際破産もまれになり、綿布輸出はⅢ四半期に力強く伸びて一つの小ピークを記録することとなった。

ところが、回復はなおもう一つの容易ならぬ障害、しかも他の繊維工業には関係のない障害に直面しなければならなかった。これまでの改善は45年に優に匹敵する史上最低の綿花価格に恵まれていたのだが、今やその恵まれた条件が失われた。収穫不良を見込んで7月に上昇し始めた綿花価格は、8月には紡績業者と織布業者にひどい圧迫を加えるようになった。リヴァプール綿花市場の投機的活気とマンチェスター綿製品市場の無感動と将来の必要を予想した買いの嫌気とは好対照をなした[9]。10月にリヴァプール綿花市場は興奮状態になり、5-10％の上昇が数日のうちに実現された。年末のスペキュレーターへの売りが87万ベール（年消費量の半ば以上）を超えた。ここに投機の規模がうかがわれる。高い原綿価格の圧迫は以後50年夏まで続くことになる。ともかくこうした原綿価格の上昇はマンチェスター市場の空気を全く変化させた。特に輸出の太宗を占める、原綿コストの比重の高い太糸、粗布（家庭用品）の生産は採算をとるのが困難で、ふたたびショート・タイムに逆戻りした[10]。

この間、国内需要はなお期待にこたえなかった。それは鉄道株の崩落に

第1章　現実資本　生産方法の改善と世界市場の条件整備

よる損失、これらの蔓延、安価な外国産小麦の競争に対する小麦農業地帯の用心などが主要な原因と考えられた[11]。

「10時間法」に対する巻き返し。

労資関係再編へ向けて綿工場主が最初に力を入れたのは10時間法に対する巻き返しだった。

1847年アシュレー卿のイニシアティヴで成立した新工場法、いわゆる「10時間法」は、若年工(13～18歳)および女工の労働時間を月曜から金曜までは10時間(これまでは12時間)、週合計58時間(これまでは69$\frac{1}{2}$時間)に制限するもので、47年7月1日から10ヶ月間週日11時間に制限する過渡期間を置いたうえ、48年5月1日から完全実施されるはずであった。貨幣恐慌は極度のショート・タイムを強制し、この法律の制限的性格をすぐには目立たなくしたが、落ち着くにつれ、採算の悪化した産業資本家にとってそれはたちまち大きな苦痛となった。そこで綿工場主たちは巻き返しの攻撃に出た。

まず法の完全実施の日が近づくにつれ、工場主たちはそれを阻止するために騒々しい声をあげた。彼らの決まり文句は、「10時間法」が神聖不可侵な私有財産権への侵害——工場運転の自由、それに「労働の自由」(！)への侵害であり、自由主義に逆行する保護主義であること、それに有利な立場に立つ外国の競争によって災厄がもたらされるだろうということなどであった。こうした叫びが、今回は「パリでは労働者が10時間法を要求するや否や政府を転覆した。次に来るのは幸福、結婚、養老年金等々の権利の要求だ」という10時間法賛成者に対する脅しによって強められた[12]。そして他方、時間短縮に加重する不況対策としての賃金切り下げによって労働者を困窮の淵に陥れ、労働者内に「10時間法」反対の意見を広めようと図った。実際、サマセットシアの労働者1236人らをはじめ、いくつかの労働者グループが法の改正ないし適用緩和を議会とグレイ内相に対して陳情した。だが、労働者の大多数は窮乏にもかかわらず、10時間労働に賛成した。ホーナーが完全実施直後にランカシア地区の労働者1153人に対して行った面接調査では、男工の68％が10時間を希望し、わずか18％が12時間のほうがよいと答えたに過ぎず、女工でも54％が10時間を希望し、36％の12時間支持を上回った[13]。工場主た

227

ちの多くもこの空気を察し、彼らの議会レヴェルでの工作も、ホイッグが多数を占めたにもかかわらず、容易に成功しなかった。

そこで工場主たちは完全実施後直接行動に、すなわち法に対する反逆に重点を移した。1833年工場法が実施された後と同じように、彼らは法の抜け穴を探し、あるいはまたある場合には公然とその無視に踏み切った。(イ)不利になった若年工、女工の一部分を解雇して成年男工に入れ替え、ほとんど廃れていた夜業を復活させること、(ロ)食事時間を始業前と終業後に与えること、(ハ)禁止されてない児童のリレー制をフルに利用し、しかも成年男工の労働時間を制約されないようその始業時をずらして、夜の8時半まで機械を稼働させること、(ニ)若年工および女工の始業時を同じくずらして設定するか(シフト制)、あるいはまた長い休みを間にはさんで、新たなリレー制を実行すること(この場合拘束時間は実質的にかえって延長される)などが実力行使の内容であった。

この間、すでにふれた如く、社会諸勢力の力関係に重要な変化が起こった。チャーチズムの退潮によって労働者は自らの闘争力を著しく弱めた。そこへパリ労働者の6月蜂起とその鎮圧後の反動の大波が襲いかかったのだ。市況回復とともに工場主たちの「10時間法」に対する反乱は無遠慮に拡大した。彼らにとって最も重要な意味をもったのは若年工および女工のシフト制およびリレー制であった。当時頻発した機械の故障による注文の破棄を避けるためにも[14]、操業時間を「法定の昼間」(午前5時半〜午後8時半の15時間)いっぱいに拡張しうる方策を確保することが大多数の工場主にとってどうしても必要だったのだ。したがってこれが争点となった。

工場検査官たちはしかし煙たい法の番人であった。若年工および女工の労働時間はその工場の操業開始から計算するという法律に明記された原則に基づいて、彼らは厳しい摘発を始めた。工場主たちはこれを阻止するためホイッグのグレイ内相に談じ込んだが、その結果が彼の8月5日の工場検査官宛手紙となった。「若年工を実際法に定められたより長時間にわたって働かせていると信ずべき証拠がない場合、若年工のリレー制について法の文言に違反したからといって、工場主を告訴するのは不適当と考える。」法のこの文言なしに違反の立証は不可能というのが立法時の検査官たちの意見だったというのに！　と

もかく、これでスコットランドとアイルランドを担当するJ．スチュアートは工場日の15時間内でのリレー制を認めた。一角は崩れた。しかし、他の検査官たちは大臣は法を停止する権限を持たないと声明し、なおも摘発を止めようとしなかった。そこで舞台は次に裁判所へ移った。工場主たちは裁判官の手を借りて告訴を撃退しようとした。判決にあたった州治安判事たちは、紡績業者でないまでも——違法にもそういう茶番劇さえあったが[15]——、その友人たちであった。例えば、マンチェスターの大細糸紡績業者、ケネディ商会はまず48年8月リレー制を採用してホーナーに告発され、罰金刑を言い渡されたが、スチュアートの方針変更を聞いて再びリレー制を採用し、12月に再び同じ裁判所へ告発された。しかし、今回はモード裁判長が法の規定を解説したにもかかわらず、治安判事たちはこの「フィクション」を受け入れず、無罪となった。ホーナーは引き下がらず、始業時に適切な掲示を張り出さなかったことでまた告発したが、ふたたび敗れた。労働力需要が増加しつつあるときにこの無罪判決が出たので、マンチェスターの救貧関係者の会合へは早速リレー制採用のため糸巻工、経糸工、ミュール糸継ぎ工、スロッスル見張り工、精紡工などを求める手紙がいくつか舞い込んだ[16]。結局ホーナーは次のように報告しなければならなかった。「私は七つの異なる裁判所管轄区での10回の告発によりこの法を励行させようとしたが、一つの場合にのみ治安判事によって支持されただけだった。それで私は、法網をくぐるからといってこれ以上告発しても無益だと考えた。この法の労働時間を一様にするために設けられた部分は、…このようにランカシアではもはや存在しない。・・・1849年4月末、私の管区ではすでに118工場主がこの方法（若年工および女工のリレー制——川上）で作業しており、その数は最近急激に増加している。一般にその工場操業時間は、1時間半の食事時間をはさんで、朝の6時から晩の7時半までの13時間半に延長されている。しかし2, 3の場合には、同じ食事時間をはさんで朝の5時半から晩の8時半まで15時間作業に達している[17]。」最後の仕上げをコート・オブ・エクスチェッカーがやった。この高等裁判所は50年2月に工場主たちの違法行為を免罪にする意味を持つ判決を行った。これまで採用をちゅうちょしてきた多数の工場主がこれに飛びついた。ただ、それでもなお、シフト制とリレー制によって若年工および女工を働かせるのはまだ

一般的とはならなかった。それは主としてアシュトン、ステイリイブリッジに広まり、そこでは10時間はむしろ例外だが、マンチェスター、レイ、ロッチデール、オールダムなどではわずかの企業しかシフト制とリレー制を採用していなかった[18]。

もっとも、J. ソーンダースの管轄区、羊毛工業のヨークシアでは若干事情が異なっていたようだ。10時間法の完全実施とともに、成年男工の労働時間を若年工、女工のそれに合わせて10時間で打ち切ることが比較的スムーズに一般化した。これは市況が回復しても摘発されたごく少数の例外を除き厳格に守られた[19]。ただ、コート・オブ・エクスチェッカーの判決後40ほどの工場がシフト制とリレー制を採用したが、それらは小規模で、準備過程と仕上げ過程に5, 6人という程度であった。準備過程がまだ工場外で動力なしで行われ、しかも工場の労働力構成において成年男工の比率が低かったこと、それにおそらくはリレー制要員の確保が困難だったことなどが、ランカシアとの相違を生み出したと思われる[20]。しかし、3ヵ月も経たないうちに不便だし、働き手に不満が出て取りやめとなった[21]。

だが、こうした工場主の法に対する反乱とそれを支持する裁判所の判決は、工場内外の労働者の抵抗を著しく激化させずにはおかなかった。階級敵対が高まった。ランカシア、ヨークシアでは労働者たちと急進派の人々、それに競争相手の違法行為を苦々しく思う工場主、殊にヨークシアの羊毛工場主などが次々に抗議集会を開いた。彼らの怒りは若年工と女工のリレー制を強行する工場主たちに対してばかりでなく、ホイッグの党派的治安判事へ向けられた。「ウルトラ・トーリイ」のオスラーは「法に対する謀反、女王の笏に対する公然たる反乱」を企てたかどで、裁判官を告発した。マンチェスターの力織機監督工たちも集会を開き、彼に見習ってグレイ内相へ抗議の覚書を提出した[22]。

これらの集会に参加した労働者の主力は、そしてまた主要な扇動家は——少なくともランカシアで扇動の最も大きかった中心、アシュトン、ステイリイブリッジ、オールダムにおいては——、成年男工たちであった[23]。だが、これらの集会で労働者の、そして労働組合のヘゲモニーが確立されていたわけではない。むしろ時間短縮運動は急進派の伝統を受け継ぐまだ未分化な社

会運動であった[24]。「時間短縮委員会」においては、イデオロギー的にはトーリイに吸収された民主主義的な小ブルジョア急進派（いわゆる「ウルトラ・トーリイ」）が議会へのつながりを持っていたことから強い影響力をふるったと思われる。そしてこのような運動の性格と対応して工場における労働者の直接行動──ストライキによって10時間労働を実現させようという試みはまるで実行されなかった[25]。

　ともかく、興奮は高まりつつあり、放置するわけには行かなかった。個々の裁判官のみならず、裁判制度そのもの、ひいては法秩序そのものの権威が失墜し、その性格が大衆的に疑われることになるからだった[26]。それに10時間法を守っている工場主たち、特にリレー制要員を容易に見出せない田舎の工場主たちの中からも強い不平が出ていた。こうした事態の収拾をめぐり、最後に再び議会が社会闘争の焦点として浮かび上がった。

　様々な利害が、「10時間法」制定当時と同じように、しかし異なる勢力関係をもって、議会へ向かってひしめいた。

　工場主たちの主流は、今や既成事実となったリレー制を取引の手段としつつ、法の有利な改正へ圧力をかけた。49年5月、10.8万人を雇用する綿工場主たちの署名した覚書（それには最終的に16.4万人──工場労働者総数のほぼ6割──を雇用する523工場主──工場主数のほぼ3割──が署名した）をグレイ内相に提出した。覚書は言う、「商工業への法の干渉に原則的に反対である。だが、議会が若年工、女工への規制が必要と考えるのであれば、法は意味が明瞭で（！）、動揺せぬものでなければならない（!!）。現存の法のもとでは、一人の女工、若年工も1日10時間以上雇用され得ないのだとすれば、我々はリレー制採用の権利を要求する。議会によって主張された工場投下資本の生産力の大きな縮小は国民的不幸を招く失策であることを塾考していただきたい。したがって、強く法の再考を望みたいが、もし、不健全な世論とは別途に、政府または立法府が工場労働への規制を必要と考えるなら、我々は錯綜した問題を一層直接的で危険でないものにすることの重要性について注意を喚起したい。そして1日11時間、週63時間を許す改正法が、工場主・労働者双方において現行制度よりも不満がより少なく、リレー制への誘因を著しく取り除くだろうと提案する[27]（下線──川上）」と。彼らの主張は言う

までもなくホイッグに吸収された。

　ただ、これに同調しない産業資本家がかなりいたことも確かである。綿工業内部でも、一方に、「慈悲深い」「開明的工場主」たちがいた。覚書の内容からして、彼らが全く署名に加わらなかったとは言い難い[28]。しかし、大工場、殊に太糸——粗布紡織兼営工場で競争上有利な優れた機械設備を採用し、それに対応して労働の内包的大きさ——強度を高めることに成功していた彼らは、最適労働時間として必ずしも11時間を必要とせず、むしろ無用に階級対立を激化することを強く恐れていたであろう。中にはベッドフォードの新工場主ジョーンズ兄弟商会のように、リレー制を阻止するため、自分の工場での実験をもとに「法定の昼間」を若年者、婦人について朝6時から夕7時までに縮小することを提案した回状を議員へ送った者もいた[29]。署名者であったにせよ、なかったにせよ、余裕のある彼らはより柔軟な態度をとることができた。実際彼らの立場は最終局面で過半数を得る見込みのあるグレイ内相案に反映されたといえる。だが、他方には、リレー制の法的承認をあくまで強硬に主張する工場主たちがいた。主に中小工場で劣等な機械設備を用いており、競争上の不利を労働時間延長によってしか補い得なかった彼らにとって、それは譲れない線であった。彼らの立場はパーク卿の案となって議会内に反映された。さらに、ヨークシアでは直接の競争相手綿工場主に対する独自の利害から、多数の羊毛工場主たちがむしろ「時間短縮委員会」に合流した。

　これらに対し、労働者と小ブルジョア急進派は、羊毛工場主たちをも加えて、いささか防禦的姿勢を取らねばならなかった。50年3月、ラッセル首相と会見した彼らの代表団は、その目的を「すべての者にとって労働時間を一様にすること」であると告げた。そしてとくに強く「10時間法」が工場労働者に与えた宗教、健康、道徳上の有益な影響を訴えた[30]。彼らの立場は、議会では、「工場制度の乱用」による国民的資源の浪費に人道的に顔をしかめ、勝ち誇るホイッグを懲らしめようとするトーリイに吸収され、アシュレー案となった。

　アシュレー法案は、若年工および女工の労働時間をこれまで通り週日10時間、これは工場の操業開始から数えることとし、その上に全工場の食事時間を一様にする改正を加えるものであった[31]。これに対しグレイ内相の法案は、

若年工および女工の労働時間を週日に半時間増やして10時間半、ただし土曜には半時間減らして7時間半、週合計では差し引き2時間増の60時間とするもので、これはマンチェスターの主要工場主幾人かによって推進されていると了解された。もう一つのパーク卿の法案は、若年工および女工のリレー制を合法とするものであった。ところで、47年当時とは異なり、分裂したトーリイは少数派になっていたから、アシュレー案には勝ち目がなかった。そこでアシュレー卿は中途から自案を捨て、グレイ内相の法案の修正に回った。グレイ案に、児童の労働時間を$1\frac{1}{4}$時間縮小して$5\frac{1}{4}$時間に制限する条項を付け加えようとしたのである。狙いは成年男工の労働時間を確実に10時間半に制限しようという点にあったといえる。だが、この転向で彼は「裏切り者」呼ばわりされ、後には当初のアシュレー案の完全実現を要求し続けるJ．マナー卿その他が残った[32]。

諸法案がこのように競合しあった末、グレイ内相の法案が多数を制し、8月5日に成立した。

1850年8月の追加工場法は、結局、対立する諸利害の妥協の産物であった。そしてこれに至る全過程は、工場主たち、殊に綿工場主たちが労働者、小ブルジョア急進派と結んだ地主貴族に議会で押しつけられた10時間法を実力行使で巻き返す反乱の過程に他ならなかった。そして労働者を主体にした抵抗がその巻き返しをある点で喰いとめたのだ。この結果ランカシアの若年工、女工のシフトおよびリレー制は影をひそめた。ただ、10時間運動の盛んだったアシュトン・アンダー・ライン、ダキンフィールド、ステイリイブリッジでは、それにオールダムでもある程度、若年工、女工が帰ってから児童を使った成年男工によって1/2～2時間操業する習慣が極めて一般的で[33]、成年男工の労働はなお確定的には$11\frac{1}{2}$時間に制限されなかった。しかし、ともかく、議会レヴェルでの妥協の成立によって、異様に高まった階級間の緊張は緩和された。静穏と満足の雰囲気が戻ってきた。10時間法になお固執する者がいたが、それは成年男工に限られた[34]。そして、週日、成年男工については$10\frac{1}{2}$～12時間、若年工、女工$10\frac{1}{2}$時間、児童$6\frac{1}{2}$時間が新しい好況的蓄積の基礎として確定されたわけである。

さて、実力行使による巻き返しにも拘わらず、綿工場主たちが得たのは成

年男工について1/2時間にすぎなかった。前の好況の出発点と比べるなら、標準労働日は1$\frac{1}{2}$時間ほど短くなっていたのである。産業革命をとおして労働時間を野放図に延長し、そればかりかその長い労働時間に若年者、婦人を引きいれ、さらには児童まで利用して剰余価値の生産を行ってきた綿工場主たちの黄金時代は決定的に過去のものになったといえる。1833年の工場法以来、労働者と小ブルジョア急進派の運動が労働者の健康と寿命、さらには教育について配慮し、資本のあくなき価値増殖衝動に対し社会原則を擁護する役割を果たすようになったからである。もはや綿工場主たちは労働時間の延長——絶対的剰余価値の生産によって不況期の課題を解決し、新しい好況的蓄積を準備することはできなかった。

生産方法の改善、合理化。

それで、不況期の課題を解決し新しい好況的蓄積を準備するために、産業資本としての綿工場主たちは否応なく生産方法の改善、合理化に努力を集中しなければならなかった。

まず、数量的に確認できる限りでの設備投資を見ると(表3-2)、ランカシア地区の綿工業では、1848年5月からの2年間に合計で3647馬力の新設拡張が行われた。これは総馬力数に対して年間4％弱、殊に後の1年は2％強の増加率にすぎず、44－46年の6－9％水準から著しく落ちていた。しかもこの間多くの廃業が出たはずである。正確にはつかめないが、それは工場数では新設および空家工場への入居を上回り、したがってこの不況期にはむしろ工場総数の減少が生じたと思われる。

これらのうち、おそらく拡張としてあらわれている馬力増加のかなりの部分は次に見る合理化投資の一環をになうものであったろう。また空家工場への入居も、その賃借人がより小さな工場から移動して来た場合、生産工程の合理化を伴っていたとみてよかろう。しかし、この不況期に集中して行われた合理化投資の大部分は、むしろ当然、これらの新設拡張統計に表れていなかった。

この不況期に集中して行われた生産方法改善、合理化の主なものは、蒸気エンジンの改良、自働ミュールと力織機の普及、作業機のスピードアップ、

第1章　現実資本　生産方法の改善と世界市場の条件整備

表3-2　不況下ランカシア地区綿工業の新設拡張

			紡績専業	織布専業	紡績兼業	撚糸業	計
48年5月～10月	工場数		8	8	3	-	19
	馬力数	蒸気	162	93	128	-	383
		水	70	14	-	-	84
48年11月～49年4月	工場数		3	6	4	1	14
	馬力数	蒸気	70	70	140	10	290
		水	4	-	-	-	4
49年5月～10月	工場数		2	6	3	-	11
	馬力数	蒸気	20	82	95	-	197
		水	7	-	-	-	7
49年11月～50年4月	工場数		3	10	4	-	17
	馬力数	蒸気	55	92	203	-	350
		水	-	20	-	-	20
総計	工場数		16	24	14	1	55
	馬力数	蒸気	302	337	566	10	1,215
		水	81	34	-	-	115

B　現存工場への追加およびあたらしい借手によって占有された空屋工場

			紡績専業	織布専業	紡績兼業	巻糸業および撚糸業	計
48年5月～10月	工場数		13	9	8	-	30
	馬力数	蒸気	223	100	177	-	50
		水	3	2	252	-	27
48年11月～49年4月	工場数		22	8	12	4	46
	馬力数	蒸気	467	77	465	44	1,053
		水	38	-	142	12	192
49年5月～10月	工場数		11	10	5	-	24
	馬力数	蒸気	67	83	90	-	240
		水	43	10	17	-	70
49年11月～50年4月	工場数		15	17	7	-	39
	馬力数	蒸気	150	186	207	-	543
		水	50	9	27	-	86
総計	工場数		61	414	32	4	141
	馬力数	蒸気	907	446	939	44	2,336
		水	134	21	208	12	375

C　50年7月の全工場

			紡績専業	織布専業	紡織兼業	その他	計
50年7月現在	工場数		517	196	436	36	1,185
	馬力数	蒸気	16,102	2,538	27,612	658	46,910
		水	1,340	152	1,820	64	3,376

(出所) *Reports of the Inspectors of Factories.*, 30 April 1850. Appendix No.1 および *Factories Return, 1850.*

および新型梳綿機の採用、プリント機導入などである。
　①その中で工場検査官ホーナーの注意を最も惹いたのは、蒸気エンジンの改良であった。1852年の報告で彼は、著名な機械製造業者ナスミスの言葉を借りて、ランカシア地区で行われたその改良の性格を詳しく説明している[35]。

　公衆は私が言及するような組織の変化と改善によって得られた動力の巨大な増加をほとんど知らない。この地区のエンジン出力は40年近くも臆病で偏見に満ちた習慣の夢魔のもとに横たわっていた。だが、今や幸いにも我々は解放された。
　過去15年間に、しかし特に過去4年のあいだに、圧搾蒸気エンジンの作動組織にいくつかの極めて重要な変化が生じた。それらはランカシア、チェシアおよびヨークシアの様々な綿工場と繊維工業に関連した他の工場において採用されている。
　エンジンの作動組織のこのような変化の結果は、はるかに大きな能率、すなわち同一のエンジンによって遂行されるはるかに大きな仕事量の実現であり、しかも燃料支出の極めて注目すべき減少のもとにおいてのそれである。
　上述の地区の工場と仕事場への蒸気力の導入以来大変長い間、圧搾蒸気エンジンを作動させるのに適当と考えられたピストン速度は1分間約220フィートであった。すなわち、5フィートのストロークをもつエンジンは原則として1分間にクランク・シャフトを22回転させるように制限されていた。このスピードを超えてエンジンを作動させる事は、慎重とも、また望ましいとも考えられなかった。それですべての工場の歯車（特に第1動輪）がこの1分間220フィートのピストン速度に合わせて作られていたから、こののろくてばかばかしく制限された速度が長年エンジンの作動を支配してきたのである。
　しかし、ついに、原則の幸運な無視からか、それともある勇敢な発明家の側のもっと良い動機からか、より大きな速度が試された。そして結果が高度に良好だったので、他の者たちも、通称「エンジンの遊走」（'letting the engine away'）によって、すなわち工場の歯車は一般に仕事の要求に最適な

第1章　現実資本　生産方法の改善と世界市場の条件整備

ものとしての以前の速度に保ったまま、エンジンを1分間300フィート以上で動かすのを許すような工場の連動装置の第1動輪の比率を修正することによってその例にしたがった。この「エンジンの遊走」、すなわちはずみ車の端の力が要求する安全性の限界内でできるだけ高速度にそれを動かすようにすることから生ずるのを見出された決定的な利点こそが、エンジンのほとんど普遍的な「高速化」(speeding)へ導いたのである。なぜなら、同一のエンジンから利用しうる出力が得られるばかりでなく、<u>エンジンの高速度ははずみ車により大きな運動量を与えたから、運動がはるかに規則正しくなるのが見られる</u>ことが明らかになったからである。……

ただ単に高速での「エンジンの遊走」によってエンジンが遂行しうる仕事量が比例的に増大するということが明らかとなるや否や、<u>「高速エンジン」はほとんど一般化し、習慣的な220フィートのピン速度は歴史上の事柄となった</u>。

しかし、同一のエンジンから出力の増加を得るためには、そのピストン速度の増加とある程度同じ比率でそのエンジンに蒸気を送ることが必要となるので、「一層怒らす」('fire up harder')、すなわち同じボイラーで時間当たりにより多くの石炭を燃やすか、それともより大きな蒸気能力あるいはより大きな蒸気生成力をもつボイラーを採用するかが必要となった。したがって、これが実行され、より大きな蒸気生成力あるいは水分蒸発力をもつボイラーが旧い「高速化された」エンジンに提供された。そして多くの場合、100％近くより大きな仕事がうえに述べたような改造の方法によって**同一のエンジン**から引き出された。

<u>10年ほど前</u>コーンウォールの採鉱作業に採用されたエンジンによって実現される以上に経済的な動力の生産が注意を引き始めた。そして紡績業の競争が製造業者に「節約」を利潤の主要な源泉とみなすように仕向けたので、コーンウォールのポンプ・クランク型エンジンの実績によって、また同じくウールフのダブル・シリンダー・エンジンの経済的な実績によって示された1時間1馬力当たり石炭消費の著しい相違が、この地区の燃料消費の節約の主題として増大する注意を引き始めたのである。そして一般の綿工場のエンジンは1時間あたり1馬力に8〜12ポンドを消費していたの

に、コーンウォールのエンジンとダブル・シリンダー・エンジンは時間あたり$3\frac{1}{2}$〜4ポンドの石炭で1馬力を提供したから、それほどに大きな相違は、この地区の工場主とエンジン製作者に同じような手段の採用によって、コーンウォールとフランス——これらの地では石炭の高価格が製造業者に特別の注意を引いたのだった——で通例となっていることが分かったそのように異常な経済的効果を実現する努力へ誘った。

　燃料節約に向けられた注意のこの高まりの結果は、多くの点で大変重要であった。第1に、多くのボイラーは高利潤の古き良き時代にはその表面の半分が全く裸のまま冷たい外気にさらされていたのだが、それらが…露出表面から熱の逃げるのを防ぐための厚いフェルトの毛布、レンガと漆喰、そしてその他の諸手段によってカヴァーされ始めた。蒸気パイプが同一の仕方で「保護され」はじめ、エンジンのシリンダーの外部も同じような仕方でフェルトで包まれ、木で囲われた。

　次に「高圧」('high steam')がやって来た。すなわち、1インチ四方4, 6, ないし8ポンドで蒸気を放散するよう取り付けられた安全バルブをもつ代わりに、圧力を14〜20ポンドにあげ、シリンダーの一部分だけを満たすことによって、きわめて決定的な燃料の節約が生ずることが分かった。…それで「折り重ねバルブ」('lapped valve')と「遮断」('cut off')器具は全く流行となり、資金と大胆さを持ち合わせる者は適当に構築されたボイラーを1インチ四方30, 40, 50, 60そして70ポンド——旧い学校の技術者を気が変になるほど驚かしただろう圧力だ——の蒸気を供給するのに用いることによって、増大した圧力と作動の「膨張組織」をフルに活用した。しかし、膨張的に仕事させるため蒸気圧をそんなにあげることの経済的効果は、一番間違いのない損益計算の形式ですぐに現れたから、<u>圧搾エンジンを作動させるための高圧蒸気ボイラーの使用はほとんど一般的となった</u>。

　このような燃料消費節約的な工夫の導入を十全にやろうと望んだものは、すぐにウールフ・エンジンの全面的採用へ踏み切った。<u>最近建った我々の工場の大部分はウールフ・エンジンによって作動されている</u>。すなわち、それらは各エンジンに二つのシリンダーがあり、その一つにおいては、大気圧を超える圧力の超過分だけボイラーからの高圧蒸気が力を働かす、ある

第1章　現実資本　生産方法の改善と世界市場の条件整備

いは力を生み出すのである。それはその高圧蒸気を各ストロークの終わりに外気へ逃げ出させる代わりに、前者の約4倍の大きさの低圧シリンダーへと送りこみ、妥当な膨張の後で圧搾機へ送り出す。

　天才的な工夫によってダブル・シリンダーのウールフ組織、すなわち結合低高圧エンジンが現存のエンジンにも広汎に導入されている。それによってそれらの実績は出力と燃料節約の双方について向上させられた。

　<u>この8年ないし10年</u>、高圧エンジンを圧搾エンジンと結合し、前者の余分の蒸気を送り込んで後者を働かせることによって、同一の結果が、しかもほとんど同一の方法によって利用されている。この組織は多くの場合非常に便利で、だからかなり広範に用いられているのである。

　実績について、すなわちこれらのうちいくつかあるいいはすべての改善が適用された同一のエンジンによってなされる仕事量の増加について正確な報告を得るのはとても容易ではないだろう。しかしながら私は、もしわれわれが正確な報告を手に入れることができたなら、その結果は、同一の重さの蒸気エンジンから我々が平均して少なくとも50％多くの能率あるいは達成された仕事量を得ていること、そして先に述べたように、多くの場合1分間220フィートの制限された速度の時代に50馬力出していた同一の蒸気エンジンが今では100馬力を超えるだけ出していることを示すだろうと確信する。

　圧搾蒸気エンジンの作動に高圧エンジンを用いることから引きだされたこの経済的効果こそは、工場の拡張によって要求された同一エンジンからの高い出力と相まって、<u>過去3年のうちに</u>単純なワゴン型でシリンダー状のボイラーの代わりにチューブ型ボイラーの採用へ導いた。チューブ型ボイラーは以前工場エンジンのため蒸気を生成するのに用いられたものよりはるかに経済的な結果を生んでいる。（原文のイタリックはゴティックで、傍線は川上）

　要するに、エンジンの改良とこれに促されたボイラーの改良によって出力の増加と燃料費の節約がもたらされた。そして決して見落としてはならないことだが、十分な出力増加にバックアップされたエンジンの高速化は機械運

239

転速度の安定を導きえた。これはのちに見る自動化された作業機の普及、ダブル・デッキングの積み重ね、さらに特に作業機のスピードアップに対して必須の前提を準備するものに他ならなかった。最後の、もっとも重要な点だが、これら蒸気機関の改良の大部分はすでに前の不況期ないし好況期に先進的企業の組織として登場していたが、この不況期から好況初期にかけて広く普及し、ほとんど一般化したのである。ナスミスのメモは、1840年代末の不況期における生産方法改善の時期的集中を記録した極めて貴重なものである。しかも、その際、旧来のエンジンを全面的に取り換えるのでなく、器具の取り付け、新機械と旧機械の結合などの措置によって最新機械導入と同じような経済効果を上げる方法が開発され、その一般化に寄与した。それは1840年代初頭の合理化にもみられたところである。それはともかく、こうした蒸気機関の改良は、これまで動力機の馬力数を工場設備の発展を代表する最も的確な指標として使用してきた——それは作業機の体系が激しい革新を遂げつつあり、その質に雲泥の差があるため、紡錘数と織機台数が必ずしも発展を正しく反映しなかった1830、40年代には妥当な方法だったが——工場検査官に、もはやこの馬力数さえ単独では十分に発展の指標として役立たないことを認めざるを得なくさせたのである。

　②作業機そのものの改善、合理化についてみると、紡績部門では、精紡工程で自働ミュール機の普及が一層進み、かつダブル・デッキングが続けて試みられた。自働ミュール機の普及は、償却の進んだ手動ミュール機の全面的取り換えによるばかりか、ジェイムズ・スミスの発明にもとづく部分的取り換え——「転換」によって特に促進された。手動ミュール機から自働ミュール機に「転換」された場合労働力編成の変化の結果、機械1組（2台）当たりの賃金コストはほぼ3/4に低下した（表3-3）。ただ、新機械の常として、自働ミュール機は一面で高級な作業にはまだあまりにラフだったし——たとえば、それは糸を糸巻きにうまく巻きつけなかった——、また他面で小紡績業者には高価すぎたから、普及もかなり制約された。1850年代初めに自働ミュール機はボルトンのような細糸紡績地区ではほとんど使われておらず、中ないし太糸紡績地区でも普遍的というにはほど遠かった。新しい自働ミュール機また

は手動ミュール機の採用は多くの場合1台あたり錘数の増加を同時に伴っていたが、ダブル・デッキングは旧機械の価値のかなりの部分を温存しつつそれに対抗する改良策に他ならなかった。したがって、この方法は有無を言わさず合理化を強制された不況期に特に利用されたとい

表3-3 手動ミュールから自動ミュールに転換された場合の賃金コストの変化

手動ミュール機一組(二台)		自動ミュール機一組(二台)	
	s		s
精紡工	35	見張工	30
(Cypher)	15	大糸継工	12
中糸継工	10		
小糸継工	5-6	小糸継工	7
計	65～66	計	49

(出所) G.H. Wood; *The History of wages in the Cotton Trade*, p.27.

える。ともかく紡績機1台あたりの平均錘数はこうして著しく増加した[36]。

また準備工程では、40年代に重要な発明改良を加えられて登場した梳綿機(後出)が、この不況期から50年代前半の好況期にかけて、綿工業、殊にまず細糸紡績の部面に導入された[37]。ただ、これも甚だ高価だったから、当然小紡績業者にとって導入は困難だった。

これまで機械化の総体的に遅れていた織布部門でも、先の不況期に続いて改良が目立った。力織機は、全面的更新あるいはまたおそらく部分的更新の方法によって、ふたつの重要な改良——横糸フォーク（weft fork）と自働伸子（self-acting 'temple'）の採用——が普及し、その性能を著しく改善された。前者はスピードアップを可能にしたが、後者は布を伸ばして張っておくよう伸子の位置を変えるため織布数インチごとに力織機の運動を止めることを不要にし、労働をほとんど半減させたのである。こうして40年代は力織機に主要な改良が施された時期となった[38]。そして、このような改良を加えられつつ、力織機はこの不況期に最終的な一撃を手織り機にしがみつく手織工たちのうえに加えた。手織工は50年には4.3万人に減少し（表3-4）、主として高級織物の分野に残存するばかりとなった。

さらに、作業機の全体、殊に精紡機と織機についてスピードアップが実行された。先に触れた蒸気エンジンの改良による機械運転速度の安定こそは、これまた鉄工業の発展を背景にこのころ急速に進んだ作業機のフレームの木製から鋳鉄製への、各部品の青銅製、ブリキ製などから鋼鉄製への転換による精度および力学的性能の向上と相まって、継続的なスピードアップの前提

表3-4 力織機の制覇

	1835	1845	1850
力織機			
王国合計	108,632	?	249,627
うちランカシア地区[(1)]	?	138,717	176,957
手織工	188,000	60,000	43,000

(出所) *Reports of the I. F.*, Oct.31 1845, Appendix No.1; *Factories Return*, 1850; G.H. Wood, *op. cit.*, pp.123,125,127
(注) (1) ランカシア地区とは45年には工場検査官の受持範囲としてのランカシア地区、50年には一般行政地区としてのランカスター。両者の相違は出入の地域を差引すると、ごくわずかとみられる。

を準備するものであった。実際どのくらいのスピードアップが実現されたのかはわからない。しかし、49年には、ほとんど違わぬ紡錘数、しかも10時間法の完全実施で1割ほど短い労働時間のもとで、46年のピークの水準を2％超える綿糸生産を実現しており、業界報はその原因を主としてスピードアップに求めている[39]。

　残念ながら、エンジン改良についてのナスミスの証言のように作業機の改善の不況期への集中を的確に指摘する証言はほとんど得られなかった。1839-42年不況当時とは異なり、ホーナーも証言を残していない。しかし、周囲の状況から、不況期への集中を推論して間違いはないと思われる。

　ともかく、綿工業のこの不況期の資本蓄積は、一定の新設および拡張投資を伴ったが、既存設備の全面的ないし部分的更新による生産方法の改善、合理化を主内容とする資本蓄積に他ならなかった。

　生産方法の改善、合理化を主内容とする資本蓄積とは、剰余価値の生産としては、労働生産性をあげることによって剰余価値率を高め、剰余価値の生産能力を高度化する方法、すなわち相対的剰余価値生産の方法に他ならない。そのようなものとして、押し返しきれなかった工場法による労働時間短縮をものともせず、綿工業資本が労資関係を再編し、新たな剰余価値生産能力を準備しえたわけである。これは綿工業が資本蓄積の内的制約の一つを解決する先頭に立つことを意味した。

　と同時に、生産方法の改善、合理化を主内容とする資本蓄積は、剰余価値の実現と流通としては、一方では製品低廉化により市場を拡大し、他方で多くの競争から脱落した資本を廃業退出させ、失われた部門間不均衡を回復す

第1章　現実資本　生産方法の改善と世界市場の条件整備

る方法でもあった。そのようなものとして、全産業が共同事業として整える新たな剰余価値流通の均衡条件を綿工業資本が率先して準備しえたわけである。これまた綿工業資本が資本蓄積の内的制約の一つを解決する先頭に立つことを意味した。

　また、生産方法の改善、合理化を主内容とする資本蓄積は、剰余価値の資本への転化としては、資本が必要とする労働力の比率を下げ、産業予備軍を再形成して、剰余価値の資本への転化の新たな条件を獲得する方法、すなわち有機的構成高度化を伴う資本蓄積に他ならない。そのようなものとして、綿工業資本は労働力不足を解消して労資関係を再編し、新たな資本蓄積の条件を準備する先頭に立ったわけである。これも綿工業資本が資本蓄積の内的制約の一つを解決する先頭に立つことを意味した。

　結局、綿工業の生産方法の改善、合理化を主内容とする資本蓄積は、綿工業資本が他の諸産業資本にさきがけ、しかももっとも積極的に、前の循環過程で成熟した内的諸矛盾の解決、すなわち剰余価値の生産、実現と流通、その資本への転化の3分野に表面化した内的諸制約の解除に貢献する過程に他ならなかった。

　ただし、主軸の綿工業でその嵐のような技術革新、生産方法の改善、合理化が作業機についてすでに峠を越え、ようやくその限界が見え始めていたことは見逃せない。この主軸部門は技術的には「成熟」の域に近づいていた。事実この不況期における狭義の作業機の革新は1840年代初頭のそれほど目覚ましくはなかったし、またこののち1870年代からのリング機の導入を除いて重要な技術的革新は現れてこないのである[40]。同時にあれほど綿工業の「工場制度」とその弊害のうえに集中し、熱した社会の、そして議会の関心も、すでにそこから去ろうとしていた。関心が残った限りでは、それは優れて質から量の面に、すなわち工場数、紡錘数、力織機数、馬力数、労働者数などの増減およびそれらの外国との比較に向けられることとなる。工場検査官ももはや機械についての詳しい解説はしなくなり、統計の整備に余念がない。

　綿工業はこのように内部からの革新力を弱めつつ、それだけにこののちその回復を次第に外的条件に依存する傾向を強めていくことになる。

243

労働力。

　生産方法の改善、合理化を主内容とする資本蓄積のもとで、綿工業の労働者は恐慌期の高い失業率をほぼ維持し、その生活状態は全体として恐慌によって落としこまれた劣悪な状態から抜け出られなかった。

　工場労働者数の変化は表3-5によってほぼ確かめられる。1847年3月から50年6月にかけ、イギリス全土で1.46万人、ランカシアで1.44万人と、不況期にも拘わらず相当の増加を見せた。ほぼ雇用のピークであった46年10月からみても5千人強の増加が生じていた。ただし、ホーナーによれば、ランカシア地区で48年5月からの2年間に工場の新設拡張のため1.58万人の雇用増加が生じたはずなので、操業制限からの回復分も考えると、他方ではこの間相当数の工場労働者が休廃業企業から排出されたことも確認できる。そしてまたのちの標準的工場の観察からは（表3-11参照）、固定資本の増加にもかかわらず、かえって雇用労働者の減少が生じていたことを知りうる。

　これに対し、工場外の労働者、すなわち手織工数の変化は正確には確かめられない。しかし、好況期と不況期を一律にしたウッドの推計でも、46年から50年にかけての4年間に1.4万人減少し、50年にはわずか4.3万人となった。綿工業全体としてみれば、不況期には労働力の吸収が全くなかったか、あるいはむしろ排出があったと認められる。

　この間、工場労働者の労働時間は、先にもみたように、「10時間法」の実施によって著しい変化を被った。若年工および女工の労働時間が、47年6月までの週日12時間、週合計69$\frac{1}{2}$時間から、48年5月以降週日10時間、週合計58時間に短縮され、成年男工の労働時間も著しくこれに規制された。そしてこれに対する工場主のリレー制採用による巻き返しのため各人の労働時間はかなり不安定となったが、結局50年の追加工場法で妥協が成立した。ともかく相当の時間短縮が確定されたわけである。

　しかし、それはそのまま労働者の搾取が緩和されたことを意味するものではなかった。現実に生じたのは、これまで12時間で生産したものを10時間半で生産するということであった。時間短縮自身によって労働者の注意力、勤労の度などが驚くほど高まったのに加え、生産方法の改善に直接間接伴われて作業機のスピードアップが実施されたからである。工場主たちは労働時間

第1章　現実資本　生産方法の改善と世界市場の条件整備

表3-5　綿工業工場労働者数の変化

	1846年10月	1847年3月	1850年6月
王国合計	?	316,327	330,924
うちランカシア地区[(1)]	210,760	201,573	215,983

（出所）*Reports of the I. F.* Oct.31 1846, p.10; *B.P.P.*,1849, LIV p.224; *Factories Return*.1850.
（注）(1)ランカシア地区とは46年10月のみは工場検査官ホーナーの受持範囲としてのランカシア地区、他は一般行政地区としてのランカスター。両者の相違は合計についてはごくわずかとみられる。

の外延で失ったものをその内包で、すなわち労働強度で抜け目なく取り戻した。生産方法の改善が行われた限りでは、筋力の点では一面で負担が軽減され、他面より高度な注意力等が必要とされたわけである。しかも、機械の自動化によって手動ミュールの動軸（carriage）の押し引きの動作を始め、そこここに残されていた手工的熟練は一層徹底して取り除かれ、労働者はますますスピードを上げて彼を駆使する機械の付属物としての性格を強めた。労働者と労働手段の関係はそれだけ外的、敵対的なものとなり、労働生産過程における労働主体の疎外は一段と深まったわけである。

　だが、また、労働時間の短縮が労働者の肉体的および精神的健康上に好影響を与えたことも事実であった[41]。そして婦人はそれだけ家事に携わる余裕を得たし、若年工のかなりの部分は夜学校に通うこととなった。それに職制の監督工や一部の高賃金の労働者たちのあいだには、土地を手に入れ終業後家庭菜園的な農作業にしたがう者が現れた[42]。

　賃金はいうまでもなく下落をまぬかれなかった（表3-6）。
　ウッドの資料から次のことが確認できる。第1に、職種別にみて、剥離工（stripper）、粉砕工（grinder）ら梳綿工および特に大糸継ぎ工など熟練度の低い成年男工賃金の下落率が最も大きく、中・小糸継ぎ工や織布助手など不熟練の若年工賃金の下落率はもっとも小さく（ほとんど下落が生じなかったか、あるいはわずかながら上昇さえ生じた）、そしてミュール精紡工、織布工等基幹工の賃金下落率は両者の中間にあったこと。第2に、ミュール精紡工賃金については、明らかに太糸紡績の場合のほうが細糸紡績の場合より下落が小さかったこと。第3に、これらを総体としてみての週賃金の下落率は2%程度であったこと、などである。ホーナーが1848年にランカシア地区の工場で行っ

245

表3-6 綿工業工場労働者の週賃金

A G.E. Woodによるもの

	梳綿工(男)(stripper, grinder)	スロッス ル紡績工(女)	ミュール精紡工			糸継工			織布工	同助手	南ランカシア おょび チェシア	王国全体
			細糸 または長	中	太糸 または短	平均	大(男)	中(少年)	小(少年)				
1839	—	8	42	18, 25	16, 23		10	6	5	10/6	5	10/5	9/4
1840	—	—	—	—	—		—	—	—	—	—	—	—
1841	13	—	40	18, 25	16/6								
1845	14/6〜15	—	42	23/6	18	23/5	10/6	7	5/6	11/6	5	11/2	9/11
1846	—	—	—	—	—		—	—	—	—	—	—	—
1849	12/6〜13	7/6	37	18/6, 21	18, 21	21/10	8/9	6/6	5/6	11	5	10/4	9/2
1850	14	?	12	?	?	7	17	7	0	4	0	12	8
45・46年からの下落率(%)													

(出所) G.H. Wood, *op. cit.*, pp.9, 20, 28〜9, 42, 119.

B L. Hornerによるもの (1848年)

	梳綿工(男)	ジャックフレーム 繊付工(女)	手動ミュール精紡工(男)	自動ミュール見張工(男)	スロッスル精紡工(女)	糸継工(男)		織布工		監督工(男)
						「大」(男)	「中」(少年)	男	女	
ホーナーの調査した人数	7	10	9	9	7	9	3	10	14	12
①11時間労働のばあい得るであろう週賃金	16/11	12/9	37/5	14/10	9/1	10/9	8/6	12/9	14/9	23/0
②10時間労働で現に得ている週賃金	12/11	8/3	31/4	12/8	7/8	9/1	7/0	10/9	9/11	19/9
②の①に対する減少率(%)	24	16	16	15	16	16	18	16	16	14

(出所) *Reports of the I.F.* 31 Oct.1848, Appendix.
(注) ホーナーの指揮で行われた1,153人についての聴き取り調査のうち、ホーナー自身が直接面接し調査した分を集計した結果。

た面接調査は、ウッドの資料の信頼度を証している。

　この２％程度の下落の背景としては、10月パニック直後に行われた、全体としては10％ほどの賃率引き下げと「10時間法」完全実施に伴う若年工および女工の17％の時間短縮が考えられる。しかし、これらは合計すれば27％にも及ぶが、現実にはそのような下落は生じなかった。これは他方で同時に時間短縮による労働意欲、注意力の増大、さらにスピードアップによる生産量増加が進み、それによってカヴァーされたためであろう。ホーナーが「10時間法」完全実施直後に行った貴重な聞き取り調査によれば、ほとんどの労働者が10時間労働下の現賃金を11時間労働下で得るであろう賃金から15、6％低い水準であるとみなしていた。これは単なる時間の減少によるより大きな低下であるが、彼らが後者について恐慌前の47年7月から11時間制のもとで受け取った実際の賃金を念頭に置いて答えたというのは大いにありそうなことである。もしそうだとすれば、この時点での賃金下落は、12時間から11時間への時間短縮による分も加えて、20％にも及ぶ深刻なものであったことになろう。

　なお、手織工たちの労働時間、工賃の変化はもはや確かめることができない。もはやこれまでのように議会の委員会による調査も行われなかったからである。だが、極めて低い工賃率、それを補うための過酷な長労働時間、それにもかかわらず最低の生活水準さえ維持することが困難な低い週収入というのがすでに好況期にも動かしがたい現実であったとすれば、不況期に入っての仕事の欠如はたちまち半飢餓状態に結びついたことは疑いない。

　こうして工場から排出されたか、賃仕事を失った労働者たちは、ほかにも働き口を見いだせない以上、大部分救貧制度に頼ることになった。ランカシアの被救済者数は、表3-7のごとく、アイルランド難民の圧力もあったが、50年7月に至っても46年2月を4割も上回る高水準を続けたのであった。

　ただ、全体としてみて、この不況期の窮乏は前の不況期ほど深刻ではなかったと認められる。これは一つには、国内において機械制大工業としての繊維工業が競争によって手工業者層を没落させる過程がすでに終末に近づいていたからであった。しかし、より重要なことに、次に述べるごとく、国際的に辺境住民や植民地住民に犠牲を転化しつつ、イギリス綿工業がいち早い回復

247

表3-7 恐慌後の救貧法による救済者数−地域別（イングランドおよびウェールズ）

	46年 (2月20日)	47年 (2月20日)	49年 (7月1日)	50年 (7月1日)
イングランド				千人
ランカスター	58.4	95.2	91.7	81.5
チェスター	9.3	12.1	13.8	13.4
ヨーク・ウエスト・ライディング	45.2	53.6	48.2	39.9
ウォーリック	12.2	14.0	22.4	14.4
スタッフォード	11.9	13.3	17.7	17.9
ダラム	12.1	12.6	19.3	17.8
デヴォン	30.4	35.1	34.4	31.4
サリイ	17.6	28.4	29.5	26.5
ケント	22.4	27.4	31.3	31.7
リンカーン	15.8	18.7	18.1	18.5
ノーフォーク	27.5	29.4	27.5	27.7
サフォーク	21.1	22.9	24.1	24.5
エセックス	19.5	23.3	24.3	23.8
サセックス	13.1	21.8	17.4	17.0
その他共小計	606.0	751.0	815.5	761.1
ウェールズ				
カナヴォン	2.5	2.7	8.3	8.2
グラモーガン	3.9	4.8	12.5	11.4
その他共小計	44.7	45.5	70.2	68.6
イングランドおよびウェールズ合計	650.7	796.5	885.7	829.7

（出所）B.P.P.,1847-48, LIII, p.215; 1850, L, P.45.
（注）(1) ただし、46, 47年は2月20日終る1週間の数字である。

を成し遂げたからであった。工場労働者は確かにこの時史上最低の貨幣賃金を記録した。しかし、休廃業とショート・タイムの深刻さおよびその持続期間が前の不況期ほどではなかったし、次に見るような生活資料の大幅な価格低下が起こっていたから、実質賃金は前の不況期に比べ若干上昇したといえる。

　この不況期を境に、綿工業労働者の貨幣賃金ははっきりとした上向線を描き始めることになる。この不況期は重要な転換点であった。「絶対的窮乏化」の時代は1820, 30年代にあったのではないかと思われるが、少なくともイギリス綿工業労働者にとっては、ここに決定的に過去のものとなる。

　ともかく、イギリス綿工業は、不況期の生産方法改善、合理化を主内容とする蓄積に対応して、このように新たな相当数の被救済者数、そして新たな$10\frac{1}{2}$時間の労働日および先の好況期を若干下回る9シリング2ペンスの新た

第1章 現実資本 生産方法の改善と世界市場の条件整備

表3-8 綿工業の製品販売・生産・原料調達

	43,44年平均	ピーク()内は年月	47年	48年	49年	50年	50,51年平均
○原料調達							
棉花輸入(百万lbs)	656	716(45)	465	686	754	686	723
棉花再輸出(〃)	43	75(47)	75	74	99	102	107
棉花在庫(〃)	366	454(45)	184	220	240	232	229
○生産							
綿糸生産(〃)[1]	478	553(46)	397	519	567	529	551
完成品生産(〃)[2]	318	386(45)	260	360	392	374	398
○製品販売							
綿糸輸出(〃)	139	162(46)	120	136	150	131	144
完成品輸出(〃)[3]	…	221(45)	192	205	268		
国内販売＋製品在庫変化(〃)[3]	…	170(45)	64	190	136		
○価格							
棉花・アプランドミドリング(d/lb)	$4\frac{3}{4}$	$6\frac{1}{8}$(47)	$6\frac{1}{8}$	$4\frac{1}{8}$	$5\frac{1}{8}$	7	$6\frac{1}{4}$
綿糸・40番手ミュール・フェア2等(d/lb)	…	11.3(45.9)	9.4	7.4	8.7	11.0	10.5
〃・輸出平均(d/lb)	12.2	−	11.9	10.5	10.8	11.7	11.4
綿布・39インチ・金縁シャーティング・$37\frac{1}{2}$ヤード(d/yd)	…	−	2.67	2.27	2.56	2.87	2.76
〃・無地布輸出平均(d/yd)	3.46	3.59(47)	3.59	2.94	2.88	3.09	3.01
○価額							
棉花輸入(百万£)	13.0	13.1(44)	11.9	11.8	16.1	20.0	18.7
綿工業総生産(〃)[3]		45.1(45)	33.5	44.9	40.3		
綿糸輸出(〃)[3]	7.1	7.9(46)	6.0	5.9	6.7	6.4	6.5
綿布輸出(〃)[3]	16.4	18.0(45)	16.2	15.7	18.8	20.5	21.3
その他完成品輸出(〃)[3]	1.1	1.2(44)	1.2	1.0	1.3	1.3	1.4

(出所) T.Ellison, op. cit., Table I,II; The Economist 市況欄。
(注) (1) 棉花消費量に90/100を乗じて算出、90/100は当時の業界報に一般的である。
　　(2) 綿糸生産量から綿糸輸出量を差引き、エリソンに従って94/100を乗じて算出。
　　(3) エコノミスト所載のデュフェイの業界報による。

な平均週賃金を<u>新たな好況的資本蓄積の基礎条件</u>として準備した。

　製品販売・生産・原料調達。
　さて、この間の綿工業の製品販売・生産・原料調達をまとめると表3-8のとおりであり、さらに主要なキャラコおよび綿糸輸出と棉花輸入を立ち入って地域別にみると表3-9、および3-10となる。
　製品販売の面では、中心となる綿布輸出が1847年の底からいち早く大きく

表3-9 綿製品輸出の回復

A キャラコ輸出−地域別（ロンドン、リヴァプール、ブリストル、ハルおよびクライド港）

	47年	48年		49年		50年	
	7〜12月	1〜6月	7〜12月	1〜6月	7〜12月	1〜6月	7〜12月
英領植民地							
北アメリカ	11.6	12.4	7.1	14.7	10.8	17.1	14.0
西インド	13.9	10.5	12.8	16.3	18.8	16.2	19.8
マドラス、カルカッタ	34.8	46.1	49.2	71.3	68.0	97.5	67.3
ボンベイ	21.6	43.2	20.8	45.0	72.9	38.0	67.6
ニュー・サウス・ウェールズ	1.6	1.2	1.6	4.2	4.7	4.6	5.1
モーリシャス	1.2	1.0	3.2	3.2	2.7	3.6	3.8
希望峰	2.9	3.2	1.6	1.7	2.2	3.3	3.5
ヨーロッパ諸国							
フランス	1.0	0.6	1.4	1.5	1.5	2.0	1.7
オランダ	8.5	12.4	10.7	14.2	10.4	15.2	10.7
ドイツ（ハンザ都市を含む）	29.9	18.2	18.4	17.6	22.7	24.5	20.6
ロシア	0.8	0.7	0.5	1.1	0.9	0.6	1.1
ポルトガル	23.7	26.6	26.5	21.1	12.9	19.5	19.9
ネープルスおよびシシリー	3.7	3.9	5.1	6.2	9.4	9.0	7.2
オーストリア（トリエステ、ヴェニスを含む）	2.3	5.6	7.8	13.1	5.1	5.8	4.8
トスカおよびサルデニア	7.4	9.1	18.2	13.3	20.5	16.3	13.4
新大陸諸国							
アメリカ合衆国	48.7	30.9	33.6	34.7	42.0	45.9	38.7
メキシコ	3.5	11.0	6.7	10.3	4.4	2.7	3.9
キューバ	4.2	5.6	5.1	7.2	8.8	6.8	5.5
ブラジル	31.9	37.2	29.1	46.3	60.8	49.1	53.0
ラ・プラタ	6.2	6.4	15.4	18.8	24.8	3.3	18.2
チリおよびペルー	18.5	20.1	39.0	34.3	16.7	21.6	26.2
アジア、アフリカ							
シリアおよびパレスタイン	6.1	3.7	6.7	11.6	5.7	9.6	5.5
トルコおよびギリシア	36.7	50.2	41.8	53.3	38.1	43.3	35.0
エジプト	4.2	5	10.3	10.3	6.4	5.1	9.9
中国	18.0	24.0	38.8	36.0	34.8	43.8	31.1
ジャワ、シンガポール、フィリピン	13.9	14.0	17.0	16.5	23.0	26.4	26.4
アフリカ西海岸	5.6	4.1	7.3	5.9	8.2	6.7	6.9
その他共合計	403.8	427.0	513.2	586.5	595.8	596.1	591.2

（出所）The Economist.
（注）(1) キャラコは無地とプリント地および色地の合計である。

伸び、45年のピークを数量ではすでに48年、価額でも49年に超えた。地域別にみると、インド、インドネシアおよび中南米諸国向けの伸びが特に著しかった。またアメリカ向けもパニック時の投げ売り以来、かなりの高水準を

第1章　現実資本　生産方法の改善と世界市場の条件整備

B　綿糸輸出－地域別（ロンドン、リヴァプール、ブリストル、ハルおよびクライド港）

輸出先	1847	1848	1849	1850
英領植民地				
マドラスおよびカルカッタ	12.0	10.1	16.1	13.1
ボンベイ	3.9	4.9	5.3	4.7
ヨーロッパ				
オランダ	16.1	18.8	24.6	18.6
ベルギー	3.3	3.3	5.8	3.0
ドイツ（ハンザ都市を含む）	38.8	35.1	41.3	46.9
ロシア	12.6	12.0	8.4	4.2
ネープルスおよびシシリー	3.9	5.8	9.2	6.1
アジア、アフリカ				
トルコおよびギリシア	6.1	9.1	8.7	5.0
中国	4.3	4.3	3.3	2.4
ジャワ、シンガポール、フィリピン	2.2	1.5	1.3	0.7
その他共合計	118.6	127.7	145.4	120.7

（出所）The Economist.

表3-10　綿花輸入―地域別

輸入先	1847	1848	1849	1850
アメリカ	874	1,375	1,478	1,184
東インド	223	228	182	308
ブラジル	110	100	164	172
地中海	21	29	73	80
西インド	5	8	9	6
合計	1,233	1,740	1,905	1,749

（出所）T. Ellison, op. cit., Table No.1.

続けた。これらに対し、資本主義化の道を進み、イギリス綿製品に対し保護関税をもって臨むヨーロッパ諸国向けは停滞的であった。この不況期をとおして綿布は一層近隣の諸国より遠方の辺境諸国へ向かう性格を強めたわけだ。綿糸輸出は回復が遅れ、46年のピークを数量でやっと49年に超えたが、価額では51年に至っても超えることはできなかった。これは主要な買い手である大陸諸国への輸出が停滞的であったからだ。それには大陸の政治不安の影響も少なくなかったが、より根本的に、これら諸国において根付き始めた綿紡績業が、まだ保護関税の助けを借りてではあれ、イギリス綿糸の浸透を何とか喰いとめつつあったのである。

　生産は、したがってこうした綿布輸出の伸びに導かれて順調に回復した。綿

糸および完成品生産とも49年には数量において過去のピークを越え、綿工業の総生産価額においてもそれのごく近い水準に達した。

原料調達の面でも、綿花輸入は急速に回復し、49年には数量、価額とも過去のピークを越えた。輸入増加の圧倒的部分はアメリカが供給を引き受けたから、輸入の地域構成に根本的な変化は生じなかった。

なお、航海条例の撤廃と関連して、この間リヴァプール綿花市場は一段と世界市場としての性格を強めた。綿花再輸出が著しく増加して輸入の15％の水準を記録するようになったことがそれを示している。

さて、綿製品輸出は、すでに明らかなごとく、<u>商業界の整理さえ済めばたちまち回復するという性格</u>を示した。これは1840年以前の経過と比べるとまことに印象的な変化である。しかも、同じ現象は1850年代末の不況にも現れることになる。生産過程における改善、合理化を十分実行する暇もなく、こんな目覚ましい回復と拡大がどうして可能になったのか？ 不況期の課題の達成という観点から検討してみると、いくつかの重要な要因が浮かび上がってくる。

最初に、絶え間なく外延的に拡大する世界市場、あるいは「膨張する宇宙」。当時の世界市場は、外延的に拡大する性格、言い換えると「膨張する宇宙」という性格をもつようになっていた。これは綿工業にとって全く外的に与えられたのではない。すなわち世界市場の外延的拡大は、大工業生産力に裏打ちされた綿製品の商品としての浸透力、マルクスのいわゆる「万里の長城」をも打ち抜く重砲としての破壊力と辺境における重商主義的帝国主義的侵略の合作によってもたらされていたからである。ランカシア綿工業は、未発達な商品経済的分業関係のもとに機械なしで行われる手工的衣料品生産に対して、今や圧倒的優位に立ち、絶え間なくその地位を侵食しつつあった。労働生産性のかけ離れて低い非資本主義的辺境にその製品を届けることが出来さえすれば、世界市場価格を押し付け、無慈悲に収奪しながら、旧来の共同体を分解し、世界市場の辺境的構成部分に編成しつつあったのである。特に独自の商品流通圏を形成し繁栄していたインド手織業は大損害を受け、代わりにインドは綿花、砂糖、茶などのプランテーション植民地へ変えられつつあった。そしてこの無慈悲なキャラコの浸透を遮断しようとする試みは、さっそく女

王陛下の軍隊によって打ち砕かれたわけだ。大英帝国の軍と砲艦によるこのような重商主義的帝国主義的侵略と鎮圧行動は、綿工場主たちとホイッグにとって浪費として糾弾されるのが常であった。しかし、それらの貢献なしに市場秩序の維持はあり得なかったし、ましてやその拡大もままならなかったのである。

　好況末期の市場の「溢れ」(glut) も、もともとランカシア綿工業が単純に一定の内的関連にある需要に対して過剰に供給したばかりか、市場の外延的拡大テンポを見誤って過剰に供給したために生じたのだった。だからまた、これらの商業圏は、一定の期間を置きさえすれば、何らそれ自身における内部的調整——生産方法の改善とそれにもとづく高度な生産関係の形成——を経ることなしに、何らかの帰り荷さえ供給できればランカシア綿工業に対する拡大する市場として登場しえたのである。特にインドが再びいち早くマンチェスター商品を吸い込む先発的商業圏の役割を担い得たのは、まさにこの理由からであった。言い換えれば、ランカシア綿工業は、世界市場の地獄に引き込まれつつある三億のインド住民に不況期の負担を一部転嫁した。そして自らはその分だけ厳しい合理化の苦痛をまぬかれた。

　ともかく、世界市場のこの「膨張する宇宙」としての性格こそ、世界市場的流通過程をもつランカシア綿工業を自由主義段階の資本蓄積の主軸、殊に好況の牽引者とするうえで決定的な意味をもっていた。

　第2に、自由貿易政策。これはいわば宇宙の膨張を人工的に促進する試み、すなわち国家的障壁を取り除くことによって綿工業のための新市場を開き、同時にまたその競争力を強化する試みであった。これは、さきの重商主義的帝国主義の政策とは異なり、ホイッグと綿工場主が熱心に推進した政策であった。「世界の工場」としてのゆるぎない地位を確立し、しかも同時に外国農産物に対し大量の需要をもつに至ったイギリスは、これまで女王陛下の軍隊が荒っぽく、そして随分無駄をかけてやってきたことをただ自分の門を開くことで、手品のようにスマートに、しかも経済的にやってのけようというわけだ。相手に需要を与えて売り込む！　比較生産費説万歳！　無論、イギリスの農産物需要が輸入先をより安価に供給する新商業圏へ転換すれば、これまで供給を続けてきた商業圏は、他の有利な農産物生産に転換しえない限り——

それはいつの場合でも容易とはいえない――、低転換の苦境に直面せざるを得ない。しかし、そんな苦境など比較生産費説とイギリスの知ったことか！　この不況期におけるキューバおよび南米諸国への著しい輸出増加の大きな部分はまさにこの自由貿易政策の成果であった。それは1846年までの関税改革によって植民地特恵が基本的に消滅し、さらに航海条例も撤廃され、キューバ産砂糖と南米産皮革が外国船舶も利用してどっと流入したことのお返しだったからだ。1840年代に自由貿易政策が次々と採用された後を受け、この不況期にはランカシア綿工業の回復が特に明瞭にこの要因の助けを借りていたということができる。ただ、メダルの裏側も見落とせない。この陰に英領西インド、モーリシャス、東インドなどの植民地砂糖プランテーションは窮地に落ち込んで、特恵関税復活に猛運動を展開していたし、皮革供給の英領北アメリカも痛手を受けていたのである。

　そのうえ、いっそう重要な意味をもったことだが、穀物法の撤廃がいまや穀物価格の低位安定に寄与するようになっていた。これは綿工業にとって国内需要の安定をもたらしたし、また賃金コストの低下ないし現状維持に貢献して、国際競争力を維持する働きも持った。

　ランカシア綿工業はここでも不況期の負担の一部を植民地住民や国内農業者に転化し、それだけ自分の苦痛を和らげた。

　第3に、原料コストの低減。恐慌の後には決まってアメリカ綿花の記録的収穫と価格の異常な低下が起こった。1847, 48年にも同じことが起こり、48年には過去のピークを11％上回る収穫を記録し、価格は前年から33％も落ちて、史上最低となった。これはしかしすべて生産方法改善の成果とは言い難く、また豊作の結果としても片づけられない。1844, 45年には引き続く低価格のためアメリカ南部で綿作から煙草作等への作付け転換が行われたが、恐慌直前の高価格が逆方向への転換、あるいは作付け拡大による生産増に導いたに違いないからである。そして不況の到来はおそらく奴隷の需給をも緩和して生産増の条件を作っていたと思われる。要するに、有機物の成長を媒介とする農業の性格から、そしてまた潜在的過剰人口のプールとしての性格から、綿花栽培業者はこうした不況初年に苦い代価を払わなければならなかった。ともかく、綿花価格の低下は好況末期の輸出頭打ちの原因となった製品の世

界市場への浸透力そのものの鈍りを解消して、綿工業を大いに助けた。綿工業の回復にとって必須の条件、綿製品コストにますます大きな比重を占めた原綿コストのダウンもまた、主として栽培業者の負担により、こうしていったん容易に実現してきたのである。

　だが、ランカシア綿工業の回復にとって有利なこの要因は、もはや以前ほどに大きな効果を上げはしなかったし、しかも安定的持続的に働いたわけでもなかった。この部面では綿工業の急速な回復と発展に否定的に働く重要な変化が進行していた。49年夏から始まった綿花価格急上昇がその表れであった。この上昇は50年夏の追い打ち的上昇につながり、価格は47年の水準を軽く超えてしまった。これもやはり単なる不作の結果ではない。事実49年はともかく、50年が特に不作であったわけではない。綿花不足には今一つアメリカ綿作がランカシア綿工業をはじめとする世界の綿工業の急速な発展のテンポについてゆけない傾向が表れていたのだ。この時期すでに先発的に目覚ましく進んでいたアメリカ自身の鉄道建設と工業の好況的発展は、1830年代の経験が示すように、構造的労働力不足を一層激化させたに違いない。そして今や大規模な鉄道建設とともにアメリカ資本主義の飛躍的発展の時代が始まろうとしていたとすれば、綿作方法の改善があるにせよ、綿花価格低下もそろそろその限界に来ていたといえる。

　とすれば、ランカシア綿工業にとって事態は極めて重大であった。原綿コストの比重が次第に高まってきていた綿工業にとって、原綿の低廉で安定的な供給を確保することは死活問題だったからだ。ランカシアの利害は以前から単一の原料供給源に依存する危険をまぬかれることに非常な関心をもち、新たな綿作地の開発を試みていたが、1840年代末から50年代初頭にかけてその努力は倍加された。彼らは特にインド綿作を取り上げた。48年2月、議会にJ.ブライトを委員長とする「インド綿作に関する委員会」が特設され、その不振の原因を究明し、対策を検討した。報告は不安定な土地所有権、高率地租、高利貸資本の農民収奪および内陸運輸手段の欠如をインド綿作の発展を阻む原因として指摘し、それらは保有権の安定、地租の軽減、イギリス資本の導入およびインド綿に対する恒常的需要の存在によって克服されうるとした。そしてただちにインドにおける鉄道建設も企画実行されることになった。

だが、希望的観測にも拘わらず、ライアット制度と遅れた劣悪な生産方法のインド綿作は、アメリカ綿作に対して有力な競争相手になりえなかった。こののちもインドはあくまで控えめな補完的供給源にとどまるのである。

　ともかく、ランカシア綿工業は、この不況期の回復にこれまでのようには綿花コストの低下によって助けられたとは言えず、むしろ総コストに最大の比重を占める原綿コストの部面で、ランカシア綿工業はすでに重大な限界に直面し始めたのであった。

　最後に、広義の流通コストの低減。必ずしもパニックの影響を直接に受けなかった海運業や鉄道業をはじめとする陸運業は、不況期に競争を激化させ大幅に運賃を低下させた。原料と製品の双方に世界市場的流通過程を持ち、運輸コストがかなりの意味をもったランカシア綿工業は他の諸工業以上にその恩恵を受ける立場にあり、これも回復への一つの小さくない助けとなった。綿花の場合、内陸運賃について確かめることはできないが、アメリカ諸港からリヴァプールまでの海上運賃は、47年の1ポンド当たり1/2ペニーを超えた水準から50年前半の1/8－3/16ペニーへ低下した。だが、おそらくいっそう重要な意味をもったのは、運賃低下競争の結果としての海運業や陸運業における劣悪な運輸手段の整理とともに、一般に運輸期間の短縮が実現されたことであろう。世界市場的商品流通に依存し、資本の大きな部分を常に流通過程におかねばならなかったランカシア綿工業としては、標準的な資本の回転期間を少なからず短縮できたわけである。1820から50年にかけての綿工業の資本計算を行った同時代の資料は、綿製品の遠隔地向け輸出の比重増大にもかかわらず、回転数の傾向的低下を認めている。

　以上のように、ランカシア綿工業は、流通過程において、あるいは工場の外部で、不況期の課題の達成を助ける特殊な諸条件の助けを借りつつ、いち早い回復を準備したのであった。外的諸条件がこれだけ一致して立ち直りに貢献した産業はほかにはない。綿工業はこのように循環の律動を一身に体現したわけである。

　ともかく、綿工業は、次の中位的好況期（1850、51年）には、さきの表3-7のごとく、前の中位的好況期に比較して、48％増加した綿布輸出と4％増加した綿糸輸出、その結果25％増加した完成品生産と15％増加した綿糸生産、

そして12％増加した綿花輸入の水準を実現することになる。ただし、綿花価格はこの間32％上昇した水準に確定されなければならなかった。

　利潤率。新たな標準的工場。
　さて、資本蓄積率を集約的に表現する利潤率はどう変化したか？
　まず、マージンの変化を追うと（図3-1参照）、恐慌前の極端な低位から脱した綿布——綿花マージンは、その後遠隔地向けの粗布輸出中心の回復の第1波、第2波到来を反映して相当の上昇を示し、49年半ばにはいったん46年初の水準に達した。ところが、その後綿花価格上昇につれ再び急落して、47年初めの極度の低位に逆戻りし、50年末から51年にかけての上昇もようやく48年水準に戻したにすぎない。この間紡績部門と織布部門を比較すると、前の好況への出発の際と同じく、まず48年から49年半ばにかけ織布部門のマージン回復のほうが著しい。しかし、50年後半からの好況においてはむしろ紡績部門のマージンの回復が目立ち、織布部門では大した回復は見られない。そしていずれも結局48年水準程度に落ちついたのである。
　このように驚くべき低いマージンが新しい好況的蓄積の条件となった。無論、これでは1843, 44年における標準的工場(22-23ページ参照)、すなわち当時標準的であった生産条件をもつ工場は到底満足な利潤率を実現できなかった。先の好況期の新投資の最新鋭設備を装備し、相当の特別利潤をあげてきた工場、またはこの不況期に固定資本の全面的あるいは部分的更新によってこれまでに見たような相当の生産方法の改善、合理化のあれこれを実行し、新鋭企業の生産力水準に肉薄した工場こそが、初めて十分な利潤率を実現しえたといえよう。そしてこれらの工場が新たな好況的蓄積における標準的工場として登場していたわけである。

　新たな標準的工場（1850-51年）。
　最後に、いささか1850年代の景気循環の領域に越境することになるが、いくつかの資料をもとにこの不況期をとおして新たな好況的蓄積の担い手となる標準的工場を捕捉する努力をして、締めくくりとしよう。新たな標準的工場の資本構成、生産価額、並びに製品のコスト構成はおおざっぱに次のよう

表3-11　新たな標準的工場1850年～51年

A 資本構成

○固定資本——1馬力あたり£350として		£23,800
蒸気エンジン68馬力、精紡機（スロッスル、ミュール、自動ミュール）17,800錘、力織機330台		
うち　土地、建物、蒸気エンジンおよびガス施設		£11,300
作業機		£12,500
あるいは　　紡績工場（新設1錘あたり23s、現在平均17s6p）		15,575
織布工場（新設1台あたり£24、現在平均£20）		6,600
○流動資本——回転期間を5ヵ月として		£10,420
棉花 606,9801bs		5,800
労働力　　320人		3,080
その他　　1,540		
○総資本量		£34,220

B 年生産価値

○紡績過程

$$34.1\,\text{lbs} \times 17{,}800 \times \frac{9}{10} = 546{,}280\,\text{lbs}$$
（一錘あたり年棉花消費量）　　　　　　（屑を10％として）　（年綿糸生産量）

$$10\text{d/lb} \times 546{,}280\text{lbs} = £22{,}762$$
（綿糸価格）

○織布過程

$$546{,}280\text{lbs} \times \frac{94}{100} = 513{,}500\text{lbs}$$
（屑を6％として）

$$[513{,}500\text{lbs} \div 1{,}540\text{lbs} = 333]$$
（力織機1台あたり布生産量）　　　　　　（織機台数）

$$14.65\text{d/lb} \times 513{,}000\text{lbs} = £31{,}345$$
（綿布価格）

C コストおよび利潤

					綿布1lbあたり
綿布 513,500lbs				£31,345	14.65d
固定資本償却					
	建物、蒸気エンジン	（£11,300×2.5％）		13,910 ⎫	0.6
	作業機	（£12,500×7.5％）		74,000 ⎭	
うち	棉花	(606,980lbs×5½d/lb)		280	6.5
	賃金	(111dx320×50)		940	3.5
	その他	（賃金の1/2とみて）		3,700	1.7
	コスト合計			26,220	12.1
	利潤	（年利潤率15％）		5,125	2.35

第1章　現実資本　生産方法の改善と世界市場の条件整備

表3－11の推定方法

A 資本構成
1. 蒸気エンジン、精紡機、力織機等固定設備の実数。1850年6月のランカスターの紡織兼業工場平均（*Factories Return*, 1850）。
計算の都合上半製品としての綿糸を売買しない一貫生産工場を考えることとしたが、のちの織機あたり綿布生産量の方から逆算した力織機数（[ ]内の計算をみよ）は現実の数字とほとんど一致するので、修正を加えなかった。

2. 固定資本量。王国全体の綿工場の固定資本投下量は30年代なかばに1馬力あたり平均約400ポンドであった（BlagによるUreの修正—M.Blaug, *op cit*., p.372）が、この数字は機械化の発展とともに趨勢的に低下傾向にあったので、350ポンドを用いた。この結果は56年の紡錘1錘あたりおよび力織機1台あたり平均資本量（A. Baynes, *The Cotton Trade, Two Lectures*, London, 1857, qtd.in M. Blaug, *op cit*., p.373）を用いた推定と、1割以内の相違のうちにある。なお、この固定資本量を30,40年代のいくつかの個別工場例を参考にして、土地、建物、エンジン等と作業機とに、後者にやや多くなるよう二分した。

3. 流動資本量。のちの総費用を、年回転数（2.4）で割って算出した。A. Baynesの56年についての推計は、年回転数を2.5としている。

B 年生産価額
1. 1錘あたり年棉花消費量。50年6月の王国全体の紡錘数20,977千錘で、49、50、51各年の棉花消費量629.9、588.2、685.9百万1bsを除すと、それぞれ30.03、2＆04、3L411bsをえる。しかし、50年の数字はショートタイムの年なので捨て、49年を参考にしながら、中位的好況（50、51年）の平均として31.0lbsを採った。そのうえで、この工場の平均番手を40番手とし、王国全体の平均番手を44番手とすれば（30年代の論者は王国全体の平均番手を40番手とした者が多い。
30年代から50年代にかけては、辺境向けの輸出ののびが中心のため、あまり変化がなかったと考えられるが、50年代初の棉花価格水準の上昇による上方一のシフトを考慮した）この工場の1錘あたり年棉花消費量は31.0lbs × $\frac{44}{40}$ =34.1lbsとなる。

2. 綿糸価格。マンチェスター市場40番手ミュール糸の51年平均（*The Economlist*）。

3. 力織機1台あたり綿布生産量。50年6月の王国全体の力織機数250千台に手織機数推定80千台を力織機13千台に換算（$\frac{1}{3}$の機械生産性、$\frac{1}{2}$の稼働率とみて）して加えた263千台をもって、49、50、51各年の完成品生産量の90％（縫糸、靴下、レース等の生産分として10％を控除）を除すと、それぞれ1,340、1,280、1,440lbsをえる。しかし、50年の数字は、ショートタイムの年なので捨て、49年を参考にしながら、中位的好況の平均として1,400lbsを採った。そのうえで、この工場の使用する糸の平均番手はさきに40番手としたのであるから、同様の計算を用いれば、この工場の織機1台あたり綿布生産量は1,400lbs × $\frac{44}{40}$ =1,540lbsとなる。

4. 綿布価格。51年の無地キャラコの1ydあたり平均輸出価格2.93d（T. Ellison）を4yd=1lbとして換算。

C コストおよび利潤
1. 棉花価格。アプランド・ミドリングの51年平均（T. Ellson）。

2. 労働者数。50年6月のランカスターの紡織兼営工場平均は310人（Factories Return,1850）、しかし、このときはショートタイムとともにある程度操業制限が実行されていたので、320人を採った。

3. 週賃銀。王国綿工業労働者50、51年平均（G.E. Wood, *op cit*.,128）。

4. 固定資本償繳41年のボルトンの代表白勻細糸繡工場の例を採用。（H. Ashworth, *Statisics of the Present Depression of Trade at Bolton,in J.S.S.*, Vol.V, pp.74～5）。これは他のいくつもの例によって支持される。

5. その他コスト。太糸であることを考慮して41年のボルトンの代表的細糸紡績工場の例よりやや多い目に見て賃銀の $\frac{1}{2}$ を採った。

に推計される。表3-11がそれである。

　標準的な40番手の太糸粗布紡織兼営工場の総資本量は約340万ポンド、固定資本と流動資本の比は2.4対1で、年1.4万ポンド（60万重量ポンド）の綿花を消費し、0.7万ポンドの賃金を支払って、3.1万ポンドの綿布を生産した。ただし、標準資本量の計算に平均数字を用いたため、幾分過小評価の恐れある。

　さらに、この標準的工場を1循環前の標準的工場と比較したのが表3-12である。推計はそれ自体としては多分に不確かな要素を含んでおり、かなりの誤差はまぬかれないが、この標準的工場とほぼ同一の推計方法を用いたひとつ前の好況期の標準的工場との比較にはかなりよく耐えると考えられる。

　1850-51年の標準的工場は、1843-44年のそれに比較して、全体として26％の労働生産性上昇を実現して、綿製品の新しい標準的価格水準を規定し、そのもとで十分な利潤を実現して蓄積を進めることになったことが分かる。だが、そのための生産方法改善によって、資本量の増加にもかかわらず、資本の有機的構成が高度化して労働者数はむしろわずかながら減少した。また特に著しいのはコスト構成で綿花と賃金の比重が大きく変化したことで、これは、さきにふれたように、これまで賃金コスト低下にほとんど並行してきた綿花コスト低下の傾向が壁に突き当たったからである。綿花価格の低下傾向が止まったことが綿工業にとって将来いかに重大な意味をもつかがうかがい知れよう。

　イギリス綿工業は、世界市場において、これまでの浸透力の少なくとも半ばを失わなければならないし、また綿花コストの比重が高い以上、他国綿工業との競争力をますます海運、金融の便により多く頼らざるを得なくなる。また同時に、イギリスの他の繊維工業、殊に羊毛工業に対する優位をこれまでのようにはもてなくなるわけである。

第1章　現実資本　生産方法の改善と世界市場の条件整備

表3-12　1843～44年の標準的工場と1850～51年の標準的工場の比較

	1843～44年の標準的工場	1850～51年の標準的工場
動力	62馬力	86馬力
精紡機	16,005錘	117,800錘
力織機	280台	330台
労働者数	330人	320人
棉花消費量	480千lbs	607千lbs
1錘あたり棉花消費量	30.0千lbs	34.1千lbs
1人あたり棉花消費量	1,500lbs	1,900lbs
総資本量	32千£	34千£
うち　固定資本	23	24
流動資本	9	10
年生産価額	27	31
総コスト	21	26
うち　棉花	9	14
賃金	8	7
年流動資本回転率	2.3	2.4

1) Ferguson and Taylor's Circular: *The Economist* May 6, 1848, p.510.
2) Frazer's Circular: *The Economist*, July 29, 1848 p.847.
3) Frazer's Circular: *The Economist*, Oct. 28, 1848,p.1221.
4) Mc Nair's Circular: *The Economist*, Nov. 4 ,1848, p.1249.
5) Gibson's Circular: *The Economist*, Nov.25, 1848, p.1332; Dec.30, 1848 p.1475.
6) Du Fay's Circular: *The Economist*, Mar. 10,1949, p.258.
7) Frazer's Circular & Gibson's Circular: *The Economist*, April28, 1849, p.465.
8) Du Fay's Circular: *The Economist*, Jan.5, 1850, p.9.
9) Du Fay's Circular: *The Economist*, Sep. 8,1849, p.898.
10) Du Fay's Circular: *The Economist*, Mar. 6, 1850, p.289.
11) Du Fay's Circular: *The Economist*, Jan. 5, 1850, p.9.
12) *The Economist*, 1848, p.235.
13) *Reports of the I. F.*, 31st Oct.,1848, p.15.
14) *The Economist*,1848, p.115, 426; 1849, p.545.
15) *Reports of the I. F.*, 30th April, 1849, p.21-22.
16) *The Economist*, 1848, p.1470.
17) *Reports of the I. F.*, 30th April, 1849, p.5.
18) *Reports of the I. F.*, April 1850, p.4.
19) *Reports of the I. F.*, April, 1849, P.28-) ; 31st Oct., 1849,p.37, 39;.
20) J. Saunders; *Reports of the I. F.*, 30th April, 1850, p.44.
21) J. Saunders; *Reports of the I. F.*,

22) *The Economist*, 1849, p.202.
23) *Reports of the I. F.*, April 1851, p.4.
24) 戸塚秀夫、『工場法成立史論』、p.306.
25) *The Economist*, 1848, p.94.
26) *Ibid.*, 1850, p.284.
27) *Ibid.*, 1849, p.545.
28) 「開明的工場主たちでさえも、その多くが「10時間法」完全実施化で成人団交の110時間労働を実行し続けたものは少なかったように思われる。フィールデン自身、中途で放棄しなければならなかったし、ハインドレーは蒸気エンジンの故障で空いた6週間の穴を埋めるため13時間労働を強行して論的から糾弾された。もっともその後彼の工場は10時間操業に戻ったが、彼の工場を実際に運営するパートナーは、競争相手がより長時間の労働を採用しているときにはだれも10時間労働を続けるコツはできないとこぼしていたのである (*The Economist*, 1848, p.34)。また、厳しい摘発で恐れられたホーナーもじつは10時間法に反対で、11時間の支持者だった (*Ibid.*, 1848, p.1391.)。
29) *The Economist*, 1850, p.284.
30) *Ibid.*, 1850, p.284.
31) *Ibid.*, 1850, p.450.
32) *Ibid.*, 1850, p.505.
33) *Reports of the I. F.*, 30th April, 1851, p.3.
34) *Reports of the I. F.*, 30th April, 1851, p.4.
35) *Reports of the I. F.*, Oct. 1852, pp.23-7.
36) G.E. Wood, *op. cit.*, p.141.
37) J. Clapham, *op. cit.*, p.30.
38) G.E. Wood, *op. cit.*, p.30, p.142-3.
39) Du Fay's Circular, *The Economist*, 1850, p.93.
40) J. Clapham, *op. cit.*, Vol. II, p.80.
41) 面接した労働者たちは異口同音に健康になれたと語った (L. Horners; *Reports of the I. F.*, 31st Oct 1848, Appendix)。
42) L. Horners, *Reports of the I. F.*, 31st Oct 1848.

B 羊毛、亜麻、絹工業

　これらの繊維諸工業も、程度の差はあれ、同じく困難な不況に直面したが、綿工業と連動しつつ、多かれ少なかれ共通の方法で不況期の課題を解決していった。

　概して綿工業より早い回復が特徴となった。需要回復の第1波は、綿工業

の場合と同じに、49年3月オーストリアの革命に衝撃を受けてしぼんだ。ところが、梳毛工業はその後景気回復の先頭に立った。49年夏からの景気回復の第2波は、綿工業のように中断されることなく、一足先に好況局面を迎えることになった。49年だけでヨークシア地区の織機は40％、紡錘は25〜30％生産量を増やした[1]。紡毛工業、絹工業もこれに続いた。

綿工業よりもむしろ早くこれらの工業が回復した背景には、原料の豊富と安価があった。一つには、羊肉消費の増加に刺激された羊飼育頭数の増加の副産物としてであり、また外国産羊毛供給源のドイツからオーストラリア等への大転換も進んだ[2]。絹工業の場合にもイタリア産生糸から中国産生糸への転換が急速に進んだ[3]。

だが、原料面での有利な条件だけから拡張が始まったわけではない。綿工業をしのぐ盛んな生産方法の改善が行われ、それが好況的発展の基礎となった。改善の内容は、蒸気エンジン改良、力織機普及、新型梳毛機導入、およびスピードアップなど綿工業の場合とほぼ同じであった。ただ、梳毛工業では、この不況期の合理化をとおしてようやく力織機が織布工程の標準的生産方法となった。いっそう決定的意義をもったのが、自働ミュール機よりも画期的といわれる新型梳毛機の登場であった。これは手梳毛工をほとんど駆逐した[4]。

その上、梳毛工業のいち早い好況的発展には生産方法の改善以上に貢献したもう一つの要因が働いた。それは綿経糸の使用による混織法の導入である。これは原料コストを低廉化したばかりか、軽く、美しく、しかも衣服にも家具にも利用されうるヴァライエティに富んだ新製品を登場させた。

工場労働者数のこの間の変化は表3-13のとおりであった。梳毛工業と亜麻工業の増加は著しい。ここでも綿工業と同様に地域的集中が一段と進んだ。そして工場外の労働者もかなりの減少が生じたとみられる。1851年センサスによれば、ヨークシアにおけるその数は梳毛工業で2万弱、紡毛工業で4万と推定される[5]。

ところで、ヨークシアでは、10時間法の規定がよく守られ、操業時間を若年工、女工の労働時間に合わせて10時間で打ち切ることが比較的スムーズに一般化した。このため自分の時間を持てるようになった高給の成年男工のあ

表3-13　繊維諸工場労働者数の変化

	1847年3月	1850年6月
紡毛工業		
王国合計	73,406	74,443
うち　ヨークシャ	38,737	40,611
梳毛工業		
王国合計	52,178	79,737
うち　ヨークシャ	47,299	70,905
麻工業		
王国合計	58,258	68,434
うち　ヨークシャ	12,842	11,515
スコットランド	21,330	28,312
アイルランド	17,088	21,121
絹工業		
王国合計	44,707	42,544
うち　チェスター	14,169	10,343

（出所）B.P.P., 1849, LIV, p.224; Factories Return, 1850

いだには、小さな菜園の区画を購入、あるいは借り受けて耕作したり、牛を買う例が広まった[6]。

1) E. Baines, On the Woolen Manufacture of England; with special Reference to the Leeds Clothing District, J.S.S., Mar. 1859, p.6.
2) Levi's Circular, The Economist, 1848, p.1164.
3) E. Baines, op. cit. p.7.
4) Reports of the I. F., Oct. 1849, p.
5) Census 1851.
6) R.J. Saunders; Reports of the I. F., Oct. 1849, p.42.

C　その他諸産業

その他諸産業の陥った不況の程度はまちまちであったが、概してその回復は遅かった。

まず、これら諸産業は、多くの場合生産ないし出荷の谷を遅れて49年に記録し、48年に記録したものも49年にはほとんど停滞から抜け出せなかった

表3-14　海運、造船、建築および建設業の不況

		43,44年平均	ピーク ()内は年月	47年	48年	49年	50年	50、51年平均
○海運業(王国)								
入港	隻数(千隻)	19.3	29.6 (47)	29.6	27.8	30.9	31.2	32.1
	トン数(百万トン)	3.71	6.09 (47)	6.09	5.58	6.07	6.11	6.55
出港	隻数(千隻)	18.9	25.6 (47)	25.6	24.9	27.1	29.0	29.7
	トン数(百万トン)	3.28	5.01 (48)	4.72	5.01	5.43	5.91	6.2
○造船業(王国)								
帆船	隻数(千隻)	638	830 (47)	830	733	662	621	608
	トン数(千トン)	83.0	127.9 (47)	129.7	107.2	106.5	119.1	123
汽船	隻数(千隻)	56	114 (48)	103	114	68	68	73
	トン数(千トン)	6.1	162 (47)	16.2	15.3	12.5	14.6	18.7
○建築業および建設業								
煉瓦課税								
イングランドおよびウェールズ(百万£)		1,290	2,194 (47)	2,194	1,461	1,463	…	…
ロンドン(千£)		22.8	34.9 (47)	34.9	19.4	26.0	…	…
ロンドン郊外(〃)		76.3	125.7 (46)	110.8	65.8	75.7	…	…
リヴァプール(〃)		22.8	42.5 (46)	25.4	9.9	7.4	…	…
リヴァプール住宅建築(千戸)		1.9	3.7 (45)	1.2	0.7	0.4	…	…
木材輸入(千loads)			2.025 (46)	1,893	1,795	1,633	1,662	1,890
木??輸入(千fathoms)		10.9	14.5 (45)	10.0	9.0	8.8	12.2	?
マホガニー輸入(千トン)		22.9	40.2 (46)	34.0	31.7	29.0	33.7	31.1

(出所) *Board of Trade, Trade and Navigation Returns*; B.R. Mitchell, *Abstract of British Historical Statistics*; A.K. Cairncross and B.Weber, Fluctuations in Building in Great Britain, 1785-1849, in *E.H.R.* VIII; E.W. Cooney, Long Waves in Building in the British Economy of the Nineteenth Century, in *E.H.R.*VIII

(表3-14)。そして、この谷の遅れはさらに好況への参加の遅れに引き継がれた。ほとんどの部門が50年に至っても生産または出荷の力強い増加を経験しておらず、50,51年平均の水準は過去の好況のピークに達していなかった。

好況末期には高利潤産業であったはずのこれら諸産業は、生産財あるいはそれに準じる産業である以上、恐慌を機として極度の需要不足に直面することになった。しかし、綿工業などのように原料生産者に犠牲を転化するという流通面での有利な条件を持ち合わせず、また機械制大工業として確立しておらず手工的で、生産方法の改善によって不況期の課題を内部的に解決することもおぼつかなかった。とすれば、これら諸産業は自ら新しい高度な生産力水準を形成しないまま、多分に受動的に、好況の牽引者である綿工業などの回復から刺激を受けつつ、ふたたび一歩遅れて好況に入るのは当然のこと

であった。

　海運業は、出入港船舶の量自体はあまり減少しなかったが、深刻な不況に落ち込んだ。航海条例の撤廃（1850年）のため、増大した外国船舶の競争圧力に直面しなければならなかったのである。そして運賃レートは大幅に低下した。たとえばニュー・オーリーンズ－リヴァプール間の綿花運賃は、47年前半には1重量ポンド当たり1/2ペンスを超えていたのに、49～50年には1/8～3/16ペンスの水準で低迷した。性能の悪い帆船が多数競争から脱落したであろうことは入港船舶と出向船舶の大きな開きから知ることができる。造船業は、50年になっても不振から抜け出してはいない。ただ、不況期に帆船の大型化が著しく進み、また汽船の比重も若干増した。しかし、ともかく、一般的好況の刺激が到来し、まず運賃レートの回復を導くまではこれら生産財的産業の好況は現実とならなかった。

　建築業も、明らかに49年まで回復の兆候さえ示さなかった。木材在庫は47年末に適正な水準（消費の6か月分）の2倍まで膨れ上がっていたが、48年前半の引き続く高水準の輸入が価格を破滅的に押し下げた。そして輸入商、在庫を抱えた取引商、製造業者、それに実現できない不動産を抱えた建築業者たちに大きな犠牲を強いたのであった[1]。この間建築コストはピークの46年から51年の谷にかけて14％低下したが、それだけでは立ち直れなかった。建築業もまた、一般的好況の進展とそこから生まれる建築需要の力強い回復を待たなければならなかった。

1） Churcill's Circular, *The Economist*, 1849, p.38.

D　農業―穀物、食料品、嗜好品

　不況期の困難な課題に直面して、農業部面においては、到底生産方法の改善による効果を十分に期待することはできなかったが、運輸力増進による流通コストの低下とともに特に自由貿易政策が同種の効果を実現し、これも綿

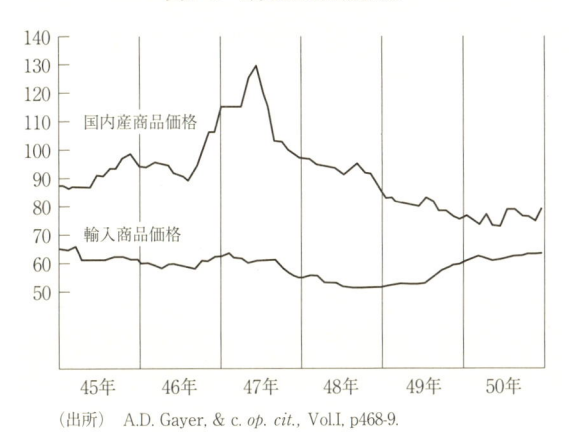

図3-2 卸売商品価格指数

(出所) A.D. Gayer, & c. *op. cit.*, Vol.I, p468-9.

工業など主軸の産業資本の努力を大いに助けた。新たな低水準での生活資料の標準価格の形成は、新たな、高くはない、標準的労働賃金の形成に寄与したからである。

　この不況期にその全作用を初めて明らかにした穀物法の事実上の撤廃こそは、外国産穀物の大量供給によって穀物価格を低位に安定させ、大工業資本にとって自由貿易政策の最も有利な成果を実証し、確認した（図3-2）。それに、1840年代から50年代にかけて続けざまに行われた関税法改正、とくに46年の新関税法、並びに50年の航海法撤廃も、ロンドン（そしてリヴァプール）を文字通り世界市場として一層発展させ、やはり最も安価な砂糖、茶、コーヒーの形で自由貿易政策の大きな果実をイギリスの大工業資本にもたらしたのである。これらの自由主義的諸立法の成果は、同時に世界市場における穀物、食料品、嗜好品など農産物の需給をイギリスを中心として構造的に変化させ、工業製品市場の同様な変化と表裏の関係をなしつつ、新たな好況的蓄積のための世界市場の再編成を強力に推し進めるものに他ならなかった。自由主義立法はさきの不況期に引き続いてしかもはるかに上回る著しい効果をもたらした。それがこの不況期の最大の特徴の一つとなったのである。

　マーク・レーン市況。

1847年秋の惨落以来、穀物市場を投機的活気が捉えることはなかった。不況期の小麦市況は、国内小麦収穫の不振にもかかわらず、低位に安定した、しかも趨勢的にはなお低下する価格のもとに平静に推移した。外国産小麦が価格上昇の歯止めとなったからである。これまでに経験されなかった新しい現象である[1]。

　48年の小麦作は、2,3月の湿潤な気候と4月の大雨のため種まきが困難で、早くも作柄に懸念を引き起こしたうえ、8月の気候不順から刈り取られたものを運搬する暇がなく、ほとんど月中野ざらしとなり、また刈り取られなかったもので発芽する例が出る始末だった。このため収穫高は41年以来の不良で、その上質も39年以来の劣等であった。価格はしたがって9月9日に56シリング10ペンスを付けた。しかし、大量の外国産小麦の流入でこの水準は維持されず、加えて関税率の過渡期間終了が近づいたために下がり続け、1シリング新関税適用直後には45シリング1ペニーという低水準に落ちた。

　49年の小麦作は、まれにみる好調で、穫り入れも大した障害に合わなかった。収穫高は平年作を優に上回り、42,44年をさえしのぐものであった。このため小麦価格は2月以降7月まで45シリング前後の低位にくぎづけされた。収穫前在庫の縮小から市場は若干投機的活気を示したが、豊作と輸入の高水準から価格は一層落ち込むことになった。12月中旬には38シリング9ペンスを記録した。

　小麦の生産、輸入および消費の推移に新穀物法の影響は歴然としていた（表3-15）。第1に、それはロンドン（そしてリヴァプール）を初めて穀物の<u>自由な世界市場</u>として本格的に発展させ、その自由な競争の機構を通して小麦価格を<u>史上最低の水準</u>に安定させた。「イギリスの価格は、輸送の費用と時間的遅れを差し引きして、ヨーロッパの、否むしろ商業世界の価格であるに違いない[2]。」そして、1843,44年に比べて22％も低い39シリング5ペンスが<u>新しい好況的蓄積の条件である標準価格</u>となった。第2に、この低廉な穀物価格はそれだけ標準的賃金を抑える貴重な役割を果たすと同時に、おそらくわずかにせよ穀物消費水準の上昇をもたらした。22％にもおよぶ小麦卸売価格の低下は、16％のパン小売価格の低下となって消費者を潤したからである。第3に、全体としての穀物需要はわずかながら増加したわけだが、新穀物法はそ

第1章　現実資本　生産方法の改善と世界市場の条件整備

表3-15　小麦の生産、輸入および消費の推移

	1843、44平均	1847	1848	1849	1950	1951	1850、51平均
○イングランドおよびウェールズ							
作付面積	……	—	—	—	—	—	……
エーカーあたり収量（ブッシェル）	52.3	46.4	44.1	57.0	41.8	48.9	45.4
国内産小麦市場販売量（千クオーター）	5,296	4,618	5,287	4,642	4,457	4,420	4,531
市場平均価格（s/d）	50/8	69/9	50/6	44/3	44/3	38/6	39/5
○アイルランド							
作付面積（千エーカー）	……	744	……	688	605	504	555
エーカーあたり収量（cwt）	……	12.2	9.0	10.6	8.8	10	9.4
収穫量（百万cwt）	……	9.8	……	7.3	5.3	5.0	5.2
○輸入							
小麦（百万cwt）	4.4	11.5	11.2	16.7	16.2	16.5	16.4
小麦製食品および小麦粉（〃）	0.7	6.3	1.8	3.4	3.8	5.3	4.6
輸入小麦小麦市場販売量（千クオーター）	……	4,778	2,213	5,631	4,878	5,368	5,123

（出所）T. Tooke and Newmarch, *op. cit.*,Vol.V pp.466～9; *Abstract of British Historical Statistics*; M.J.R. Healy and Jones,Wheat Yields in England 1819～59, in *Economic History Review*, 1962

れを大規模な供給地の転換、再編をもって充足することになった。すなわち、一方では大量の輸入を恒常化した。イギリスは1843，44年の1.2百万クオーターに代わって50，51年の5.1百万クオーター（それはおよそイングランドの生産の4割に相当した）を新しい好況的蓄積の条件として受け取ることになった。そしてイギリス向け輸出を増やして呼応したのは、さし当りまずこれまでの主力プロシャのほかフランス、ベルギーなど近隣の大陸諸国であり、また新しく登場してきたロシア、トルコであった。これに対し、アイルランドでは小麦作付面積が激減し、イングランドでも牧草地の割合を増やす傾向が生まれた[3]。

「高度農業」（"high farming"）とその限界

　この間、イギリス農業自体に生産方法改善がなかったわけではない。穀物法撤廃やその他の農業関税の廃止または大幅の軽減によって刺激され、この不況期は盛んな農業生産方法の改善が行われた時期の一つとなった。
　自由貿易論の『エコノミスト』は、保護関税論に対抗しつつ、1846年ごろか

ら「高度農業」について一種のキャンペーンに打って出た。次から次に様々な生産方法の改良、革新とその結果としての高利潤の実例が報告された。「高度農業」の展開は、すでに「イングランド王立農業協会」の設立（1839年）とその新技術研究、普及活動、リービッヒ、ローズらのものをはじめとする農業科学書の刊行などによって準備が進んでいたが、ここに本格的展開を始めた。

　生産方法改善の主なものは、粘土質の耕地、牧草地の排水法、新肥料の投入（ソーダの沃化物、ペルーのグアノ、酸性リン酸塩など）、家畜飼料投与量の増加、農機具の改良（各種の犂の利用、撹土機、耕運機などの使用）などであった。蒸気機関も1851年には耕運機に初めて結合されるのである。

　ただ、こうした「高度農業」化には狭い限界が画されていた。合理化投資に比較的容易に対応できたのは余裕のある大農業者であり、余裕もなくすでに著しい格差をつけられていた小農業者たち（小農業者を甚だしく見落とした1851年センサスによってさえ、グレートブリテンで100エーカー以下の耕地をもち、せいぜい1千ポンドの資本で経営する小農業者は7割弱を占めた）は、十分な合理化を遂行できなかった。彼らは利潤をほとんどあるいはまったく生まぬ新たな低価格のもとで、ただ耐える以外に道がなかったわけである。

　　　農業労働力——移民。
　農業従事者数とその状態の変化は正確にはつかみがたい。しかし、この不況期には、彼らの状態がアイルランドの飢饉と穀物法撤廃から重大な悪影響を受けたことは疑いない。そのうえいったん鉄道建設へ吸収された大量の労働者のほとんどが、その完成とともに徐々に再び舞い戻ったから、これまた状態の悪化に拍車をかけたであろう。

　農業労働者の賃金はこの間わずかな低下にとどまったが（表3-16）、問題は働き口がないということであった。リンカーン、ノーフォーク、サフォークなど農業諸州の被救済者数は人口に対する比率がもともと高かったが、恐慌前後にある程度増加し、その後ランカシア、ヨークシャ・ウエストライディングのように容易に減少しなかった（248ページ、表3-7）。

　かろうじて餓死をまぬかれたアイルランド農民をはじめ多くの農民が明るい未来を約束するかに見える新天地へ大挙して海を渡り始めた（表3-17）。大

第1章　現実資本　生産方法の改善と世界市場の条件整備

表3-16　農業労働者その他の賃金の停滞

	1844		ピーク()内は年を示す		1847		1848		1849		1850	
	s.	d.	s.	d.	s.	d.	s.	d.	s.	d.	s.	d.
○南ウェールズ鉄工場												
採炭夫	13	0	20	4(46)	20	2	16	1	14	3	−	
鉱夫	10	7	15	9(47)	15	9	12	1	10	9	−	
鋳物工	23	9	35	0(48)	33	5	35	0	30	4	−	
撹拌工	22	7	35	8(46)	32	4	30	11	25	7	−	
圧延工	33	7	80	0(47)	80	0	60	9	35	6	−	
レール整備工	20	2	49	7(46)	47	8	36	8	18	2	−	
○建築(指数1891=100)	63		−		63		64		64		64	
○造船(指数1891=100)	75		−		75		74		73		73	
○農業(指数1891=100)												
イングランドおよびウェールズ	77		81(43)		77		72		72		72	
スコットランド	62		62(43,44)		61		61		61		61	

(出所) G.R. Porter, On a Comparative Statement of Price and Wages during the Years from 1842 to 1849, J.S.S., 1850, P.210; B.R. Mitchell & P.Dean, *Abstract of British Historical Statistics*

半がアイルランド人であり、アイルランドでは絶対的人口減をきたした。

　世界市場を舞台としたこのように大規模な労働力移動の結果、結局、イギリスの産業資本は、「怠け者」アイルランド人を半ば厄介払いして身軽になりはしたものの、明らかにこれまでとは異なる、もはや無尽蔵とはいえない農村の潜在的過剰人口を新たな好況的蓄積の基礎条件として受け取ることになった。

表3-17　移民の激増

	連合王国の港からヨーロッパ以外の国への船客	アイルランド移民
1845	94	……
1846	130	……
1847	258	……
1848	248	……
1849	299	……
1850	281	……
1851	336	152[1]
1852	369	190
1853	330	173
1854	323	141

(出所) *Abstract of British Histrical Statistics*
(注) (1) 8ヵ月のみ。

　ミンシング・レーン市況。
　ここでもパニック以来大規模な投機は影を潜め、不況の2年は、おおむね縮小ないし停滞気味の需要の前で累積した膨大な在庫の整理が行われねばな

らず、ふるわない価格のもとでの取引に終始した。

　1848年12月ごろから、工業地帯の回復の第1波に踵を接して、ようやく市場にかなり本格的な活発さが戻ってきた。しかし、こうしたミンシング・レーンの活気もやはり49年3月の大陸の政治的事件で中断された。その後工業地帯の回復の第2波の到来とともに需要改善の期待が生まれたが、それはようやく11月になって現実となった。この回復では、生産の全面的回復の傾向を背景として、価格も回復、50年に入ると久しぶりに相当量の投機買いを呼ぶことになった。こうした投機はたちまち価格の安定を失わせて目立った上下を引き起こし、一時市況は投げ売りも出て不満足な状態に逆戻りしたが、5月には速やかに改善し、市況は回復した需要のもとで好況的様相を不動のものとした。

　砂糖、茶、コーヒーの需給をまとめておけば、表3-18のとおりであった。

　ここにも1840年代中に次々と進んだ自由貿易政策の好影響が歴然と表れていた。しかもそれは特に不況期にその作用を強め、その結果を確定したのである。第1に、それらはロンドン（そしてリヴァプール）を真の世界市場として一層発展させ、その開かれた自由競争の機構によって驚くべき価格低下を実現した。砂糖、茶、コーヒーなど1843, 44年に比べ2, 3割も安い価格を<u>新たな好況的蓄積の条件</u>となる標準価格として確定した。第2に、この低下した標準的価格はこれら植民地産品の消費を明らかに高めた。目覚ましい消費水準の向上である。なお、これまでこれらの消費は全体として長い間停滞していたのであり、このように目覚ましい増加は初めてのことであった。第3に、その結果として大量の輸入が恒常化した。1843, 44年に比較して2, 3割も多い輸入量が<u>新たな好況的蓄積の条件となる水準</u>として確定された。しかもそれは大規模な輸入先の転換、再編を伴っていた。砂糖では従来の植民地産から外国産、特にキューバ産への転換が進んだ。

　1）Tooke and Newmarch, *op. cit.*, Vol. V, p.227.
　2）*Ibid.*, p.107.
　3）W.J. Thompsons' Circular, *The Economist*, 1850, p.93.

第1章　現実資本　生産方法の改善と世界市場の条件整備

表3-18　砂糖、茶、コーヒーの需給

	1843、44平均	ピーク ()内は年	1847	1848	1849	1850	1851
○砂糖							
輸入(百万cwts)	4.95	8.21 (47)	8.21	6.87	6.93	6.29	7.12
国内消費(〃)	4.09	6.16 (48)	5.79	6.16	5.92	6.11	6.23
マスカヴァドス価格	33/2	38/1	29.6	23/7	25/6	26/9	26/11
(1cwtあたりs. d)		(43.11)					
○茶							
輸入(百万lbs)	49.7	55.6 (47)	55.6	47.8	53.5	50.5	61.0
国内消費(〃)	40.8	46.7 (46)	46.3	48.7	50.0	51.2	52.6
コンゴー産(lbsあたりs.)	$11\frac{3}{4}$〜2/4	11〜2/9 (45.1)	8〜2/0	$7\frac{1}{2}$〜1/8	$8\frac{1}{4}$〜1/9	$10\frac{1}{2}$〜1/8	$10\frac{1}{2}$〜1/8
○コーヒー							
輸入(百万lbs)	42.7	—	55.8	57.1	63.3	50.8	51.9
国内消費(〃)	30.7	375 (47)	37.5	37.1	34.4	31.2	31.9

(出所) Board of Trade, *Trade and Navigation Returns*

第2章　株式資本　適応不全

　株式資本、具体的には鉄道業を中心とする副軸的連関の不況期の運動は、ランカシア綿工業を中心とする主軸的連関の運動の波に乗り切れなかった。

　副軸的連関の運動は、大鉄道建設によって主軸的連関の運動をすさまじく増幅し、危機の到来を速めたのだが、危機が到来して見ると、主軸的連関の諸工業のようにいわば正攻法によって、すなわち生産方法の改善、合理化によって新たな好況的蓄積の条件を自力で準備することは困難であった。それはしたがって主軸的連関の運動からはみ出し、特に長い不況に沈み、しかも株式会社形態を利用した特異な整理を行うことになった。ただ、関連産業としての鉄工業は、この不況期に新たにアメリカの鉄道建設ブームに参加するという形で、綿工業に次いで独自の世界市場的蓄積の連関を形成する方向へ一歩踏み出すことになる。

A　ロンドン資本市場

　証券市況。

　ロンドン証券取引所は10月パニックに次いで2月革命によるパニックを経験しなければならず、回復に向かっていたすべての証券価格が再び惨落した。公債価格の崩落はナポレオン戦争終結以来最も衝撃的、かつ大幅であった。フランス一国の革命は世界中の政府の信用をがた落ちさせたのだ。ただ、10月パニックの際とは異なって、証券取引所には公衆からの大量の資金が投資のために流入した[1]。

　その後の経過は極めて対照的なものとなった。3％コンソルは引き続く政治不安を背景としながらも、3月以降かなり順調に回復を続け、1年後の1849年3月には$92\frac{1}{2}$と47年初の水準へ戻し、さらに50年3月には$95 \sim 95\frac{1}{4}$ポンドの高値を呼ぶまでになった。2年間の上昇率は16％であった。暴落した外国

政府証券も概して48年夏以降回復へ向かった。

　ところが、鉄道株はこの間ほとんど例外なく落勢を続けた。その過程で48年秋に鉄道株取引はパニックに陥った。崩落の程度は全く異常なもので、『エコノミスト』の1ライターは、48年10月までに2億ポンドが現実に払い込まれ、株主はこのために少なくとも2.5億ポンドを投じたはずだが、その当時の市場価格は1.5億ポンドを超えず、すでに1億ポンドの損失を被ったうえ、なお相当の払い込み義務を負っていたと推定している[2]。そして49年2月に入ると、新たに鉄道王ハドソンの会社について放漫経営の暴露が行われ始め、彼の関係する会社の株は暴落した。秋には鉄道株取引は再び最も陰鬱な状況を呈し、パニックと混乱の中にあった。多くの株はあまりの不振に事実上売ることができなかった。そして鉄道株の損失は推定1.8億ポンドに達した[3]。

　鉄道株が底入れするのはようやく50年に入ってからである。業績が比較的良好なものが春に、不良のもので秋になった。しかし、なお50年には、鉄道株に対する金融を特別の目的としておもにスコットランドに設立された「交換銀行」("Exchange Banks")の倒産が相次いで起こった。

　貨幣市場の資金需給の著しい緩和と利子率低下のため、有利な投資口を求めて遊休資金が資本市場に流れ込み、それらはまず確定利付きで安定性の高い公債、次いで業績の安定した会社の株式へも買い向かった[4]。この流れには当初外国からの大量の逃避資金も加わった。

　しかし、鉄道株の場合、全く事情が異なっていた。一方で会社の営業成績の悪化が表面化し、配当率が急速に低下してきた。1849, 50両年に普通株の配当率は幹線鉄道でも3％前後、平均では2％を割ってしまった。これとともに会社経営に対して深刻な不信が生じてきた。他方では、投機的に、多くの場合銀行からの借り入れをも利用して、応募ないし買い入れを行った大小無数の株主にとって、さらに続く莫大な払込金徴収の負担が待ち受けていた。それで投資家は鉄道株の買い入れを手控えたのに、払込金徴収を逃れるために鉄道株の売却が相次いだ。その上株価が下がり続けたとなると、担保保全のため銀行が損失を被らないうちに株を売りに出すことを強制された。ともかくこうした投げ売りが鉄道株崩落の積極的原因となった[5]。

　要するに、鉄道業は、利子率低下の恩恵をほとんど受けることなく、期待利

潤率激落による株式恐慌を、すなわち証券取引に与えられた信用の崩壊的収縮を伴い、それによって加速された株価崩落を経験したのである。1840年代の株式資本的蓄積は、こうして二つの株式恐慌を経験しなければならなかった——一つは貨幣恐慌の前に、いまひとつは貨幣恐慌の後に。

　証券発行と払込金徴収の激減。
　現実の利潤率の低下を背景としており、したがって1846年初頭のそれよりはるかに深刻なこの株式恐慌は、当然に新規計画の出現を決定的に抑える働きをした。議会にも失望と反動の空気が広まっていたから、提出された計画さえ容易に認可されなかった。
　認可されたマイル数は表3-19の通りで、1850年まで減り続けた。その後も大した回復は望めなかった。
　だが、これだけの株価崩落も既発行株の払込金徴収までは押しとどめることはできなかった。払込金徴収は、すでに見たように、いったん激烈な貨幣恐慌によってそれが多分に依存していた商業信用と銀行信用が崩壊的な収縮を遂げたために厳しく規制された。しかし、建設を中途で放棄することは長期的には困難であった。したがって、1848, 49の両年、払込金徴収は相当規模で行われ続けた。
　ともかく、1852年になってさえも株価が1843年の水準へ戻りえなかったことに対応して、もはや副軸の鉄道業に主軸的連関の好況的蓄積に見合う建設計画の増加は現れなかった。要するに、鉄道業の株式資本的蓄積は綿工業を中心とする主軸的連関の蓄積と波長が合わず、40年代の大ブームの後50年代には好況からほとんど取り残されることになる。
　しかし、不況期における副軸的連関のこの蓄積が資本市場を通して主軸的連関の蓄積に与えた影響はやはり絶大なものがあった。
　株価崩落と引き続く払込金徴収が個々の株主に与えた影響はまさに破滅的であった。鉄道株投機は上流および中流階級の人々を信じがたいまでに吸い寄せていたから、小財産所有者、あらゆる種類の小売商人、熟練職人、年金受領者、官吏、自由業者、貿易商、地主などの階層がすべて例外なく犠牲となった[6]。殊に裕福な貿易商や工場主たちはいざというときに利用できる準備

表3-19 鉄道建設の持続

	認可マイル数	建設中マイル数	新規開業マイル数	鉄道会社の建設の支出					建設支出(土地代金を除く)の国民所得に対する%	建設労働者数[1]
				総額[2]	線路および恒久施設	車輌	土地	その他		
				百万£	百万£	百万£	百万£	百万£		千人
1847	1,354	…	803	43.9 (-2.0)	31.87	4.78	7.10	0.12	6.7	…
1848	371	2,958	1,182	33.1 (-4.0)	25.15	2.71	4.97	0.10	4.7	188
1849	16	1,504	869	24.9 (-2.0)	18.66	2.34	3.78	0.04	3.1	104
1850	8	868	625	13.1	9.85	1.35	1.85	0.04	1.6	59
1851	…	…	…	9.9	6.68	1.66	1.51	0.07	1.3	43
1852	…	…	…	9.7	6.85	1.28	1.40	0.18	1.4	36
1853	…	682	…	10.2	6.94	1.85	1.35	0.07	1.5	38

(出所)B.R. Mitchell, The Coming of Railway and United Kingdom Economic Growth, J.E.H., Vol.XXIV No.3, B.P.P., 1847-48, P.???; 1849 L.ip.101; 1850 LIII p.277; 1854 LXII
(注) (1) 1847, 48両年は5月1日現在, 49年以降は6月30日現在。
(2) ( )内は鉄道会社の帳簿に記載されている以前におこなわれた実際の支出との推定誤差を示す。

として鉄道株を保有していたのだが、48年秋の株式恐慌のさなかでは大損失なしにそれを処分できなくなってしまい、在庫商品の投げ売りか鉄道株の投げ売りかの2者択一を迫られた[7]。要するに、主として中産階級からなる大多数の鉄道株主たちは未曽有の大収奪を受けたわけである。49年秋までに推定1.8億ポンドという損失は、これら株主の所有する商工業企業の窮状を加重したばかりか、これら株主の消費減少を通して間接的にも否定的に働いた。

ともかく、株価崩落と払込金徴収は主軸的連関の蓄積の不況を厳しく加重した。いな、それこそ、48年後半から49年に国内市場を最も広汎に、しかも特殊的に痛めつけた原因に他ならなかった[8]。そしてこの間、この大収奪は社会を騒然とさせ、警戒感を煽り続けたのだった。

1) T. Tooke and W. Newmarch, op. cit., V, pp.231-2.
2) The Economist, 1848, pp.1186-7.

3) *Ibid.,* 1849, pp.1046-7.
4) *Ibid.,* 1848, p.267.
5) *Ibid.,* 1848, pp.1186-7.
6) T. Tooke and W. Newmarch, *op. cit.,* V, p.370.
7) Du Fay's Circular, *The Economist,* 1848, p.1249.
8) T. Tooke and W. Newmarch, *op. cit.,* V, 370.

B 鉄道業と鉄道建設

鉄道建設。

不況に入ってもしばらく鉄道建設は大規模に継続されねばならなかった。鉄道建設そのものはパニック時の資金難から一時その多くが中断された。その後も株主側の事情から多くの場合払込金徴収がスローダウンされ、工事繰り延べも避けられなかった。しかし、建設を中途で放棄することは、既設部分の価値を甚だしく低めることになったし、そればかりか技師、建設請負業者、トンネル業者その他と結ばれた契約は鉄道支出の削減に反対する大きく有力な社会層を作り出していたから[1]、一時的にはともかく、長期的にはできなかったのである。

恐慌直後の1848年初めには、1844～47年に認可された9397マイルのうち8割以上の7841マイルがまだ未完成で残されていたが、48年5月1日には認可されて未完成の7388マイルのうち実にその4割に当たる2958マイルが建設中であった[2]。かくてその後2年間にわたって、すなわち不況期の全期間にわたって、大規模な建設が──ただし急速に縮小する規模で──続けられることになった。

建設活動の規模は表3-19のごとくで、建設支出(土地購入代金を除く)はなおもイギリス国民所得の3～4.5％を占め、したがって総固定資本投資に対して依然として大きなウェイトを占めたとみられる。そしてなおも10万人を超える建設労働者を雇用し続けた。ただし、こうした建設も49年末までには一段落し、その後長い停滞に入ることになる。

結局、1844～47年に認可された9397マイルは、4割強の4219マイルが50年

末までに完成され、179マイルが放棄または路線変更によって消滅したうえ、なお5割強の4999マイルがのちに残されたのであった。

鉄道会社の営業成績。
　この間鉄道会社の営業成績は甚だしく悪化した（表3-20）。主軸的連関の蓄積が不況に入ったところへ、ブームによって建設に着手された新線の完成が相次いだのだから、それは当然であった。
　運輸収入総額は増えたが、1マイル当たり収入は49年まで減少し続けた。47年から比べると25％の減少である。甚だしく減少したのは1マイル当たり乗客運賃収入のほうであった。
　単位資本額（社債を含む）あたりの収入もしたがってほぼ同じように推移した。1848年から52年にかけて6％前後にとどまった。当時なお償却基金も確立していなかったが、これを度外視して、営業費用を仮に総収入の45％としても[3]、純益率は52年まで3～4％に過ぎなかった。53年に至ってもそれは43年水準に遠く及ばなかった。先に見た低い配当率はその当然の結果であった。
　主軸的連関の蓄積の周辺を巻き込んでの不況は、このように鉄道業を長く続く不振に落とし込んだ。鉄道業とその建設業の不況期における動きは、主軸的連関に対する関係で、同じ運輸部門で固定資本の巨大な海運業と造船業のそれに似ていた。ただ、主軸的連関の好況的蓄積の末期に大建設ブームを経験した鉄道業は、他に例をみないほど甚だしい過剰蓄積を暴露することになったわけであり、しかもその整理は極めて困難だった。到底1850年代の好況的蓄積に実質的に参加できなかった。

鉄道会社の不況対策——節約と運輸方法改善、少数大幹線の支配的地位再確立。
　しかし、鉄道会社が不況下に内部的対応策を取らなかったわけではない。激化した競争の中で節約と運輸方法の改善が行われた。
　1848年から52年にかけての長く続いた鉄道業の不況期は、それまでの向こう見ずな建設支出とは対照的な節約の時期となった[4]。一方で俸給、賃金の切り下げ、人員縮小があいつで行われ、他方では節約の目的で運輸サービ

第2章　株式資本　適応不全

表3-20　鉄道会社の営業成績

| | 12月31日の営業マイル数 | 払込資本額[1] | 運輸収入 | | | うち貨物運賃[2][4] | うち旅客運賃[2][4] | 旅客 | | | 運輸労働者[5] |
			総額[2]	1マイルあたり[3]	資本1千£あたり[3]			総数[2]	1営業マイルあたり[3]	千人あたり[3]	総数[5]
		百万£	百万£	千£	£	百万£	百万£	百万人	千人	£	千人
1844	2,148	72.4	5.08	2.6	77	3.36	5.15	27.8	14.2	……	……
1847	3,945	167.3	8.51	2.8	67	4.21	5.72	51.4	16.9	102	……
1848	5,127	200.2	9.93	2.5	59	5.10	6.11	58.0	14.7	99	52.7
1849	6,031	229.7	11.81	2.1	55	6.38	6.83	63.8	11.4	96	56.0
1850	6,621	240.3	13.21	2.1	56	……	……	72.9	11.5	94	60.3
1851	6,890	248.2	15.00	2.2	61	……	……	85.4	12.6	……	63.6
1852	7,336	264.2	15.71	2.2	61	7.94	7.76	89.1	12.1	87	67.6
1853	7,686	273.3	18.04	2.4	67	9.48	8.56	102.3	13.2	84	80.4

(出所) *Statistical Abstract for the UK, 1840～1854*; *B.P.P.* 1850 LIII p.257, 1850 LIII p.267, 1851 LI p.241, 1854 LXII pp.639, 661, 683.
(注) (1) ただし社債を含む。
(2) 1848年までは6月30日に終る1年、1849年以降は12月31日に終る1年。
(3) 1848年までは前年末の開通マイル数、払込資本額で運輸収入を除したもの、1849年以降は前年末と当年末の営業マイル数、払込資本額平均でそれを除したもの。
(4) ただし、*Statistical Abstract* の収入総額と合計は必ずしも合致しない。
(5) 1848年までは5月1日、1849年以降は6月30日。
(6) 前年末と当年末の営業マイル数、払込資本額平均で労働者総数を除したもの。

ス縮小、列車スピード減少などの措置が採られた。これらの結果1マイル当たりの雇用は1848年から51年にかけ10％も減少し（表3-20参照）、1845-48年に生じたスピード競争も一段落した。消極的な節約ばかりではなく、列車の推進については機関車による牽引が全面化し、また鉄橋の完成などを機として貨物輸送の便を改善する努力が精力的に行われ、やがて53年には貨物運賃収入が旅客運賃収入をしのぐまでになる。

だが、好況末期に異常な建設ブームを経験し、不況に入って全面的稼働の始まった鉄道業にあっては、過剰資本の暴露にもかかわらず、運輸方法の改善は克服すべき深刻な課題に比し相対的に狭い限界内にとどまらざるを得なかった。

鉄道会社の目は不可避的に競争の排除と独占的支配の確保の方向へ向けられた。独占は不況の犠牲を多かれ少なかれ他部門ならびに同一部門の資本家や消費者に転嫁する可能性を開くからである。
　しかし、1845-48年の大建設はそれ以前に12大会社として成立していた地域的独占の体制を崩してしまっていた。したがって当面まずは激しい覇権競争が不可避だった。ただ、この競争自体が通常の産業資本間の競争とは異質なものであった。それは整理の困難な巨大固定資本と株式会社組織を前提とした巨人間の競争戦、しかも地域的独占を目指す独占的競争戦であった。
　中でも最も激しい競争がロンドンと北部の工業地帯を結ぶ大幹線をめぐって展開された[5]。まず、第1級の4社の社長と下院議員を兼ねていた鉄道王ハドソンが、彼の率いる鉄道集団が有効なロンドン——北部幹線を形成し得なかったことを遠因として、「勘定を料理する」操作を暴露し、没落した。これはLondon and North Westernの専制的ヘゲモニーの確立に導いた。だが、その専制的ヘゲモニーも長くは続かなかった。この会社の力の主要な源泉は38年以来唯一のロンドンから北へのルートを握っていたことにあったが、東西両側からその独占に挑戦を受けたからである。東側では、最後の幹線として登場したGreat NorthernがLondon and North Westernのランカシア、ヨークシア、およびミドランド地方諸鉄道とに特恵秘密協定による締め出し策動を受けたが、ロンドン－ピーターバラ線開通（50年8月）を機として採算を度外視した運賃レート引き下げ戦を展開した後、北部への東側ルートとしての地位を確立し、やがて諸地方鉄道のいくつかの系列化にも成功した。西側では、Great Westernがバーミンガム周辺の小鉄道の支配権をめぐってLondon and NorthWesternとあらゆる手段を尽くして争ったうえ、支配権を固め、全線にわたる競争会社としての地位を確立した。こうした激烈な競争線の帰結は、London and NorthWesternの専制的ヘゲモニーの崩壊と有力な幹線鉄道を中心にした三つの資本集団の形成に他ならなかった。
　その他の地域においても競争は激化した。そして、賃借り、買収、合同の計画が叢生し、この時期は弁護士の書き入れ時となった。ともかく、この競争戦をとおして弱小会社が近隣の強者に系列化される傾向は著しく強まり、1852年末までにはふたたびしかも永続的な形で真の力が比較的少数の主要鉄

道に結晶したのである。

　以上ともかく鉄道業は一定の内部的努力を行いはしたが、それは特に困難な利潤率回復の課題に対して全く不十分にとどまった。そして独占体を志向する動きも、さしあたり血みどろの競争戦をもたらし、かえって採算を悪化させたうえ、なお地域的に優越する少数の主要鉄道を再確立したにとどまった。利潤率はいつまでも低位にとどまらざるを得なかった。すなわち、鉄道業は自力で好況的蓄積の条件を準備することはできず、したがって主軸的連関の好況的蓄積が全面化するにつれ、ようやく貨幣市場の短期利子率をやっと超える程度の弱々しい利潤率の回復を実現しうるにすぎない。そして過剰資本の価値破壊による整理は、実体的に行われる代わりに、結局一部分は地域的独占力による競争会社ないし商工業企業の収奪によって、しかし大部分は資本市場における株式の減価の確定による中小株主の大収奪に転化され、代替されたことを意味する。これらの操作に株式会社組織が十二分に活用されたのであった。

　最後に、副軸的連関の蓄積が実体的側面から主軸的連関の蓄積に与えた影響を見ておこう。

　不況の過程そのものに対しては、建設労働者の雇用をとおして、当初内需の高水準を支える要因として働きながら、次第に膨大な失業を滞留させ、内需を不振に落とし込む要因と化した。そればかりか、好況的蓄積に錘を付け、かつそれをいびつにする攪乱要因となる。

　だが、より重要なのは、それが鉄道網の結実によって蓄積機構の構造的変化をもたらしたことである。第1に、鉄道業自身の規模が1851年には1844年の3.4倍となり、この資本規模は綿工業のそれに比較しても相当に大きい[6]。鉄道業を中心とする副軸的連関の比重は著しく高まった。もっとも、1851年の綿工業は、雇用において鉄道業の6.0倍、生産価額においても鉄道業（運輸収入）の2.0倍の大きさをもち、商品流通における比重においてなお鉄道業をはるかにしのいでいた。そして結局小島国イギリスの鉄道業では、雄大な世界市場的流通とそこから発生する大規模な商業信用を特徴とするイギリス綿工業から蓄積の主軸の地位を奪いとることはできなかったのではあるが。

　第2に、そればかりか、鉄道業は運輸方法の革新と運輸費用の低下とに

よって、綿工業をはじめ諸産業に、①新市場と新供給源を開拓し、②企業活動をいちじるしく円滑にするとともに、③旧来の商慣習を打破し、電信の普及とあいまって、小売り段階における商品在庫量および運輸過程にある商品量の著しい縮小を実現した。それに鉄道自身が商品の流れを創造した。石炭、家畜、鉱物、魚介類、酪農品、穀物その他農産物、スレート、木材、石材その他の重量商品をそれらがこれまで接近できなかった遠隔の消費地へ運ぶことが極めて有利な事業となった[7]。さらにこれまで接近できなかった鉱山、採石場、森林、耕地、牧場、漁場、港湾。河川などの利用を開発した。こうして新たに創造された商品の流れの目覚ましい発展は、1844,45年当時議会に誇張した乱暴な地域交通の見込みを提出した「交通気違い」("traffic takers")たちでさえ想像できなかったほどであった。そして遠隔地への敏速で安価な旅客運輸の開発によって、企業活動は1810年代と比べ多分10倍もの出張と1/10のトラブルで遂行できるまでになった[8]。また、輸入食料品、原料品などの小売り在庫が大いに縮減された。それに鉄道以前には少なくとも輸入農産物、食料品、嗜好品、工業原料品などの10日分が港から消費地までの輸送過程にあったが、今やその2/3が節約された[9]。

　鉄道業自身は長い不況に沈んだものの、商品流通にこのような革命的変化をもたらし、主軸的連関の新たな好況的蓄積の準備に大きく貢献したのであった。

1）T. Tooke and W. Newmarch, *op. cit.,* V, p.233.
2）B.P.P., 1849, LI, p.101.
3）最初に営業費用の統計が得あれる1854年に、それは総収入の45％を占めた。
4）H.G. Lewin, *The Railway Mania and Its Aftemath, 1845-52,* p.s56.
5）詳しくはH.G. Lewin, *op. cit.,* pp.357-366, 405-7, 428-444. を見よ。
6）綿工業の総資本額は1845年のマカロックの推計と1856年のA.ベインズの推計 [qtd. In M. Blaug, The Productivity of Capital in the Lancashire Cooten Industry during the Nineteenth Century, E.H.R. XIII, pp.372-3］の平均値をとった。
7）T. Tooke and W. Newmarch, *op. cit.,* V. p.359.
8）*Ibid.,* p.376.
9）*Ibid.,* p.374.

C 鉄工業

　鉄工業は、1830年代の好況に続き、1840年代の好況にも鉄道建設に刺激されつつその生産をほとんど倍増させ、大工業として飛躍的に台頭したが、鉄道用資材（車両を除く）が鉄生産の3割近くを飲み込むまでになっていたから、建設ブームが過ぎ去ったとなると不況は深刻であった。

　鉄価格は2月革命の後少々持ち直しかけたが、その後ズルズルと下落を続けた。48年春のトン当たり8ポンド2〜5シリングから50年春には5ポンド17シリング〜6ポンドへ、さらに52年春には底値の5ポンド2シリング6ペンスへまで落ち込んだ。

　この間の鉄工業の生産動向は表3-21の通りで、イギリス鉄道業からの需要は、新建設からの分が51, 52年には価額で47年の2割そこそこ、数量でも4割程度に減少し、既設線の修繕、更新分を加えた総需要もほぼ半減したとみられる。炉数の増加はほとんどやんでいたが、こうした不振の需要を前に価格下落と多くの休炉を余儀なくされた。

　だが、不振にあえぐイギリス鉄工業を、ふたたび1840年代初頭の不況の時と同じく、海外需要(ことにアメリカからの)が救った。鉄輸出は一時生産能力が巨大な国内需要に吸収されて伸び悩んでいたが、恐慌による価格崩落を機として急増した。47年の55万トンから52年には104万トンを記録し、この年には輸出は鉄生産の4割弱に相当するまでになる。これら海外需要の中心はレールをはじめとする鉄道用資材に他ならなかった。殊にアメリカ向けはこの間の棒鉄輸出の5割弱、銑鉄輸出の4割弱、鉄および鉄製品輸出総価額の4割程度を占めた[1]。

　アメリカ鉄道業はイギリスの主軸的連関の不況のうちにいち早く建設ブームを迎えようとしていたが、その主要な資材供給部門としてイギリス鉄工業をとらえたのである。国内鉄道建設に誘われて大発展を遂げたイギリス鉄工業は、ここにその大きな能力をもって世界の鉄道建設の関連部門としての、すなわち綿工業に次ぐ世界市場性をもつ大工業部門としての方向へ向きを変えた。このことは、海外の鉄道証券発行がこれまた直接間接ロンドン資本市場

表3-21 鉄工業の生産動向

年	生産量	溶鉱炉		
		稼働中	非稼働	合 計
	千トン			
1847	2,000 [1]	433	190	623
1848	2,095 [1]	452	174	626
1849	…	…	…	…
1850	2,249 [2] / 2,500 [3]	…	…	…
1851	…	…	…	…
1852	2,701 [4]	497	158	655

(出所) A. Brich, *The Economic History of the British Iron and Steel Industry, 1784-1879*, p.124
(注) (1) Porterによる推定。(2) B.I.S.F.Yearbookによる推定。
　　 (3) I.L. Bellによる推定。(4) B. Pooleによる推定。

へ著しい程度に依存していたから、少なくともイギリスにとっては、ロンドン貨幣市場―ロンドン資本市場―世界の鉄道業およびイギリス鉄工業が新たな世界市場的蓄積の連関として、そして当面なおランカシア綿工業を中心とする主軸的連関に対しては副軸的連関として登場することを意味する。

　ただ、こうした目覚ましい輸出増加にもかかわらず、鉄工業は全体として不況から容易に抜け出せなかった。鉄工業労働者の賃金も少なくとも1850年まで継続的に低下した。1850年には、職種によって異なったが、全体としては1844年水準をむしろ下回る低位に落ち込んだ[2]。海外への鉄輸出の効果は、少なくとも50年まではさもなければ破滅的となったであろう不況を和らげる役割を果たしたにとどまったのである。

1) A. Birch, *The Economic History of the British Iron and Steel Industry, 1784-1879*, p.227.
2) *Ibid.*, p.264.

第3章　貨幣資本　信認の回復へ

A　商業信用　収縮と停滞

　商業信用は恐慌期における限度を超えた膨張の清算の後を受け、不況期にも収縮を続け、その規模は甚だしく縮小した。
　国内手形量（図3-3）は1848年中収縮し続け、Ⅳ四半期には最低の5260万ポンドを記録した。ピークの47年Ⅰ四半期から実に33％、季節変動を考慮に入れても優に1/4は縮小したわけである。その後ほぼこの水準で停滞した。再び本格的な膨張が始まるのは50年に入ってからのことである。
　額面金額別では、やはり貿易に関連する大手形が特に著しい収縮（同じ期間に45％の縮小）を見せたが、季節変動を考慮すれば49年Ⅳ四半期には一足先にはっきり膨張に転じた。これに対し中小手形は比較的鈍感で、48年Ⅳ四半期には、ピークの47年Ⅱ四半期からそれぞれ中手形が18％、小手形が11％縮小したにすぎなかったが、そのはっきりした拡張の開始は遅れ、中手形の場合がようやく50年Ⅲ四半期からで、小手形の場合は51年末まで縮小ないし停滞を続けた。
　なお、この間海外から振り出され送付される外国手形、すなわちポンド手形の量も輸入の激減ゆえ激しく収縮したことは疑いない。各地でロンドン宛手形不足が目立ち、48年半ばにはいつもより10〜15％高い値がついた[1]。そしてこれは綿製品輸出の回復を阻む有力な要因となっていた。
　不況期の商業信用の収縮は、主に、恐慌は過ぎ去ったとはいえ、破産が頻発し信頼感の回復がまだ限られ、商業信用がなお穏和な形にせよ収縮圧力を受けていたからである。破産が1843, 44年の各四半期平均を下回るのは、49年Ⅲ四半期のことであった（223ページ表3-1参照）。その頃までは手形の受け入れ、引き受けは用心深い態度をもって行われたであろう。また、商取引が

図3-3 国内手形量の変動

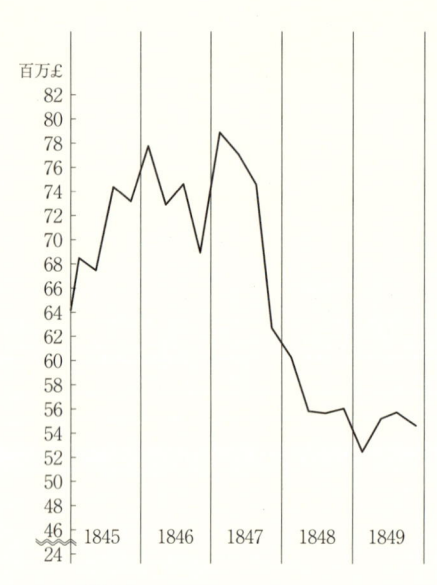

百万£
82
80
78
76
74
72
70
68
66
64
62
60
58
56
54
52
50
48
46
24

1845　1846　1847　1848　1849

（出所）T.Tooke, *op.cit.*, Vol.VI. 589〜592.

沈滞した限りでは、商人や工場主のもとには遊離した貨幣資本が沈澱し、手形取引の必要は減少した。現金取引の比重が高まったであろう。それに、この間急速に進んだ商品在庫の整理は、ブローカー手形など各種の融通手形の量をも激減させたはずである。

　主軸的連関に訪れた回復の第2波は、すでにある程度まで大手形の、そしてまたランカシア、ヨークシアおよびロンドン手形のそれに見合う増加を導いたが、ヨークシア手形を除けば、増加はまだ微弱なものにとどまった。この段階ではなお大部分が現金取引によって決済されたのであろう。

　ともあれ、このような商業信用の収縮は、商品の信用取引をとおして形成される資金需要の減退を、しかも現実の資金形成供給の減退をしのぐ減退を示すものであった。不況期に資金需要はこうしてふたたび現実の資金形成供給の範囲内に引き戻され、そのごく限られた部分を利用するものにすぎなかった。

　結局、商業信用は、このように甚だしく収縮したうえで、やがて1850，51年には、拡大した現実資本の蓄積規模に対応して、1843，44年をやや上回る四半期63百万ポンドの国内手形量を<u>新たな好況的蓄積における標準的水準</u>としてもつことになる。

　商取引規模、殊に貿易規模が著しく拡大したにもかかわらず、国内手形量の標準的水準がこの循環をとおしてほとんど増加していなかったのは、この間の交通手段の発達を背景とした商業組織と信用体系の変化によるとみられ

る。鉄道の確立は電信の発展と相まって流通に媒介項を取り除き、また小売り在庫を革命的に減少させた。これは当然手形利用の減少をもたらしたであろう。また同時に、外国貿易において特徴的な長期手形の期限短縮も、航海期間の短縮を背景としつつ趨勢的に進んだ[2]。さらに銀行組織の発展と小切手制度のゆっくりとした普及——まだ主にロンドンに限られていたが——は、当座貸し越しの利用と相まって、商業信用と銀行信用を直接的に結合し、手形の振り出しの機会を減少させる働きをしたであろう。こうして自由主義段階を特徴づけた雄大な世界市場的商業信用も、一方で世界市場そのものの外延的拡大によって膨張の刺激を受けながら、他方では交通手段の発達によって収縮する圧力を強く受け、かつ銀行信用のもとによりしっかり把握される傾向を示したのである。

1） Du Fay's Circular, in *The Economist*, 1848, pp.626-7.
2） *The Economist*, 1848, p.885.

B　金　不安定な流出入

対外流出入。

世界市場における金銀の配分は不況期になお安定せず、ロンドンを中心にかなりの移動が続いた。移動の性格と方向は好況期のそれとは著しく異なっていた。

主要な外国為替市場でポンドはこの間錯綜した動向を示した（図3-4）。

パリ、ハンブルクのロンドン宛為替は1848年2，3月革命のため一時的に暴騰した。しかし、その後まもなく軟化し、49年春まではポンドに安い相場を記録し続けた。だが、綿製品、羊毛製品輸出を中心として訪れた回復の第1波、第2波はこの方面の為替、特にハンブルク為替に好影響を与え、49年夏からは高いポンド相場を取り戻した。ただ比較金相場は為替ほど変動していない。パリの金プレミアムはこの間0.5％から1.9％のあいだで変動したが、

図 3-4　外国為替相場

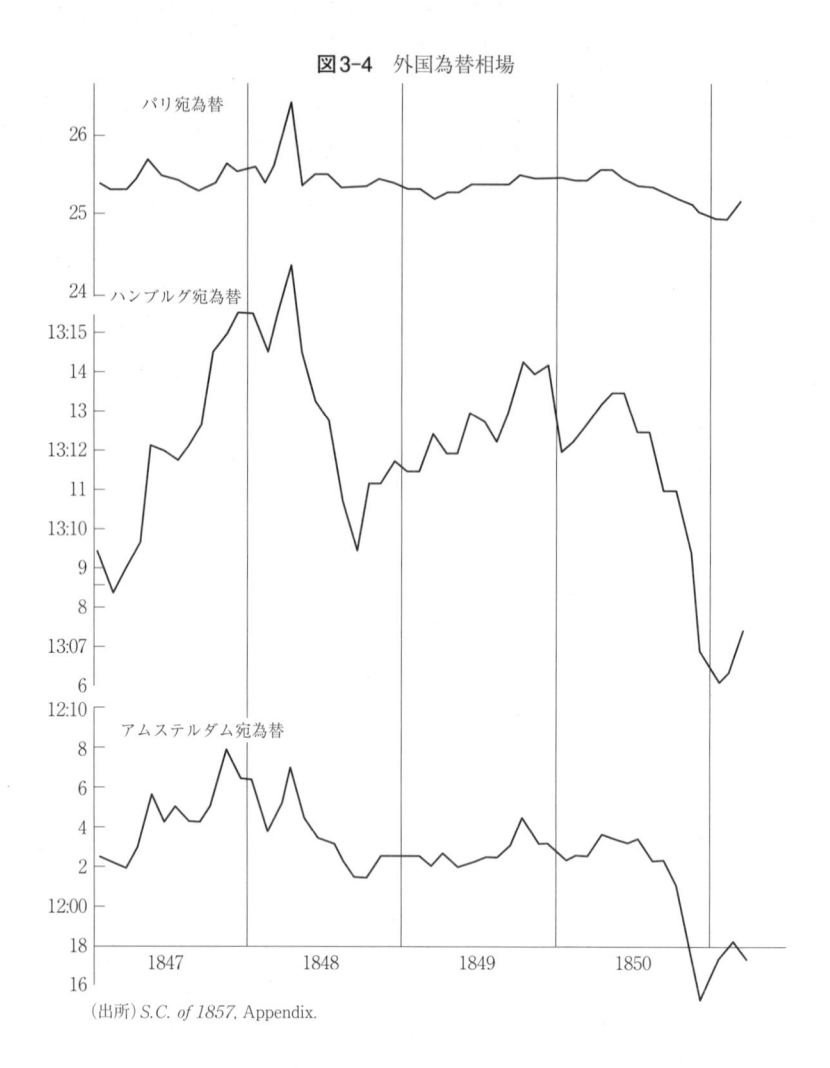

(出所) S.C. of 1857, Appendix.

　それを考慮すると、金「価格」は49年半ばまで継続してパリのほうが高く、9月に入ってようやくロンドンのほうが高くなった。ハンブルクの金「価格」は1オンス433マルクから440マルクのあいだを浮動したが、為替相場で換算すると、金「価格」は48年中は概してハンブルクのほうが高く、49年6月から決定的にロンドンのほうが高くなった。
　ニューヨークのポンド為替（60日サイト）は48年半ばまでニューヨークか

らの金輸出点(10％プレミアムあたり)を上回るポンド高であったが、その後低下し、49年春には逆にニューヨークへの金輸入点($7\frac{1}{4}$％あたり)を下回るポンド安となった。しかし、やはり49年後半から著しく改善し、再びニューヨークからの金輸出点を超え、50年初の中断を除けば、ほぼその水準を維持することとなった。また、ペテルブルクのポンド為替は、48年4, 5月次いで49年5月に大変な高値を付けたが、その後趨勢的に下落していった。これ等のほかカルカッタのポンド為替(6か月サイト)は48年夏まで非常な高値へ上昇を続けたが、48年末ごろから下落、49年はほぼ落ち着いた。しかし、49年末から再び下落し始め、その後つるべ落としの悪化を経験することになる。

　『エコノミスト』の週報をフォローしてこの間の錯綜した金銀移動の特徴をまとめてみると、恐慌と革命の影響が尾を引いて、めまぐるしく方向が変化し、しかも恐慌期に匹敵するほどに大量の移動があった。しかし、差し引きすると、フランスを代表とする大陸への流出超過と合衆国を除く新大陸、ロシア、近東、東インドなどからの流入超過、また形態別では、銀流出超過と金流入超過に落ち着き、しかも全体としては、年100万ポンド程度の流出超過にすぎなかったことになる。この間、金銀流出とその内訳は知ることができるようになったが、表3-22のとおりである。

　ともかく、好況へ向かうとともに、金銀移動は落ち着きを見せ、しかも次第にイギリスにとって差し引き流入超過へ転じていった。それに加えて、50年秋からいよいよ待望されたカリフォルニア、次いでオーストラリア新産金の大量流入が始まる。それはたちまちロンドン銀価格上昇、大陸の金プレミアム消滅、逆に金ディスカウントの出現という異常な事態をもたらし、好況的発展を媒介しながら、大陸への金流出、大陸からの銀流入とその銀のアジアへの流出というこれまでとは性質、方向を異にする世界市場的規模での金銀移動を恒常化することになる。

　対内流出入。

　他方、イングランド銀行は、不況期には概して国内流通からの鋳貨の還流(本店へ直接あるいは支店をとおして)を享受しえた。まだたまには48年7, 8月のアイルランド諸銀行による取り付けに備えた引き出しのように余震的性

表3-22　金銀流出の内訳

		1848	1849	1850
○金				
総額		1.62	1.24	2.68
うち	英国鋳貨	0.91	0.84	0.92
	外国鋳貨および地金	0.70	0.39	1.76
	フランス	0.88	0.25	1.41
うち	ハンザ都市、オランダおよびベルギー	0.59	0.19	0.52
	ポルトガル	−	0.08	0.33
	エジプト	−	−	0.05
○銀				
総額		7.04	7.72	4.37
うち	英国鋳貨	0.17	0.07	0.06
	外国鋳貨および地金	6.87	7.65	4.30
	フランス	3.81	6.14	1.89
うち	ハンザ都市、オランダおよびベルギー	3.00	1.21	1.06
	エジプト	−	−	0.07

（出所）T. Tooke and W. Newmanch, *op. cit.*, Vol.VI pp.709〜10.

格の流出もみられたが[1]、信用体系全体がふたたび準備集中力を取り戻しつつあったし、さらにまた不況期の一般的沈滞から生じた遊離貨幣資本が主に金貨形態で還流し、余剰資金として滞留しつつあったからである。

しかし、49年春以降は綿工業をはじめとする大工業の回復傾向を反映して国内流通は再び金貨を飲み込み始めた。本店から支店への金貨現送は増加し、しかも冬になってもほとんど戻ってこなくなった。そして50年春からは好況的発展の一般化とともに一層大規模な現送が必要となるのである。

1）*The Economist*, 1848, p.885.

C　ロンドン貨幣市場

不況期のロンドン貨幣市場は、こうした資金需給の緩和を反映して、パニック収束とともに訪れた緩慢状態を一層徹底させながら、徐々に失われた

信認の回復へ向かった。

　一方で、ロンドン貨幣市場の預金残高はひどい収縮の後実際の資金供給が示した異常に目覚ましい増加を示した。貨幣恐慌期に取り付けに対抗するため金地金、金貨、あるいはバンクノートの形態で海外や地方へ引き出され、退蔵された資金が徐々に戻ってきたからである。世界市場の信用体系は、そしてその中央貨幣市場は再びその準備集中力を取り戻していったのである。

　1848年には最良の手形の大きな部分が生まれる大陸取引が激減していたし、またもう一つの大きな、しかし安全でないことが判明した手形の供給源、すなわち東方への委託荷取引も細っていたから、手形の供給は国内取引からに限られた。貨幣市場はしたがって数年来で最も閑散な状況を呈した。しかし、この時にはまだ他方で信頼感が少ししか回復されておらず、資金の豊富にもかかわらず手形の選別には最大の注意がはらわれていた[1]。そして49年に入っても、手形量は停滞したままだったから、同じ割合が割引に出されたとしても、49年末に至っても過去のピークの2/3程度がロンドンへ出回っていたにすぎない。このため一層の緩慢状態が出現した。

　ロンドン株式諸銀行の預金は1848年から回復に向かい、49年末にはいずれも過去のピークを越えた(表1-16参照)。ただ、これらの銀行は飛躍的発展を遂げつつあった銀行なので、個人銀行も含めて全体として言うなら、過去のピークを越えたのは好況に入ってからとみられる。ともかく、不況期特有の一般的沈滞から生じた遊離貨幣資本は、イングランド銀行地方支店から本店への金貨現送の動向からも類推しうるように、地方銀行を媒介にして主に金貨形態で大量にロンドンへ還流し、滞留することになったといってよかろう。

　しかし、他方で、ロンドン貨幣市場に対する割引要求は、資金需要の減少、すなわち手形量の減少を反映して、パニック以来極度に収縮したままであった。

　貨幣市場で運用先を見出し得ない遊休資金は資本市場へ向かった。ただ、鉄道証券ではなく、主として公債投資に集中した。

　不況期のロンドン貨幣市場のこの緩慢状態については、手形の体系としての信用体系がその固有の性格から、この時期産業資本の生産方法の改善、合理化に積極的に介入し得なかった点に注意しておかねばならない。無論工業

地方の銀行が工場主へ設備資金を、農業地方の銀行が「高度農業」のための土地改良資金等を全く貸し付けなかったとは考えられない。しかし、少なくとも、1847年恐慌と1857年恐慌においては、それ以前の恐慌においてのように工業地方の銀行が破産して特定の工場に対する設備資金供給への深入りを暴露するようなことはもはや見られなくなっていた。イギリス地方銀行が商業銀行的色彩を一層強めていたことは否定しがたい。

ともあれ、ロンドン貨幣市場が集約した限りでの、中央商業圏イギリスの、したがってまた世界市場の商業信用を基礎とする資金需給関係は、こうした緩慢化をとおして、結局1850年ごろ、循環過程のうちで最も余裕のある状態を実現することになる。

1) *The Economist*, 1848, p.267.

D　イングランド銀行

ロンドン貨幣市場の資金需給の緩慢状態は当然イングランド銀行の業務の閑散を導き、それはバンクノートの停滞と金準備の一層の増加に集約された。したがって、金準備率はさらに上昇した。

手形割引と預金。
商業的債権、すなわち割引手形に貸付を加えた銀行部「その他証券」は、この間なおも収縮を続けた（表3-23）。そしてイングランド銀行は還流した相当部分を公債投資に投じた。

バンクノートと金準備。
この間、バンクノートは49年春からわずかばかり増加したにとどまったが、金準備は相当の増加をみた。
ロンドンを中心とする激しい国際的な金銀移動を反映して、イングランド

第3章　貨幣資本　信認の回復へ

銀行の金銀売買は頻繁に行われた（77ページ、図1-6参照）。48年4月〜50年3月の金買い入れ超過は702万ポンドにおよび、銀売却超過は163万ポンドにすぎなかった。

他方、イングランド銀行は、不況期の常として国内流通からの鋳貨の還流を受けた。

結局、イングランド銀行の金準備はこの2年間に188万ポンドの増加を実現した。

金準備率はさらに若干上昇し、50年3月には金は1713万ポンドとバンクノートの9割をカヴァーするまでになった。銀行部準備も並行して増加し、この時1212万ポンドと空前の余裕をもつにいたった。ともかく、不況期におけるこのような勘定変化をとおして、1850年初めには、世界市場の信用体系の頂点、世界の中央銀行としてのイングランド銀行は<u>新たな好況的発展の金融的条件を、殊に豊富な金準備と十分に余裕のある金準備率として整</u>えたのである。

E　利子率

さて、不況期にロンドン貨幣市場の資金需給が緩和し続け、イングランド銀行の金準備率も上昇を続けたとすれば、利子率の低下は当然であった。利子率は落勢を次第に弱めながらも、パニック終息過程に引き続いて下落し、ついに最低水準に落ち着いた（87ページ、図1-11参照）。

ロンドン貨幣市場の市場レートは、48年初

表3-23　イングランド銀行の主要勘定

（百万£）

年月日	流通銀行券	政府預金	その他預金	うちロンドン銀行残高	銀行部政府証券	銀行部その他証券	うち割引手形	金	銀行部準備	銀行券に対する準備率(%)	銀行券および預金に対する準備率(%)
1848年3月4日	18.38	6.57	9.25	1.68	11.57	13.12	5.05	14.87	10.50	81	43
1849年3月3日	18.37	6.14	10.00	1.84	14.07	10.80	2.88	15.18	10.80	83	44
1850年3月2日	19.01	7.84	9.88	1.77	14.42	10.43	2.49	17.13	12.12	90	47
1851年3月1日	19.24	7.79	9.52	1.58	14.15	13.17	4.48	14.45	9.21	75	40

(出所) S.C. of 1857, Appendix No.12, 13.

めにはまだ一流手形で$3\frac{1}{2}$〜4％、短期貸もこれと同じだった[1]。大陸の政治不安や頻発する破産からしばらくのあいだあまり下がらなかったが、6月初めに一流手形で$3\frac{1}{2}$％、コール資金で$2\frac{1}{2}$％となり[2]、10月初めにはそれぞれに3％、$2\frac{1}{2}$％のレートが容易に適用されるようになった。こうした市場レートの動向に追随して、イングランド銀行も6月15日、次いで11月2日の理事会でバンクレートの引き下げ（4％→$3\frac{1}{2}$％→3％）を決定した。最初の決定はただちに最良手形に対する市場レートを3％に引き下げる効果を与えたが[3]、のちの決定はもはや市場に何の影響も与えなかった。ロンバード街の銀行やビルブローカーたちはすでに最良の手形についてそれ以下のレートで取引していたからである[4]。この時すでにコール資金は2％で運用するのにさえ困難があった。そして12月初めには最良の手形は$2\frac{1}{4}$〜$2\frac{1}{2}$％で割り引かれ、ビルブローカーはコール資金に2％を与え、また証券取引所への短期貸は$1\frac{1}{2}$％であり[6]、さらに49年2月初めには、一流手形は2％で割り引かれ、ビルブローカーはコール資金に$1\frac{1}{2}$％を与え、証券取引所への短期貸も同じく$1\frac{1}{2}$％となった[5]。このころ市場レートは早くも最低水準に到達したのである。

　その後、市場レートはわずかに上げ戻したが、依然として一流手形で2〜$2\frac{1}{2}$％、コール資金は$1\frac{1}{2}$〜2％の水準に落ち着いていた。ただ、証券取引所への短期貸のみは9月初めに3％となった[7]。そして久しく市場レートの1/2〜3/4％高を維持したイングランド銀行も、49年11月21日の理事会で一層のバンクレート引き下げ（→$2\frac{1}{2}$％）を実行に移した。この時もバンクレート引き下げは市場に何の変化ももたらさず、その唯一の効果は既存の市場レートの持続を保証したことに他ならなかった[8]。バンクレートもこのようにやや遅れて最低水準に到達した。ただ、活気を取り戻した証券取引所への日貸しのレートはさらに上昇し、50年1月初めには5％を記録した[9]。

　利子率の引き続く低下と低位に安定した金利体系の出現——それは言うまでもなく、資金供給の異常な豊富を表現するものにほかならなかった。しかし、これは、現実資本の順調な価値増殖を反映しての資金形成、供給の積極的豊富を表現するのではなく、単に著しく収縮した資金需要に対して資金供給の収縮がそれほどでなかったがゆえの消極的豊富であり、それは再生産の収縮に伴って遊離した貨幣資本の余剰資金化という事情によってもたらされ

たのであった。
　この低位に安定した金利体系は、言うまでもなく、貨幣資本の増殖率の低下を意味するものであった。それは、やがて1850年半ばに現実資本の新たな好況的蓄積の条件が形成されるのを機として、順調な価値増殖の進行を反映した資金供給の豊富を表現するものへと、また同時に現実資本の全面的な蓄積を許容し媒介する貨幣資本の低い増殖率を表現するものへと引き継がれてゆくことになる。

1）*The Economist*, 1848, p.267.
2）*Ibid.*, 1848, p.1145.
3）*Ibid.*, 1848, p.691.
4）*Ibid.*, 1848, p.1256.
5）*Ibid.*, 1848, pp.1365-6.
6）*Ibid.*, 1849, p.128.
7）*Ibid.*, 1849, p.977.
8）*Ibid.*, 1849, p.1312, 1340.
9）*Ibid.*, 1850, p.13.

第4章　新しい資本蓄積条件の形成
―商業圏(＝通貨圏)としての総括

　不況期には、すでにみた如く、内的諸矛盾の解決をとおしての利潤率の回復という難題が産業資本に課されていた。そして産業資本は、深刻な社会不安と先鋭化した社会運動、階級闘争のなかで、生産方法の改善、合理化をとおしてその解決に向かった。課題を達成できず、多数の資本家が没落していった。引き続く破産の高水準がそれを端的に物語っていた。そしてこの破産の頻発こそが、信頼感の回復を妨げ、再生産の一般的収縮と商品価格の一般的低迷の状態を、言い換えれば不況を逃れ難いものとしていたのである。

　しかし、産業資本は、約2年間をかけて次第にこの課題を解決し、新たな好況的蓄積の条件を形成していった。いうまでもなく、この過程は世界市場的過程として進行した。ただ、諸商業圏(＝通貨圏)はそれぞれ産業資本の成立度合いを異にし、非市場的周辺のウエイトを異にし、その上前の循環における立ち位置を異にしたから、この過程はそれぞれ商業圏(＝通貨圏)としての独自の総括を受けるものとなった。そしてそれらは運輸労働による媒介を受け、一定の異同の幅を残して連結したのである。

　ここでは、イギリス商業圏(通貨圏)としての観点からこれまで述べてきたことを整理するとともに、個々の産業部門を扱った限りでは触れ得なかった国民経済全体についていくつかの統計を付け加えて締めくくりとしよう。

　新たな生産諸関係の形成。
　不況期の資本蓄積は、綿工業、羊毛工業をはじめとして、程度の差はあれ各産業部門に一般的な生産方法改善、合理化を実現しこれまでの生産設備を全面的あるいは部分的に新鋭設備と取り換えていった。こうしてこれら諸部門のそれぞれに新たなより高度な生産力水準を形成していったのである。それはまず、この新たなより高度な生産力水準に基づく新たな生産諸関係の形成、言い換えれば資本――賃労働関係に内的に総括されるあらたな価値増殖

関係の形成の過程に他ならなかった。

　すなわち、(1) 諸産業部門における高度な生産力水準の形成は、まずそれらの部門で生産される商品について新たなより低位の標準的価格水準を確定した。無論この過程は各部門一様に進行したのではない。主として綿工業をはじめとする主軸的連関の諸部門で進んだ。そしてこの事情こそがこれまでと同じくイギリス綿工業に好況的蓄積の原動力、牽引者となる根本条件を与えたのである。ただし、主軸のイギリス綿工業が主要な技術革新を出しつくしてすでに成熟の局面に入ろうとし、それゆえ生産力高度化の限界が見え始めていた。イギリス綿工業にとってこの不況期は目覚ましい生産方法改善の最後の時期となる。

　これに対し、機械制大工業として確立していない生産財的内需的小工業、さらには非市場的な要素を残した農業部門では、生産方法の革新による生産力水準の上昇も制約されないわけにいかなかった。その限り前と変わり映えのしない価格が新たな標準的価格となって現われる。ただ、これらの部門については、運輸力、特に海運力の改善と徹底した自由貿易政策が、イギリスのために重要な補足代替の役割を果たした。それらは絹製品、ガラス、雑貨など手工業製品および穀物、食料品、嗜好品など農産物について外国産の大量供給によって生産方法改善による生産力水準上昇と同じ効果を発揮したからである。国内または植民地の劣等な生産者はその圧力によって駆逐されねばならなかった。この不況期はこれらの要因が特に巨大な役割を果たした時期として特徴づけられる。

　(2) また、恐慌によって排出された循環的失業労働者は、その後不況期の休業や生産方法改善やあるいはまた拡張、新設によって部分的な反発と吸引を受けたうえで、都市の小商工業や農村に累積した構造的過剰人口とともに、新たな好況的蓄積の基礎条件となる相対的過剰人口として確定された。

　だが、新たに確定された相対的過剰人口の存在形態と量には重大な変化が生じていた。数量的な確定は難しいが、機械制大工業に随伴し、これと直接競争を続けていた手工的労働者の主要な部分——手織工や手梳毛工など——がついにその最後の抵抗を終えて滅んで行った。それだけではない。より豊富で本源的な過剰人口のプール、農村にもはっきりと転機が訪れた。特に後

第4章　新しい資本蓄積条件の形成——商業圏(＝通貨圏)としての総括

進的なアイルランド農村は人災も加わったジャガイモ飢饉で致命的な打撃を受け、農民たちが大挙移民として海を渡ることになったからである。救済支出はかえって増加したが、これはアイルランド難民の滞留による。こうした浮動部分がいったん吸収されてしまうと、綿工業をはじめとするイギリスの大工業はもはやこれまでのように容易に追加労働力を得ることはできず、好況期にはこうした変化を背景とした、これまでになかった種類の深刻な構造的労働力不足に直面するようになるであろう。

(3) そしてこの新たに確定された相対的過剰人口の圧力とこれまた新たに確定された社会運動、階級闘争の力関係とに照応して、新たな「国民的生活水準」が形成され、それが新たな好況的蓄積の基礎条件となる標準的な労働賃金として確定された。

ここにも重要な変化が生じていた。「国民的生活水準」はこれまで循環のごとに停滞かまたは若干の悪化さえ示してきたと思われるのに、始めて何ほどかの実質的上昇を示した。それはいわゆる実質賃金の動向およびいくつかの商品の一人当たり消費量の動向から確かめられる (表3-24)。

賃金指数を物価指数で除していわゆる実質賃金の動向をみることには、言うまでもなく、統計技術的に幾多の重大な難点が存在する。しかし、比較に際し中位的好況期をとることはこれらの難点のいくつかを消去してくれる[1]。それでもなお卸売価格が労働者にとって現実的な小売価格を十分に反映しえず、また原料価格は工業製品価格を正確に反映するわけではないという難点が残っているが、前者はいくつかの個別的なしかし代表的な小売価格の系列を利用することで補いうるし、後者は、この時期に限っていえば、幸いなことに原料価格はあまり下がらず、生産方法の改善によって製品価格のほうがより大きな割合で下がったと考えられるので、無視してもよい。それはまた食料品・嗜好品、殊に砂糖の消費のその価格下落を上回る増加によっても裏付けられる。

なお、「国民的生活水準」の向上といっても、各部門、各職種によってその実質賃金水準の動向はまちまちであった。概して、一方で綿工業など工場制度内の不熟練講、機械化の波にほとんどあらわれなかった熟練工などのそれは上昇し、他方で機械化の波にあらわれ、旧来の熟練を掘り崩されつつあった

301

表3-24 「国民的生活水準」の変化

	1843、44平均	1850、51平均	増減率(%)
○賃金			
綿工業(シリング)	130.5	107	3
うち工場(〃)	111.5	111	△0
建築業(1891=100)	63	64	2
造船業(1891=100)	75	735	△2
農業(イングランドおよびウェールズ)(1891=100)	79.5	72	△9
平均賃金(グレート・ブリテン)(1840=100)	100(1)	100(2)	0
〃　　(アイルランド)(1840=100)	100(1)	100(2)	0
○商品価格			
小麦(3)(1クオーターあたりs.d)	50/8	39/5	△22
パン(4lbsあたりd.)	8.0	6.75	△16
ビーフ(8lbsあたりs. d)	2/10	2/8	△7
砂糖(1cwtあたりs. d)	33/2	26/11	△19
綿製品(1ydあたりd.)	3.46	3.01	△13
価格指数(ゲイヤーほか)(1821-25=100)	80.4	73.5	△9
〃　　　(ルソー)(1865-85=100)	106.5	93	△8
うち農産物	116	96	△17
主要工業製品	96	95	△5
○一人あたり消費量			
砂糖(lbs)	16.86	26.07	56
コーヒー(〃)	1.12	1.16	4
茶(〃)	1.49	1.92	29

(出所) *Abstract of British Historical Statistics*; G.H. Wood, *op. cit.*, pp.127〜8; T. Tooke, *op. cit.*, Vol.IV, pp.426〜434, VI pp.459〜60, 493〜513
(注) (1) 1840
　　 (2) 1850
　　 (3) 公報平均価格

　工場制度内外の熟練工、熟練職人、および穀物法撤廃の影響を受けた農業労働者のそれは停滞したか、ある場合には下降さえしたといえる。そして、アイルランド難民を代表とする被救済者数の高水準の圧倒的印象から、全体としての「国民的生活水準」の上昇は、この時点ではまだ必ずしも社会的に自覚されてはいなかった。しかし、それは次の好況的蓄積が進むにつれ、もはや誰にも否定しがたい明瞭さで現れてくることになろう。
　こうした特筆すべき展開は、これまでに見てきたイギリス資本主義の注目すべき変化を考慮すれば、一つの必然であった。注目すべき変化とは、国内において、産業革命期から引き継いだ特有の構造的条件——膨大な構造的失業の形成と賃金悪化——が著しい緩和ないし消滅に向かったのに、他方海外

第4章　新しい資本蓄積条件の形成——商業圏（＝通貨圏）としての総括

に対しては、「世界の工場」としての発展から、劣悪な生産方法しか持たぬ手工的生産者、特に辺境のそれをほしいままに収奪するという自由主義時代に特有の構造的条件がますます強められつつあったということに他ならない。

　新たな標準的利潤率の形成と新たな世界市場標準価格の成立。
　不況期の資本蓄積は、生産諸関係の再編成と並行して、個別諸資本間の激しい競争をとおして部門間、地域間の移動交代を実現し、新たな標準的利潤率とそれに見合った諸商品の標準的価格を成立させていった。「世界の工場」イギリスの影響力は絶大であったから、この過程は世界市場的な規模でもって進み、世界市場商品についてはロンドン（あるいはリヴァプール）に世界市場標準価格が成立したのである。
　高度の世界市場性をもった主軸のランカシア綿工業こそはその再編過程の最大の推進力となった。ランカシア綿工業は、好況期に拡大した世界市場における地歩を確認したばかりか、内外の劣等な生産者の没落によって一層の地歩を獲得した。それに他の繊維諸工業も続いた。これら大工業の拡大した規模は、当然それに見合う拡大した原料供給を必要とし、その供給源の一定の転換を伴いつつそれを確定した。インドの綿作（必ずしも十分に期待にこたえ得なかったが）、オーストラリアの牧羊、中国の養蚕などがイギリス大工業から刺激され、新たな供給源として浮かび上がった。
　これに引きかえ、手工的あるいは半手工的で、生産財的、内需的な諸部門は、概して業容も価格もあまり変わらないまま、新たな好況的蓄積の体制に滑り込むことになったといえよう。
　他方、雇用増や「国民的生活水準」の向上から拡大した供給が必要となった穀物、食料品、嗜好品などの農産物は、やはりロンドンをこれらの世界市場としていっそう発展させ、大幅に海外供給源への転換を伴いつつ、新しい標準的価格が成立した。供給源の転換は、穀物についてはアイルランド（およびイングランドの一部）から大陸諸国、ロシアおよびトルコへ、食料品についてはやはりアイルランドおよびイングランドの一部から大陸の低地諸国、フランス、アメリカなどへ向かってある程度生じた。もともとその供給を全面的に海外に依存していた様々な嗜好品についても、自由貿易政策の展開に

303

表3-25 世界市場標準価格

	1843、44平均	1850、51平均	増減率(%)
○工業製品および原料			
無地綿布・輸出平均(d/yd)	3.46	3.01	△13
綿糸・輸出平均(d/lb)	12.2	11.4	△7
棉花・アプランドミドリング(〃)	4¾	6¼	32
羊毛・レオニーザ(s.d/lb)	1/11〜2/4	1/5〜1/6	△26〜△29
○食料品			
小麦・公定市場平均(s.d/qr)	50/8	39/5	△22
オート麦・〃(〃)	19/6	17/6	△10
パン(d/4lbs)	8.0	6.75	△16
牛肉(s/8lbs)	3/6	3/2	△9
砂糖・マスカヴァドス(d/cwt)	33/2	26/11	△19
○嗜好品			
コーヒー・植民地産(s/cwt)	33〜141	37〜94	19〜△33
茶・コンゴー産(s.d/lb)	11¾〜2/4	101/2〜1/8	△11〜△29
煙草・ヴァージニア(d/lb)	2¼〜5¼	4¾〜11¾	111〜124

(出所) T. Ellison, *op. cit.*, Appendix No.1, 2; *Abstract of British Historical Statistics*; T. Tooke and Newmarch, *op. cit.*, Vol.IV, pp.459〜460, 493〜513

よって供給地の構成に大きな変化が生じた。このような再編とともに成立した世界市場標準価格を表示しておけば、表3-25のとおりである。多くの商品についてそれはのちに破られることのない史上最低価格であった。

ただ、こうした世界市場における個別諸資本の均衡的編成にはいうまでもなく相当の限界があった。大工業、小工業、農業のあいだに資本の移動が自由でなかったからであり、さらに手工的小工業や農業では生産方法の改善は不徹底にしか行われず、したがって編制替えに十分対応しきれなかったからである。この事情は新たに成立する利潤率の階層性に反映されることになったといえるだろう。主軸の綿工業をはじめとする大工業で一般にふたたび高い利潤率が回復されたのに対し、手工的小工業や農業では、低下した価格のもとで利潤率は多かれ少なかれ低迷を余儀なくされたといえよう。特に自由貿易から不利な転換の圧力を受けた内外諸部門では、転換が困難であればあるだけ、賃金コスト、さらには大地そのものへの過酷なしわ寄せを導き、さらにそれにもかかわらず、整理されぬ過度な競争から低利潤率を強いられることになったであろう。自由貿易によるいわゆる比較生産費的調整も、イギリス大工業にとってこそバラ色の福音であったが、このような陰惨な裏面を

第4章　新しい資本蓄積条件の形成―商業圏(=通貨圏)としての総括

持ち合わせていたことを見落とすわけにはいかない。

　再編成にこのような限界があったとすれば、ランカシア綿工業が再び新たな好況の原動力、牽引者としてあらわれてくるのは至極当然であった。自力での回復準備に世界市場の外延的拡大の傾向および整理されず過度の競争を続ける運輸業とその他諸産業、農業の不況的な低価格の助けを加えて、ランカシア綿工業はいち早く好況的蓄積に入り込む、そしてその図抜けた産業規模のゆえに膨大な直接間接の需要を与えて、他の諸産業を再び好況に引き入れることになるのである。後れをとった諸工業や農業は概してこうした外部からの需要刺激によって多かれ少なかれ受動的に、1850, 51年あるいは52年に遅れて好況に入り込む以外になかった。

　なお、副軸的連関の鉄道業、同建設業、鉄鋼業などは以上のような主軸的連関を中心とする再編の過程に必ずしも入りきらなかった。これらは一面で同調しながらも、他面で、すでにみたように、いささかはみ出した整理、再編の過程をたどるのである。

　イギリスを中心とする諸商業圏(=通貨圏)の均衡的再編成、イギリスの新たな均衡的国際収支の成立。

　不況期の資本蓄積は、世界市場標準価格の形成と同時に、そのもとでの諸商業圏(=通貨圏)の新たな均衡的編成を成し遂げる方向に向かった。その中でイギリスは自己を中心とする世界貿易を均衡的に再編し、それに基づいてイギリスの新たな均衡的国際収支を成立させたのである。一商業圏としての総括はこうして最終的には均衡的国際収支の回復に集約された。

　イギリス世界貿易および交易条件のこの間の推移と循環を通しての総括は表3-26、3-27および28のとおりである。

　まず、不況期の貿易の推移から見ると、1848年には不況期に固有の性格が一見して明らかである。これに対し49年には、すでにいくつかの点で新たな好況的発展を反映しているが、まだ不況的性格を脱してはいない。なお、輸出価格の著しい低下にもかかわらず、輸入価格もそれに迫る低下を示したため、純交易条件はあまり変わらなかった。貿易収支は一路好転へ向かったわけであるが、好況末期の逆調がはなはだしかったため、なお改善しきれなかった。

表3-26 イギリスの世界貿易－商品別(百万£)

	1843、44平均	1847	1848	1849	1850	1850、51平均	増減率(%)
○貿易							
輸出	55.5	58.8	52.9	63.6	71.4	72.9	31
輸入	75	112.1	88.2	101.4	103.0	106.3	42
再輸入	7.9	11.7	8.4	12.1	12.0	12.3	56
収支	△11.6	△41.6	△26.9	△25.7	△19.6	△21.1	－
○輸出							
絹製品	24.6	25.3	22.7	26.8	28.3	29.2	19
羊毛製品	8.3	7.9	6.5	8.4	10.0	9.9	19
麻製品	3.9	3.6	3.3	4.2	4.8	5.0	28
絹製品	0.7	1.0	0.6	1.0	1.3	1.3	86
以上小計	37.5	37.8	33.1	40.4	44.4	45.4	21
鉄および鉄製品	5.9	9.6	8.2	8.8	10.1	10.6	79
○輸入[1]							
棉花	13.2	12.1	12.0	16.4	20.4	19.1	44
羊毛	55	5.2	5.4	4.9	5.1	5.4	43
穀物および穀粉合計	3.9	29.0	12.5	17.0	15.9	15.8	305
砂糖(未精製)	7.3	10.8	7.2	7.9	7.5	8.5	17
茶	3.1	2.4	1.9	2.4	2.9	3.5	12
コーヒー	0.7	0.7	0.6	0.7	0.9	0.9	40

(出所) *Trade and Navigation Returns*; A.H. Imlah, *op. cit.*, pp.37～8.
(注)(1) 輸入価格は推計。推計に用いた価格はT.Tookeの3ヵ月毎の価格の年平均である。ただし、1854年における商務省推計(*Abstract of British Historical Statistics*)がえられるばあいは、それに対する同年のTookeの価格につづいた推定の比率を乗じて修正した。ただし、棉花についてはエリソンのアプランド・ミドリング年平均価格を採った。また穀物および穀粉合計は国内消費に入った分についてのトゥック自身の推計(*op. cit.*, Vol.V p.181)。

商品別、地域別に若干立ち入っておくと、商品別輸出で49年に早くも過去のピークを超えるのは綿製品と鉄製品であった。商品別輸入では、繊維工業原料の減少がほとんど見られなかったのに、穀物、食料品、嗜好品の減少が著しかった。また地域別輸出では、49年から大幅な回復を見せるのはアメリカ合衆国、東インド、中央および南アメリカなどである。

国際収支の推移も見ると、全体としてわずかながら赤字が続いた(表3-30)。もっとも重要な貿易収支が十分に改善していなかったからである。しかし、資本収支が極めて小幅の赤字にとどまった。資本市場に関係する収支、すなわち長期資本収支の赤字がこの数字を上回る規模で続いたのだから、これは固有の貨幣市場に関係する収支の黒字の結果であった。すなわちポンド手形信用が引き続きある程度収縮し、かつまたおそらくは諸外国銀行、為替業者の

第4章 新しい資本蓄積条件の形成―商業圏(＝通貨圏)としての総括

表3-27 イギリスの世界貿易－輸出地域別(百万£)

	1843、44平均	1847	1848	1849	1850	1850、51平均	増減率(%)
○ヨーロッパ							
フランス	2.6	2.6	1.0	2.0	2.4	2.2	△15
オランダ	3.3	3.0	2.8	3.5	3.5	3.5	4
ドイツ	6.7	6.8	5.3	6.1	7.5	7.6	14
南ヨーロッパおよび北アフリカ	……	4.5	5.6	5.9	5.8	6.2	……
ロシア	2.0	1.8	1.9	1.6	1.5	1.4	△30
○南北アメリカ							
アメリカ合衆国	6.5	11	9.6	12.0	14.9	14.7	127
英領北アメリカ	2.4	3.2	2.0	2.3	3.2	3.5	46
西インド	3.8	3.8	2.5	3.6	4.0	4.3	15
中央および南アメリカ	5.4	5.1	5.8	7.2	6.8	7.5	18
○アジア、アフリカ							
アジア	9.4	7.4	7.0	8.8	10.3	10.6	14
うち東インド	6.3	4.8	4.6	6.2	7.2	7.1	13
アフリカ	1.7	1.6	1.6	1.6	2.0	……	……
○オセアニア							
オーストラリア	1.0	1.6	1.4	2.0	2.5	2.6	148
○総合計	55.5	58.8	52.9	63.6	71.4	72.9	31

(出所)B.M. Mitchell, *Abstract of British Historical Statistics.*

ロンドン残高が再び積み増された結果と思われる。

要するに、イギリス大工業の生産方法改善を軸とする産業的再編成が進行中で、いまだ仕上がってはおらず、したがってまた海外の商業圏(＝通貨圏)に対する均衡的再編成も出来上がってはいなかった。

さて、このような不況期の過程をとおして出来上がってゆくイギリス中心の諸商業圏(通貨圏)の均衡的再編成はこうである。

第1に、イギリスは、自らを世界貿易の中心としていっそう発展させつつ、自らを「世界の工場」とし、他の諸商業圏を自己のための農業地域とする貿易関係を全体として拡大再生産した。すなわち、世界の貿易総額の推移を確かめ得ないが、輸出31％、輸入42％というイギリス貿易の急激な拡大は、その世界貿易に対するシェアを高めたに違いない。そして、イギリスは相変わらず拡大した輸出の約3/4を大工業製品で構成し、他方相変わらず若干の手工業品を除き拡大した輸入のほとんどを工業原材料、穀物および食料品、嗜好品等の農産物で構成した。

表3-28 イギリスの交易条件の変化

	1843、44平均	1847	1848	1849	1850	1850、51平均
○輸出						
A 時価	55.5	58.8	52.9	63.6	71.4	72.9
B 相対数量(1880=100)	21.9	22.3	22.4	28.3	31.7	32.7
C 相対価格(1880=100)	113.5	118.1	105.8	100.8	100.8	100.0
○輸入						
D 時価	67.1	100.3	79.8	89.3	91.0	94
E 相対数量(1880=100)	19.5	27.5	26.4	29.3	23.8	29.9
F 相対価格(1880=100)	99.1	105	86.9	87.5	90.7	90.4
○交易条件						
G 純交易条件(C/F)(1880=100)	114.6	112.5	121.7	115.2	111.1	110.6
H 粗交易条件(B/E)(1880=100)	112.7	81.1	84.8	96.6	110.1	109.6

(出所) A.H. Imlah, *op. cit.*, pp.95～6.

第2に、しかし、その発展は商品別および地域別の構成における一定の変化を伴っていた。商品別では、輸出において、イギリスはその動力、牽引力を制約された綿工業製品のシェアをかなり顕著に低下させ、新たに鉄および鉄製品輸出を激増させてそのシェアを押し上げた。「世界の工場」の内容に重要な変化が進んでいたわけである。輸入においても、イギリスは繊維工業原材料のシェアをある程度低下させ、穀物および食料品、嗜好品、特に穀物のシェアを高めた。「世界の工場」としてのいっそうの発展とともに、イギリスはいよいよその本源的な穀作農業を少しずつ海外へ押し出す方向へ第1歩を踏み出したのである。そして地域別では、輸出において、イギリスはアメリカ合衆国、東インドおよびドイツを三大輸出先とする構成を基本的に再生産しているが、関税障壁に守られ資本主義的発展を遂げつつあるヨーロッパ諸国向け輸出を概して停滞させ、その代わり合衆国をはじめとする南北アメリカおよびオーストラリアへの、すなわち新開地への輸出を激増させた。急速な経済発展と人口増加に加えて、これらの新開地のほとんどが自由貿易政策によって有利な影響を受けたことからの当然の結果である。輸入については統計的に確かめられないが、これまでに見てきたところから、やはりアメリカ合衆国、東インド、フランスおよびドイツを4大輸入先とする構成を基本的に再生産しつつも、南北アメリカおよびヨーロッパ大陸諸国からの輸入のシェアを増大させたことが明らかである。なお、以上の結果各地域ごとの貿

第4章　新しい資本蓄積条件の形成—商業圏(=通貨圏)としての総括

表3-29　イギリスの国際収支

	1843、44 平均	1847	1848	1849	1850	1850、51 平均
○貿易収支	△11.6	△41.6	△26.9	△25.7	△19.6	△21.1
輸入	75.0	112.1	88.2	101.4	103.0	106.3
輸出	55.5	58.8	52.9	63.6	71.4	72.9
再輸出	7.9	11.7	8.4	12.1	12.0	12.3
○サービス収支						
貿易およびサービス利潤	7.0	9.1	7.5	8.9	9.3	9.6
保険、仲介料、手数料	3.5	4.6	3.7	4.4	4.7	4.8
○海運収支	11.0	16.9	13.4	13.9	14.2	14.6
○その他経常収支						
移民送金、旅行者、密輸および誤差脱漏	△4.3	△6.0	△5.6	△6.8	△6.4	△6.8
○以上小計	5.5	△17.0	△7.9	△5.3	△0.2	△1.11
○利子および配当収支	7.7	10.6	9.0	8.2	9.4	9.9
○資本収支	△9.9	1.1	△2.1	△3.9	△10.6	△9.9
○差額金銀流出入	3.3	△5.3	△1.0	△1.0	1.0	1.1

(出所) A.H. Imhah, *op. cit.*, p.71.

易収支構造では、1854年の統計からさかのぼって判断すれば、フランス、ロシア、アメリカ合衆国、東インド、中央および南アメリカなどに対する赤字をドイツおよび新開植民地に対する黒字によって埋める構成をほぼ拡大再生産したと思われる。

　そして第3に、このような自己を中心とする世界貿易の再編成を基礎条件としてイギリスが成立させた新たな貿易収支は、輸出数量の著しい相対的伸び——したがっていわゆる粗祖交易条件の好転——によって一段と改善し、経常収支(利子・配当収入を除く)を均衡させた。そしてこの改善は、輸出の伸びを助けつつ再び始まったポンド手形信用の拡張による資本収支の悪化を上回って、全体としての国際収支を黒字基調に押し上げたのである。すなわち、新たな均衡的国際収支は、貿易収支の赤字を海運収入および貿易金融保険からの収入などの収入によってカヴァーし、その余裕分と利子および配当収入を対外投資及び対外手形信用の拡大に充てるという基本構成を拡大再生産した。

　だが第4に、その構成には一定の変化が生じていた。貿易収支の赤字増大は海運収入および貿易金融・保険からの収入などの増大を上回り、その結果

対外投資および対外手形信用の拡大はほぼ利子および配当収入の範囲内で賄われることになったのである。

　以上のごときイギリスを中心とする世界市場の均衡的再編成にも、いうまでもなく、一定の限界があった。「世界の工場」イギリスがいち早く、しかももっとも徹底した生産方法の改善をもって均衡化を自力で推し進めたのに対し、手工業的、農業的諸地域は必ずしも自力で十分に対応しきれなかったからであった。そしてそれは新たに成立したイギリス国際収支の黒字基調の再生産となって現われたといえる。これはただちに他のすべての諸商業圏の赤字基調を意味したわけではないが、多くの商業圏が均衡を回復しえないまま赤字基調から抜け出せぬ状態にとどまったことは否定できない。リカード流のいわゆる金本位制のゲームのルールも、イギリスにとってこそ健康な真理であったが、このような限界と裏面を併せ持っていたのである。

　そしてこの限界と関連して、イギリスがふたたび世界的好況の主導国としてあらわれてくるのもまた必然であった。手工業的、農業的諸地域は主としてイギリスからの需要刺激によって多分に受動的に、1850, 51あるいは52年に遅れて好況に入り込む以外になかった。ただ、イギリスのこの地位は、すでにランカシア綿工業の動力、牽引力の弱化傾向のゆえに内部的に脅かされ始めていたし、また若い資本主義国の鉄道建設を地方的な主軸としての独自の好況的発展によって外的にも脅かされ始めていたのである。

第5章 その他の国々、諸植民地

　世界市場の周辺的構成部分である地方的商業圏(通貨圏)でも、不況期には並行して、多かれ少なかれ恐慌が課した課題を解決し、新たな蓄積条件を準備する過程が進んだ。それは、いうまでもなく、産業的には、蓄積の主軸的連関を構成するランカシア綿工業の世界市場にまたがる絶大な推進力を主要な力として進んだ。だからまた、その過程が総括を受ける商業圏の次元では、世界市場の中心国イギリスの絶大な推転力を受けて再編成されるということになった。

　だが、地方的商業圏の中でも、内部的に資本主義的大工業をもつフランス、アメリカ、ドイツなどの場合にはその生産方法改善を独自に地方的推力として、同時に新たな地方的再編成を推し進めた。また、中心からはるか遠隔の地にあり、しかも従来の相当発展したアジア的商品流通をもつ東インド、中国などの場合も、中央からの規定性が弱かっただけに、再編成において異なった種類の独自性をある程度持っていたといえる。

　周辺の地方的商業圏の新たな生産諸関係の形成と世界市場的再編成の過程にはいくつかの特徴と限界があった。

　第1に、フランス、アメリカ、ベルギー、ドイツなどの蓄積の軸である繊維工業、特に綿工業は、その生産方法改善を主としてイギリス新鋭機械と技術の輸入に依存したが、自国労働者のそれを使いこなすうえでの一定の熟練の習得とともに、急速にランカシア綿工業を追い上げており、その生産力水準の上昇度は決してそん色はなかったとみられる。したがって、各国綿工業は再び好況的蓄積への地方的な動力となりえた。しかしなおそれらは、ランカシア綿工業に一定の差をつけられており、そのうえ海運力、金融力の点で劣っていたため、依然として世界市場全般で競争しうるには至らなかった。せいぜいその競争は地方的に限られていた。若干でも市場を拡大しえたかぎりでは、ランカシア綿工業の競争圧力が急激な世界市場の外延的拡大によって

減殺されたこと、それに保護関税で国内市場および植民地市場を守りえたことによるところが大きかった。

　第2に、これら地方的商業圏で大きな比重を占め、その産品が輸出の大半、とくにイギリスへの輸出の大半を占めた手工業、農業では、当然イギリスでと同じくその生産方法改善には一般に限界があった。自ら新たな好況的蓄積の条件を準備することはほとんどできなかったといえよう。それどころか、イギリスの自由貿易政策によって不利な立場に立たされた場合にも、部門転換は一般に極めて困難だった。したがってほとんどのばあい、ランカシア綿工業を中心とする大工業の好況的蓄積の開始による需要回復を待たなければならなかった。

　したがって、第3に、このような産業的条件を分けもつ諸商業圏は、手工業、農業の比重が高い限り、多くの場合国際収支の均衡を自力で準備するのは難しかった。

　そして第4に、これを反映して、これら地方的商業圏（＝通貨圏）の貨幣市場でも多くの場合好況的蓄積のための金融的条件を準備するのが難しかった。とりわけ恐慌期に金流出によって金準備を失った商業圏（＝通貨圏）の場合不況期においても容易にその金準備を回復し得なかったわけで、長い金融逼迫とその不況圧力に耐えねばならなかった。

　だが、最後に、大陸にあって資本主義的発展をとげつつあった新興商業圏（＝通貨圏）の場合、じつは鉄道業と鉄道建設がすでに新たな蓄積の地方的主軸として登場してきていた。殊に、小島国イギリスと異なり交通未発達な広大な内陸部をもつアメリカ、次いでドイツでは、鉄道は最初から比重が大きかったばかりでなく、真に革命的な役割を果たす未来をもっていた。ただ、これら周辺の鉄道業の場合でも、固定資本の巨大さが主要因となって、綿工業を主軸とする世界的景気循環の波に乗り切れず、特に建設ブームの後の不況期にはその内部的調整によってただちに新たな地方的好況の原動力、牽引者とはなりがたく、むしろその大きな比重のゆえに不況長期化の因となった。

　ともあれ、1840年代末あたりから飛躍的に経済情報の入手が容易になった。メディアの時代のはしりである。その恵みを受けて、最後に、世界市場の中央商業圏（＝通貨圏）イギリスの動向を際立たせる意味でも、地方的諸商業圏

（＝通貨圏）の不況期における蓄積についてごく簡単なスケッチを与えておこう。

A　大陸諸国

1　フランス

　恐慌ばかりか革命の打撃を最も厳しく受けたフランスの商工業は、その後も長く尾を引いた社会不安のために容易に立ち直れなかった。秩序そのものの動揺から貨幣は退蔵され、信用は極度に収縮してしまった。大規模な逃避資本も容易に還流しなかった。それで商取引と生産も停滞を余儀なくされた。しかしこの間に幾多の実験が信用制度に導入された。これらは単に商業信用を媒介する銀行信用の形を整備するというばかりか、いわゆる「大陸型銀行制度」の出現として、1850年代の優れて株式資本的な蓄積を誘導する重要な装置となる。

　綿工業と絹工業。フランス綿工業は、革命の1年を全く不振に終始したのち、49年から輸出を回復させ、数量でも価額でも49年から過去のピークを楽に超えた（表3-31）。ただ内需も含めた本格的拡大は52年以降のことであった。

　この間優位を奪っていたアルザス綿工業では手織り工の駆逐が進み、力織機導入に後れをとったノルマンディー綿工業はその市場シェアを後退させながら、織物業者が没落する農村の手織り工を都市に集中し、資本制家内労働として包摂する傾向が進んだ。フランス最大の輸出を誇るが半手工業的な絹工業でも、社会不安が投げ売り的輸出のドライヴをかけた半製品も含め輸出価額全体が伸びるのは52年に入ってからである。

　鉄道業と鉄道建設。これまで資本の6割を外国（ほとんどイギリス）に仰いで進められてきた[1]鉄道建設は、やはり革命直前の47年末に認可されて未徴収の3100万ポンドを残していた[2]。だが、革命でその徴収と建設は全く困難となり、多くが中途で放棄された。51年末になっても主要幹線さえ資金難から建設作業が中断ないしほとんど停滞の状態に落ち込んだままであった[3]（表3-32）。フランスはイギリスやドイツとは異なり50年代にいっそう大きな鉄道ブームを迎えるのだが、それは52年3月のクーデター後国内資本の動員機

表3-30　フランスの綿工業と絹工業

年	棉花純輸入	綿糸、綿織物輸出 1827年価格	時価	絹織物輸出 1827年価格	時価	絹と糸屑輸出 1827年価格
	千トン	百万フラン	百万フラン	百万フラン	百万フラン	百万フラン
1843、44平均	59.5	96	…	137	…	110
ピーク	64.2(46)	157(47)	54	166(47)	149	…
1847	45.5	157	54	166	149	78
1848	44.9	133	45	139	139	222
1849	64.2	148	60	181	193	145
1850	59.5	141	62	208	247	112
1851	50	…	66	…	240	112(2)
1852	72	…	66	…	280	190

(出所) エリ・ア・メンデリソン、『恐慌の理論と歴史』、飯田貫一ほか訳、第4分冊、341、346頁.
(注) (1) ( ) 内は年。
　　(2) 1851年以降は時価

構が新たに作り出されてからのことになる。

　貿易。このように社会不安を背景とした深刻な長い不況は一方で輸出ドライヴをかけ、他方で輸入には否定的に働いたから、貿易収支は巨額の黒字を記録した。輸出の伸びは、商品別では、繊維工業製品の伸びとともにむしろそれを上回るその他商品——農産物の伸びによってもたらされており、地域別では48年からのイギリス向け、49年からのアメリカ、ベルギー向けの伸びをその中身としていた。これはフランスの絹工業がアメリカのいち早い好況的蓄積によって刺激を受けたばかりか、じつはそれ以上に農業、殊に穀作がイギリス需要の刺激を受けたからであった。フランスはイギリス自由貿易政策の恩恵を最も直接に受けた国の一つに他ならなかった。

　貨幣市場および資本市場。この間信用制度は激変した。革命の引き起こしたパニックは銀行券の取り付けにおよび、フランス銀行は1848年3月15日兌換を停止し、同時に臨時政府布告によって発行限度を画されたうえ、法貨規定を与えられ、また50フランまでの小額券の発行を認められた。さらにこれに続いて25日、地方の9発券銀行も兌換を停止し、フランス銀行へ合併された。またパリの由緒ある個人銀行家たちも多数つぶれた。そして兌換停止とその後の臨時政府への貸し上げによる発券残高増によって、フランス銀行券は減価し、一時銀には1.5％、金には15％のプレミアムが付いた[4]。こ

の間一切の信用関係が清算に向かい、商業信用は甚だしい収縮を示した。臨時政府は半官の国民割引銀行（Comptoir Nationaux）と貸付所（Magasins Generaoux）を設立させ、フランス銀行にこれらに対する再割引の便を開くよう指示したが、その効果は限られた。フラ

表3-31　フランスの鉄道建設

年	鉄道建設支出[1]	営業キロ数の増加
	百万フラン	
1847	288	510
1848	146	372
1849	128	639
1850	103	151
1851	87	544
1852	131	216

(出所) エリ・ア・メンデリソン、前掲書、飯田貫一ほか訳、第4分冊、336、341頁．
(注)(1) 幹線鉄道のみ．

ンス銀行の割引は、こうした再割引を含めても収縮した。このように異常な信用収縮の結果フランス銀行券の増発は止まり、準備回復を実現して1850年8月に兌換を再開した。なお、50年末にはパリの金プレミアムは消滅し、51年に入ると、金はむしろディスカウントを示すようになった。フランスの国内貨幣流通は銀貨から金貨へ転換してゆくこととなる。

さらに一層重要な資本市場の変化が、1852年11月ボナパルト政府がペレール兄弟のクレディ・モビリエ設立を認めたことによって始まる。クレディ・モビリエは債券発行によって証券に対する貸付資金を調達する新しい型の銀行であった。これは、類似の機関を叢生させつつ、瞬くうちに従来利用されないまま累積した社会的資金を鉄道業などに大規模に動員利用しつつ、大陸の1850年代の株式資本的蓄積を誘導する花形となるのである。

2　ドイツ

　最初の熱狂的設立時代を経験したが、まだ幼弱なドイツ資本主義も恐慌と革命によって手痛い打撃を受けた。しかし、40年代に敷設された鉄道によって一層進んだ国民的統合はドイツ資本主義にいっそうの跳躍の条件を与えた。また46年南部諸邦の圧力のもとに実現された関税同盟の保護主義の強化——綿糸、麻糸その他の関税引き上げ——も一役買った。

　綿工業。ドイツ綿工業は、綿花消費の動向からみるなら（表3-33）、革命の1年を不振のうちに苦しんだのち、49年から回復へ向かった。そして、フラ

表3-32　ドイツの綿工業

年	棉花純輸入	綿糸輸入	綿製品輸入	綿製品輸出
	千トン	千トン	千トン	千トン
1843、44平均	18.8	21.9	0.49	3.9
ピーク	22.3 (45)	31.7 (46)	—	4.5 (47)
1847	19.6	17.0	0.44	4.5
1848	19.8	20.2	0.31	4.1
1849	27.8	25.6	0.31	4.8
1850	24.7	25.8	0.36	5.9
1851	29.5	24.5	0.41	6.4

(出所) エリ・ア・メンデリソン、前掲書、第3分冊、400頁。
(注) ( ) 内は年。

ンス綿工業とは異なり、綿糸関税引き上げや、鉄道による同盟内の全市場への輸送の便の改善などの好条件を得て、ドイツ綿工業は回復も早く、イギリス綿工業に後れを取らなかった。綿花輸入は急増していったのに、綿糸輸入は49年の後横ばいとなり、2度と46年のピークを超えることはなかった。かつて国内消費の6割を押さえた輸入綿糸は5割を下回ることになった。小邦分立によってイギリス綿工業の最大の市場であったドイツは、今や統一への前進とともにそうであることをやめつつあったのだ。

　鉄道業と鉄道建設。この間大鉄道建設ブームを経験したばかりのドイツ鉄道業は、やはり相対的に不況が長引かざるを得なかった。建設がやはり恐慌後にずれ込み、48，49両年の収益は低位にとどまり、利潤率、したがってまた配当率もひどく落ち込んだ（表3-34）。しかし、ドイツ鉄道業は1850年に入ると、一つには旅客運賃収入増と、今一つには貨物輸送量の飛躍的増加による貨物運賃収入増とによって1マイル当たりの収入を著しく改善し、早くも44年水準を超えた。利潤率、したがってまた配当率は著しい回復へ向かった。ドイツ鉄道業は、1840年代にイギリス鉄道業に劣らぬ程の大建設ブームを経験したにもかかわらず、ランカシア綿工業を中心とする主軸的連関の好況的蓄積から取り残されてしまうことなく、1851年には新たな発展の条件を準備しえたわけである。

　ドイツ鉄道業のこのように素早い回復には、直接には、ドイツ綿、亜麻工業をはじめとする諸工業の飛躍的発展の開始によって助けられたことは言うま

第5章　その他の国々、諸植民地

表3-33　ドイツの鉄道業

年	営業マイル数	旅客		貨物		収入		経常支出			配当率
		総数	運賃収入	総数	運賃収入	総額(その他共)	1マイルあたり(1)	総額	1マイルあたり(1)	収入に対する割合	
		百万人	百万£	百万cwt	百万£	百万£	千£	百万£	千£	%	%
1844	1,214	10.4	0.71	16.9	0.39	1.14	1.03	0.58	0.53	50.8	4.71
1847	2,893	21.3	1.58	60.8	1.27	2.98	1.19	1.61	0.64	53.9	3.39
1848	3,519	22.6	1.73	59.7	1.38	3.17	0.99	1.85	0.58	58.3	2.67
1849	3,944	24.0	1.79	77.5	1.71	3.74	1.00	2.01	0.54	53.8	3.12
1850	4,387	26.4	2.14	106.8	2.13	4.51	1.08	2.30	0.55	51.1	3.67
1851	4,620	29.6	2.47	140.7	2.69	5.42	1.20	2.52	0.56	48.4	4.45
1852	4,839	32.3	2.86	197.2	3.85	6.94	1.47	3.63	0.77	52.2	4.87

(出所) W. von Lazarus, on the Statistics of Railway Enterprise and Traffic in Germany, in J.S.S. XXIII pp.227, 229, 231.
(注) (1) 前年と当年の営業マイル数で除したもの。

でもない。だが、より根本的には、大陸鉄道としてのドイツ鉄道業自身がイギリス鉄道業とは比較にならない革新的意義をもっていたことに注目すべきであろう。ドイツでは、鉄道がこれまでイギリスやフランスに比べ未発達な河川、道路など内陸運輸手段の状況に対して真に革命的意義をもって登場した。第一に、鉄道は巨大な市場創出効果と資源開発効果を発揮した。それはこれまで互いに隔てられていた諸都市とその商業圏を緊密に結合した。1840年代の鉄道建設をとおしてドイツは画期的に統一的商業圏としての凝集を進め、同時にまた世界市場への結合をも強めたのである。ほかでもない、こうした効果こそが内陸に位置したドイツ綿工業の飛躍的発展自体の重要な条件となったし、またイギリス向け輸出増加による農業の一層の発展の条件ともなった。ドイツ鉄道業はその発展の成果を運輸量の増加として受け取った。そればかりか、狭小な島国の鉄道業とは異なって、ドイツの鉄道業は路線の拡張と結合をとおしてやがてヨーロッパ大陸全域を堅牢な鉄の道によって結びつけ、これまでとは異

質な資本主義の内陸的な発展を媒介するという壮大な可能性を持ち、しかもその鉄道網の中央に位置するという利点まで持っていた。これは単なる将来展望ではなく、すでにイギリスに比べもともとはるかに高かった100人当たり運賃収入の趨勢的増加などに表れていたといえる。

そしてドイツでは、イギリスやフランスの場合とは異なり、鉄道業と鉄道建設が機械化の遅れた綿、亜麻工業などの繊維工業に対して圧倒的な産業としての規模を持っていたこと、それに先行する鉄道建設自体が繊維工業などに大きな市場効果を与えたことなどを考慮すれば、綿工業が先に好況的発展を開始したからといって、イギリスの場合と同じ意味で綿工業が蓄積の地方的主軸だったということはできない。むしろ鉄道と鉄道建設こそがランカシア綿工業とは若干異なった意味において蓄積の地方的主軸であり、牽引者、原動力であったというべきであろう。すなわち、ドイツ鉄道業は、地方的にではあるが、その卓越した規模と革新的経済効果とによって、(1) 循環の牽引者、原動力となり、(2) 他産業の好況的発展を準備し、(3) その発展を受けて自らも巨大な固定資本的拡張を実現し、好況的発展全体の性格と規模に規定的影響を与えたわけである。

ともあれ、後進地域の大陸鉄道としてのドイツ鉄道業は、イギリス鉄道業をはるかにしのぐ画期的な経済的意義を持ち、イギリス綿工業を中心とするこれまでの沿岸経済的な世界市場的蓄積の過程では決して得られなかった内陸的発展の可能性をドイツ資本主義に与えたわけである。

1) R.E. Cameron, *France and the Economic Development of Europe, 1800-1914*, p.213.
2) T. Tooke and W. Newmarch, *op. cit.*, VI, p.6.
3) *Ibid.*, p.18.
4) *Ibid.*, p.62.

B　アメリカ合衆国

世界市場恐慌はアメリカを軽くかすったにすぎず、恐慌現象そのものは主に

東部の諸都市に限られた。とはいえ、ニューヨーク貨幣市場は、1600万ドルのメキシコでの支出を要したメキシコ戦争の影響を受け、1848年中強度の逼迫によって現実資本の蓄積を規制し続けたし、また世界市場の不況圧力も、低下する価格を通し、アメリカ農

表3-34　アメリカの綿工業

年	綿花消費量[1]	綿製品輸出[1]
	千ベール	百万£
1847	510	0.82
1848	608	1.12
1849	598	0.99
1850	563	0.95
1851	464	1.45
1852	678	1.53

(出所) T. Ellison, op. cit., Table No.3; The Economist.
(注) [1] 前年9月1日から始まる収穫年度。

業の動向を重苦しく支配した。しかし、ニューイングランドの綿工業やようやく47年に始まりかけていた建設の出鼻をたたかれた鉄道業の場合は発展を一時中断されたにとどまった。

　綿工業。綿工業の回復は早かった（表3-35）。イギリスからの投げ売り的輸出の圧力が消滅し、綿花価格がひどく下がると、資力のあるニューイングランドの綿業会社は48年後半から綿花の買い込みに向かい始めた。そして49年春には織物も原綿も価格を回復し、生産も増加した。早くも綿工業は繁栄の局面に入った[1]。

　ただ、生産総価額の1割前後を占める製品輸出は1850年までむしろ減少し、これと対照的にイギリスからのキャラコ輸出はかなり増加した。激しいパニックに規制されなかったアメリカ綿工業は、イギリス綿工業の競争圧力にじわじわ圧迫され、中国および中南米への輸出シェアを若干取り戻され、国内市場でも巻き返されねばならなかった。

　農業。恐慌直後にはなお好調であった農業およびそれに関連した諸部門は世界市場の一般的沈滞の影響を受けて不振に陥った。農産物価格は下がり続け、1849年6月にピーク（47年6月）から37％も下がって底となった。停滞の主因は穀物輸出の減少であった。しかし、にもかかわらず、アメリカにとって今や穀物貿易は「通常」となった[2]。これが1850年代の新たな特徴で、以後穀物輸出は傾向的に綿花輸出の伸びを上回って伸びることになる。

　鉄道業と鉄道建設。鉄道株価は利子率高騰のゆえに1848年11月まで下がり続け、47年8月ピークから25％の減価を記録した。しかし、貨幣市場の緩和

につれて上昇に転じ、割引レートが47年8月とほぼ同じ7〜8％となった50年秋には減価を完全に回復した。地域別では、中部大西洋岸株の変動が激しく、しかも著しい上昇を見せた[3]。

　内陸交通を担う有望な新産業としての高収益の見通しと利子率の低下が株価を押し上げ、証券発行を容易にしていた。1849年に入ると、拡張のための増資または社債発行、それに新会社設立が相次いで行われる。鉄道建設1マイルあたりの資本投下額[4]をトゥックにしたがって三万ドルと推定すれば、49年からは毎年4000万ドル（820万ポンド）を超える巨額——50年の綿工業投下資本総額の半分を超える——が証券発行の手段で調達され、鉄道建設に投じられたことになる。これらの証券の大部分はそれぞれの地域住民によって所有された[5]が、イギリスやフランスと異なり、恒常的な資金供給源である富裕な都市の引退した資本家、商人、大地主などの投資階層をもたないアメリカでは、こうした資本市場による資金吸収とそれに伴う証券取引の活気はたちまち貨幣市場の資金需給を圧迫した[6]。

　こうした底の浅いアメリカ資本市場はヨーロッパの資本市場、殊にロンドン資本市場によって小さくない支持を受けた。すなわち、48年秋ごろから大量のアメリカ証券（公債と州債）がニューヨークからロンドンへ流れ出し始めた[7]。これはロンドン貨幣市場の緩慢が遊休資金の資本市場への流入を導いてアメリカ証券価格の目立った上昇をもたらしたからで、とくにヨーロッパ大陸からロンドンへ逃避してコンソルなどへ投じられていた貨幣資本は、フランス政府の安定によってコンソルからフランス公債へ乗り換えると同時に、アメリカ証券へも買い向かった[8]。そしてアメリカでは外国勘定に依存した証券発行が相次いで行われ、その2/3をイギリスが占めた[9]。またアメリカ人保有とされた国債、州債の一部もじつはヨーロッパ商会が所有するもので、その商会の保証として取引先に置かれていたのであった[10]。ともかく、1840年代にはアメリカからヨーロッパ資本が還流したのに、代わってそれを相殺してあまりある流入が実現されることになる。こうしたロンドン貨幣市場などの支持によってニューヨークその他のアメリカ資本市場はそれだけ鉄道証券消化の余地を与えられたといえよう。なお、これとは別に、鉄道証券の一部も直接イギリス鉄鋼業者に対する鉄道資材代金の支払いに利用され、イギ

第5章　その他の国々、諸植民地

表3-35　アメリカの鉄道建設

年	営業マイル数の増加	銑鉄生産	鉄鋼輸入
		千ショート・トン	千ロング・トン
1847	668	896	97
1848	398	896	179
1849	1,369	728	336
1850	1,656	631	403
1851	1,961	……	410
1852	1,926	560	502

(出所) *Historical Statistics of the United States*, 1960；エリ・ア・メンデリソン、前掲書、第1分冊、403、416、420頁。

リスへ流出した[11]。

　建設は、48年の一時的縮小の後49年にはひと飛びにこれまでのピーク41年の2倍近い水準に拡大し、本格的ブームに突入した（表3-36）。

　この鉄道ブームは、1837-42年の最初の鉄道ブームが同時に進行したはるかに大規模な運河開削、道路建設などの内陸開発投資ブームの一環にとどまり、建設された鉄道もその多くが河川、大湖、運河の補完物という性格を持っていたのとは異なり、むしろ運河開削等への投資に先行し、しかもこれを上回る規模を持ち、大西洋岸の大都市からエリー湖やオハイオ川にかけての完成開通およびそれ以西のシカゴを中心とする中西部の路線建設をその中心とするものであった。このブームをとおして鉄道が内陸の革命的運輸手段として本格的に登場するのであり、またこれまで統一されなかった広大な経済領域を一つの緊密な国民的商業圏として凝集させる鉄のタガとして働き始めるのである。

　アメリカの鉄道はそれがもつ巨大な革命的意義において島国イギリスの鉄道は無論のこと、ドイツの鉄道をさえはるかにしのいでいた。決定的だったのはその絶大な資源開発効果であった。アメリカの鉄道は、それなしにはほとんど不可能であった、肥沃で地下資源にも恵まれた内陸地域——フロンティアを新たに世界市場に結び付ける。そしてそこに一方では資本と労働力を国の内外から誘引して大規模な世界市場的農業の開発を媒介する。他方では自らのために鉄工業、石炭業など大規模な諸産業をやがて同じ内陸に出現させる。要するに、アメリカの鉄道は、世界市場に依存しつつこれまでになかっ

た資本主義の内陸的発展を推進し、それによって世界市場の大規模な再編成を迫る新たな動力となるのである。そしてアメリカの鉄道建設はまだようやくその緒に就いたばかりであった。かくて、すでにアメリカの資本蓄積の主軸となったニューヨーク貨幣市場－ニューヨーク資本市場－アメリカ鉄道業の株式資本的蓄積の連関は、その比重を循環ごとに増し続け、やがてその影響力において世界市場の蓄積主軸、ロンドン貨幣市場－イギリス世界商業－ランカシア綿工業という産業資本的蓄積の連関をしのぐまでになるであろう。

貿易および国際収支。この不況期の外国貿易は、アメリカのいち早い回復を反映した（表3-37）。1849年秋から再び鉄道資材および繊維製品による輸入先行的な拡大へ向かう。循環をとおしての変化をみるのは、アメリカの特殊にはみ出た循環の性格から難しいが、貿易総額、殊に農産物輸出は趨勢的には内陸の運河、鉄道のマイル数の増加と同じ爆発的ペースで増加していた。逆にいえば、アメリカ資本主義は世界市場に全面的に依存し、その農産物輸出をてことしながら、爆発的な内部的発展を遂げたのである。そしてその貿易構成は、東部における大工業の驚くべき発展にも拘わらず、やはり綿花を主とする農産物輸出と繊維製品を主とする工業製品輸入という農業国的性格を基本的に再生産し、またイギリスを輸出入ともに4～5割を占める図抜けた相手国とし、その他ヨーロッパとアメリカをほぼ同じ比重の取引相手とする構成を再生産した。内部の工業的発展が貿易構成に反映してこないという特性はこのころから頭をもたげるのだといえよう。

そして大量の金流出の恒常化は1850年末からのことである。証券流出とポンド手形信用双方による資本収支の黒字でカヴァーできない貿易収支の大幅赤字と金流出、これが先発的でしかも金鉱を内に抱えたアメリカの新たな好況的蓄積の国際収支構成となるのである。

ニューヨーク貨幣市場。1848年、ニューヨーク貨幣市場は二つの理由からその金準備に強い圧迫受けた。すなわち、2月革命によって大陸に発生した貨幣退蔵要求にこたえてフランス、ドイツへ金銀流出が相次いだ。結局、48年3～11月のあいだにニューヨーク港からの金銀流出総額は750万ドルに達した。さらに、メキシコ戦争のために同じ期間に1230万ドルもの公債が発行されたばかりか、引き続き徴税も強化された。これらは法の規定に基づき正

第5章　その他の国々、諸植民地

表3-36　アメリカの外国貿易

	1844	1847	1848	1849	1850	1850、51平均
○貿易総額	209	279	287	281	318	359
輸出(再輸出を含む)	106	157	138	140	144	168
輸入	103	122	149	141	174	192
○輸出―商品別						
綿花	54	53	62	66	72	92
小麦	1	6	3	2	1	1
煙草	8	7	8	6	10	10
綿製品[1]	3	4	5	5	4	6
○輸出―地域別						
イギリス	49	87	67	78	71	86
その他ヨーロッパ	27	34	32	29	38	42
アメリカ	28	31	35	29	30	35
○輸入―商品別						
鉄および鉄製品[2]	1	2	4	7	20	…
綿製品[3]	…	…	…	(8)	21 (10)	(10)
砂糖	7	10	9	8	8	11
コーヒー	10	9	8	9	11	12
○輸入―地域別						
イギリス	41	48	60	58	75	84
その他ヨーロッパ	26	35	43	42	49	52
アメリカ	28	30	33	31	38	44

(出所) *Historical Statistics of the United States,* 1960; T. Ellison, *op. cit.,* Table No.3; *Hant's Merchants' Magazine.*
(注) (1) 収穫年度。
　　 (2) 1849年までは銑鉄とバーのみ。
　　 (3) ( )内はニューヨーク港のみ。

貨で払い込まれなければならなかった。ニューヨーク市中銀行の金準備は激減し、利子率は10月パニックの影響で高騰した水準を維持し続けた。ニューヨーク貨幣市場の長く続いた逼迫は48年末から緩和に向かったが、そうなると現実資本の好況的蓄積の開始と資本市場の活気から、たちまち信用拡張が始まった。

1) *Hant's Merchant's Magazine,* Feb. 1849 p.192; April 1849, pp.419-21.
2) *Ibid.,* Jan. 1850, p.83.
3) W.B. Smith and A.H. Cole, *op. cit.* p.180.
　 ただ、いくつかの推計はかなり食い違っている。詳しくはJ.R.T. Hughes and N. Rosenberg, The United States Business Cycle before 1860, in *E.H.R.* XV p.490; D.Baxter, Railway

Extension and Its Results,in *J.S.S.* XXXIX, p.586. を見よ。
4) D. Baxter, *op. cit.*, 585.
5) *Hant's Merchant's Magazine*, April 1849, p.421.
6) *Ibid.*, Dec. 1848, p.634.
7) *Ibid.*, April 1849, pp.421-2.
8) *Ibid.*, Dec. 1848, p.634;Feb. 1849, p.193.
9) *Ibid.*, Mar. 1849, p.306.
10) A. Birch, *op. cit.*, p.220.

C 東インド

　恐慌によって厳しい打撃を受けたとはいえ、在来の農法に頼るインド農業がその生産方法の改善によってその産物の価値を低下させ、競争条件を一新し新たな好況的蓄積の条件を自ら整えること、そしてそれによってイギリス工業製品に対する拡大した市場を提供することはほとんど望めなかった。不況はしたがって長引かざるを得なかった。

　ところが、ここでは軍事的侵略による市場の外延的拡大と運輸方法の改善が、それにもう一つなんと世界市場の一層外延にあった中国の商業的収奪とが大いに代替効果を発揮した。イギリスの自由主義ブルジョアジーを代表した『エコノミスト』は、東インド統治にあたる将校たちの好戦癖を嘆いて見せ、併合したパンジャブ統治がまたまた高くつくと愚痴をこぼした。しかし、同時に抜け目なくその小さくない経済的効果を計算した。インダス河沿岸全域がイギリス直接統治下に入ったので、蒸気ボート遡航の安全が保証され、パンジャブ地方が本格的にイギリス工業製品の市場として開かれたばかりか、これに隣接した中央アジア地域へのこれまでより容易かつ安価な商業ルートをも開いたことになった1)。中央アジア市場へは、これまで主としてロシアで製造されたかまたは英、仏、独から輸入された工業製品がヴォルガ川、カスピ海経由で運ばれていた。しかし、頻繁な積み替えが必要で運搬費用が高いうえ、極めて高い通行税、関税と仲介商業利潤が加わっていたからカヴール、ボサラなどの町ではマンチェスター商品はまだ奢侈品の域を出なかった。それが今やリヴァプールからアトックまでをすべて水路でしかも $2\frac{1}{2}$〜5％の関

税と1回の積み替えで運ぶことができるようになった。パンジャブ地方、それに中央アジア全体も、片足程度世界市場のアリ地獄へ落ち込んだのである。

また、49年7月には45年以来懸案となっていた最初の二つのインド鉄道計画の認可が下りた。ひとつはカルカッタ－デリー間を結ぶ計画、今一つはボンベイ－半島内陸部間を結ぶ計画で、これらの認可は、植民地化に伴ってかえって荒廃した陸上交通の便を改善する必要が本国の産業的利害によってますます強く感じ取られた結果であった。これらは、一方でイギリス工業製品市場を内陸へ向かって拡大するとともに、他方で綿花、絹、麻、インディゴなど工業原料および砂糖の大生産地を海港へ結びつけることが目標となっていた。1851年から年額200万ポンド弱の資本をロンドンで調達しつつ建設が着手される[2]。

植民地鉄道の建設は、その完成とともにランカシア綿工業を中心とする世界市場の主軸的連関の資本蓄積のいっそうの発展を約束するものであったが、同時にまたそれ自身ロンドン資本市場を媒介とした鉄道建設という株式資本的な副軸的連関の資本蓄積の一層の台頭、しかも国内的なそれから世界市場的なそれへの発展をアメリカ鉄道建設とともに担うことになるのであった。

こうした一定の代替効果を受けはしたが、不況期のインド貿易はイギリスのそれとは正反対の性格を示さないわけにはいかなかった。ボンベイ地区をとってみると（表3-38）、イギリスに対する貿易は出入ともに激減したが、輸出が輸入以上に収縮した。綿花輸出が不振に陥ったからである。「世界の工場」との関係で農業地域が不況期には純交易条件、粗交易条件とも不利に立たされた一例である。しかし、驚くべきことに、ボンベイ地区はそれで貿易収支を悪化させたわけではなかった！　他面でアヘンの輸出増加によって中国に対する出超を拡大した。これでイギリスに対する収支悪化をカヴァーし、ボンベイ地区は引き続き金銀（ほとんど銀）の流入超過を記録できた。

ここにインドが47年恐慌で特に打撃を受けたにもかかわらず、いち早くマンチェスターの市況を決定的に改善する大口の買い手として登場できた秘密を解くカギがあった。独自性の強いアジア的商品流通の中心としての地位を占めたインドは、必ずしも実体面での調整の遅れを金融面での金準備不足の持続として受け取り苦しむことなく、アジア内部で、特に中国との関係で収

表3-37　ボンベイの貿易

		1847	1848
○輸出(英領インド諸港への分を含む)			
総額		456.1	564.0
商品別	綿花	172.8	144.0
	インド綿・毛製品	20.6	22.6
	阿片	177.2	209.4
地域別	英領	29.6	41.9
	イギリス	143.8	95.1
	中国	247.5	295.9
	ペルシャ湾	43.3	41.5
○輸入(英領インド諸港からの分を含む)			
総額		413.9	374.6
商品別	綿製品	107.9	71.0
	絹	37.5	29.7
	砂糖および砂糖菓子	34.1	39.8
地域別	英領	80.6	78.7
	イギリス	159.4	129.0
	中国	67.2	73.8
	ペルシャ湾	22.4	16.1

(出所) *The Economist*, 1848, p.1473; 1849, p.713.

支の均衡をとったわけである。これは、しかし、しわ寄せされた世界市場恐慌の負担をインドがさらに世界市場の最果ての地、中国へと転嫁することに他ならなかった。しかもアヘンの毒をもって‼　逆にいえば、世界市場恐慌によって課された難題の解決は極東の老大国の貨幣的富、その有史以来蓄積した貨幣的富の収奪によってどれほど容易にされたことであろうか。しかし、古代から大帝国を築いて栄えてきた中国は今や一転して世界市場が生み出す苦痛の掃き溜めに落としこまれた。

1）*The Economist*, 1849, p.352,, 850.
2）T. Tooke and W. Newmarch, *op. cit.*, VI, pp.716-7.

参 考 文 献

Ashton, T. S. [1959], *Economic Fluctuations in England 1700-1800*, Oxford.
馬場宏二[2011]，『宇野理論とアメリカ資本主義』，御茶の水書房．
Bloomfield, Arther I.[1963], *Short-Term Capital Movements Under the Pre-1914 Gold Standard*, Princeton.
Briggs, Asa[1955], *Victorian People—A reassessment of persons 6 themes 1851-1867*, U of Chicago, (『ヴィクトリア朝の人々』，村岡健次・河村貞奴訳，ミネルヴァ書房)．
―― [ ], *A Social History of England*, (『イングランド社会史』，今井宏・中野春夫・中野香織訳)．
―― [1959], *The Age of Improvement 1783-1867*, Longman.
Chambers, J. D., [1961], *The workshop of the world*, Oxford University Press.
Channon, Geoffrey[2001], *Railways in Britain and the United States, 1830-1940*, Ashgate Publishing Company.
Cramp, A. B. [1961], *Opinion on Bank Rate, 1822-60*, L.S.E.
Deane, Phyllis[1965], The First Industrial Revolution, Cambridge UP, (石井摩弥子、宮川淑訳、社会思想社)
Evans, D. Morier, [1849], *The Commercial Crisis 1847-1848*, London.
――[1859], *The History of the Commercial Crisis 1857-1858 and the Stook Exchange Panic of 1859*, London.
Fraser, Derek [1976], *The New Poor Law in the Nineteenth Century*, Macmillan Press.
藤川昌宏[1973]「1847年恐慌」(鈴木鴻一郎編，『恐慌史研究』日本評論社)
Gayer, A.D., Rostow, W. W., Schwartz, J.[1953], *The Growth and Fluctuation of the British Economy 1790-1850*, Oxford.
Halevy, Elie [1951], *Victorian Years 1841-1895*, London.
Hawtrey, R. G. [1962], *A Century of Bank Rate*, Frank Cass & Co.
林田敏子[2002]，『イギリス近代警察の誕生』昭和堂．
Hobsbawm, E. J. [1975], *The Age of Capital 1848-1875*, Weidenfeld and Nicolson.
飯田隆 [1997]，『イギリスの産業発展と証券市場』東大出版会．
今田秀作[2000]，『パクス・ブリタニカと植民地インド』京都大学出版会．
岩田宏 [1963]，『世界資本主義』未来社．
.Imlah, A. H. [1958], Economic Elements in the Pax Britannica: Studies in British Foreign Trade in the Nineteenth Century, Harvard University Press.
稲富信博[2000]，『イギリス資本市場の形成と機構』九州大学出版会．
Jones, Geoffrey [1993], Britishi Multinational Banking *1830-1990*, (『イギリス多国籍銀行史』、坂本恒夫・正田繁訳、日本経済評論社)．
Jowitt, J. A. and McIvor A. J.[1988], *Employers and Labour in the English Textile Industries, 1850~1939*, Routledge.
Joyce, Patrick [1987], *The Historical Meanings of Work*, Cambridge UP.

金井雄一[1984],「イングランド銀行金融制度の形成と1844年銀行法の『定着』」,『社会経済史学』49巻1号

King, W.T.C. [ ], *History of the London Discount Market*,

Kinnear, J.K.[1847], *The crisis and the Currency: with a comparison between the English and Scotch Systems of Banking*, F.R.S.E., London. (『恐慌と通貨』日本経済評論社, 1989).

Knowles, L.C.A. [1924], *Economic Development of the Overseas Empire, 1598-1914,* George Routledge & Sons.

喜安朗[1982],『パリの聖月曜日―19世紀都市争乱の舞台裏』平凡社.

Matthews, R.C.O.[1954], *A Study in Trade-Cycle History: Economic Fluctuations in Great Britain 1833-1842*, Cambridge.

McKibbin, Ross [1990], *The Ideologies of Class*, Oxford UP.

McGrane, Reginald Charles [1965], *The Panic of 1837*, New York.

McWilliam, Rohan [1998], *Popular Politics in nineteenth-century England*, (『一九世紀イギリスの民衆と政治文化』昭和堂, 2004).

Morris, Jan, *Heaven's Command,* (椋田直子訳『ヘヴンズ・コマンド』講談社, 2008.)

Petersen, Christian [1995], Bread and the British Economy, c1770-1870, Scolar Press.

Rolt, L.T.C. [1970], *Victorian Engineering*, Penguin Books.

『思想』[1878.3],〈1848年――近代社会の転換点〉

Sigsworth, E.M. [1988], *In Search of Victorian Values*, Manchester UP.

Smith, W. B. and Cole, A. H. [1935], Fluctuations in American Business 1790-1860, Harvard U.P..

Stewart, Robert [1989], *Party and Politics*, 1830-1852.

鈴木浩一郎[編][1973],『恐慌史研究』,日本評論社.

鈴木俊夫[1998],『金融恐慌とイギリス銀行業』,日本経済評論社.

田中章喜[1988a],「産業革命最高―イギリス綿紡績業の成長、1780-1834」,『国士舘大学政経論叢』64号.

――[1988b],「産業資本の所有と経営―イギリス綿工業企業を対象として、1780-1850」,『国士舘大学政経論叢』65号.

――[1988c],「産業資本の蓄積様式―イギリス綿工業における資本調達、1780-1854」,『国士舘大学政経論叢』66号

東田雅博[1996],『大英帝国のアジア・イメージ』,ミネルヴァ書房.

戸塚秀夫[1966],『イギリス工場法成立史論』,未来社.

Wieser, Friedrich [1925], Krisen, Handworterbuch der Staatswissennschaften.

Wood, Elmer [1939], *English Theories of Central Banking Control 1819-1858*, Harvard U.P..

Wood, George Henry [1910], *The History of Wages in the Cotton Trade during Hundred Years*, London.

山崎勇治[2008],『石炭で栄え、滅んだ大英帝国――産業革命からサッチャー改革まで』ミネルヴァ書房.

米川伸一[2000],『紡績企業の破産と負債』,日本経済評論社.

吉岡昭彦[1975],『インドとイギリス』,岩波書店.

人 名 索 引

A

Ashley　　　30, 43, 227, 232

B

Baines, E　　263
Baring, T　　110
Barthlingth, J.A.　　192
Bates, J　　115, 124, 126, 194
Baxter, D.　　320
Bevan, R.　　146
Birch, A.　　285, 320
Brown, W.　　113, 132
Bright , J.　　255

C

Cameron, R.E.　　313
Clapham, J.　　128, 142, 158, 241, 243
Cockere　　132
Cole, A.H.　　320

E

Evans, M.　　62-63, 65-67, 109, 117, 121, 124, 126, 138, 147, 155-156, 165, 183

G

Gardner, R.　　21, 25, 31, 44, 79, 88-90, 133, 171
Glyn, G.C.　　91, 134, 146
Gower, A.A.　　132
Grey, G.　　228, 231-233
Gurney, S.　　64, 139, 142, 149, 152, 155

H

Hidy, R.W.　　196, 208
Hodgson, A.　　90

Horner, L.   15-16, 18-19, 27, 29, 31-32, 34, 38, 43, 48, 227, 229, 236, 244-247
Howell, T.J.   17
Hudson,   276, 282

L

Lewin, H.G.   280
Leyd, J.R.   132
Lister, J.   91
Loyd, J.   172
Von, Liebig, Justus   270

M

Masterman, T.   146
Maner, J.   233
Muntz, P.H.   188-189, 204
Morris, J.   94, 111, 123, 134, 136, 142, 147, 153, 172, 206

N

Nasmith,   236, 240, 242
Newmarch, W.   268, 278-279, 284, 313
Norman, W.G   141, 147, 208

O

Oastler,   230

P

Pease, J.   188
Park   232
Peel, Robert   54-55
Prescott, H.J.   94, 111
Perreire   315

R

Russel, John   55-56, 146-147, 149, 232
Robinson, W.R.   131
Rose, Charles   270

S

Smith, A.   146
Smith, James   17, 240
Smith, W.B.   320
Stewart, J.   229
Saunders, J.   230, 264
Salt, T.C.   204

T

Thomas, J.   146
Tooke, T.   21, 36, 39, 51, 62, 64-65, 67, 70, 78-79, 83, 119, 123, 268, 278-279, 284, 292, 302, 313, 320, 325
Trevellian, Charles   56
Turner, C.   92, 158

W

Wood, Charles   56, 134, 143, 146-147, 149, 241, 244-246
Woodly, Charles W. & J.   131
Wylie, A.H.   16, 32, 34, 40-41, 44, 132, 145, 175

事 項 索 引

ア 行

アイルランド飢饉　　38-39, 49-51, 53-55, 57-58, 101, 177, 217, 301-302
　　―ジャガイモの病害、不作、飢餓、難民
アシュレー案　　227, 232-233
アジア貿易　　80, 133, 162
アヘン戦争　　20, 81
アメリカ合衆国　　32, 40, 42, 48-49, 58, 94-96, 113, 115, 121, 183, 193-196, 204, 224, 254-255, 285, 291, 308-309, 318-323
新しい資本蓄積条件の形成―商業圏(＝通貨圏)　　299, 303, 305, 307-308

イギリス商業圏＝通貨圏と海外諸商業圏＝通貨圏との取引不均衡化
　　45, 93-94, 103-105, 124, 128
イングランド銀行：
　　―引き締め政策　　98, 109, 111, 128, 137-138
　　―金貨現送・反送　　75, 77, 94, 115, 126, 293
　　―バンク・レート(引き上げ)　　65-67, 111, 112, 128-129, 138, 178
　　―バンク・レート(引き下げ)　　86, 99, 155-156, 296
　　―バンク・ノートの動向　　97-99, 109, 117, 137, 138-139, 142, 147, 149, 151, 155, 294-295
　　―金準備(減少・枯渇)　　86, 98-99, 111, 117, 137, 153
　　―金準備(増加)　　75, 77, 84, 86, 97-98, 155, 294

インド　　25, 80-81, 88, 96, ,225, 250, 252-255, 291, 303, 324, 325
東インド　　25-27, 91, 141, 156-157, 162, 183, 198-200, 202, 210, 254, 291, 306, 308-309, 311, 324-326
西インド　　141, 156-157, 206, 224

「エコノミスト」　　39, 49, 57-58, 62, 94, 151, 203, 206, 208-209, 215, 223, 250-251, 269, 271, 291, 324

大蔵省手形　　67, 111, 138, 149
オランダ　　26, 54, 115, 122, 183, 188-189, 192, 208

カ 行

株式資本
　―副軸　鉄道業・鉄道建設
　―鉄道業　　51, 61, 92, 101, 178, 275-276, 280, 283-284, 305
　―鉄道株　　38, 42, 61-64, 67, 69, 86, 91, 93, 96-97, 180, 225, 276, 278-279
　―鉄道建設　　61, 69, 101, 103, 118, 124, 178, 225-226, 275-280, 282, 285-286, 305
　―鉄工業　　178, 275, 285-286, 305
主軸のリズムへの適応不全　　61, 275, 278

貨幣資本
　―金流入と商業信用の拡張(1843-45)　　73, 75, 77, 83-84, 115
　―商業信用の大膨張から金流出、崩壊(1846-47初)　　87-88, 94, 97, 135-136, 175
　―商業的苦難　　90, 163, 176
　―商業信用収縮と停滞　　88, 132, 287-288

貨幣市場　　64, 66-67, 81-82, 95-97, 99, 111, 129, 131-133, 141, 145-146, 154, 186, 292-293
恐怖の一週間　　140, 143, 146, 178

現実資本
　―主軸　綿工業　　21, 25, 38, 46-47, 101, 221, 300
　　―が主導する好況　　15, 21, 32, 300
　　―生産方法の改善と合理化　　16-19, 221, 234, 242-244, 248, 260, 275, 293, 299-300, 310-311
　　―輸出ブームと雇用増、設備投資(1843-45)　　20-21, 25-27, 31
　―主軸的連関
　　①羊毛、亜麻、絹工業　　21, 45, 101, 230, 260, 262-263
　　②諸産業―海運・造船業、建築、建設業　　45-46, 67, 92, 124, 174, 256, 265-266, 280
　　③農業―穀物、食料品、嗜好品　　21, 35-36, 48, 50, 67, 69, 88-89, 92, 104, 119, 124, 163, 167, 204, 209, 266-270, 300
　―資本蓄積の困難増大と農産物輸入激増・不作―不均衡化(1846-47)
　　35, 38, 47, 50-51, 58, 92-93

「工場検査官報告」
　―レナード・ホーナー：
　　①1841年：15-16, 18-19

②1842年：19
　　③1843年：27, 31
　　④1844年：27
　　⑤1845年：27, 29, 31-32, 34, 48
　　⑥1846年：38, 43
　　⑦1847年：227
　　⑧1848年：229, 244-247
　　⑨1849年：229
　　⑩1852年：236

　　―T. J. ホーウエル：17

穀物（価格、取引、投機）　　37, 55, 89-90, 115, 119-120, 122, 129, 130, 166, 268
コマーシャル・バンク・オブ・ロンドン　　81
コンソル　　112, 136, 140, 142-143, 178, 180, 275

サ　行
4月危機　　109, 117-118, 120, 124, 163, 166, 168, 180
シフト制、リレー制　　229-233

資本蓄積：
　　―三局面　　102, 221
　　―内的諸矛盾の成熟　　101-102, 104, 117, 128, 152, 176, 221
　　―限度を超えた信用創造　　104-105, 109, 117-118, 124, 128, 170

10月パニック　　109, 118, 128, ,137, 145, 151, 153, 166, 168, 275
10時間法　　30, 43, 102, 227, 230-233, 244, 247, 263

植民地産品　　35-37, 50, 67, 81, 89, 156-169, 209, 224, 272-273
植民地産品ブローカー　　133, 135, 145, 156, 162
ショート・タイム、フル・タイム　　15, 38-39, 123, 173, 175-177, 221, 226-227, 248
商品価格崩落と商人破産　　131, 156, 161, 163
商品在庫動向　　87, 113, 168-170, 224-225, 278, 284

政府書簡とパニックの鎮静　　146, 149, 151, 180
世界市場商品（綿花、綿糸、綿布）　　19, 27, 79, 81, 90, 113, 157, 167, 169, 175, 221,

224, 226, 256-257, 260

タ 行
チャーチスト運動　　19, 213, 215-217, 228
中国　　20, 25-26, 40, 79-81, 96, 225, 311

通貨主義vs銀行主義　　151

ドイツ　　26, 95, 188, 192, 308-309, 311, 315-318

ナ 行
ナスミスのメモ　　236, 240
ナポレオン戦争　　151, 275
二月革命　　224, 275

ハ 行
パーマーの原則　　85
「バンカーズ・マガジン」　　48, 62, 135, 151, 161
ハンザ諸都市　　181, 183, 188-189, 191-192, 204, 208, 289-290

ピール法　　83, 86, 99, 112, 146-147, 151, 153-154, 172

フランス　　94-96, 115, 183, 187-191, 204, 208, 210, 193, 269, 275, 289, 291, 303, 308, 311, 313-315

ベアリング商会　　94, 137, 142, 194, 196-198

ポンド手形信用の収縮　　93, 184-187, 193-195, 198, 202, 209, 287, 307

マ 行
マーチャント・バンカー　　132, 162, 184-185, 193, 200, 207-208
マーク・レーン　　48, 121, 130-132, 204, 267

ミンシング・レーン　　50, 122, 131, 146, 157, 168-169, 204, 271-272

モーリシャス諸島　　92, 132, 156, 162, 199, 254

ラ 行

ランカシア綿工業　　113, 120, 234-235, 252-256, 275, 303, 305, 310-312

ロイヤル・バンク・オブ・スコットランド　　144
ロシア　　115, 117, 122, 126, 190, 192, 206, 269, 291, 303
ロンドン・バンカー　　82, 84, 91, 134, 136, 141, 143, 146, 154
ロンドン・バンカーズ・バランス　　84, 86

ワ 行

割引絶対額制限　　111

著者紹介

川上忠雄（かわかみ・ただお）

1933年　徳島県小松島に生まれる。
東大で経済学を学んだのち、1959年法政大学経済学部に職をえる。
金融論、恐慌論、世界システム論の研究と講義に携わり、1994年退職。
著　書　『世界市場と恐慌』（上巻）（法政大学出版局）1971
　　　　『第二次世界大戦論』（風媒社）1973
　　　　『労働者管理と社会主義』（佐藤浩一との共著）（五月社）1975
　　　　『工場闘争と労働者管理』（佐藤浩一との共著）（五月社）1975
　　　　『社会観の選択—マルクスと現代思想』（6名による共著）（社会評論社）1987
　　　　『アメリカのバブル1995-2000』（法政大学出版局）2003

1847年恐慌

2013年2月25日　第1版第1刷発行

著　者　川　上　忠　雄
発行者　橋　本　盛　作
発行所　株式会社 御茶の水書房
〒113-0033　東京都文京区本郷5-30-20
電話　03-5684-0751

Printed in Japan　　　　　　　　組版・印刷／製本　㈱タスプ

ISBN978-4-275-01022-3　C3033

SGCIME編　マルクス経済学の現代的課題　全九巻・一〇冊

第Ⅰ集　グローバル資本主義

第一巻　グローバル資本主義と世界編成・国民国家システム

Ⅰ　世界経済の構造と動態

Ⅱ　国民国家システムの再編

第二巻　情報技術革命の射程

第三巻　グローバル資本主義と企業システムの変容

第四巻　グローバル資本主義と景気循環

第五巻　金融システムの変容と危機

第六巻　模索する社会の諸相

第Ⅱ集　現代資本主義の変容と経済学

第一巻　資本主義原理像の再構築

第二巻　現代資本主義の歴史的位相と段階論（近刊）

第三巻　現代マルクス経済学のフロンティア

各巻定価（本体三二〇〇円＋税）

御茶の水書房